U0009700

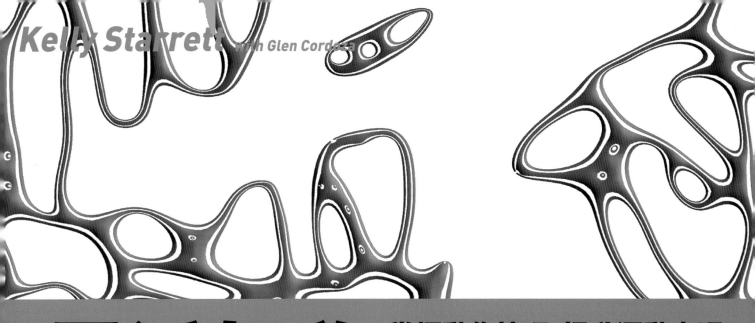

Kelly Starrett with Glen Cordoza

靈活如豹

掌握動作技巧、提升運動表現、
預防傷痛的終極指南

作者 凱利·史達雷
＋格倫·科多扎

譯者 徐昊

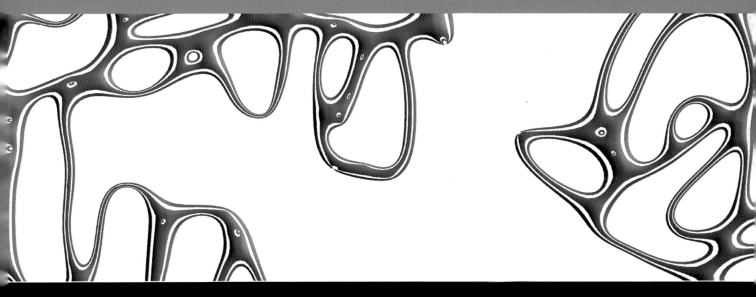

BECOMING A SUPPLE LEOPARD

THE ULTIMATE GUIDE TO RESOLVING PAIN,
PREVENTING INJURY, AND OPTIMIZING ATHLETIC PERFORMANCE

此書是為了教育目的而撰寫。如果因為此一指南所提供的資訊而直接或間接導致負面影響，出版社與作者並不會負任何責任。如果不多加注意、安全執行，就算是普通的訓練也可能危害自己或他人。記得於開始訓練之前，先諮詢專業肌力與體能教練。此外，由於本書的技巧較為劇烈費力，請於訓練前諮詢醫師。

This book is for educational purposes. The publisher and authors of this instructional book are not responsible in any manner whatsoever for any adverse effects arising directly or indirectly as a result of the information provided in this book. If not practiced safely and with caution, working out can be dangerous to you and to others. It is important to consult with a professional fitness instructor before beginning training. It is also very important to consult with a physician prior to training due to the intense and strenuous nature of the techniques in this book.

Complex Chinese Translation copyright © 2018 of first publication by Walkers Cultural Enterprise, Ltd (Common Master Press)
Becoming a Supple Leopard 2nd Edition: The Ultimate Guide to Resolving Pain, Preventing Injury, and Optimizing Athletic Performance
Original English Language edition Copyright © 2015 by Kelly Starrett with Glen Gordoza
All Rights Reserved.

靈活如豹：掌握動作技巧、提升運動表現、預防傷痛的終極指南 / 凱利.史達雷
(Kelly Starrett), 格倫.科多扎(Glen Cordoza)合著 ; 徐昊譯. -- 初版. -- 新北市 : 大家出版 :
遠足文化發行, 2018.03 (Better；60)
　　面；　公分
譯自 : Becoming a supple leopard : the ultimate guide to resolving pain, preventing injury, and
optimizing athletic performance, 2nd ed.

ISBN 978-986-95775-4-0(精裝)

1.CST: 運動醫學 2.CST: 運動訓練

528.9013　　　　　　　　　　　　　　　　　　　107002102

better 60

靈活如豹：掌握動作技巧、提升運動表現、預防傷痛的終極指南

Becoming a Supple Leopard 2nd Edition：
The Ultimate Guide to Resolving Pain, Preventing Injury, and Optimizing Athletic Performance

作者·凱利·史達雷（Kelly Starrett）、格倫·科多扎（Glen Cordoza）｜譯者·徐昊｜審訂者·何立安、趙子杰｜設計·林宜賢｜特約編輯·簡欣彥｜責任編輯·賴淑玲｜行銷企畫·陳詩韻｜總編輯·賴淑玲｜社長·郭重興｜發行人·曾大福｜出版者·大家出版/ 遠足文化事業股份有限公司｜發行·遠足文化事業股份有限公司　231 新北市新店區民權路 108-2 號 9 樓　電話：[02]2218-1417　傳真：[02]8667-1065 劃撥帳號 19504465　戶名·遠足文化事業股份有限公司｜法律顧問·華洋國際專利商標事務所　蘇文生律師｜定價·1280 元｜初版 1 刷·2018 年 3 月｜初版 12 刷·2023 年 3 月｜有著作權·侵犯必究｜本書如有缺頁、破損、裝訂錯誤，請寄回更換｜本書僅代表作者言論，不代表本公司 / 出版集團之立場與意見

目錄 **CONTENTS**

第一部　原則與理論

第一章：身體中軸的穩定
與組織（脊椎力學）—— 33

要重建並讓身體記住功能性動作型態，同時將動作效率最佳化，產生最大力量，並避免受傷，第一步也最重要的一步就是優先調整脊椎力學。為了安全且有效率地將力量經由核心傳送至四肢，你必須把脊椎組織成中立姿勢，接著啟動軀幹的肌肉系統，以在整個組織好的系統中產生穩定性，也就是所謂的「穩固」。這就是中軸穩定與組織的基礎。本章將會解釋為何優先調整脊椎力學是最重要的一步，以及如何以最理想的姿勢組織鞏固脊椎。

第二章：單一關節規則 —— 56

單一關節規則的前提很簡單：當你就穩固、中立的姿勢活動時，應該只有髖關節與肩關節會屈曲與伸展，脊椎不會出現這些動作。你的髖關節與肩關節是用來支應大量負重和動態動作的，所有的動作都該從這些主要引擎發動。由於髖關節和肩關節都受「單一關節規則」控制，把你的髖關節和肩關節想成單一關節會容易理解得多。

第三章：力矩的法則 —— 63

為了替關節打造出安全穩定的姿勢，同時保持鞏固的脊椎中立姿勢，你必須在髖部和肩膀製造張力，並延伸到手肘、膝蓋、手腕和腳踝等處。製造力矩可達到此目標，方式有外旋（將四肢轉離身體）與內旋（將四肢轉向身體中心）兩種。

第四章：
身體原型與隧道 —— 91

髖部與肩膀的功能性姿勢可分為七種基礎結構：肩膀四種、髖部三種。這七種身體原型能夠表現出大多數運動動作的起始與結束姿勢，同時也包含了人體正常運作需要的所有動作幅度與動作控制。將身體原型與隧道概念當作衡量動作、姿勢能力與動作幅度限制的藍圖。

第五章：動作分級系統 —— 117

動作分級系統基於穩定的需求與複雜度，將運動動作分門別類，並提供了一個架構，用以建立高效率、可移轉的動作模式和技巧推進順序（從簡單至進階的運動），也可依據技巧、體適能程度和活動度來修正肌力與體能訓練動作。

第六章：活動度：有系統的方法 —— 130

想校正動作幅度限制、解決肌肉僵緊和關節疼痛的問題，沒有一體適用的方法。要對付所有姿勢與動作相關問題、軟組織僵硬以及關節限制，你需要結合不同技巧，採取系統性方法。除此之外，你的身體還需要定期進行基礎維護，也就是每天花 10 到 15 分鐘加強活動度。本章將會提供範本，讓各位讀者用來改善動作幅度、解決疼痛、治療肌肉痠痛。此外，本章的重點還有教導你動員肌肉的方式與時機。

第二部　動作分類

第三部　鬆動術技巧

區塊分布圖

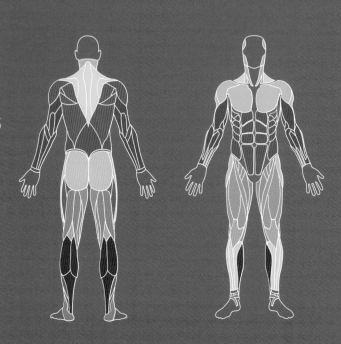

第四部　活動度處方

擴充修訂版前言

2011 年開始撰寫本書時，我有兩個目標：

1. 為人類動作打造出一個無所不包的開放式系統，教導大眾預測並解決功能失調的動作模式，避免表現因此停滯，引起受傷或疼痛。

2. 提出定期維護身體所需的基礎工具，讓大眾有個模式去預防、治療、緩解受傷與疼痛，同時改善活動度（解除關節與組織限制）。

本書於 2013 年四月上市後馬上獲得熱烈迴響，剛出版幾個月就賣出超過十萬本，還登上《華爾街日報》與《紐約時報》的暢銷排行榜。透過《觀點》和《60 分鐘運動》等談話節目，本書的概念與做法觸及了我從未想像過的觀眾群。從菁英軍隊到專業運動隊伍，書中的概念、動作與活動度技巧經歷了最高水準的考驗。這套系統對孩童與假日運動員同樣有用。書中的原理與技巧被分解成最簡單的型態，從大學、小學到谷歌等企業巨擘，任何年紀、體型或體適能水準的人都能理解、執行。

雖然我的目標在推出初版時就完成了，但是在這些環境中操作並測試過我的想法後，我的系統有了意外收穫。這套系統進化了，變得比以前都還要好、還要強大，而這正是我推出擴充修訂版的主要原因之一。這些更動大幅改善了我的系統，讓書中的概念和技巧更容易學習、消化與實施。

老實說，我寫書時，心中的目標讀者是運動員和教練，而且我把重點放在提升運動表現。緩解疼痛和預防傷害也一直都是我想傳達的內容，我相信初版提供了緩解慢性疼痛以及預防傷害的工具，但我不得不承認，初版的編排對初學者或門外漢並不友善。這版的目標讀者便是這些族群。初版的

訓練方法都已經過修正和改良，無論你是平日坐辦公室的假日運動員或是頂尖競賽運動員，都能輕鬆上手。

推出擴充修訂版的另一個原因是為了各位親愛的讀者。我瀏覽了亞馬遜網路書店及其他線上書店的書評後，獲得了寶貴的回饋。貼在我部落格與社群媒體上的許多回應與問題，也在這套系統的進化上扮演了關鍵角色。這些回饋與充滿建設性的指教協助我把本書變成包羅更廣、更鉅細靡遺的指南，對此我心存感激。

新版有哪些變動？

為了改善整體品質、可讀性與檢索性，我在書中做出了許多改變。先從新增的部分說起。

修訂版的全新內容超過八十頁，其中有近五十種全新活動度技巧。第四章〈身體原型與隧道〉（第 91 頁起）是衡量動作幅度與動作品質的全新章節。我還新增了一整部新內容，提供解決姿勢限制、疼痛和扭傷的活動度處方（請見第四部，第 442 頁起）。

另一類微小但意義重大的補充內容，是在每章最後面的「章節重點回顧」摘要出關鍵學習重點。我還加上了插圖與照片，以用來確證或澄清一些比較複雜但需要留意的概念與技巧。此外，我依照許多讀者的要求，在活動度的章節加進了解剖學圖片，標示出重要的肌肉、關節與身體部位。

除了新增內容外，我還做了些改變，進一步充實原本的文字與圖片。我重新修訂了每個章節，澄清一些可能會誤導讀者、使讀者困惑的文句，特別是〈力矩的法則〉章節，以及引起爭議的「腳尖向前姿勢」描述與深蹲的「膝蓋外推」指示。

最後，我也大幅改善了整本書的檢索方式，最明顯的就是詳細的指引。書頁側面加上了彩色標籤，讓各位讀者能迅速翻至想閱讀的部分。我更進一步擴增了「本書使用指南」，作為指引讀者閱讀本書的地圖。就算已經讀過初版，我也強烈建議各位在鑽研其他章前先閱讀此部分（請見 10-12 頁）。

關於檢索，最重大的改變就是部與章的組織編排。初版時，我將所有章節排在一起，讀者瀏覽時較為吃力。為了彌補此問題，我將所有原則與理論集中至同一部，並將動作和鬆動術技巧分成兩部。所有核心原則都集中在同一部，讀者就能根據自己想要加強或有興趣學習的技巧來翻閱。

以下是內容摘要，讓你知道你可以在每一部學到什麼：

· **第一部，原則與理論：**

這是本書最重要的一部，內容包括了這套系統的核心，並為第二、三部的動作與鬆動術技巧以及第四部的活動度處方奠下基石。在這部能學到人體動作的最佳原則：脊椎力學、單一關節規則以及力矩法則。將這些章節看作一張藍圖，幫助你在日常生活和運動時能動得安全、有效率。除此之外，你還能學到如何衡量、修復受限關節與組織的動作幅度，並學會辨認、解決那些會破壞運動表現、導致受傷的常見動作錯誤。最後，你還能學到如何循序安排訓練動作，建立功能性的、可移轉的動作模式[1]，並了解改善動作幅度、緩傷解痛的活動度方法。簡而言之，第一部分包含了所有你在理解、執行、指導他人時所需的資訊。

· **第二部，分類動作：**

此部分包含了深蹲、伏地挺身、上膊等所有訓練動作，可協助你測試、實際操作並循序運用第一部所教導的原則。

· **第三部，鬆動術技巧：**

本書系統的所有鬆動術與活動度技巧都收錄在這一部。將鬆動術技巧想成緩解疼痛、改善姿勢的工具吧。這些技巧將能幫助你對付縮短僵緊的肌肉、軟組織與關節囊限制、動作控制問題、關節動作幅度限制與神經動力學問題。為了容易檢索，這一部根據身體區塊分成14節。舉例來說，區塊1包含所有下顎、頭部和頸部的鬆動術，區塊2包括所有上背鬆動術。整體分區請翻至第 283 頁。

· **第四部，活動度處方：**

為了協助讀者將鬆動術技巧拼湊起來，設計出專屬於自己的活動度訓練計畫，我在此部納入了各種動作和常見問題的處方。此部包含的處方能協助各位改善特定姿勢和動作的動作幅度，也能治療輕微扭傷（受傷）、關節疼痛與肌肉痠痛。除此之外，我也在書中收錄了涵蓋各個部位的活動度範本，確保所有部位都能獲得治療與修護，另外還有一份初階與進階的 14 天計畫。

---

1. 可移轉的動作（transferable movement），指訓練動作中，動作效能可以移轉到日常生活中，以及實際進行專項運動時使用的動作上，例如硬舉可以運用在日常生活抬重物上。編注

起點：使用本書的指南

為了讓各位讀者能在最短時間內獲得最大收穫，有幾件事情必須先說明。

最重要的是，深入研究這本書的方式有很多種，直接從頭讀到尾是一種。如果你是自我要求高的運動員或教練，閱讀整本書能讓你徹底了解我的系統，並將書中知識活用在自己的訓練方法上。雖然不是所有技巧和資訊都能立刻派上用場，但是讀完整本書便能了解不同原則之間的關連，知道該如何將這些原則實際應用在生活、運動、格鬥競技和休閒活動上。由於這些概念、動作和活動度技巧都環環相扣，就算讀完一段時間，還是有可能找到有用的應用方式。

這本書同樣也能以瀏覽的方式閱讀。如果各位閱讀過初版，參加過我的「動作與活動度課程」，或有定期注意 MobilityWOD.com 的活動度計畫網誌，本書會是很容易使用的指南。如同我在前言中所提，我做了些更動，讓這本書更容易檢索。舉例來說，只要瀏覽目錄，就能迅速查到你想找的章節。我相當建議各位在進入第一部之前，先花點時間回頭閱讀目錄說明，進一步了解這本書的規劃，以及在各章所能學到的內容。

不過，就算各位已經很熟悉我的「動作與活動度系統」，我還是建議先讀完第一部，別急著跳過。為什麼呢？很簡單：第一章涵蓋了這套系統最精華的原理、哲學和應用。要實踐第二、三部的動作和活動度技巧，就必須先理解第一部的某些知識與基礎技巧。如果直接跳過第一部，就不可能完整享受這套系統所能帶來的好處了。

我知道有些讀者會想直接跳到後半部的鬆動術技巧和活動度處方。如果各位有急需處置的僵緊肌肉或關節疼痛，就放心地翻過去吧。舉例來說，如果你正受下背痛之苦，你可以翻到本書的後半部，執行第 468 頁的下背疼痛活動度處方，接著利用第三部的技巧進行鬆動術。不過請注意：如果不矯正引起問題的動作或姿勢，就永遠無法從根本解決疼痛或功能障礙，治標不治本。再次強調，這正是所有讀者都應該閱讀第一部的原因，尤其是說明動作原則的前三章：身體中軸的穩定與組織、單一關節、力矩法則。

讀者不妨將這些動作原則視為總藍圖，用來替所有運動打造安全又穩定的姿勢。如果各位按照書中的順序練習動作，就能學會如何以穩固、組織良好的姿勢來穩定脊椎，如何在負重的動態動作中維持脊椎中立，如何在關節上製造穩定度（張力），以產生最大力量、爆發力與速度。

記得，你可以馬上將動作原則應用到健身與日常動作上。理解動作原則後，

便可開始注意所有情況下的姿勢與動作。無論你是在辦公桌前忙碌工作、抱起小孩、提著一袋食品，或是做運動，都要遵守這幾章的準則。

不過，請特別注意，要精通這些動作原則，必須在安全的、受到控制的環境下，使用可移轉的、動作幅度完整的肌力體能訓練動作來練習。稍後我將會解釋，這麼做不僅可以確保你有能力進行所有動作，還能更輕易地揪出、矯正那些功能失調的動作模式與活動度限制。

舉例來說，第四章〈身體原型與隧道〉中，各位將會學到髖部與肩膀的基本原型形式（動作囊括的姿勢）。雖然人體可以做出各式各樣的姿勢與型態，不過其實髖部和肩膀，甚至是膝蓋、踝部、手肘與手腕的功能性姿勢，都可以歸類成幾個基礎結構。舉例來說，深蹲就是髖部、膝蓋與腳踝的原型型態，雙臂高舉過頭則是肩膀的原型型態。動作原則會教導你如何將身體組織成安全穩定的活動姿勢，接下來就是將這些動作原則應用到身體原型上。這麼一來，你就有了範本，可以用來組織髖部和肩膀、衡量動作幅度，並擁有一個可以用來判斷哪些姿勢和身體部位需要鬆動的架構。在第五章〈運動分級系統〉中，你將學會依據難度和複雜度將動作分為三類，以初學者的角度用這樣的架構來學習動作原則，了解如何逐步提高動作難度，並在受傷康復後重建身體。

簡而言之，〈身體原型〉與〈運動分級系統〉兩章能為你奠下必要的基礎，好讓你精準找出活動度受限制的部位，同時抓出受限的原型姿勢。第六章的活動度系統方法提供了解決疼痛、改善動作幅度的鬆動術方法，為糾正這些動作幅度的問題打好底子。

閱讀完第一部後，你就有了必要的基礎，可以開始進行第二部的肌力和體能訓練動作、第三部的鬆動術技巧，以及第四部的活動度處方。換句話說，只要你對這套系統有大致了解，就可以依據動作、原型型態、活動度技巧或訓練計畫來檢索這本書。記得，你可以依據類別（難度）或原型（型態／姿勢）來檢索動作。活動度技巧是用身體部位及區塊來呈現。為了能夠更加輕鬆瀏覽本書，建議各位閱讀每段章節開頭的說明。

我知道這本書的資訊量和技巧量都極大，大到可能讓人有點招架不住。的確，本書有很多資訊需要消化吸收。但如果你反覆運用這些概念，認真且正確地執行技巧，便能得到立竿見影的正向改變。你會看起來更好、感覺更好，也表現得更好，疼痛和傷害的次數也會更少出現。不過，為了確保長期成功，你必須持之以恆。如果鬆動了 15 分鐘後，深蹲時髖部還是無法貼近腳踝，或是將動作原則套用到實際動作時，仍無法將脊椎穩固在中立姿勢上，也別氣餒。肌肉緊繃、全身僵硬的糟糕狀態不是一夜造成的，要

逆轉傷害、重設運動神經路徑，自然也需要時間、練習和大量努力。但我保證這麼做絕對值得。到最後，你不用思考動作該怎麼做，就是會做對。你甚至不用多想要調動什麼肌肉、怎麼調動，就是會調動。

不過，為了幫助各位堅持下去，減輕可能會有的沮喪，我要在最後告訴各位兩件重要的事。

首先，記得你的組織就像忠犬。只要堅持不懈、多花時間，它們就會讓步、聽話。若你碰上撞牆期，或遲遲沒有正向改變，記得錯不在你的肌肉，而是你這個半途而廢、無視法則的主人。我還沒看過有誰每天花 15 分鐘自我修護，卻沒有大幅改變的。就算你有髖部發育不良（比例僅約 1%）這類先天缺失，還是有些身體區塊可以獲得最佳成效。總而言之，任何人都可以改善自己，朝正向改變努力。最重要的是努力堅持、做正確的練習。我建議各位每天花 10-15 分鐘改善自己的活動度，一天都別偷懶。不管是鍛鍊到肌肉痠痛，坐車坐到全身僵硬，或單純想強化活動度，永遠都會有適合你的練習可以做、有姿勢可以改善。

第二，為了糾正那些降低動作效率、引起疼痛的生物力學錯誤，你必須學會如何正確地動。這通常代表從零開始，千萬不能毫無目標地一股腦猛做。想要下意識地、自動地以良好姿勢來動，必須花上許多時間做大量練習。另外要記得的是，要維持正確的姿勢，就必須動用更多肌群，所以做出正確動作會比差勁動作要難上許多。一件事情比較難做，並不代表就比較糟糕。從現在開始，對動作求質不求量。如果想精通基礎，就必須重設通往上層的硬體。為此，你八成得先後退個幾步。而現在是個開始的好時機，下定決心，破釜沉舟，你的身體會感謝你的。

活動度計畫

我在 2010 年展開了「活動度計畫」（Mobility Project），開設了動作與活動度影音部落格（MobilityWOD.com），這是個教學部落格。我的目標很宏大，打算連續 365 天每天拍攝一部影片，主題從深蹲技巧到治療下背疼痛都有。如果你還沒造訪過 MobilityWOD.com，我在此邀請各位上去看，並鼓勵各位加入我們分享知識、提供協助的社群。部落格有超過 500 部免費影片（數量持續攀升），裡頭包含所有本書將教導的內容。可以到 MobilityWOD.com，或至我的 YouTube 頻道 www.youtube.com/user/sanfranciscocrossfit 觀看這些影片。

序：
人類表現的新紀元

近年來，我經常搭乘飛機，擠進小小的座椅裡前往全國各地，跟運動選手、教練、專業運動隊伍、CrossFit 健身房、企業與菁英軍人合作。搭飛機時，我總免不了跟身旁被困在座位上的可憐傢伙聊上幾句。他們很快就會問出這個問題：「你是做什麼的？」

我的腦袋會浮現出好幾十種回答方式。

「我讓全球頂尖運動選手變得更強。」

「我跟政府合作，加強軍隊的防衛與反擊能力。」

「我和運動員、教練合作，幫助他們理解和解決常見又可以預防的力矩、力量、瓦數與輸出的損失。」

「我正試著改變這世界的動作效能，讓人們從追求生存的基礎張力轉為追求持久、高效率的力矩。」

「我在醞釀改革，試圖讓人們變得更有能力，讓大家過著更完整、不受疼痛所苦、能自我實現的生活。」

但是，我當然沒提到什麼產生力矩或自我實現的事（稍後將以篇幅詳細解釋）。我會簡單地回答：「我是老師。」

通常這時候對方的眼神就會暗下來，對話陷入一片尷尬。不過，偶爾會有人好奇追問：「你教什麼？」渾然不知我對人類的動作和表現有多執著。不過接下來對方很快就會知道了。

我所教導的，是效率極高的動作與活動度系統，也就是各位將從本書中學到的內容。只要學習、實踐並應用此系統，就能知道在所有情況下如何正確活動。我講的是「所有情況」，不管是休息，或者是奧運競賽、劇烈纏鬥或營救行動這些需要高體能需求的活動，這套系統都能助你一臂之力。

這套肌力與體能訓練系統也有診斷功能，能夠幫助各位預測、辨識與解決一些常見的、跟可移轉動作和姿勢有關的錯誤，以免受傷或損害表現。

只要充分練習，你就能隨時有充沛的體能，也有足夠的動作控制和動作幅度去隨時做任何事，最終你便會變得跟豹一樣靈活，沉著、能動能靜。我的系統可以給你工具，讓你去解除肉體限制，充分釋放潛能。

我教的內容是新的嗎？是，也不是。一直以來都有許多教練致力於調整動作，將動作最佳化，使體能表現達到顛峰，而且是一直達到顛峰且不受傷。我則自認為是新一代的接班人。

人類研究這個主題已有好幾世紀，不斷有充滿好奇心的能人智士在替人類這具超凡的機械打造軟體。我甚至看過千年古幣上印了個蓮花坐姿的男性，這種坐姿能為脊椎系統創造更多穩定度。時間拉近到大約 370 年前，著名的日本劍士宮本武藏在著作中強調保持腹部緊實、膝蓋與腳掌姿勢正確的重要性。「將戰鬥的姿態應用於日常」，這句話出自宮本武藏的《五輪書》，看似奇怪，卻是無懈可擊的建議。

坦白說，我們其實早就知道什麼姿勢既安全、穩定，又可以避免受傷。人類一直都執著於追求動作效率，才會有這麼多舉世適用的系統教我們怎麼在活動中安全又有效率地動。多到難以想像的學科、理論、科學、科技以及人體運作原理匯合起來，造福我等世人。

雖然世代流傳的功課與系統不該遺忘，但是某些特定因素推動了人類體能表現的黃金年代。人類確實一直都精實又強壯，但近年來非凡的體能成就似乎已不再稀奇，反而成了常態。現代人類的身體並沒有多少進化，但是我們不斷證明世上沒有不可能的事。究竟發生了什麼變化？現代運動員的體型明明跟祖先差不了多少，究竟差異何在？

體能表現的黃金年代

活在現代，最令人興奮的地方就是，我們正處於人類體能表現新紀元的高峰。精通身體控制不是少數人專有的能力。就我看來，我們正經歷著人類

動作控制：
在有意識與無意識下，生物力學或動作最理想的表現。若我說一個運動員的動作控制能力無法進行某個動作，意思就是他缺乏做出動作的正確技巧。

動作幅度：
關節能夠朝特定方向移動的距離。舉例來說，如果缺乏過頭活動度，就會因為肩關節與（或）組織的限制而無法將雙臂擺成理想的過頭姿勢。

靈活如豹
指的是什麼？

你可能會問：「靈活如豹是指什麼？」這是個有必要解釋的好問題。我一直深受豹的形象所吸引：強大、迅速、適應力強、神不知鬼不覺……又難纏。我十四歲的時候，跟父親一起看了電影《加里波底》。劇中描述兩位澳洲短跑選手在第一次世界大戰時前往土耳其從軍。電影開頭有一幕經典畫面，那是未來的田徑之星阿奇接受叔叔傑克訓練，其中有段精神談話：

> 傑克：你的腿是什麼？
> 阿奇：彈簧。是鋼鐵做的彈簧。
>
> 傑克：可以怎樣？
> 阿奇：讓我像投石一樣飛越跑道。
>
> 傑克：你可以跑多快？
> 阿奇：跟豹一樣快。
>
> 傑克：你要跑多快？
> 阿奇：跟豹一樣快！
> 傑克：那就讓我親眼目睹吧！

不知為何，「跟豹一樣快」這句話深深烙印在我腦海裡。不過，其實是後來有位海軍海豹部隊的弟兄跟我說：「凱利，豹可不會伸展。」「靈活如豹」這個想法才在我腦袋裡頭冒了出來。

豹跟人類不一樣，不需要準備就可以隨時動作。豹不用暖身、不用動用滾輪、不用提升核心溫度，隨時蓄勢待發。豹隨時都可以用上全副精力，全力進行攻擊或防禦。

當然了，我們的身體不能跟豹相比。人類在進行費力活動前得先暖身，還要學習如何正確活動才不會受傷。但是這並不代表我們不能努力朝著隨時蓄勢待發的目標前進，或是讓動作控制能力和動作幅度足以隨時展現身體技藝。豹不用為了靈活而訓練，牠們天生就夠靈活了。但是，許多人的身體相當僵緊，受限於動作幅度，無法像豹一樣柔韌有力地活動。

如果你想靈活如豹，就必須知道如何在任何情況下正確活動，除此之外，你還需要工具來對付那些會限制動作幅度的「調適上與功能上的縮短」（參見 133 頁）。這就是我在本書中要教各位的內容。

身體潛能在品質上、再造性上與普及性上的大躍進。如果把我們的身體潛能想像成某種黃金比例，那麼這一代的教練、運動員與思考家的成就，就是以光速在發散費伯納西數列[2]。

這相當瘋狂，我的意思是，就連我母親都不吃麩質，而且不時炫耀她最近的硬舉紀錄。到底怎麼回事？這個年代到底有什麼不同之處？

不同的是，在許多因素的造就之下，我們目睹了人類體能表現的全新黃金年代。這可以歸功於四個關鍵因素。

首先，**網路和現代媒體的問世**讓全球得以分享想法。各別發展出來的知識能夠更輕易地傳播。十年前，想找個奧林匹克式舉重教練，就必須要有獵犬般的決心，還可能需要一點運氣。現今，奧林匹克式舉重的兩個核心動作上膊與抓舉，已經成了再常見不過的訓練動作。

第二，在現今的訓練年代下，**人類動作的各種訓練理論與實際操作有了前所未見的高密度交流**。舉例來說，我們的健身房舊金山 CrossFit 就是個跨領域的大熔爐：物理治療師會跟頂尖舉重選手交流，奧林匹克舉重獎牌得主會與冠軍體操選手聊天，芭蕾舞者會和頂尖耐力教練一同訓練。偉大的思想家富勒（Buckminster Fuller）曾提出兼容並蓄的概念：組織適切、功能良好的系統絕對不會互相對立，而會相互支持。這種概念放在肌力與體能訓練領域，就是這種密切交流的現象。

全球人類都有共同的基礎設計與身體架構，肩膀也都用樣的方式運作：體操跳馬穩定肩膀的原則跟臥推相同，以蓮花坐姿冥想時肩膀的組織方式跟坐在電腦前工作時也相同。我們只是從極為不同的角度、用大相逕庭的方法，來解決相同的問題。至今都如此。

第三，**大眾對人體的興趣逐漸濃厚**。這個主題可能值得單獨寫本書來討論，現在線上與行動工具唾手可得，讓我們得以隨時評估自己的生活方式、營養與運動習慣，因此，維持最佳身材的責任落回自己身上。無論是頂尖或業餘運動員，都能夠輕而易舉又便宜地追蹤計算每個面向的表現與生理狀態。想知道下午那杯咖啡會怎麼樣影響你的睡眠品質嗎？沒問題。想分提自己的膽固醇，找出自己是不是吃了太多培根？沒問題！（不過我確信培根吃多少都不嫌多）。不管是追蹤血液內的化學物質，計算每日步數，或想找出膝蓋痛的根源，大眾的觀念變得很不一樣，出現更強烈的意識去管

---

2. 費伯納西數列（Fibonacci）的數字產生原理跟黃金比例一樣。數例一開始的數字很小，發散得很慢，如：0，1，1，2，3，但是數字很快就越變越大，發散得極快，如：6765，10946，17711。編注

理自己。正確的飲食、睡眠和活動可不是什麼噱頭或風潮。水壩已經洩洪，個人生理革命已經展開。

這是美好的新世界。我們不用等上幾十年，或忍受多次膝蓋手術和心臟病，才發現自己的跑步、飲食、睡眠和訓練狀況都很差。聞名世界的管理顧問、教育家與作者彼得·杜拉克說得沒錯：「要測量的東西都需要管理。」

第四個因素，也是開創黃金年代最重要的因素，就是**肌力與體能訓練的演進**。以前大家都舉很重、動很快、練很勤，以為這樣才會真正有效。現在不同了，一個優良的肌力與體能訓練計畫就能涵蓋人類動作的所有元素。設計高明的肌力體能訓練計畫能讓關節、四肢和組織都有完整的動作幅度，能讓你以動作控制展現這些動作幅度，還能讓你在實際負重、增加代謝需求與心肺需求、兼顧速度與壓力的情況下達到上述目標。除此之外，現代教練會將健力、奧林匹克舉重和體操（徒手）訓練等功能性動作的守則結合起來，融入單一訓練場中，幾乎就涵蓋了身體能做出的所有姿勢與動作。這代表在健身房做的任何動作都能轉換應用在運動與生活中。這樣完整的體能派典，再加上大量人口以相同動作語言進行跨領域交流，全球史上最大規模的人類動作模型實驗就此展開。

舉個例，我們的健身房舊金山 CrossFit 成立了 14 年，至今已經舉行了近 10 萬次訓練課程，內容包括各種形式的功能性動作訓練，獨立模式（如健力、奧林匹克舉重、體操和跑步力學）以及混合模式（如 CrossFit）皆有。這可能產生的模式在數量上相當驚人，一位臨床醫生或教練要用一輩子才能累積出來。將這數字乘上數千個地點，均衡的肌力與體能訓練計畫成了全世界最強大的診斷工具，在測試及再測試的水準上罕見敵手。逐漸累積下來的智慧讓我的系統得以誕生。這間健身房就是一座實驗室。

我們刪除了人類動作上及運動表現上的關聯動作（即不完整動作），並以真實的動作來取代。以仰臥舉腿測試為例，物理治療師經常用這個測試來衡量大腿後側肌群的動作幅度。進行方式如下：平躺，髖關節屈曲抬腿。雖然仰臥舉腿測試特別能夠展現大腿後側肌群的動作幅度（及其他能力），但日常生活或運動時根本不會做這個動作。因此，這就是關聯動作。

另一方面，硬舉不僅測試了大腿後側肌群的動作幅度，還能在進行實際人類動作的過程中，突顯動作控制能力。換句話說，要診斷活動度，根本不用進行仰臥舉腿，只需要證明自己可以在保持脊椎平直、中立的情況下，從地上撿起東西就行了（換句話說，就是硬舉）。我們就是這樣將動作一層層剝掉，剝到只剩核心。

想想看，這是多麼大的思想轉變。

過去，運動員在說明技巧與生物力學的微妙問題時，一般人總是很難聽懂。中年男性在打籃球鬥牛時為什麼這麼容易撕裂腳跟腱？因為他們在打球時很難察覺潛在的差勁動作模式。他們以極快的速度改變動作形式，從一個姿勢換到另一個姿勢（順帶一提，對中年男性來說，籃球是最危險的運動）。要避免這些傷害，就要有個工具讓看不見的問題現形。你必須進實驗室（健身房），用功能性肌力與體能訓練動作來衡量動作模式，以免有天發生前十字韌帶撕裂、椎間盤突出或旋轉肌撕裂這類的災難。除此之外，你還需要一個能讓你找出動作控制或活動度問題的模型。

持之以恆、有系統地接觸幅度完整的功能性動作，將動作控制維持在最佳狀態（這就是我會在第二部教各位的內容），你便能迅速找出錯誤技巧、無效動作、整合不良的動作模式，還有力量、速度和代謝體能訓練的缺失，以及活動度的限制。

最棒的是，用來偵測、預防傷害的工具，同樣也能用來改善表現。如果中年男性知道怎麼將關節穩定在良好位置上，腳踝也定期做出槍式深蹲或過頭深蹲等幅度完整的動作，「腳跟腱撕裂」症候群發生的機率就會降低。

不僅如此。現代的肌力與體能訓練環境成了空前完整的方式，不但可以用有系統的方法去測試與再測運動表現，並診斷效率低下及功能失調的動作，甚至還打造出了一種正式、通用的人類動作語言。簡而言之，如果你能理解幅度完整的肌力與體能訓練運動的原則，並且能在低風險環境（如健身房）運用，就能進一步應用到生活、運動、跳舞、格鬥競技與休閒的活動與姿勢上。

舉例來說，如果你知道如何在硬舉或上膊時做到脊椎中立、穩定髖部和肩膀，就有了一個撿起地上東西的萬用模型。如果你知道如何打造出穩固的脊椎中立姿勢（見第三章），並在引體向上時利用橫槓製造力矩（見第五章），就可以放心將同樣的原則應用在爬樹上。在健身房練習了安全穩定的姿勢後，便可開始與健身房外的動作連結。

背後的原理如下：如果你只是爬樹，就可能無法知道自己是不是用最安全、最有效率的姿勢（穩定肩膀與軀幹）在爬，除非你同時也做正式的引體向上動作。換句話說，雖然爬樹和引體向上都遵循相同的基本動作原則（第一部會詳述），但要在爬樹時看出自己的姿勢是否安全穩定，會比在健身房用引體向上來判斷要難上許多。所以，健身房除了是座辨識、診斷並治療不良動作的實驗室外，還是個安全的、受到控制的環境，可以讓我們一

層層檢查這些萬用、可轉換的概念，以加速學習，減少受傷的風險。

除此之外，肌力與體能訓練的原則讓通用動作語言得以誕生，因此產生大量跨領域的動作討論與合作。現在我們已經不再單純認為「練體操是件好事」，而是認為「練體操是件好事，因為倒立姿勢能讓人輕鬆學會如何穩定與組織肩膀，而且結束動作和肩膀需求都跟挺舉一樣」。運動教練與選手都能理解「正規」的人類動作有多萬用，而且我們在健身房原本就會不斷追求表現，也很容易就能從這點來追蹤、測試姿勢品質的變化。這正是我們要記錄功輸出、瓦數、磅數、次數和時間的原因。

許多聰明人將畢生時間拿來研發系統，幫助我們理解人類活動的原理及病痛的原因。這些系統有用嗎？當然，不過程度與應用方式各不相同。我們應該捨棄這些系統嗎？當然不應該。但是，舊的人類動作模型，與目前我們所知的把身體潛能推到極致的最佳方法，這兩者間有很大鴻溝。為了連接兩者，我們需要一個涵蓋所有基礎的模型，告訴我們，在不同狀況下要如何正確地活動、如何偵測並矯正常見的姿勢與動作錯誤，並教導我們如何定期維護自己的身體、改善動作幅度與緩解疼痛。這就是我打造動作與活動度系統的出發點。

落後指標：錯誤的動作有哪些跡象

如上節所述，瑜伽等傳統系統使我們獲益良多。這些系統的確有某些功效，但無法針對人類運動的每個面向。當然，這些系統也可以轉換到別的動作上，卻不適用於所有人類動作。我們需要的模型，不但能教我們在任何情況下正確地活動，還能在疼痛或傷害真正發生前告訴我們哪裡出了錯。

但是，要怎樣才能知道自己的肌肉與骨骼出了問題？說得更詳細點，要怎麼知道自己的身體並沒有發揮全部潛力呢？一般運動員會注意的跡象包括疼痛、腫脹、動作幅度降低、力量減弱、麻木與刺痛。你可能會這樣自言自語：「最近跑步時膝蓋都會痛，不知道膝蓋是不是出了什麼問題？」這很常見，但這種思路其實有不少錯誤。

第一，疼痛和其他受傷症狀其實都是落後指標。舉例來說，腫脹可能代表組織使用過度或力學不良而造成拉傷。可是，腫脹其實是事後才出現的跡象，組織傷害早已造成。如果有診斷工具能在事前找出哪些部位有功能障礙，並告訴你身體不太對勁，那肯定會有很大的幫助。

想想看，你得等到汽車引擎故障才知道該加油了，或士兵要等打到一半時

武器突然卡住，才知道該保養了，這很荒謬吧？但是一般來說，現代運動醫學就是這麼一回事。我們要等到哪裡壞了，而且有時候是徹底壞了，才會請外科醫師或物理治療師治療。這種模式讓整形外科醫師忙得團團轉。

當你拖著髖骨那多年來因為動作不當與組織僵緊而磨出的洞，走進診療室時，你可以想像醫生會怎麼想吧。「你沒開玩笑？你的髖骨是設計成耐用110年的，結果你不到20年就磨破一個洞？」（真人真事）。再想像一下，你的背已經痛到不行，腿不斷發麻，這才發現以前在海軍陸戰隊揹著50公斤重的背包時用的是糟糕的脊椎力學（也是真人真事）。

正如一個燈鈕是設計成可以開關上萬次，我們的身體也設定可以耐受上百萬次的動作負載循環。是百萬次！不過，你每一次用錯誤姿勢深蹲、彎腰或走路，都會加速磨耗。等到你的髖骨磨出了一個洞、椎間盤突出或關節唇撕裂，很可能已經將上百萬次的動作負載循環全消耗完了。換句話說，你的組織與關節不僅磨損了，身體還承受了百萬次的錯誤姿勢與動作負載循環。人人不盡相同，基因、訓練量和其他生活因素都會造成重大的影響，但如果你學會按照身體的設計來活動，就能夠減少全身承受的壓力，降低耗損循環量的速度。

第二個問題是，人類以生存為目標。你的中樞神經系統控制整個身體的感官與力學訊息流。在腦幹中，疼痛與動作共用同一條路徑，這可不是巧合。如果你撞到手指，直覺反應就是動一動手指。為什麼？你沒辦法在接收動作訊號的同時接收疼痛訊號。這個設計精巧的系統會將惱人的疼痛訊號壓抑為背景雜訊，讓人類不斷活動、求生，只有在停止活動時，才會收到疼痛訊號。換句話說，動作（感官輸入）能夠壓制疼痛訊號，讓你繼續運動與訓練。難怪平躺睡覺時，肩膀會開始抽動。你的腦袋已經不再接收動作訊號，只會接收到疼痛訊號。

想像看看，你一輩子像運動員一樣接受訓練，並在無數小時的訓練與競賽時間內忽略身體送出的疼痛訊號。在動作與疼痛的一片混亂噪音當中，你其實不太可能聽得到組織受傷與衰竭的疼痛訊號。在做高負重動作與最大輸出的時候，其實很難感受到疼痛。若再加上壓力，不幸遲早會發生。如果你打過架，你八成會知道打架時不會馬上感到疼痛。專業格鬥家會告訴你，他們感受得到強烈的衝擊與震盪，但不會馬上感到疼痛。人體的設計讓我們能承受擊打，繼續搏鬥，晚點再來處理後果。

運動也一樣。姿勢有偏差，開始危及組織時（像是圓背硬舉），當下可能不會感覺到疼痛，在比賽壓力下更是如此。但是，格鬥家會在腎上腺素消退後感到格鬥競技帶來的後果，而你在做了20次姿勢不正確的硬舉後，身

體一冷卻，背部也會發出哀號。技巧越好的格鬥家越不會受到傷害，也因此賽後比較不容易疼痛。同理，你越會硬舉，背部扭傷的風險也會越低。

第三個問題也是現下的想法中最值得注意的問題：我們將完成任務當成首要任務。「有或沒有，任務完成了沒，重量舉起來了沒，距離游完了沒」，但這就像是在說：「我硬舉舉起 500 磅，卻讓椎間盤突出了。」或是「我跑完了馬拉松，髖骨卻磨出了個洞。」想像一下，把這種要求延伸到生活其他方面會變怎樣，「我烤了份土司給你！但我把整間屋子燒光了。」

在地方馬拉松的終點觀察，會看到許多完跑的人露出痛苦神情，就像是被車撞或生了重病。的確，他們跑完了全程，這點沒人能否認。在某些情況下，完成任務的確是首要任務，像是奧運決賽、世界冠軍賽或軍事任務。但就算是這些情況，你也可能會付出重大代價。這種任務至上的盲目心態加上過度簡化的疼痛指標系統，不難看出運動員是怎麼挖出個大洞給自己跳的。

許多運動選手會這樣硬撐幾十年，揮霍天生體質，在毫無疼痛的情況下完成每天的鍛鍊，直到有一天沒戲唱了。你可以用圓背舉重、駝著背癱坐在椅子上，但有一天可能突然再也辦不到了。那要怎麼避免傷害自己？你需要一組領先指標，一組可以觀察、測量、重複診斷的工具，讓你能在潛在問題惡化成傷痛不適之前就預先看出來。好消息是，我們已經擁有這份資訊，也就是「訓練」。

將訓練當作診斷工具

人類的動作，以及在這些動作中伸展的身體姿勢，其實只是生物力學和動作技巧的組合。讓人們認識更多種動作，並透過完整、正常的動作幅度來表現身體控制力，我們就能讓動作控制與活動度的問題和低效率現形（將於第五章詳述）。

這指的是，在訓練腿或肺活量時，也要同時把診斷放在心上。硬舉不僅僅是從地上舉起重物，而是動力學的問題：你能不能在有壓力的環境下深呼吸撿起物品，並全程有效率地穩固脊椎，表現出完整的後側鍊動作幅度？我們不需研發出一組全新的關聯動作或診斷動作，就可以了解從地上舉起東西的原理。我們只需觀察執行動作時發生的事，也就是必須了解為何要執行這個動作，還有要怎麼正確進行。

重新設定訓練目的，將訓練當作診斷工具也可以帶來其他好處。第一。這麼做比較有效率。有系統、有效率地衡量、過濾動作問題，絕對不會像海

底撈針。所有能幫助我們更理解背後原理的系統或工具組都是好東西。關鍵如下：任何好的衡量工具，就算是以關連動作、非真實動作打造的工具，都要能輕鬆調整，意思是，這個動作或運動必須能調整並應用在所有年齡、體型或技術級別的運動選手身上。這個工具還必須有針對性，能協助教練處理他在特定日期、特定選手、特定動作上看到的問題。 最後，這項工具還必須要能變動，讓教練和選手得以觀察、測量和重複進行。每天持續訓練與評估，長久下來便能讓教練和選手能夠有系統地發掘問題，著手矯正。請記得，人類動作複雜又繁瑣。將診斷和訓練流程結合起來，才能確保沒有疏漏。然而，你不可能在一堂訓練課中練到所有動作或能量系統，你也不需要在一天之內就評定、解決所有缺失。辨識問題、修正問題，加強刺激挑戰，找出更多運動缺失，這是一輩子的事。唯有這麼做，才能成為更好的運動員。

這個依當日的動作與訓練而變的模型還有一個優點：不論是範圍或練習的內容，都不會造成太大的心理壓力。一次修正一個問題，任何人都辦得到。但是，一般運動選手的功能障礙都是一長串清單。最重要的就是要持之以恆地訓練，始終面對問題。小型的、持續的姿勢修正不會花選手或教練太多時間。你的首要目標依然是訓練，而非用一堂課解決一長串功能障礙。

我還沒碰過動作控制、活動度和生物力學效率都堪稱完美的運動員。我認識的成功運動員大部分甚至還會浪費大量力矩和力量，做不出動作幅度的關鍵範圍。然而，他們依然是世界上最好的運動員。在運動員目前的訓練中插入 10 或 15 分鐘的動作修正，絕對應付得了，而且能長期維持。現代的訓練課程是種小型奇蹟，將課程內容、營養與生活方式諮詢、力量訓練、技巧指導、代謝體能訓練與活動度訓練都壓縮進短短的時間裡。在塞滿的訓練課中加入複雜又耗時的全身檢查動作與修正，只會讓人舉白旗投降，回到消極等待問題發生的模式，同時訓練多名選手時更是如此。但是，如果教練可以為當天的動作需求設計幾個特定的修正方式（鬆動術技巧，請見第三部），就能輕鬆達成目標，選手還能將鬆動術和姿勢的改善連結在一起。運動選手的特質就是貪心又聰明：為了在最短的時間內有最大進步，什麼都願意做，因此顯得貪心；為了改善表現或緩解疼痛，會不斷重複特定的練習與修正，因此顯得聰明。

將訓練當成診斷工具有第二個好處：把修正不良姿勢的目的從預防傷害轉為改善表現。這麼做有雙重意義，其一是讓你不要眼中只有完成任務。「我沒受傷，膝蓋也不會痛，而且我還得過奧運金牌，那我幹嘛在意傷害預防？」不過，如果你將重點放在輸出，那麼你肯定會想不斷追求更好的表現，不斷做些微調來改變姿勢、效率、功輸出、磅數和瓦數。我們的目標不只是培養出全球最厲害的運動員，而是讓全球最厲害的運動員變得更厲害。

上述都是相當重要的衡量標準，因為追求正確姿勢絕對不該破壞力量產生或功輸出。你不用在安全和世界紀錄之間二選一，犧牲其中一個。如果你想追求的是運動表現，也能順便預防受傷。如果你想了解姿勢不良背後的原因，也能順便獲得更好的力學優勢、改善槓桿，並提高力量產生的效率。舉例來說，改良過的髖部力學可以改善整體髖關節動作幅度，說不定還能讓你打破深蹲世界紀錄。若划船手能夠改善胸部伸展動作，在椅子上便能坐得更高，加強對肩膀的控制能力。要是他注意到瓦數輸出增加、時間減少，對此系統的信賴便會加深，更會自己重現這個結果。

將當天的訓練動作當成現成的持續診斷工具，還能經由其他方式用在運動培訓上。舉例來說，用一般檢測程序衡量選手的力學障礙，通常只能針對選手當天狀況。在激烈的小週期訓練、比賽或延長活動過後，運動選手經常出現組織僵硬。若能以一個完善的肌力體能訓練計畫為基礎，針對每日動作設計出兼具診斷性與活動度的內容，便能打造出不需要額外耗費心力的週期性系統。只要持續做那些能表現出完整動作幅度和動作控制能力的動作，就不會出現疏漏。我們對健身房的概念——健身房可以是什麼、應該是什麼——從此翻轉，而且是往有益的方向翻轉。

健身房就是你的實驗室

現代人應該將健身房視為人類表現的實驗室。無論是為了生活、運動或在反恐特警隊值勤，健身的目標都應該要放在超越力量、速度與代謝的需求。健身房也應該是你竭盡所能調查所有效率不佳的姿勢、糟糕的力學、錯誤或代償動作模式的地方。不然還有什麼地方可以讓你安全地展露自己的動作失調與肌肉組織問題？健身房／實驗室是一個安全控制的環境，讓你可以安全地、有系統地增進技術，同時改善力學與動作幅度問題。

好的肌力與體能訓練計畫有兩個特徵：

1. 能定期、持續挑戰力量與體適能，強化體格。
2. 能在各式各樣的需求與情境下展現動作控制，並可將這樣的動作控制轉移用在運動與日常生活上。

如果肌力與體能訓練計畫可以用負重、代謝需求、速度與競賽的額外壓力，持續考驗你的姿勢，那麼你的制約傾向、習慣的動作形式及真正的體質便會展現出來。

我用個簡單例子來說明這個論點。我們的健身房裡，經常有運動員用 PVC

管做出正確的過頭深蹲。這種深蹲對髖部與腳踝的要求很高，是最具挑戰性的深蹲。運動員必須打直軀幹，穩定肩膀，並將手臂（負重）高舉過頭打直。但是，如果我們要同一個運動員先跑 400 公尺，再用任何比槓鈴重的器材做個幾下過頭深蹲，同時還要跟另外一個人比賽呢？這樣訓練出來的運動員會完全不同。我們只是增加了一點過頭深蹲的運動量、強度、壓力和代謝需求，便能迅速安全地讓隱形的東西現形。

之後我將進一步討論如何用這種方法安全測試動作品質（請見第五章〈運動分級系統〉），目前的重點是先搞懂這些測試為何能讓你有最佳表現、最大耐力。在快速測試表現極佳的人當中，有些人在現實生活的活動中卻做不到。依據該運動員的能力來調整負重、運動量與強度，不僅能夠找出動作中的缺失，還能讓他更強壯、速度更快、更有爆發力，綜合能力更強。換句話說，如果你的形態完美、動作敏捷，那麼就必須提高重量、運動量和代謝需求，並加進一些需要更高等級動作控制與活動度的動作。你應該要找出自己開始做不到的門檻，而這個門檻不只能用來判斷動作品質與技巧，還能讓你更強壯、速度更快也更有效率。

有些厲害的運動員有辦法緩解短時間內的動作功能失調，也就是掩飾活動度限制和不良技巧，但是只要稍微有些疲勞，姿勢就會失去效率。然而，如果他在高強度、負重下的前蹲舉和跑步時，活動度與動作控制能力足以維持脊椎、髖部和膝蓋穩定，就更可能在關鍵時刻重現這個高效率姿勢（像是奧運划船總決賽最後 500 公尺）。

如我所說，健身房就是實驗室。教練不可能為了尋找動作錯誤，圍著數百名正投入實際比賽的運動員轉。教練不僅要是數百種運動的世界級專家，還要能完美掌握時機，及時發現運動員崩潰的時刻，同時還需有足夠的技能組合來就特定運動糾正錯誤。幸好，你不需要精通每種訓練模式，就能夠辨識、修正特定運動的問題。你只需要重設訓練動作的目的，將訓練當成診斷工具就行了。這麼一來，你便能在安全的、受到控制的環境裡，觀察、留意動作品質的每個面向，並修正不夠理想的部分。

肌力與體能訓練因此成了運動能力開發與所有人類表現模式的核心。如果能以負重、速度、心肺／代謝需求與壓力來挑戰動作能力，並規劃成訓練課表，幾乎能修正所有的身體障礙與能力不足。舉個例子來說，與我合作的世界級運動員經常連最基本的輕量硬舉、深蹲或伏地挺身都做錯，容易不自覺變成習慣的功能失調姿勢。因此，鍛鍊或比賽一結束，這些運動員就無法維持像樣的脊椎或肩膀姿勢，這一點也不令人意外。如果你熟悉中軸穩定與製造肩膀力矩的原則（本書都將詳述），你就能夠將這些原則應用到另一組動作需求上。跑步其實就只是維持穩固且中立的脊椎（見第 36

頁），同時身體前傾、伸展髖部。划船時如果用力深呼吸，看起來就會跟輕量硬舉相當相似（第196頁）。這種見解相當寶貴。

為了完全施展你的運動潛能，降低傷害與疼痛的風險，就得為你的運動項目準備好所需的體能（就算這門運動是日常生活或競技格鬥），並且自行診斷你的動作與活動度。這就是要在健身房／實驗室訓練、練習功能性動作的原因，這樣你就能做好準備去學習新技能、執行新任務。如果你的關節和組織的動作幅度夠完整，也相當熟悉動作原則，就會像張空白的畫布。從來沒摔角或打過美式足球也沒關係，如果你知道如何組織自己的身體、穩定軀幹（第二章）和在四肢製造力矩（第三章），一踏進賽場你就能占上風。

記得，典型的肌力與體能訓練動作（體操、奧林匹克舉重、健力、短跑等），都是人類動作的語彙。運動看起來不會跟深蹲或臥推一模一樣，但是如果我們多聯想、留意這些動作背後的原則，就可以將相同的原則運用到運動或生活上。舉例來說，如果美式足球選手知道深蹲時要如何站穩腳步、製造髖部力矩，在擺出三點預備姿勢時就能找到穩定與有效的髖部、膝蓋和腳踝姿勢。反之，如果教練觀察到選手深蹲到底時，膝蓋穩定效率不佳，可能代表這個膝蓋姿勢在場上較為脆弱、效率較差。

換個角度思考，在健身房學習正確活動身體的方法，就像在學校學習讀跟寫，都是讓你接受正規教育，變得越來越熟練。壞消息是要打好基礎就必須投資時間，好消息是任何時候開始都不嫌晚。

人體具有驚人的再生能力

人體具有強大的自癒能力。在年齡狀態，甚至任何狀況下，人類這種動物都能夠大量修復、重塑組織。當然，撕裂的前十字韌帶不會自動接回去，突出的椎間盤要很慢才能恢復，但是人體可以承受長時間大量的折磨，才會受不了投降。

我們的身體之所以能承受錯誤的運動與生活型態，是因為人體功能所具備的耐受力相當強。不過，千萬別以為我們有這樣的基因恩賜，就能理直氣壯地隨自己高興亂吃、亂睡、亂活動。此外還有一個更重要的重點：大多數典型的肌肉骨骼功能失調其實都是可以預防的疾病。

在討論動作失能時，將疼痛與傷害分成四類會非常有幫助，這裡按照發生頻率列出：

在健身房裡，下列因素占功能失調的 2%：
  ‧病變（身體有嚴重問題）
  ‧重大傷害（被車撞）

在健身房裡，這些因素占功能失調的 98%：
  ‧過度緊繃（動作幅度不足）
  ‧開放式迴路的問題（以不正確姿勢活動）

病變

病變是醫藥治療的範疇，僅占健身房常見問題的 1%。但是，好的教練與指導者在跟選手溝通時，都必須有這個層次的思考：「你的毛病應該不只是背痛那麼簡單，聽起來像是腎臟感染。」或是「我不覺得你是過度訓練。你手臂上有個可疑的咬痕，四周還有一圈鮮紅色的傷口，最好去檢查看是不是感染了萊姆病。」這兩個都是真實的例子，而且就是因為這樣，任何有經驗的醫師都會關心你的膀胱或腸胃功能，詢問你是否有莫名體重增減、夜間盜汗、暈眩、發燒、噁心或嘔吐感，這就是要確認是「膝蓋痛」而不是「膝蓋骨癌」。我們會告訴教練，如果選手描述自己肌肉骨骼問題的方式不太對勁，最好請他們直接去找醫師。

重大傷害

這類功能失調包括被車撞，夜間順風跳傘時撞上樹幹，或膝蓋被一百三十五公斤重的美式足球球員迎面撞上。重大傷害是現代運動醫學最厲害的地方，重建與傷口管理能力也達到歷史高峰。無論領域為何，挑戰極限絕對有可能發生差錯。幸好，重大傷害只占 1%。

目前已經解釋過健身房裡 2% 的常見動作功能失調，那其他 98% 為何？很簡單，就是可以預防的過度緊繃和開放式力傳遞迴路的問題。

過度緊繃

我不時會看到有些運動員明顯缺乏動作幅度。舉例來說，有些奧運獎牌得主在髖關節與股四頭肌的前側鏈[3] 系統減少 50% 以上的動作幅度。想像你正在跟好朋友吃飯，卻突然注意到他的手肘彎不過 90 度。你可能會問：「你的手肘怎麼了？」他會回答：「沒事。我打破了臥推世界紀錄，但每次吃

---

3. 前後側鏈為物理治療專業用詞。包覆在肢體前後和兩側，相互連接，負責帶動肢體動作的肌肉關節構造，統稱為前後側鏈。審訂注

東西時脖子和手腕都痛得要命。」

這個例子聽起來有點蠢，但其實相當常見。整體來說，這個問題常出現在比較不會影響社交活動的關節／組織系統，像是腳踝、肩膀和髖部。記得別只想到屈曲（彎曲）和伸展（伸直）。完整的動作幅度還包括身體的旋轉能力。假裝自己要吃東西，將手舉向嘴巴。進行這個動作的過程中會產生阻力嗎？會的話就不對。你的四肢和關節的活動，應該會在接近活動範圍的終點前遇到阻力，然後整個動作停止，範圍既不應受到限制，過程也不應該很僵硬。只要出現其中一個症狀，都代表你的關節或肌肉過度緊繃。簡單來說，就是因為你的組織緊繃，因而失去正常動作幅度。

當我替運動員評估姿勢和動作代償，或是受傷疼痛的組織時，幾乎都會發現功能失調部位的上方或下方的關節或組織動作幅度嚴重受限。假如你的腳踝痛，很有可能是因為小腿後側肌群太緊，拉住踝關節，限制了動作幅度。如果你的膝蓋疼痛，很可能股四頭肌、髖關節、大腿後側肌群和小腿後側肌群（所有與膝關節連結的肌群）都變得很緊繃。疼痛的原因並不難解開：就是缺乏關鍵的動作幅度，使你無法做出正確的動作，也無法維持良好姿勢。用鬆動術技巧來緩和過度緊繃的肌群，能讓患處「放鬆」，改善系統效率，減輕局部關節疼痛。我將這辦法稱為「上下溯源法」（upstream/downstream approach），會在第六章詳細說明。

注意，傳統上思考組織過度緊繃所伴隨發生的問題（如「膕旁肌緊繃造成下背痛」），認為最主要的原因是「肌肉太短」所引起。但是事情沒那麼簡單。肌肉「長度」是個極度複雜的現象，影響因素包括肌束內筋度（intramuscular stiffness）、神經動力學、動作控制、髖部與關節力學等等，甚至和組織的含水量有關。不過說到底，最重要的還是靠改善姿勢與受限的動作幅度來治療過度緊繃的系統。這正是我接下來要教的內容。

開放式迴路 [4] 的問題

這類傷害包括了大多數肌力體能訓練界最嚴重的運動創傷。前十字韌帶撕裂、屈曲性椎間盤突出、二頭肌肌腱撕裂、髖部與肩部關節唇撕裂與阿基里斯腱撕裂等傷害都屬於此類。

你的身體是一具單純的機械系統，以「含水」的生物組織構成。這個系統在輸出巨大的力量之前，若能夠先創造理想、穩定的姿勢，便能有最好的運作。大多數人都很熟悉一項準則：動作功能是以一連串的收縮開始，從肢體軸心到外圍、從軀幹近端到遠端、從中軸骨骼到周邊骨骼。這個準則是絕佳範例，說明了身體若要發揮最大效用，就要讓動作的力量在封閉的

迴路中傳遞，也就是在動作啟動之前，脊椎有足夠的支撐保持穩定、髖部和肩膀穩定、雙腳踩穩且腳尖向前等。但問題來了，就算姿勢不良，身體還是能夠持續產生力量。這就好比在引擎沒有機油或爆胎時開車，當然短時間內還是開得動，只是代價很高。你的身體會轉換到「輔助的」或「次要的」穩定系統，背部拱起、雙肩內旋、膝蓋與腳踝往內靠近等。這就是「開放式力量傳遞迴路」與「動作代償」的意思：當你處在動作幅度不足，或是缺乏動作控制能力與穩定性，會以不良姿勢的方式來代償，導致一部分的力量或功率從這種開放式的迴路中流失。當你彎腰撿東西時背部拱起，這個背部彎曲就是種開放式迴路。

舉個例子，動作控制系統受損的腦性麻痺兒童有正常的認知能力，只是大腦沒辦法好好控制身體的各種動作，但是這些孩童還是能夠行走活動。他們的身體很聰明，會以足弓與腳踝塌陷、小腿內旋和膝關節外翻[5]、大腿內旋及髖關節內收夾擠、腰椎過度伸展（由於無法做出理想姿勢，所以做出代償動作），讓身上的組織利用輔助姿勢做到穩定狀態，在這些組織磨損耗盡之前，還是能達到相當好的功能。

---

4. 人體活動時，肌肉收縮產生力量傳遞到關節產生運動或承受負荷，過程中每個部位依序產生動作，不同的動作功能力量傳遞有特定路徑，如果肌肉骨骼關節系統的每個部分維持在理想的姿勢與位置，整個過程會非常省力且有效率，組織的磨損也非常小，這樣的狀態就稱為封閉式迴路。一旦身體的組織構造無法維持這些姿勢與位置，肌肉產生的力量有一部分會在整個傳遞路徑中流失，同樣的動作就會需要更多的力量，效率會降低，組織的磨損也會增加，這種情形就稱為開放式迴路。審訂注

5. 膝關節外翻：原文 knee valgus/ genu valgus，譯為膝關節外翻。需留意的是，外翻指的是遠端骨骼的位置，即小腿脛骨朝向外側，因此兩條腿的外形會呈現 X 形而非 O 形。審訂注

➕ 封閉式迴路

➖ 開放式迴路

開放／封閉式迴路的例子

封閉式迴路的照片中，我擺出穩定姿勢，能夠使出最大爆發力，減少受傷風險。開放式迴路的照片中，我擺出不穩定的姿勢，不僅會流失爆發力，還可能造成椎間盤突出等數種傷害。

如果你曾經看過有人在以錯誤的方式做大重量前蹲舉時，以下姿勢對你來說應該很眼熟。如果你沒辦法用穩定的姿勢來產生力量，身體就會為你提供另一種方法。你不需要強調踝關節或髖關節的動作幅度，你的身體會用腳掌外翻的方式來代償。你不需要努力維持髖關節前側的動作幅度，你的身體會以腰椎過度伸展來達到相同的目的。

開放式迴路的問題包括：

- 圓背（駝背）
- 肩膀前傾
- 腰椎過度伸展
- 腳掌外翻或足弓塌陷
- 頭部前移或下巴抬高
- 手肘往外打開

問題就出在這裡：我們會將功能與生理機能搞混。有些姿勢能提供簡單的功能，例如跳躍時以扁平腳掌的方式落地，但加上了速度、負重或組織疲勞，就會有風險。當然，你可以長期以圓背（駝背）的姿態（脊椎構造自然放鬆的穩定姿勢）抬起重物，但你的組織遲早會變弱，導致受傷。這些「非參與動作」的組織在這種不當的動作方式下，一直重複使用，最後就會失效。

這個概念背後的意思相當驚人。大多數前十字韌帶的傷害其實都能預防，尤其是幼童時期。大多數肩關節脫臼其實都能預防，大多數椎間盤突出也都能避免。記得，你的組織照理來說是可以用上 110 年的，只要你知道有哪些姿勢是穩定、可以保護組織、避免不幸發生的。然後，請練習這些動作姿勢。不僅如此，你的生活方式也必須配合，也就是水分攝取、食物品質、睡眠等等，並且避開其他可能破壞組織健康、危及動作表現的因素。

千萬別犯下基本的調適性錯誤

如我所說，我將會教導各位最安全、最有效率的身體姿勢，讓各位能有最理想的運動表現，同時解決疼痛和功能失調。但是，在進入實際的動作原則、評估診斷、動作分類與鬆動術前，各位必須先知道，錯誤的生活方式會直接影響身體活動。我們先談談這件事，為各位奠下成功的基礎吧。

在生活方式上，你不能犯下基本錯誤，還希望訓練方式有偏差時，身體能夠自行吸收後果。舉例來說，水分、營養、睡眠和壓力等基本錯誤的確可

能不會直接影響你用橢圓運動機來訓練二頭肌。但是，若體能處於顛峰狀態的運動員犯下這些基本錯誤，就可能有直接影響，導致表現輸出大幅減少。即使只有 2% 的脫水，都可能讓攝氧量（消耗氧氣的能力）減少 5-10%。睡不足六小時？準備迎接血糖值增加吧（前期糖尿病）。壓力過大？進行繁重的體能訓練就別夢想能有健康的調適反應，身體很容易就垮掉了。

生活形態調適不良對組織也有一個比較不明顯的影響。選擇不健康的生活，結締組織、半月板、椎間盤、筋膜、關節軟骨、肌腱與韌帶等等，均會面臨到立即且持續不斷損耗的影響。為了提高運動表現而去管理、調整生活方式，這個主題超出了本書的討論範圍，但是我必須說明，我常看到許多選手在處理、矯正了這些重要問題後，活動度（和姿勢）都有明顯改變。

調適性錯誤包括：

- 缺少暖身或收操
- 睡眠不足
- 水分補充不足
- 營養不良
- 久坐缺乏活動
- 壓力

一想到人類動作有多複雜，生活有多少層面會直接影響動作力學與組織健康，總會讓人不知所措。但是，在這具精美複雜的人體系統背後，有個簡單的事實：你的身體有著相當驚人的能力，能夠處理不良力學。就算技巧不良、組織受限，還是能夠產生驚人力量，忍受大量折磨。就算以不良技巧快速活動、抬起重物或坐上一整天，你的身體還是能做好事情。但是，總有一天身體會告訴你，你做錯了，那時候身體可不會只是喃喃抱怨，而是會直接封鎖你產出力量的能力，讓你痛不欲生。如果各位目前有受傷和疼痛的問題，別等到明天才開始正確地活動。傷害可以逆轉。如果你現在身體健康，不要等到受了傷或疼痛時才開始照顧身體。現在就開始。

原 則 與 理 論
PRINCIPLES AND THEORY

本書的目標是為讀者提供藍圖，讓各位學會在各種情境下安全又有效率地活動，並懂得如何對自己的身體做定期、基礎的維護。這一部就是我要給各位的藍圖，好替第二、三部的技巧以及第四部的活動度處方奠下基礎。

第一章將會介紹脊椎力學，解釋為何要優先穩定脊椎中軸，以及如何正確地將脊椎穩固在中立姿勢上。接著，各位將會學到「組織」成良好姿勢是什麼意思、有何重要性，以及正確執行的方法。各位會學到，要有多少動作幅度才能讓運動表現達到顛峰，了解有哪些常見的姿勢與動作錯誤會阻礙表現、導致受傷，又如何矯正。最後，各位將學會如何升級運動動作，逐步建立功能性的、可移轉的動作模式，以及改善動作幅度、緩解疼痛的活動度方法。這些都在本章，我們馬上開始吧。

01

身體中軸的穩定與組織（脊椎力學）

要重建並讓身體記住功能性動作模式，同時將動作效率最佳化，產生最大力量，並避免受傷，第一步也是最重要的一步，就是優先調整脊椎力學。為了安全且有效率地將力量經由核心傳送至四肢，你必須讓脊椎處於中立姿勢，接著啟動軀幹的肌群，讓整條脊椎都很穩定，也就是所謂的「穩固」[6]。這就是中軸穩定與組織的基礎。本章將會解釋為何優先調整脊椎力學是最重要的一步，並教導讀者如何以最理想的姿勢組織、穩固脊椎。

綜觀歷史，先進的思考家都不斷強調將脊椎組織成良好姿勢、身體用力、繃緊腹部並穩定軀幹的重要性。「核心至四肢」的概念並不新。大家都知道，如果不將脊椎組織、穩固至最佳狀態（呈中立姿勢：頭對齊肩膀，肋廓與骨盆上下對齊），就無法以高效率將能量傳送至髖部與肩膀這兩大引擎（詳見第三章），結果是大幅流失穩定度、力量與功率，引發各式各樣的疼痛與傷害。

但是，脊椎仍是相當脆弱的一環。就我擔任物理治療師的經驗來看，連全球頂尖選手都常有些軀幹相關的錯誤和弱點。而這些選手都很清楚，要有穩固、組織良好的脊椎，才能夠安全、有效率地活動。但問題來了，為什麼阻礙表現、導致受傷的基本脊椎姿勢問題這麼容易出現呢？原因有數項。

首先，初學者在做動作或舉重時的重點經常放在「完成」，而不太在意或完全不顧脊椎力學。我在序中提過，不良姿勢的確可能產生大量的力，也不會帶來立即明顯的負面後果。我看過選手以過度伸展的圓背脊椎姿勢舉起驚人的重量，完成時還毫髮無傷，滿臉笑容。這不一定是壞事，有些專

---

6. 穩固的原文 brace。在物理治療上，brace 指關節護具，例如 knee brace。這些護具能將關節包覆起來提供支撐，作者擴大使用這個字，用來描述肌肉收縮對身體提供的支撐。審訂注

業選手可能真的衡量過代價與成果，最後做出這樣的選擇。設想一下，有個舉重選手為了打破硬舉世界紀錄，以圓起上背的姿勢舉重，雖然他失去了肩膀穩定度，功率從脊椎系統中流失，但是圓起上背的確能縮短舉起重量所需的距離。他很清楚自己可能受傷，但他願意冒這個險。關鍵在於，他在練習舉重時必須有良好的姿勢，如此圓起上背才是他有意識的選擇，而非習慣性的動作模式。

了解以上兩者的差別非常重要。反覆練習的動作模式會自行出現在比賽和日常活動上。圓背硬舉能夠讓你以屈起的脊椎從地上舉起重量。過度伸展的伏地挺身姿勢將會轉移成過度伸展的跑步姿勢。當然，比賽中的選手、壓力極大的士兵，甚至一般上班族都會感到疲憊，而在最後習慣性地變成效率較差的姿勢。但是，請特別注意，若能在訓練時優先調整好脊椎力學，不僅能讓身體記下有效率的功能性動作模式，還能為無可避免會出現的過度伸展和屈曲問題提供緩衝。不過問題在於，有些人不清楚這些基本事實，會習慣在訓練時做出不良姿勢，結果是發展、強化錯誤的身體力學，在運動和日常生活中一點一滴付出代價。

我們大肆慶祝自己完成了 50 下伏地挺身，但卻不去檢討伏地挺身時變形的脊椎姿勢。在心肺和代謝負荷（疲勞）之下，人難免犯下幾個動作錯誤，不過你還是必須保持安全，並具備矯正錯誤的能力。如果你的目的是獲得世界冠軍，那儘管將目標放在獲勝，但訓練是另一回事。在此再次強調，

中立脊椎姿勢

中立脊椎姿勢
與脊椎問題

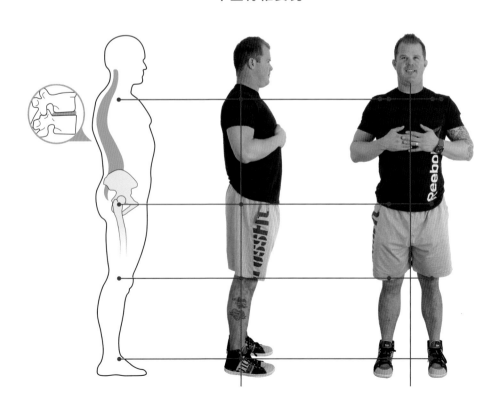

我們必須擺脫「練習造就完美」的信念，並接受「練習造就**永遠**」。舉重時，如果背部扭得像被車撞歪的蛇，你其實是在教自己的身體用這種拙劣的脊椎姿勢施力。運動還只是一部分而已。如果你坐下、站立或走路時都過度伸展或圓背，在進行負重或動態運動動作時，就可能很難把脊椎組織成良好姿勢。最好的防護，是一開始就不要犯這些錯。

運動員難以優先調整脊椎力學的原因還有另一個：缺少一個讓他們去組織並穩固脊椎、呈現良好姿勢的模型。雖然教練滿口核心力量、姿勢與穩固，卻鮮少以獨立課程教導選手組織、穩固脊椎，反而讓選手試著在練習複雜動作時，用身體去記住穩定中軸的方式。你當然可以藉由練習複雜動作來開發中軸穩定度，但除非動作前便將脊椎組織、穩固至中立姿勢，不然可能會垮掉，變成不理想的脊椎姿勢。從小開始練體操或武術的孩子會配合運動的動態需求憑直覺穩固脊椎，卻沒人教他們怎麼做出最佳姿勢。因此，他們會使用軀幹的肌肉系統來穩固脊椎，但不一定會將脊椎組織至中立姿勢，也就是對齊骨盆、肋廓、肩膀和頭部。

了解脊椎姿勢重要性的教練，經常提醒指示要繃緊或打平背部，但是這麼說其實沒什麼用。雖然腹部的確需要縮緊，但背部必須看起來平直，這些指示並沒有教選手如何將脊椎組織至良好姿勢。如果無法正確穩定中軸，便會產生不良的穩固策略，最終引起一連串不良的生物力學，例如過度伸展、脊椎屈曲或圓肩。

脊椎問題：屈曲　　　　　　　　　　　　　　　　　**脊椎問題：過度伸展**

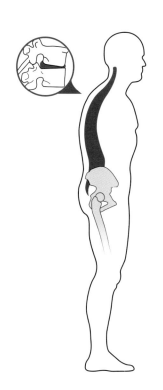

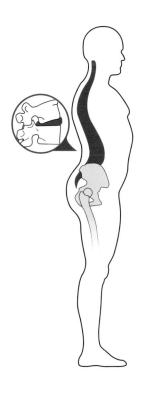

穩固的中立脊椎：
安全又有效率地活動的關鍵

7 節頸椎

12 節胸椎

5 節腰椎

薦骨 ←

尾骨 ←

有份藍圖可以教你如何組織脊椎，將脊椎穩定至中立姿勢，稱為「穩固步驟」。進入正題前，我想先告訴各位為何需要將脊椎組織至中立姿勢，並解釋為何調整脊椎力學是首要之務。

脊椎（及肩關節和髖關節）的功能性姿勢可以分成以下幾種基礎構造：

· 穩固中立
· 全身屈曲
· 全身伸展
· 穩固屈曲
· 穩固伸展

穩固中立姿勢是人類大多數動作最理想的基礎姿勢。穩固中立的意思是：肋廓與骨盆上下對齊，耳朵對齊肩膀，啟動軀幹的肌肉系統來穩定姿勢。此姿勢能讓你安全地應付負重，以高效率傳送力量，對脊椎來說是最有利的姿勢。進行大部分的動作時，脊椎最好別偏離此中立姿勢。

要探討原因，必須先知道脊椎分成三區：頸椎、胸椎和腰椎。每一區都由一塊塊骨頭組成，即椎骨，運作方式就有如門鉸鏈。但是這些鉸鏈不是要個別彎曲，而是組合出整個脊椎系統的那一大道弧形（稍後將詳述）。事實上，只要其中一兩段椎骨轉動，或是活動度比其他脊椎節段更大，不管是頭（頸椎）、肋廓底部（胸椎）或骨盆（腰椎），力量產出就會受限，難以穩定髖部與脊椎。我將之稱為局部伸展或是局部屈曲脊椎的問題。

若要進一步釐清這個概念，可以將你的軀幹和脊椎想像成汽車底盤，髖部和肩膀則是主要引擎。如果你的脊椎姿勢錯誤，便不可能替髖部、膝蓋、足踝或肩膀打造出安全又具功能的穩定姿勢。正是這個原因，在糾正不良力學或肩膀與髖部的組織受限制前，必須先矯正脊椎姿勢——要是底盤壞了，絕對無法修好引擎。換個方式來說，脊椎不正，不管你的肩膀、手肘、膝蓋或足踝有何狀況，不管動作控制或活動度出了什麼問題，都無法解決。

⊖ 局部伸展的問題

⊖ 局部屈曲的問題

將脊椎組織至中立姿勢，各節椎骨排列整齊，力量便能以高效率通過動力鏈，中間不會碰上障礙，你也能以最佳姿勢處理脊椎所受到的擠壓力。站立、坐下或進行活動時，上半身的重量皆由脊椎來承受、支撐，軀幹結構必須平衡穩定，才能以高效率應處理這股負重。如果只鉸動一兩節椎骨，上半身重量就會擠壓轉動的椎骨，在該節脊椎上產生一股橫向剪力。換句話說，會有一股偏離軸心的壓力導致架構性拉扯，或稱剪力。如果你採用的姿勢造成一兩節椎骨無法對齊，便會在該段脊椎的彎曲處產生橫向剪力。

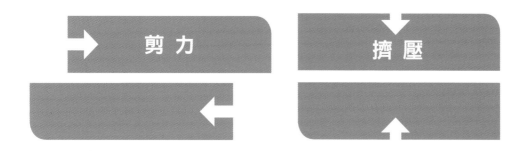

剪 力　　擠 壓

簡單講，只要一偏離脊椎中立姿勢，便會失去穩定度，破壞力量的流動。因此，各位必須將脊椎視為連續體。如果脊椎其中一區不穩定，你還試著施力，肯定不會有好結果。此時若再加上軸向負荷（一股擠壓脊椎的力），會有無窮後患。短期來說，這會阻止力量產生，並導致輕微脊椎扭傷（傷害）；長期來說，則可能會導致脊椎滑脫、椎間盤突出、椎弓骨折與狹窄症。請務必記得，中樞神經系統（脊髓）受傷是人體最嚴重的威脅之一。如果傷到膝蓋的半月板，你還能繼續撐下去，雖然可能不會太好受，但生活不會受影響。但要是椎間盤突出，或是傷到小面關節，就沒戲唱了。你的整個力學系統會停止運作，沒辦法跑步、舉重、快速移動，生活會變得極為不便。脊椎的傷不容易恢復，治療過程既漫長又耗時。就我實際的治療經驗，如果選手的脊椎扭傷，至少要休息兩天才能重新訓練。這還只是輕微的姿勢差錯。我經常接到選手打電話來說他們脊椎輕微扭傷，要請一兩週的假。就因為一個簡單、可預防的軀幹相關問題，就錯過兩週的練習（更別提要承受兩週的不舒服）。你還認為靠著過度伸展的腰椎多做幾下背蹲舉值得嗎？（欲學習自行治療脊椎扭傷的方法，請翻至第 468 頁的下背扭傷疼痛處方。）

另一個不夠緊繃而導致的常見後果，就是動作幅度降低。沒錯，沒組織好的脊椎可能會限制你的活動度。我經常碰到一些看似後側鏈組織嚴重受限（尤其是大腿後側肌群）的運動員，實際上是組織不良的脊椎在扯他們後腿。傳統思維是鬆動大腿後側的僵硬肌肉來修正問題，雖然這麼做的確可能改善大腿後側肌群的動作幅度，卻無法減輕背痛或改善舉重力學。

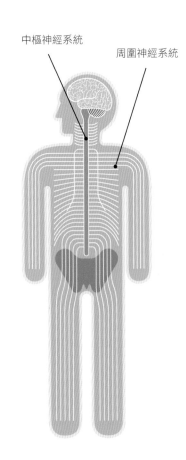

中樞神經系統

周圍神經系統

我們必須了解，神經的長度是固定的，無法拉長。如果你彎曲脊髓（中樞神經系統），又在神經根（離開中樞神經系統的第一段神經）加上負重，身體就會認為此姿勢有風險，並縮緊四周肌肉系統，限制你的動作幅度。舉例來說，假設你犯了腰椎過度伸展的問題，腰椎的下神經根會在當下承受一些重量，且藉由連接中樞神經系統與四肢及器官的末梢神經，傳到腿部。此時，股四頭肌和大腿後側肌群，甚至是你的小腿後側肌群就會緊縮，以保護神經系統，此現象我稱之為神經張力。我發現只要我將選手的脊椎組織成穩固的中立姿勢，動作幅度就能改善 30-40%。因此我才會認為，比起鬆動術技巧，脊椎中軸的穩定與良好的動作力學更為重要。許多貌似肌肉系統僵緊的狀況，其實都只是身體在保護神經系統。

最後，組織良好的穩固中立脊椎可以讓你在功能性姿勢之間轉換。記得，只做一種動作的情況非常少。無論運動或日常生活，你都會不斷轉換姿勢，還會不斷循環。想像籃球選手，他要跳躍、著地、切入並再次跳起，或從事棒球或高爾夫球等旋轉性運動的選手。如果球員一開始的姿勢就過度伸展或屈曲，接下來的所有姿勢和動作都不可能正確。旋轉與速度會放大脊

椎四周的微小姿勢錯誤。為了確保有理想、安全、可移轉的動作模式，就必須以穩固的中立姿勢展開動作，並在旋轉或轉換時維持這樣的脊椎姿勢。所以從一開始就必須有個模型，幫助你將脊椎組織至最理想的姿勢。

穩固步驟

穩固步驟是進行安全、動態、高訓練量運動動作的基石。將穩固步驟想像成你的新兵器，練習並精通後，應用到運動和生活中的所有姿勢和動作。要將脊椎穩固至中立姿勢，就必須有意識、有計畫地逐步進行。穩固步驟是循序漸進的範本，讓你每次都能獲得相同的成效。

我們的目標是讓身體牢牢記住穩固步驟，在所有情境下都能重現相同的中立穩定姿勢。準備進行動態動作、撿東西、深蹲，甚至矯正儀態時，先進行這個步驟。不過，讓身體記下這個步驟需要一點時間。一開始光是將肩膀維持在穩定的外旋姿勢，繃緊腹肌並維持脊椎中立，可能就得用上你 20-30% 的記憶體。但是，你必須有堅定的想法：脊椎若不在穩固、中立的姿勢上，就是在浪費運動潛能，帶來疼痛或傷害。

許多人為了穩定頭部和頸部系統，會用下顎做出一些誇張的動作。要記得，你的下顎是個巨大的開放式迴路，而且就位於一段複雜、非常重要的動力鏈中間。為了避免習慣性以頭部或頸部姿勢代償（像是奧運舉重選手在舉起時張大嘴巴），你需要有個保持下顎良好姿勢的策略。

一般推薦放鬆臉部，將舌頭壓在上顎並頂在牙齒後方，下顎閉上。這麼做能在下顎產生張力，又不用咬緊牙關、張開嘴巴、縮短頸部屈肌或破壞呼吸力學。就這麼簡單，但竟然有公司製作專門的護口器來協助選手做到！

穩定頭部
與下顎

穩固步驟，動作分解

起始	第一步	第二步
不良姿勢	旋轉雙腳，在地上扭緊	夾緊臀部

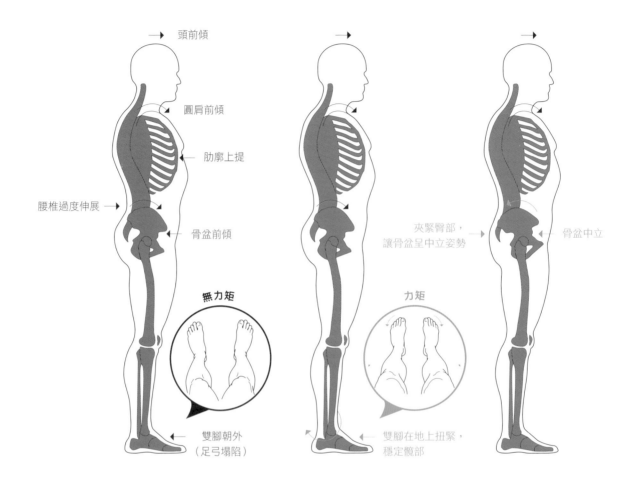

頭前傾

圓肩前傾

肋廓上提

腰椎過度伸展

骨盆前傾

無力矩

雙腳朝外（足弓塌陷）

夾緊臀部，讓骨盆呈中立姿勢

力矩

雙腳在地上扭緊，穩定髖部

骨盆中立

起始：
為了強調各個流程，我們就從常見的不良姿勢開始解說：脊椎過度伸展，頭前傾，圓肩，雙腳外八。

注意：
你以什麼姿勢展開穩固步驟並不重要，圓背也好，脊椎過度伸展也罷，但最終的結果應該要一樣。

第一步：
雙腳置於髖部正下方，腳掌平行。雙腳在地上扭緊，帶動髖關節外轉，精確的說，保持雙腳往前打直，左腳底以逆時鐘方向栓進地面，右腳底以順時鐘方向栓進地面。

注意：
你不是真的把雙腳往外轉，只是在施加向外的力。

第二步：
夾緊臀部，讓骨盆呈中立姿勢（可與第一步同時進行）。臀肌是用來支撐你的骨盆與脊椎的，能讓你每次都回到正確姿勢。你不需要一直在臀部保持最大張力，只需要啟動臀肌，接著減輕張力，保持中立骨盆姿勢即可。

第三步
深吸一口氣

第四步
肋廓與骨盆對齊，
繃緊腹部吐氣

第五步
頭與肩膀擺至中立
姿勢

完成
理想姿勢

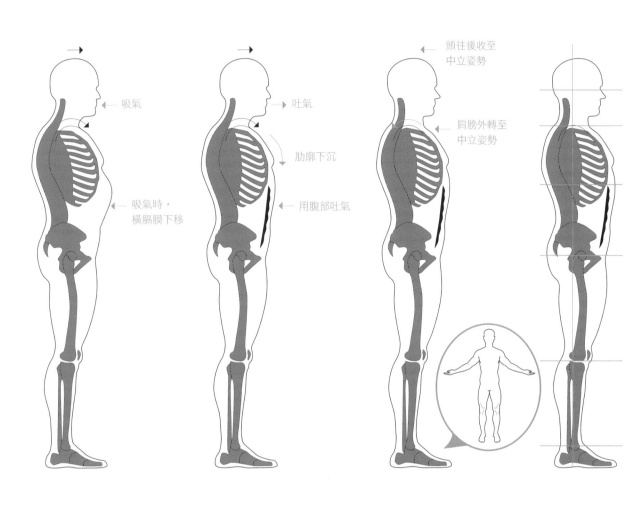

頭往後收至
中立姿勢

吸氣

吐氣

肋廓下沉

肩膀外轉至
中立姿勢

吸氣時，
橫膈膜下移

用腹部吐氣

耳朵

肩膀

肋廓

髖部

膝蓋

足踝

第三步：
使用腹肌固定骨盆與肋廓的位置。夾緊臀部時無法活動，所以你必須利用腹肌來固定姿勢。這麼想吧：臀肌能就定姿勢，腹肌則能穩固姿勢。要以穩固的中立脊椎進行坐下、站立和走路等基本姿勢，腹肌至少需要 20% 的張力。執行這一步時，繼續夾緊臀肌，橫膈膜（腹部）下沉，深吸一口氣。

第四步：
空氣往外流時，肋廓與骨盆對齊，繃緊腹部吐氣。不是將腹部往內吸或內凹，也不是往後縮，而是在原位繃緊變硬。若軀幹的肌肉組織朝中軸擠壓，便會在脊椎四周產生腹部內壓力，槓桿會變得較為僵硬。想像你在將空氣壓縮進一個鋼槽裡，將空氣吸進牢固的空間。你不是在用鋼槽包住空氣，而是讓空氣進入堅固的槽裡。

第五步：
肱骨頭往後拉，鎖骨張開，將肩膀外轉，掌心朝天。同時頭部置於雙肩中央，眼睛直視前方。耳朵對齊肩膀、髖部和足踝。

完成：
完成時，雙臂收回側身，保持拇指朝前、肩膀外旋。此動作的目標是讓耳朵對齊肩膀，肋廓對齊骨盆，髖部對齊膝蓋和足踝。

雙手規則

為了讓大家更能體會穩固步驟的效果，我開發了一個簡單又有效的方法來強調脊椎姿勢，稱為雙手規則。這個技巧不只能幫助各位就中立姿勢，還能幫助各位找出動作形式哪裡出了錯。雙手規則可以應用在日常姿勢上，像是站立、坐下和平躺，也可以應用在深蹲、走路和跑步等基本自體重量動作上。

進行方式如下：用一只拇指指在劍突（胸骨）上，手指張開，掌心朝下。用另一只拇指點著恥骨，雙掌平行。關鍵是雙手跟肋廓要和骨盆維持在同一水平面，只要偏離中立姿勢，手的位置就會跟著改變。雙手距離變遠就代表過度伸展，雙手距離變短就代表前傾圓肩。

雙手規則可以應用在日常姿勢上，像是站立、坐下和平躺，也可應用在深蹲、走路和跑步等基本自體重量動作上。

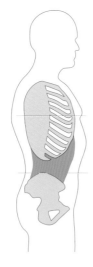
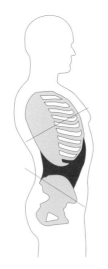
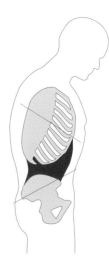

雖然你最好把脊椎想成一個連續的穩定結構，由同一條神經系統貫穿。不過，將脊椎分成數個部分來看，可以讓你輕易發現並感受脊椎的姿勢問題。這正是雙手規則效果奇佳的原因：此規則可以更容易注意到骨盆與肋廓的參考點。

不過，此模式有個缺點：頭部的姿勢跟骨盆和肋廓一樣重要，卻缺乏參考點。使用雙手規則來看清楚穩固步驟並尋找脊椎姿勢問題時，別忘了頭也是關鍵要素。如果你的頭部姿勢錯誤，前傾或後仰，便會破壞脊椎姿勢，讓髖部與肩膀難以穩定。

布勞爾測試（Tony Blauer test）是絕佳範例。如下方圖示，只要頭部偏離中立姿勢，就無法將脊椎穩固在中立姿勢上。不只是頭部，肋廓或骨盆也無不如此，只要有一兩段椎骨鉸動，或表現出比其他椎骨更大的動作幅度，便不可能打造出穩定姿勢。

我使用 4 字型鎖定固定卡爾的右臂。他伸直手臂、脊椎中立、張開手指並外轉肩膀時，我無法折彎他的手臂。但是，只要他往上看或往下看，或是偏離頭部中立姿勢，手臂便會被折彎。這個小演練讓上述內容變得一目了然：偏離頭部中立姿勢便會破壞整個系統，讓下游結構失去穩定度，再也無法維持全體整合的姿勢。深蹲也會有這個問題，只要頭一往後仰，就會自動變成過度伸展的姿勢。

穩固的中立站姿

現在各位已經有了將脊椎組織成中立姿勢、找出常見脊椎不良姿勢用的模型，可以開始將穩固步驟用在站立和坐下的基本姿勢上。工作、在健身房跟朋友聊天或立正稍息時，基本身體型態都一樣：腳打直、背部平直、腹部緊繃、頭部就中立姿勢，肩關節外旋成穩定姿勢。不要做出雙手抱胸、雙肩前垂、駝背和雙腳外八等姿勢。如果你在意自己的外貌、感覺和表現，那就開始注意自己的站姿品質吧。

各位可能會想問，手臂的理想姿勢為何？很簡單：只要你的肩關節處於外旋的穩定姿勢，手臂要怎麼放都可以。肩關節內旋（往前垂）會在脊椎系統上施加拉力，讓你呈現屈曲姿勢。如果只是原地站立，你可以採用我稱為「動態站姿」的方式。左方照片中，我將雙手放在胸上，藉此讓肩膀呈現舒適又穩定的姿勢，這只是個人偏好。雙手擺在身體前上方時，無論是防守、攻擊或打簡訊，我幾乎什麼動作都做得出來。但我不是在提倡整天把手放在胸前，這只是高效率站姿的例子之一，你可以有不少選擇。再次強調，最重要的還是穩定肩膀，維持穩固的中立姿勢，接著再開始動作。

此處有另一個問題：你不可能長時間夾緊臀部、繃緊腹肌站立。肌肉遲早會疲勞，導致你落入力量較弱的姿勢（難怪站了一整天後，腿會麻，膝蓋會痛，背會歪七扭八！）。要卸下腰椎的負荷、減輕軀幹張力，最簡單的方式就是用東西撐住腳。你還是必須以著地的腿啟動臀肌，維持適量張力，但是將腳放在矮凳上可以降低維持骨盆中立姿勢的張力需求。也可以將臀部靠在凳子上，讓雙腿休息。

理想站姿

重點是盡可能頻繁換姿勢，避免疲勞，並且在轉換時保持中立姿勢。心裡想著最佳姿勢就是下一個姿勢，藉此讓自己經常活動身體。

記得，站立本身就是種技巧。就算有個工作檯能讓你站著工作，也不代表你就不會出現肌肉僵硬和背痛的問題。當然，站立比坐下好多了，站姿能夠讓臀部伸展，活動腿部肌肉系統，但站立可不是萬靈丹。你必須要練習穩固步驟，隨時以意志力控制你的姿勢。

摩根船長站姿

姿勢過度伸展時，骨盆底會歪斜，造成各種問題，女性尤其如此。舉例來說，女性跳躍與落地，特別是雙跳時（跳一下甩兩圈），偶爾會無法控制膀胱。解決方式很簡單：夾緊臀部，讓骨盆處於中立姿勢，接著緊繃腹部、穩固姿勢。只要將骨盆固定在中立姿勢，便會發現許多骨盆底功能失調問題都自動找到了解決方法。

➕ 以脊椎中立姿勢跳躍

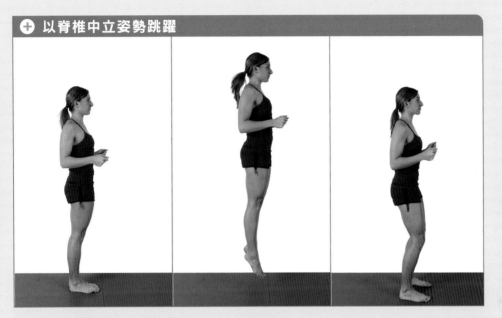

雙跳或上下跳動時，必須先進行穩固步驟，肩膀往後拉、維持腹部張力，將骨盆固定在中立姿勢。

➖ 腰椎過度伸展的脊椎問題

如果腹肌沒繃緊，幾乎不可能維持脊椎中立姿勢。你會自動落入過度伸展的姿勢，出現下背痛和各種問題。

穩固的中立坐姿

我常說：坐著就是死亡。坐著會導致肌肉緊繃，更有甚者，久坐還會殘害你的運動表現潛能，一天以不良姿勢坐上 7-9 小時的人更是如此。只要想想在飛機上、車子裡或書桌前久坐之後，全身骨頭像是散了一般，你也許就不會那麼意外了。你是在逼自己的身體擺出殘害運動潛能、破壞身體健康的有害姿勢。

不難看出專家為什麼會認為久坐是種病。事實上，近期就有研究指出久坐對健康的傷害跟抽菸不相上下。問題是，日常生活中不可能不坐下。所以，

脊椎穩固、中立的坐姿

你不一定要坐得直挺挺，只要維持穩固的中立脊椎姿勢，也可以前傾或後仰。

➖ 打簡訊的不良姿勢

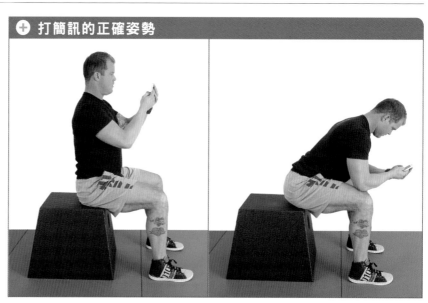

➕ 打簡訊的正確姿勢

我們要怎麼預防，或至少減輕久坐帶來的傷害呢？

初學者必須學會正確的坐姿。坐下和站立一樣，是技術上數一數二困難的姿勢。只是，大部分的人都不知道怎麼樣是正確坐姿。

為了將脊椎穩定在中立姿勢，你必須先站著做穩固步驟，組織脊椎（**注意**：要將身體組織成穩定坐姿，對箱上深蹲具有基礎了解也相當重要，請見 176 頁）。坐下後，腹部必須要維持至少 20% 的張力，才能保持脊椎堅挺。問題來了：以 20% 的張力持續繃緊腹肌相當耗力。所有研究都指出，脊椎姿勢不良的關鍵不在肌力，而是肌耐力，所以才會有這麼多人在跑步或健身完後傷到背。這也是為什麼很多人坐個幾分鐘，就落入嚴重圓背或過度伸展的姿勢。鬆垮姿勢不耗力，所以比較舒服，維持穩定姿勢則需要專注力和腹部肌耐力。

要避免落入糟糕姿勢、避免久坐帶來的負面健康影響，最好是每 10-15 分鐘站起來重新組織姿勢。維持良好的靜止姿勢超過 20 分鐘，幾乎是不可能的任務。我知道這選項不太實際，但如果你整天困在辦公桌前，卻想治療自己的身體，讓運動表現達標，就必須有所犧牲。這麼想吧：每次起立坐下都是活動的機會。當然活動身體是最主要目標，但是你可以同時練習穩固步驟、深蹲技巧，並強化肌耐力。回覆電子郵件時，你還可以讓身體記住良好的動作力學，改善運動表現。

人們常常會犯錯，想在坐著時糾正自己的脊椎姿勢。只要坐下，臀部的大肌肉就會停工。這麼做不僅會讓脊椎受到額外壓力，還會難以將骨盆穩定在中立姿勢。所以，一旦不在坐下前先進行穩固步驟、不繃緊腹部，或在坐下後變成圓背或脊椎過度伸展的姿勢，就會很難在椅子上糾正姿勢。舉例來說，假設你坐在電腦前工作，坐了幾分鐘就開始彎腰駝背。回了幾封信後，你注意到自己的儀態變得相當差（或是身體感覺不舒服了），所以試著打直背矯正姿勢。雖然看起來是在矯正問題，但其實只是像下一頁的圖那樣，從屈曲換到過度伸展的姿勢罷了。再次強調，如果要矯正姿勢，最好站起來進行穩固步驟，將脊椎固定在中立姿勢再坐下。

骨盆旋轉

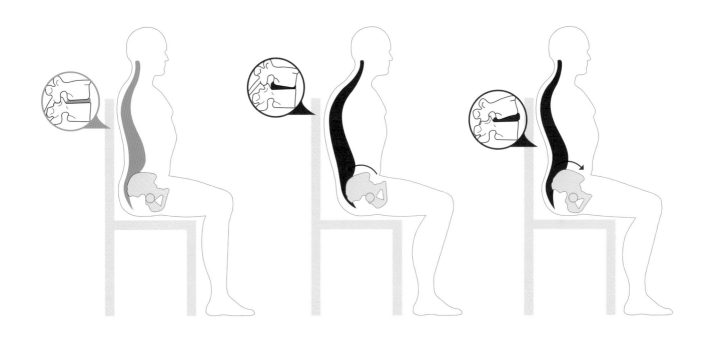

如果你發現姿勢塌成圓背，因此想打直背修正姿勢，很可能反而會變成過度伸展的姿勢。改成站起來進行穩固步驟，接著保持背部平直、腹部緊繃，再重新坐下。

另一個有用的策略就是盡可能經常更換姿勢。你不需要時時保持直挺挺的坐姿，可以用良好姿勢前傾或後仰。除此之外，你也可以盡量找機會活動身體。想些小遊戲，強迫自己在進行特定動作時移動身體。上網時在電腦前伸展髖關節，講手機時四處走動，甚至在桌邊進行鬆動術（桌椅是改善活動度的絕佳道具）。看電視時，養成在廣告時間鬆動肌肉的習慣，看整部節目或電影時都做更好。總之，除了坐著，你肯定有其他選擇，盡可能嘗試看看吧。

除了站起來走動和更換姿勢以外，你也必須設法恢復一些因久坐而縮短緊繃的組織。自己訂個規矩，像是每坐 30 分鐘就起來活動 4 分鐘。舉個例子，你可以每半小時就進行沙發伸展（可大幅伸展髖關節，詳情請見第 391 頁），每邊各做 2 分鐘。我們的目標是處理受限的身體區域，尤其是你的臀肌、腰肌與其他髖關節屈肌群、胸部脊椎、大腿後側肌群與股四頭肌（僅舉數項為例）。把這些鬆動術當作久坐的懲罰吧。

以上這些例子只是要讓大家進一步發想。不管你做了多久的鬆動術、站了

多久、多常更換姿勢，甚至是用什麼椅子、鍵盤或滑鼠，如果你的姿勢不正確，久坐的後果就會一再出現。話雖如此，腰椎支撐靠墊之類的東西（搭車長途移動時特別能派上用場）絕對能讓下背休息，改善姿勢。不過最重要的還是把坐姿當作一種技巧來學習。

腹部張力

要維持穩固的中立脊椎，就必須保持腹部緊繃。基本站姿和坐姿至少需要20% 的張力（因人而異）。但是，若加上動態動作或軸向負荷（擠壓脊椎的力），就必須增加腹部張力才能避免圓背或脊椎屈曲。舉例來說，慢跑或伏地挺身可能需要約 40% 的張力才能維持良好的脊椎姿勢。如果要進行最大負重的硬舉，就得用上 100% 的腹部張力。

也許 20% 或 40% 這些數字對你來說沒什麼意義。將腹部張力以 1-10 級來表示可能會比較有幫助，1 級是幾乎沒有張力，10 級是最大張力。這麼表示的話：

· 坐在椅子上需要 2 級（20%）。
· 伏地挺身或在街上慢跑需要 4 級（40%）。
· 最大負重的背蹲舉、硬舉或 50 公尺衝刺需要 10 級（100%）。

擊腹測試

擊腹測試跟雙手法則一樣，可以讓你對穩固的中立姿勢和 20% 張力有些概念。很簡單：你的腹部張力要隨時都能承受一擊。我們會在家裡或健身房使用此測試法。如果你的腹部軟綿綿，就沒辦法承受。

簡而言之，維持穩固、組織良好的脊椎所需的張力，大致上得看脊椎的動作和負重而定，而且因人而異。我提供的百分比僅是舉例。如果你不習慣將脊椎維持在穩固中立姿勢，光是維持平衡、挺立的姿勢，感覺可能就要花到軀幹 50% 的力量。但是，只要多花時間練習，之後就會感到輕而易舉。練習將骨頭擺在正確位置，你便會注意到肌肉組織自動工作，感覺自然又有效率。

仰臥舉腿測試

想了解臀肌對維持中立脊椎姿勢有多重要，可以採用仰臥舉腿測試。如果平躺下來，不啟動臀部肌肉抬起雙腿，你會馬上落入錯誤的過度伸展姿勢。此測試可以安全、簡單地檢驗穩固策略。不額外負重、不用設備，就可以有效檢查你有沒有能力保持中立脊椎姿勢，正常呼吸、維持腹部張力。

要進行此測試，先平躺在地上進行穩固步驟（40-41 頁）。接著，一次抬起一條腿（可以在此套用雙手規則），再同時抬起雙腿。每做下一個步驟，為了維持脊椎中立姿勢，你都必須使出更強的腹肌張力。

1. 平躺在地。夾緊臀部、雙腿靠攏，腳趾壓平朝前。深吸一口氣，吐氣時繃緊腹部。吐出空氣時想像你拉緊脊椎四周的腹部肌肉。這裡有個值得注意的差別：我並不是要你將下背往地面壓。關鍵是夾緊臀部，然後用腹肌將脊椎固定在中立姿勢。

2. 保持腳趾壓平、雙腿打直、下背貼地，抬起你的左腳。壓平腳趾能夠較輕易動用臀肌。

3. 放下左腿，抬起右腿離地。此時同樣不該改變脊椎位置。

4. 雙腳抬離地面，增加穩定的難度。

特別說明，這裡指的是跟生活中和運動中的活動有關的那種腹部張力，而不是蓮花座冥想那種。如先前所說，我們人類幾乎不會長時間維持同一姿勢，若真如此，很可能會因為缺乏活動而造成身體受傷或僵緊。腹肌有基本的張力，不僅能協助維持脊椎中立姿勢，還能讓你準備好進入下一個動作。用開車來比喻吧：從時速 30 公里加速到 100 公里，比從靜止開始加速有效率多了。保持 20% 的腹部張力能讓你有慣性，更快達成下一個動作的需求。

重點在於，你必須依據自己的行動，判斷如何、何時將張力加到最大。眼鏡蛇可不會整天抬高頭、張開頸部，而是在準備攻擊時拿出最高張力。同樣，你不會在走路時將腹部張力繃至 100%，也不會只用 20% 的腹部張力進行高次數、大重量背蹲舉。了解自己需要多少張力來維持穩固的中立姿勢，是需要耗費心力練習的技巧。技巧越純熟，就越不需耗費能量與心力在控制腹部張力上。就像學習正確的呼吸方式，時間久了就會變成本能。

呼吸力學

穩固步驟那一節提過，要打造穩固的中立脊椎姿勢，必須動用橫膈膜（腹部）來呼吸，並且利用腹肌將氣擠出，如下一頁的插圖。但是，若處於高張力姿勢或高負重，很難維持腹式呼吸法。如果沒有個模型可以協助你呈現穩固中立姿勢，很多人會吸進氣後就憋住，這樣不僅缺乏效率，身體還會付出代價。

想像你吸進一大口氣，接著憋著氣繃緊腹肌。你真的認為自己可以在這種情況下進行高次數背蹲舉，同時保持脊椎直挺？肚子承受得住一拳嗎？不可能。你可以用橫膈膜來穩定軀幹，但只要一呼吸，脊椎姿勢就會變形。也許你能用這種方法做最大重量硬舉，但做完第一下或開始需要呼吸後你就慘了。各位也能想像，這種穩固策略在高強度有氧活動下有多悽慘。用橫膈膜來穩定脊椎後，就只能靠著脖子和胸腔呼吸。吸氣吸得如此淺會影響呼吸品質，還會難以維持穩定度。

所以，在進行高次數深蹲與提重物時，必須維持一定的心肺壓力。這麼做除了可以訓練自己邊深呼吸邊維持中立穩固姿勢外，還能模擬運動員、士兵和消防員實際會碰上的情景。

請各位注意，如果穩固步驟做得正確，腹部緊繃、脊椎維持中立，不需刻意就能用橫隔膜呼吸。這是個自我調節的系統。用橫隔膜呼吸是維持穩定姿勢最有效的方法，簡單又明瞭。

橫膈膜呼吸

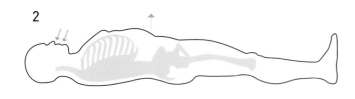

仰躺，手放在胃部，便可感覺到肚子隨著呼吸起伏，這就是腹式呼吸。若穩固步驟做得正確，身體便會自動轉成這種呼吸型態。

舉例來說，張力繃到最高的菁英體操選手與承受極高負重的大力士選手，會透過橫膈膜進行簡短、精實的呼吸（橫膈膜喘氣），並於每次吐氣時繃緊軀幹。他們絕對不會讓脊椎鬆懈，不會放掉腹部的力或停止透過橫隔膜呼吸，反而會持續保持軀幹直挺，繼續將氣吸入壓縮系統裡：吸一口短氣，吐氣時繃緊張力，全程保持腹部繃緊。在全身出力的情況下，難免會使用胸骨和胸腔來幫助促進呼吸，但只要先進行穩固與腹式呼吸，你的身體自然會照顧好其他地方。

但是，在過度伸展或屈曲的姿勢下很難進行腹式呼吸，最後都會落入胸式呼吸，每口氣都變得相當費力。想像一下你用組織不良的姿勢過完整天，橫膈膜關機了，結果是你一整天大約進行了兩萬次不理想的呼吸。這件事我們應該要認真面對：這種壓迫的呼吸型態對睡眠、復原與運動表現都很不利。幸好，這個問題很好解決。你只需要矯正脊椎姿勢（也可以做做 363-364 頁的腹部按壓法來放鬆橫膈膜），便能輕鬆有效地回復理想的呼吸功能。

同樣的模式可以應用在所有運動上：恢復姿勢就能恢復功能，改善姿勢就能改善功能。

⊖ 胸部與頸部呼吸的問題

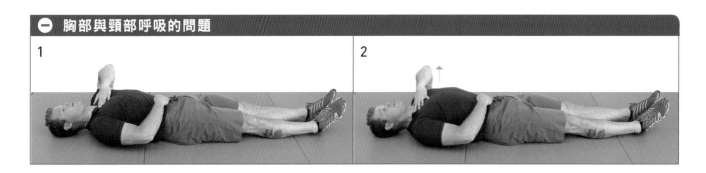

如果縮緊腹部，但不使用橫隔膜呼吸，呼吸就會受限於胸腔和頸部，對運動表現、復原都很不利。

穩固的伸展與屈曲

穩固的中立脊椎姿勢對大多數人類動作，如深蹲、拉、跑步、跳躍……等，都是最佳姿勢。然而，在某些情況下不可能維持背部平直，像抬起啤酒桶或其他超重、棘手的物品時，幾乎只能做出穩固屈曲或穩固伸展。這是理想姿勢嗎？當然不是。技術上來說，這些都是不良姿勢，不過在這些情況下只有這些姿勢能發揮作用。除此之外，你還必須學習怎麼邊舉重物邊避免背部受傷。這也是功能健全的人體必須具備的能力之一。

要避免傷害，做出最佳姿勢，關鍵在於注意細節。以屈曲或伸展姿勢舉起東西時，你必須在弓身姿勢下穩固身體，並且在動作範圍全程保持穩固。這裡很容易造成混淆。穩固屈曲或穩固伸展會讓全身呈現更大的弧形，通常都是在胸椎。這裡也適用先前的規則，你不能在負重或動作中途更動脊椎姿勢，也不能局部伸展，一開始就要以稍微屈曲或伸展的姿勢穩固胸椎（胸椎比腰椎更能承受穩固屈曲），動作形式也要全程保持固定。

穩固屈曲

穩固伸展

左方的照片中，我的上背成了一道弧形。我對著啤酒桶穩固身體，並且維持同樣的姿勢將啤酒桶從地上舉起。同樣的規則也適用於伸展動作。如果你要在胸部負重，將重量舉過頭，記得先夾緊臀部、穩定下背。

全身性伸展與屈曲

其他情況下，你可能會需要將全身伸展或屈曲成弧形姿勢，畢竟你不可能隨時隨地挺直脊椎活動。要做出各式運動的動態動作，就必須進行全身性的屈曲與伸展——如下圖。想像排球選手扣球、網球選手發球或棒球投手要投出時速 160 公里快速球時的姿勢。運動員在做這些動作時，都把脊椎當成鞭子，利用整個脊椎系統做出全身性的開閉，或是屈曲及伸展。

這些姿勢跟穩固伸展和穩固屈曲一樣，是整條脊椎的連續性伸展與屈曲。脊椎上幾乎不會有軸向負荷，而且你也不是用單一關節在屈曲或伸展（這麼做是在局部伸展）。翻滾、翻筋斗或後空翻時，全身會呈現弧形，讓你感到相當吃力。瑜伽的眼鏡蛇式難就難在這裡，在進行動作時必須全身伸展成弧形。難怪大部分人只伸展前一兩節的腰椎或頸椎，這樣容易多了。

雖然這些全身性伸展和屈曲的動態高速姿勢並不好學，有幾個辦法可以讓你在健身房開發動作控制能力，找出會阻撓你做出理想姿勢的活動度障礙。擺盪式引體向上（252 頁）以及類似的動作此時就派上用場了，這些動作不僅能教你怎麼做出動態的全身弧形姿勢，還能確保整條脊椎的動作幅度夠完整，就連吊在橫槓上晃動也能當作一種診斷方式。如果你做不出這些大動作全身姿勢，就該問自己一個非常重要的問題：哪裡出錯了？你可能需要加強你的動作控制能力或活動度，也可能兩者都需要強化。

全身性屈曲

全身性伸展與全身性屈曲

章節重點回顧

· 不良脊椎力學會引起各種生物力學問題，增加受傷風險。

· 將脊椎組織成穩固的中立姿勢，意思是耳朵要對齊肩膀，肋骨與骨盆上下對齊，並使用軀幹的肌肉組織來穩定（穩固）姿勢。

· 穩固的中立脊椎是大多數動作的基礎姿勢。這姿勢能夠讓你安全處理負重，有效傳送力量，是最有利的脊椎姿勢。

· 一般人會自然而然落入力學不良的脊椎姿勢，有三個原因：

　1. 一心只想著完成任務、做完工作。

　2. 身體已經記住訓練中與日常生活中的不良姿勢和動作模式。

　3. 缺乏可重複、可應用於大多數動作上的萬用穩固策略。

· 只用單一脊椎關節（脊椎的獨立部分）進行屈曲或伸展絕對是錯的，也就是我說的局部伸展或局部屈曲脊椎。局部伸展時，腰椎會過度伸展（想像你的骨盆前傾）。局部屈曲時，會胸椎屈曲、圓肩，頭部往身體前塌。

· 穩固步驟是幫助你將脊椎組織成穩固中立姿勢的藍圖。每次準備執行動作、準備坐下或要重整儀態時，都應該先進行穩固步驟。以下為步驟簡介：

　1. 腳掌打直，身子挺立。夾緊臀部，從髖關節開始外旋，使骨盆進入中立姿勢。

　2. 肋廓對齊骨盆。

　3. 使用腹部剏固定姿勢。

　4. 將肩膀往後拉至穩定姿勢，耳朵對齊肩膀、髖部和足踝。

· 坐下與站立是需要練習的技巧。使用穩固步驟可以整理儀態，在坐下與站立時維持中立姿勢。

· 雙手原則模型能讓你意識到肋廓與骨盆的關係。

· 為維持穩固的脊椎中立姿勢，必須持續繃緊腹部。讓脊椎保持穩固、組織良好需要的張力，要依動作和脊椎的負荷而定。要維持基礎姿勢與動作，需要至少 20% 的腹肌張力。適時配合動作需求來增加腹部張力。

· 脊椎的功能性姿勢可分成數個基本構造：穩固中立、全身屈曲、全身伸展、穩固屈曲與穩固伸展。

· 處於穩固中立姿勢時，要動用橫隔膜將空氣吸入腹部，腹肌持續運作。切勿憋氣，想像你持續繃緊腹部吸入空氣，就像將壓縮空氣灌入鐵瓶裡頭。

單一關節規則

單一關節規則的前提很簡單：當你就穩固的中立姿勢活動時，應該只有髖關節與肩關節會屈曲與伸展，脊椎不會出現這些動作。你的髖關節與肩關節是用來支應大量負重和動態動作的，所有動作都該從這些主要引擎發動。由於髖關節和肩關節都受「單一關節規則」控制，把你的髖關節和肩關節想成單一關節會容易理解得多。

本書介紹的所有動作都是大家所說的「功能性動作」。我把功能性動作定義為：進行前需先調整脊椎力學，從髖部和肩膀展開的動作。舉例來說，深蹲時會先穩固脊椎，接著將髖部稍微往後坐，使膝關節與踝關節屈曲。

在健身房進行的運動動作如果要考慮功能性，就必須要可轉移，也就是能應用在現實生活的活動上，並幫助選手達成個人目標。以深蹲為例，學習深蹲能讓你學會如何用正確姿勢穩定髖部，並提供坐上椅子與站起來的動作規劃。深蹲還能強化肌力與操控力，這些都是所有運動選手必須有的關鍵特質。此外，深蹲還有各種變化，如徒手深蹲、背蹲舉、前蹲舉或過頭深蹲等。你可以靈活應用深蹲技巧，以達到自己的運動或個人目標。所以，我建議大家學習並多加練習第二部的第一類功能性動作。深蹲、硬舉、伏地挺身、肩上推和引體向上（僅列數例）能讓各位在安全、受控的環境中檢測自己的動作控制與活動度，還能養成良好的姿勢與動作習慣，這些姿勢和動作都跟運動和日常生活中常用到的姿勢及動作相似。最重要的是，功能性動作不應該增加受傷的潛在風險。不管做 1 下還是 100 下，都不應受到任何傷害。雖然我們的目標是用功能性動作來找出、糾正不良的動作模式與活動度限制，但絕不應該因此破壞表現或受傷。

我在此先定義功能性動作，有兩個原因：

1. 此定義能解釋第二部收錄的運動，並告訴各位，這些運動為何值得花時間學習與練習。

2. 具體展現中軸穩定是最優先、最重要的動作面向。

中軸穩定度的基本動作測試

我在教導新一批運動員、第一次指導某些人或幫助受傷運動員復健時，總是把脊椎放在第一優先。然而，問題在於，有些選手雖然懂得優先穩定中軸，卻無法邊進行複雜負重動作邊維持軀幹穩固。其實大多數運動員都能掌握中軸穩定的概念，也能夠在靜態姿勢中維持脊椎穩固中立，但一要求他們變換動作，像是用髖關節前彎、用肩關節帶動移動，或換到不熟悉的姿勢，穩固策略的弱點就會原形畢露。

因此，我都在一開始就先傳授穩固步驟，並以兩個基礎的髖部與肩膀動作，來考驗運動員支撐中立脊椎的能力。

· **髖關節轉軸測試**：彎身碰腳趾，此動作需要以髖關節的鉸鏈帶動。

· **過頭測試**：雙臂高舉過頭，不論站姿或躺姿，都需要透過肩關節進行。

這兩個測試雖然很簡單，但很多人無法完成。他們就是無法在動用髖關節和肩關節時，保持頭部、肋廓和骨盆對齊。為什麼對有些人來說，活動時保持脊椎中立會這麼困難呢？

髖關節轉軸測試

過頭測試

事實上，大多數人從來沒練習如何用穩固的中立脊椎來活動，甚至不知道屈曲和伸展脊椎可能會帶來傷害。人們一生都把脊椎當作鉸鏈使用，每次彎腰時都呈圓背姿勢，或是手臂高舉過胸時將肋廓往後仰。雖然這些脊椎不良動作看起來相對無害，卻會在日積月累下變成動作模式。這正是進行簡單動作時難以保持背部平直的原因：他們背部的起始動作已深植在動作程式中。

加入正式的訓練後，這個問題變得更嚴重了，因為這些訓練會要求你用完整的動作幅度來保持脊椎直挺。換句話說，無論是深蹲到底、將啞鈴推舉過頭，或準備硬舉，都必須避免屈曲或過度伸展的脊椎姿勢。

仔細想想，這項測試其實就是雙手原則（見 42 到 43 頁）的延伸：脊椎任何一處有屈曲或伸展都是錯誤的。這麼一來，你就有可以用來找出脊椎不良姿勢的簡單範本。任何時候，脊椎只要在負重動作下改變型態，你就能知道預備姿勢並不正確，或是缺乏足以擺出或維持正確姿勢的動作控制或活動度。

記得，脊椎不是設計來處理負重屈曲或伸展姿勢的。脊椎四周的肌群是用來挺直脊椎，好讓你以高效率從髖部和肩膀傳送能量。

大多數動作都需要在完整的動作幅度中保持脊椎中立。舉例來說，如果你要做伏地挺身，應該是肩關節和肘關節產生動作，而非脊椎。

深蹲時，應該是髖關節和膝關節產生動作。同樣地，脊椎系統也不應該有動作。

負重排序：從主要引擎展開動作

各位將在第三章學到，打造穩定肩膀姿勢跟打造穩定髖部姿勢的流程是一樣的，也就是髖關節和肩關節都遵守力矩法則。這是因為髖關節與肩關節的運作方式大致相同，兩者都是球窩關節，都具有大量旋轉力，而且都能承受異乎尋常的屈曲或伸展負荷。事實上，當你開始將中軸穩定與力矩原則應用在髖關節和肩關節上時，由於髖關節和肩關節都受「單一關節規則」控制，把髖關節和肩關節想成單一關節會比較容易理解。

各位在第三章將會學到如何製造張力，將髖部與肩膀組織成良好姿勢，以避免動作錯誤。但一開始的重點是，進行大多數動作，尤其是訓練動作時，最好先使用髖部和肩膀這兩大引擎來負重，因為做動作時先撐起重量的組織與關節會承擔最大的負重。換句話說，先動的關節會在執行動作時承擔大部分的負重（自身重量加上你舉的重量）。舉例來說，如果進行深蹲時先屈曲膝關節，身子往下蹲時，膝蓋就會承擔最大負重，這並不理想。另一方面，如果深蹲時先將髖部往後推，髖部就會承擔最大負重，這才是正確技巧。同理，如果伏地挺身時先將手肘往後推，手肘就會擔下最大的重量，但如果先讓前臂保持垂直，肩膀和胸部就會承擔最大負重，這才是理想情況。

深蹲：正確

髖部往後

深蹲：不正確

膝蓋往前

⊕ 伏地挺身：正確

⊖ 伏地挺身：不正確

一旦開始閱讀並進行第二部的動作，尤其是深蹲、硬舉和伏地挺身後，這個概念跟正式訓練運動的關聯性就會越來越清晰。

為了讓你更清楚理解負重排序的概念，我們先用從椅子上起身及全深蹲後起立的姿勢這類日常動作來說明吧。這兩個情境都是從深蹲姿勢開始，用髖部負重來展開動作，接著伸展膝關節起立。小腿垂直於地面，胸部稍微前傾以製造張力，將重量轉移至髖部。這就是讓髖部「負重」的意思。將膝蓋往前推將會增加膝關節軟組織裡的橫向剪力，尤其是髕骨肌腱和前十字韌帶。

⊕ 從椅子上起身：正確

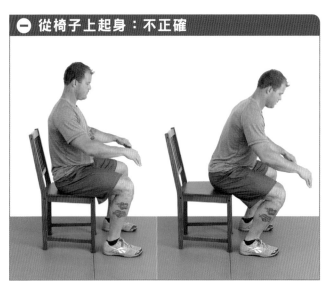

⊖ 從椅子上起身：不正確

深蹲後起立：情境 1

在這個情境下，我先從全深蹲開始。如果我直直站起來，會將一大股重量轉移到膝蓋，而非髖部。所以起立前，我必須讓小腿垂直於地面，將髖部往後推。以主要引擎負重後，起立動作就不會在膝蓋上產生不必要的壓力。

深蹲後起立：情境 2

如果你的動作幅度不足，蹲到底時可能得靠姆趾球起立。在這種情境，起立前你必須靠著將重量往後移到髖部來製造張力，並盡可能讓小腿垂直於地面。實際操作時，以雙手撐地來支撐上身重量，抬起髖部，雙腳緊貼地面。跟第一種情境一樣，這麼做能將重量轉移至髖部，而非膝蓋。

跪姿起立

另一個簡單但也相關的例子是跪姿起立。不要將重量往前移（那樣會用前膝負重），而是將重量往後移，讓髖部負重。抬高髖部能夠分散負重，讓你用雙腿和髖部的力量起立。如果將前膝往前推起立（這是最常見的技巧），大部分重量便會落在前膝。

在此做個總結：髖關節和肩關節的運作方式大致相同，而且這兩個關節（而非你的脊椎）就是設計來承擔屈曲與伸展負重的。因此，記得一定要盡可能讓主要引擎負重，同時利用副關節（膝關節、肘關節等）來調整姿勢。毫無疑問，進行負重運動的動作時，要一邊維持組織良好的脊椎十分困難。大重量硬舉、過頭推舉或深蹲時保持背部平直可不輕鬆，不僅需要技巧，還必須對這些身體系統的運作有一定的了解。事實上，你不能只是穩固脊椎，然後移動髖部與肩膀，卻期盼不出問題。髖部與肩膀的穩定度不會自動產生。要將四肢穩定於良好姿勢，保持脊椎穩定度，就必須在髖部與肩膀系統上製造張力。要達到此目標，就必須製造力矩，這就是下一章的主題。

章節重點回顧

· 運動要成為功能性動作，就必須優先調整脊椎力學，以轉用在日常活動上，還要能展現完整的動作幅度。

· 髖關節與肩關節是球窩關節，專門用來承擔屈曲與伸展負重。兩者由同一規則所控制，也遵守同樣的力矩法則，因此才會稱為「單一關節規則」。

· 屈曲與伸展只能出現在髖關節與肩關節，而不是脊椎。

· 先從髖關節和肩關節開始動，因為動作時先撐起重量的組織與關節會承擔最大的負重。這就是負重排序的基礎概念。

03

力矩的法則

為了替關節打造出安全穩定的姿勢，同時保持穩固的中立脊椎姿勢，你必須在髖部和肩膀製造張力，並延伸到手肘、膝蓋、手腕和腳踝等處。製造力矩可達到此目標，方式有外旋（將四肢轉離身體）與內旋（將四肢轉向身體中心）兩種。

想像有個健力運動員在 360 公斤的槓下準備進行背蹲舉。要移動這麼龐大的重量，並避免在負重下動作不穩定，他就必須穩固脊椎，以外旋髖關節與肩關節來製造力矩。為了在上背製造張力，讓肩膀就穩定緊繃姿勢，他兩手握槓的距離會比肩膀寬一點，接著把手往槓裡面扭，彷彿要把槓折成兩半。為了穩定下半身結構，他將雙腳在地上扭緊（同時保持雙腳朝前、相互平行），從髖關節製造外旋力量，彷彿要在地面挖出一個洞。若舉重選手想不受傷完成蹲舉，唯一方法就是像這樣穩固脊椎、製造力矩。如果他的膝蓋向內夾，或在肩扛 360 公斤時扭曲背部，沒完成蹲舉不會是他最該擔心的事。

簡單講，力矩能讓健力運動員穩定姿勢，盡可能降低動作變化。這代表他可以保持背部打直，維持髖部與肩膀的張力，避免有潛在危險的失誤動作。如果不製造力矩，身體會用習慣性的不良姿勢來取得穩定。我把此現象稱為「追捕張力」。無法製造力矩時，你會製造開放式迴路，身體馬上犯下局部伸展脊椎的問題，手肘過度張開，或腳踝踢陷、膝蓋內夾（第二部將會進一步介紹這些常見的問題及糾正方法）。

各位可能會問，什麼是力矩？力矩就是扭轉力，也就是轉動扳手或打開罐子所需要的力量。在討論人體時，我使用「**力矩**」來描述髖關節與肩關節所製造、讓四肢轉動的扭轉力。

你也可以把力矩當做施加在某樣物體上的旋轉力。舉例來說,將手或腳固定於地板或啞鈴等平面或物體上,髖關節和肩關節內旋或外旋,就是在製造力矩。這股旋轉力可以啟動肌肉系統,將你的關節穩定在良好姿勢。

為了幫助各位理解力矩的原理,並熟悉製造力矩用的常見肌力體能訓練指示,我們來看看以下四個基礎範例。

雙腳在地上扭緊,以在髖部製造力矩

如果各位已經試過第 40-41 頁的穩固步驟,就會知道「製造力矩」是什麼感覺。雙腳腳尖朝前貼緊地面,髖關節外旋,就能感受到下半身產生張力:啟動臀部、鎖定髖部,雙腳足弓拱起,站立時髖部就是這樣製造力矩的。對腳踝、膝蓋和髖部來說,這也是最穩定的姿勢。提醒各位,「雙腳在地上扭緊」的意思是雙腳以同樣姿勢去向外施力。雙腳並不是外八,只是朝外側施力。

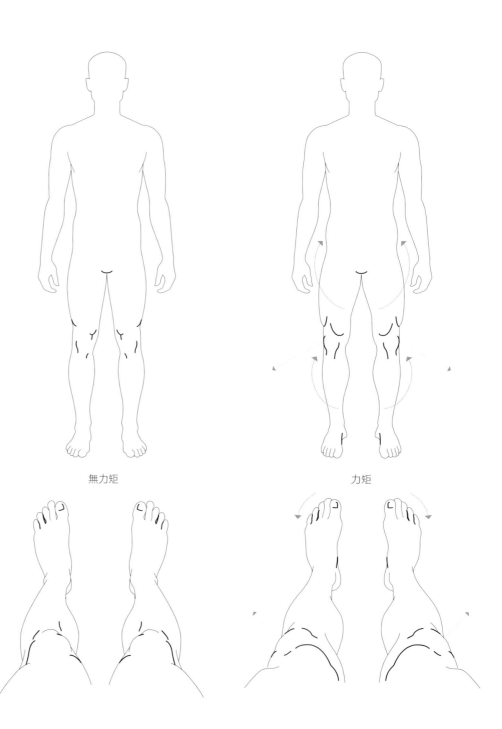

無力矩　　　　　　　　力矩

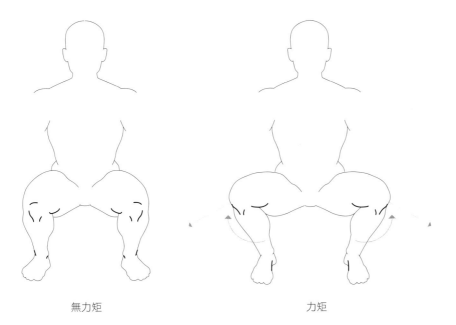

無力矩　　　　　　　　　　　　力矩

運動員在健身房深蹲到最低時，教練經常叫他們將膝蓋往外推。其實這就是讓髖關節外旋產生力矩的指示。如果教練叫你深蹲時膝蓋往外推，真正的意思是將髖關節外旋，替髖部、膝蓋和腳踝打造穩定姿勢。第二部探討深蹲時，我會進一步討論「膝蓋外推」的指示（見 168 頁）。現在只是先讓各位有個概念，知道膝蓋外推其實是在深蹲時製造力矩和穩定度。

**膝蓋外推，
在髖部製造力矩**

打造穩定髖部姿勢的通用指令：
· 雙腳在地上扭緊
· 雙腳像踩在餐盤上一樣轉動
· 彷彿用雙腳拉開地面
· 膝蓋外推

打造穩定肩膀姿勢的通用指令：
· 折彎槓鈴
· 手肘靠向身體
· 腋下朝前（過頭推舉時）
· 肘窩朝前（伏地挺身時）

這些常見的肌力與體能訓練指令提醒我們兩件事：
1. 我們的身體是設定成可以旋轉的
2. 為了打造活動用的穩定姿勢，我們需要製造旋轉力

**肌力與
體能訓練的
力矩指令**

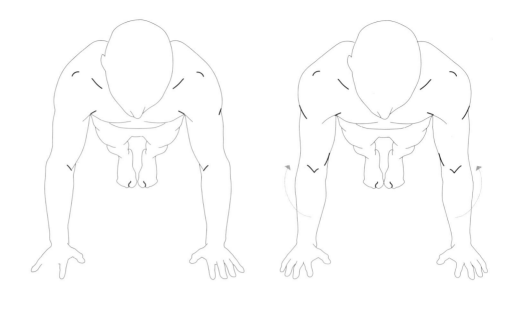

無力矩   力矩

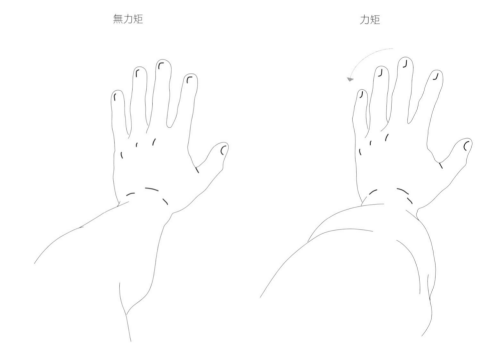

雙手在地上扭緊，在肩膀製造力矩

雙腳在地上扭緊可以穩定髖部，雙手在地上扭緊則可以穩定肩膀。舉例來說，就伏地挺身的準備姿勢時，你可以逆時針方向用左手在地上扭緊，以順時針方向用右手在地上扭緊。再次強調，此處並不是將雙手往外旋，只是施加了一股向外的旋轉力。雙手撐在類似地板的堅硬平面上時，這個方法可以製造力矩，將手腕、手肘和肩膀穩定在良好姿勢上。

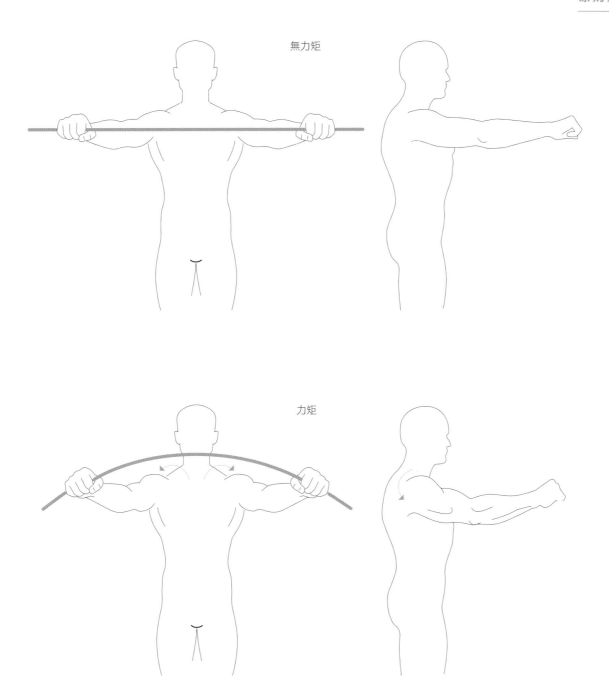

無力矩

力矩

想像你將一根柔軟的棍子握在身體前面，試著折彎或折斷它。要完成任務，雙手就必須往棒子中心扭，逆時針旋轉左手，順時針旋轉右手，同時外旋肩關節。這就是握住槓鈴等物品時穩定肩膀的方式。其實一直以來，教練都用「折彎槓鈴」來指示選手穩定肩膀。準備臥推或肩推時，積極用折彎槓鈴來製造力矩，能將手腕、手肘和肩膀穩定在良好姿勢上。

折彎槓鈴，
在肩膀製造力矩

力矩＝張力／穩定度

第二章提到，髖關節和肩關節都是功能相當類似的球窩關節，所以穩定肩膀和穩定髖部的指示才會一模一樣。雙腳在地上扭緊可以穩定髖部，雙手在地上扭緊可以穩定肩膀。那麼，我們為什麼必須在髖關節和肩關節這兩大引擎製造旋轉力以創造穩定度呢？很簡單，其實球窩關節裡頭是有空隙的，這樣四肢才能夠充分活動。若要穩定關節，維持穩固的中立脊椎，就必須把四肢絞動、扭轉、旋進髖關節或肩關節的關節窩。換句話說，製造力矩其實就是在啟動肌群來支撐關節；不製造力矩等於在拉緊組織，仰賴肌腱和韌帶來支撐姿勢。

單一關節的身體

我用棍棒來代表股骨（大腿骨）和肱骨（上臂骨）。

有個簡單的例子可以幫助你理解這個原理。下方的照片中，我用一塊布將棍棒的頭包住，另一隻手把鬆散的布抓緊。布服貼地包住棍棒頭時，棍棒頭四周依然留有空間，可以拉著朝不同方向移動，代表現在還沒有力矩（旋轉）。想像棍棒是股骨（大腿骨）頭或肱骨（上臂骨）頭，布是關節囊。只要布／關節囊有縫隙，你的肩膀、髖部和下游關節就永遠無法進入牢固、穩定的姿勢。結果當然會大幅損失力量，增加受傷風險。

缺少力矩，關節囊裡頭就會鬆散，關節便無法進入功能穩定的姿勢。

關節囊鬆散

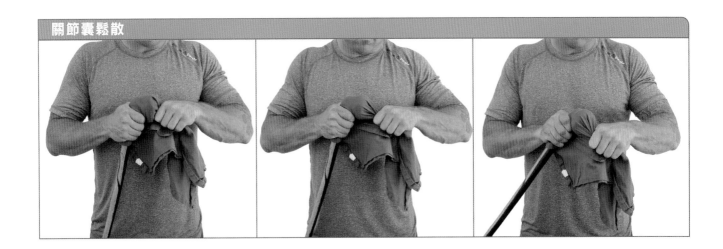

加上旋轉力能把關節窩裡的鬆散關節囊繃緊，讓關節牢固穩定。這些步驟是用來製造扭轉穩定度。因此，主要引擎要有完整的旋轉動作幅度，這非常重要。事實上，就算少了一點屈曲和伸展動作幅度也沒關係，但如果髖關節和肩關節的旋轉度不足，你的身體就會形成結構穩定但是缺乏效率的姿勢。舉例來說，肩膀前傾時關節雖然穩定，但你正處於不那麼好的姿勢。

製造旋轉力以穩定關節這招技巧，不只適用於髖關節和肩關節，也可以應用到踝關節、膝關節、肘關節和腕關節上。

透過旋轉可以把關節窩裡的鬆散關節囊繃緊，讓關節牢固、穩定。

關節囊穩定

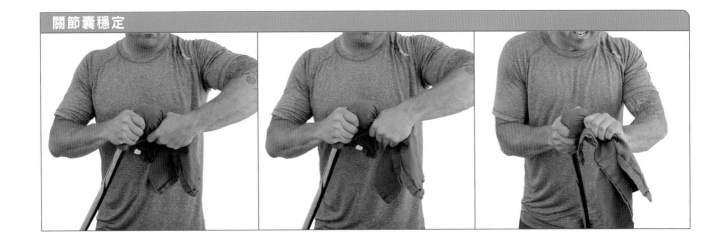

來看看前十字韌帶的結構吧。你的前十字韌帶與股骨、脛骨（小腿骨）相接，是越過膝蓋的主要韌帶之一。前十字韌帶的功能是避免脛骨脫離股骨自行轉動。請注意，雖然髖部和肩膀的運作方式大致相同，但手臂的肘關節是能獨立轉動的（少了這些能力，就很難做出進食和抓握這些基礎動作）。你的膝關節就沒辦法像肘關節一樣內旋或外旋。

前十字韌帶手部模型

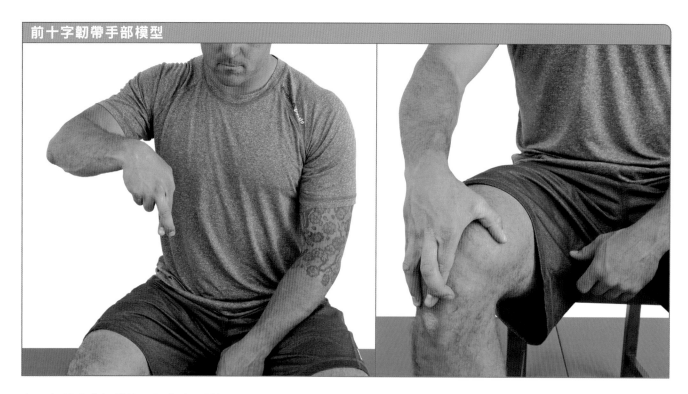

想了解前十字韌帶的運作方式，就把右手中指交叉於食指上。這就是前十字韌帶越過膝蓋關節的簡單模型。

前十字韌帶穩定度測試

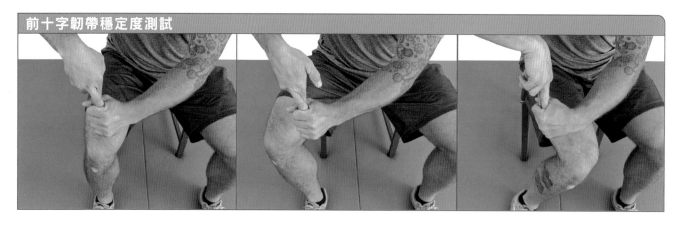

接下來用左手握住交叉的手指，將右手外旋，製造出來的力會讓手指的交叉變緊。如果將右手內旋，交叉就會鬆開。前者對膝蓋來說是穩定姿勢，後者為不穩定的姿勢。不穩定的姿勢可能會導致前十字韌帶撕裂。

重點是，**正確**的旋轉可以讓膝蓋姿勢更穩定，大幅減少受傷可能性。但是**錯誤**的旋轉會讓膝蓋姿勢變得非常糟糕，遲早都會增加受傷的風險。最重要的收穫如下：身體絕對不會讓你處於不穩定的狀態，它會把不穩定當成自己的責任，寧願以錯誤的方式來封鎖開放式迴路，也不願讓你全身鬆垮掉。所以力矩才這麼重要：你必須繃緊球窩關節裡的鬆散關節囊，在肌肉系統裡製造張力，把關節穩定在強而有力的位置上。

如果產生旋轉力這麼重要，那麼，為什麼教導這項動作原則的教練並沒有越來越多？

就跟中軸穩定一樣，其實運動圈一直都在討論力矩，只是沒人給它一個正式名稱，而是用一些產生力矩的動作指令來取代，像是「雙腳在地上扭緊」和「折彎槓鈴」，促使運動員在關節製造張力。雖然這些指令很重要，的確也能派上用場，卻沒辦法向運動員說明原因和正確技巧。這就像是用「繃緊身體」來教運動員將脊椎穩固至中立姿勢，不可能行得通。

要打造活動用的安全、穩定姿勢，光有動作指令還不夠，你還需要一個模型來解釋這些系統的原理和作用。這就是「中軸穩定原則」和「力矩法則」背後的前提：前者能夠告訴你脊椎力學的重要性，提供藍圖，讓你將脊椎組織穩定在良好姿勢上；後者則能解釋製造力矩的重要性，提供藍圖，將髖部、肩膀和其他關節組織穩定在良好姿勢上。簡單講，這些原則都是製造全身穩定度和張力的模型，也就是安全及高效率活動的關鍵。

中軸穩定和力矩法則必須攜手合作。如果沒有組織良好的脊椎，就難以產生力矩或將力量傳送到主要引擎。相反地，如果不製造足夠的力矩，就無法將軀幹穩定在良好姿勢上。同時做到這兩點，也就是軀幹組織良好，關節上施加了適量力矩，那麼，安全、不受傷地製造最大力量的能力就會大幅進步。

不過請注意，有兩種方式可以製造力矩：你可以內旋或是外旋。正確的旋轉可以讓關節呈現力學穩定的姿勢，錯誤的旋轉會讓關節變成不良姿勢。那要怎麼知道何時製造外旋力矩、何時製造內旋力矩呢？答案就在兩項力矩法則中。

兩項力矩法則

在此列出兩項力矩法則。你可以將這兩項法則當作指引，協助你將四肢組織、穩定在良好姿勢上：

第一法則：如果屈曲髖關節或肩關節（減少關節角度），就製造了外旋力（轉離身體）。
例如：深蹲／上拉姿勢、頸前架槓、過頭推舉

屈曲和外旋涵蓋了大量人類動作。在身體前方、頭上或以蹲低姿勢（髖部後推、膝蓋與腳踝彎曲）進行的深蹲、推舉和硬舉都涉及屈曲，需要以外旋來製造穩定度。轉動鑰匙發動引擎、外旋轉緊燈泡和拉弓都是外旋的例子。這就是左手不擅長轉緊或轉鬆東西的原因（以左手內旋來轉緊螺絲不是有效率的動作）。

大多數與力矩相關的肌力體能訓練指令，像是「雙腳在地上扭緊」或「折

第一法則：屈曲與外旋的例子

背蹲舉

硬舉

頸前架槓

過頭推舉

彎槓鈴」，都是要運動員製造外旋力。

第二法則：如果伸展髖關節和肩關節（增加關節角度），就製造了內旋力（轉向身體中心）
例如：分腿挺舉、跳躍時雙臂往後擺

大多數情況下，只要雙腳或雙手在身體後方，就會用到第二力矩法則。最明顯的例子就是跳躍時雙臂往後擺，以及走路、跑步或跨步時單腿留在身體後方。這個法則也適用於拳擊、高爾夫和棒球等需要大量旋轉的運動，以及各種投擲動作（就分腿或前後腳站姿時，必須將後方那條腿內旋）。

舉例來說，技巧純熟的拳擊手使出直拳，即用擺在後方的拳頭揮拳時，他會用後腳扭緊（內旋）地面，同時旋轉髖部與上身。腳踝、膝蓋和髖部就最穩定的姿勢後，便能有效利用動力鏈傳送能量，揮出最重的拳。

這個法則有時會令人迷惑，因為有些動作會是肩膀伸展、手臂屈曲（手肘彎曲），像臥推、雙槓下推和伏地挺身，以及跑步時手臂的擺動。要在進行這些動作時穩定肩膀，就需要製造**外**旋力。可以這樣思考：肩膀伸展但手肘彎曲（屈曲）時，就製造了外旋力。

第二法則：伸展與內旋的例子

跳躍

分腿挺舉

第二法則：肩膀伸展與手臂屈曲

臥推

雙槓下推

力矩張力

現在你已經有製造力矩的概念，接下來就討論維持全身張力需要多大的力矩吧。跟穩固身體一樣（見 36 頁），你需要製造剛剛好的張力來撐起姿勢或動作，如此就能維持力學穩定的姿勢。如果只是站在原地或進行自體重量動作，可能只需施加 10-20% 的力矩量。換句話說，你只需製造剛剛好的力矩，以避免力量流失與容易受傷的動作問題。

其中一個常見問題是做出過大的力矩動作，產生的力矩遠大於所需的量，這麼做甚至可能跟完全沒有力矩一樣會使結構不穩定。這或許是大家開始試做這個概念時最常見的狀況，尤其是在深蹲時。

我跟大多數肌力體能訓練教練一樣，常用徒手深蹲（162 頁）來衡量動作能力與動作幅度。用這個常見的自體重量動作來教導力矩法則時，我通常會指示「膝蓋外推」和「雙腳在地上扭緊」，好讓運動員從髖關節外旋。不意外地，這組指示經常被誤會成「盡可能用力將膝蓋外推，雙腳盡可能在地上扭緊」。經常有人向我反應，製造力矩會讓他們無法深蹲，或是導致膝蓋與腳踝疼痛。

情況可能如下：這些運動員製造的力矩太大了。如果你在髖部製造出 100% 的外旋力，張力便會大於動作所需的量，結果動作變得相當吃力，看起來也很彆扭（過度穩定中軸也會發生同樣情況。在進行深蹲或伏地挺身等自體重量動作時，將脊椎穩固至 100% 張力，動作很可能會變得緩慢又緊繃，感覺就像動作幅度不足），再次強調，你只需要剛好足夠的旋轉，去抵抗將自己往不良姿勢拉的力。記得穩定度準則：如果製造穩定度的方式不正確，你的身體為了找到穩定度，就會落入不良姿勢。所以，你施加的張力要足以支撐良好姿勢，但又不能多到破壞動作。需要花時間練習才能精通這麼巧妙的平衡。

另一個思考力矩張力的方式，是搭配穩定中軸的策略：如果你的力矩和中軸的張力水平並不一致，或者中軸穩定策略太差，那麼，只要一施加外旋力，脊椎就鬆掉。舉例來說，使用 20% 的軀幹張力進行伏地挺身，再運用力矩，從雙手施加 50% 的張力，你的脊椎便會用過度伸展來回應。你只需要施加恰好足以維持背部平直的力矩就可以了，進行自體重量動作時，不需要用那麼高的力矩來保持腹部緊繃、維持良好動作形式。不過當你增加負重或加上速度，就要增加力矩和軀幹張力來達到動作需求。

力矩法則可能不那麼好理解，所以我整理了幾項測試，幫忙說明力矩的功能與應用。如果你對力矩的作用有疑慮，尤其是雙手和雙腳的姿勢，我強

烈建議再次閱讀這個章節，嘗試其中幾項測試。如果你已經掌握了力矩與中軸穩定的概念，直接跳至下一章也沒關係。

力矩測試

前述的兩項力矩法則是用來讓各位大致知道如何製造張力，將關節穩定在良好姿勢上，我會在第二部將這些法則運用在各種可轉移的肌力體能訓練動作中。在那之前，先用伏地挺身和深蹲這兩個簡單、萬用的可轉移動作來測試這個動作原則吧。

在這個小節，我會用伏地挺身來說明如何在肩膀製造穩定度（請見下一頁「肩膀穩定力矩測試」），再使用深蹲來示範如何在髖部製造穩定度（請見 79 頁「髖部穩定力矩測試」）。重點是，這兩個徒手動作並不只是訓練動作。如果知道怎麼操作正確的伏地挺身，就等於有一個可以適用在任何推拉動作上的穩定肩膀模型。同理，如果知道怎麼正確地深蹲，就等於有了萬用的模型，只要髖部與雙腿屈曲，就能在髖部、膝蓋與腳踝製造穩定度與力矩。

接下來，我會提供一系列的測試，幫助各位將中軸穩定與力矩法則串連起來，並讓各位看到準備姿勢或起始姿勢會如何決定你能不能做出最佳動作。進行這些測試時，我希望各位能夠一邊製造力矩，一邊專心注意雙手與雙腳的方向。

稍後我將會說明，雙手與雙腳轉離身體越遠，產生的力矩就越少。產生的力矩越少，穩定度就越低。有時候教練會要運動員雙腳或雙手姿勢放或站得開一點，藉此增加髖部與肩膀的動作幅度。深蹲時雙腳外八可以避開髖部與腳踝的一些動作幅度限制，伏地挺身時手肘向外可以避開肩膀與手腕的一些動作幅度限制。但是，這麼做也會破壞你製造力矩的能力，還會讓身體記住功能失調的動作形式，並擴散到其他動作與姿勢上。

這是許多人沒注意到的關鍵問題。重量與速度要求相對低時，用手肘向外與雙腳外八的姿勢進行臥推和深蹲還是可以把動作做完，畢竟這時中軸穩定和力矩的需求也低。但加上了重量和速度後，中軸穩定與力矩的需求提升，問題就會浮現。雙腳外八、手肘向外，就沒辦法產生足以符合動作需求的力矩量。你可以想像，從徒手深蹲轉換到更複雜的負重動作時，像是跳躍與落地、背蹲舉與奧林匹克舉重，這個限制會產生多大的麻煩。

肩膀穩定度力矩測試

在講座上教到力矩法則時，我通常會從肩膀開始，並用伏地挺身當作診斷動作。讓學員就伏地挺身準備動作，便可以安全、有效地解說穩定度的兩大中心原則。學員會馬上理解，如果軀幹組織不良（未以中立姿勢穩固），肩膀也會無法就穩定姿勢。反過來說，如果他們的肩膀前傾或無法鎖住手肘，就很難將背部打直。

伏地挺身臀部靈敏度測試

伏地挺身臀部靈敏度測試，是中軸穩定與力矩的第一項應用。要進行這項測試，只需要就伏地挺身的開始位置，雙手放在肩膀正下方，盡可能平行，雙腳併攏。

接下來進行穩固步驟：臀部夾緊，肋廓與骨盆對齊，腹部繃緊。重點是手腕、手肘與肩膀要對齊，雙腳併攏。許多人的腳會不小心張開，沒發現自己在偷動作幅度。這麼做會難以繃緊臀肌，穩定軀幹。

調整出組織良好的伏地挺身起始姿勢後，下一步是放鬆臀肌，試著保持背部平直。如果你可以連續進行多次幅度完整的伏地挺身，可能要做 5-10 下（一組啟動臀肌，一組放鬆臀肌），才能獲得想要的效果。你會發現後者（臀肌放鬆）的穩定效果遠不及前者，因為你的身體會產生骨牌效應：如果放鬆臀肌，就很難用良好姿勢組織脊椎。這件事給了我們兩項重要資訊：

1. 臀部放鬆時，容易受到脊椎問題的影響。
2. 中軸扭曲會很難產生足夠的力矩，結果是肩膀太緊繃。兩者差異驚人。

臀部繃緊，較容易保持背部打直。

臀肌放鬆，較難維持脊椎中立姿勢，特別是連續進行多次伏地挺身時。

手張開的力矩測試

第二個測試會使用伏地挺身最常見的訓練指令：雙手在地上扭緊。這個測試可以讓大家確實理解力矩對穩定軀幹有多重要。肘窩朝前，肩膀上部外旋，就能較輕鬆地維持背部平直。不僅如此，此測試還能讓我們看出雙手位置與製造力矩量的關連。

進行方式如下：雙手平行（或盡可能打直），接著將雙手在地上扭緊製造力矩。此時你應該會感覺到自己的肩膀開始穩定，上背也跟著繃緊。知道雙手打直製造力矩是什麼感覺後，你可以稍微將雙手向外打開，同時試著製造力矩，保持背部平直。你會發現雙手越往外翻，越難製造力矩、穩定軀幹。開到 45 度時，就根本不可能製造力矩。此時，你處於低力矩，因此肩膀會開始鬆軟，脊椎跟著彎曲。如果你將手掌往外轉，像在做俄式挺身那樣（一種困難的體操動作，全身與地面平行，如同雙腳不著地的高姿伏地挺身），就會更難保持軀幹直挺穩定。要以零力矩維持這個姿勢相當困難，也說明了俄式挺身就算雙腳著地，為何還是如此困難：這個動作不僅需要過人的活動度，還需要過人的肌力。

要點在於，要為你的肩膀與胸椎（中段脊椎）打造出穩定的平台，就必須藉由雙手製造力矩。如果你將雙手放在無法產生力矩的位置，就無法穩定軀幹，製造力量。記得，這原理不僅適用於伏地挺身，也適用於所有推及拉的運動。一旦用手張開的姿勢（手掌向外轉）做伏地挺身，你在阻擋、推車或做波比跳等動作時，免不了也會用相同的雙手姿勢。

就伏地挺身預備姿勢。手指朝前張開，雙手在地上扭緊。接著，稍微將雙手向外轉，試著製造力矩。你將會發現雙手外開時沒辦法製造出跟剛剛一樣大的力矩。再把雙手往外轉一點，就會完全沒有能力建立力矩，要很吃力才能穩定肩膀和軀幹。若將雙手往後轉，便會完全無法製造力矩。

雙手在地上扭緊會在肩關節產生外旋力，如果雙手往外轉，就無法製造力矩。

吊環伏地挺身力矩測試

如果真想了解穩定肩膀背後的原理，就用吊環來做伏地挺身吧。只要一進行，就能馬上看出你是了解還是不了解。由於在吊環上穩定肩膀和軀幹會困難許多，因此你可以看出自己的姿勢是好是壞。

吊環伏地挺身的起始姿勢也可以讓你知道，從動作一開始便必須持續製造力矩。伏地挺身往下沉到底之後就很難重製力矩，用吊環進行尤其如此，你必須要在有力矩的情況下往下沉，所以教練才會在臥推開始時就指示運動員「折彎槓鈴」，這樣當槓鈴沉到胸上時，肩膀便能呈現最佳姿勢。

這項測試也能讓你了解，以適量力矩和組織好的脊椎就良好姿勢，就很有可能用完美技巧來做出動作。準備姿勢做得好，人們在做中段範圍[7]動作時的許多問題與不適（例如肩痛）便會消失。事實上，在地面上做伏地挺身的動作需求很低，不容易注意到許多跟力矩有關的動作問題，因此吊環便成了相當好用的工具。要在吊環上穩定肩膀與軀幹，產生的力矩一定要夠高。如果無法產生足夠的外旋力，肩膀會前傾，背部會鬆垮。

注意：一般伏地挺身有個支撐平面，因此你可以用雙手在地上扭緊製造外旋力，但用吊環進行伏地挺身時得實際旋轉雙手。右手拇指應該在一點鐘方向，左手拇指應該在十一點鐘方向。

---

7. 中段範圍（midrange），指介於最高位置與最低位置之間的那段動作。審訂注

夾緊臀肌，繃緊腹肌，打直背部，就良好的伏地挺身姿勢。要製造力矩就必須製造外旋力，跟在地上做伏地挺身不同，在吊環上加強力矩要困難許多。要讓肩膀就良好姿勢，就必須將雙手往外旋轉，雙手拇指都指向身體外側。右手拇指應該在一點鐘方向，左手拇指應該在十一點鐘方向。

不外旋雙手就無法製造力矩，因此無法組織好脊椎，手肘便會過度外開，肩膀會自動落入圓肩姿勢。此時一放鬆臀肌，臀部就會鬆垮，變成過度伸展的姿勢。

臀部穩定力矩測試

深蹲跟伏地挺身一樣，應用範圍很廣泛。如果你學會如何在深蹲時製造力矩，便等於有了萬用模型，可以在各種動作下穩定髖部。除此之外，深蹲的準備姿勢（特別是雙腳站姿）決定了你能產生多少上游力矩給腳踝、髖部、脊椎與肩膀。

記得，開始動作**前**，你的關節就要進入能製造旋轉力的姿勢。這些深蹲力矩測試將會證明，雙腳姿勢平直（中立）是產生最大力矩的理想位置。詳情請見 82 頁「雙腳中立（平直）站姿說明」的邊欄。

不過，問題在於健身界過去始終不認為雙腳姿勢跟力矩穩定法有關。多年來，許多教練都會教導運動員在深蹲時像鴨子一樣雙腳朝外，這樣才能打開髖關節，讓膝蓋張得更開，更輕鬆地蹲到底。不過教練和運動員都沒發現，其實可以藉由外旋力矩在髖部關節製造空間：雙腳腳尖朝前（平行）在地上扭緊，膝蓋外推。雖然這個技巧需要較高的活動度，卻能讓你產生最大的力矩，而且股骨頭也不會卡死（因此可打開髖關節）。

可是，大多數人的動作幅度都不足以做出全幅度的臀部碰腳踝深蹲。雙腳朝外可以讓他們完成動作，卻會付出代價：身體會記住這種功能失調的動作模式，並且應用於其他活動上。若以鴨腳站姿深蹲，站立、走路、跳躍、著地和拉動時也很可能會呈相同站姿。這麼一來，進行最大重量單次背蹲舉時會怎麼樣？或進行奧林匹克舉重，蹲到底時自發地承受重量的時候呢？或在籃球比賽時使出變換方向假動作呢？答案是，你的身體會自動使用練習時的動作模式，大幅增加受傷風險。

開腳站姿還有另一個問題，就是會難以製造力矩、穩定身體。常見的結果就是腳踝蹋陷、雙膝內夾，因而在關節處產生外翻（扭轉與撕裂）力。許多運動員的髖部就是這樣流失力量的，這也是前十字韌帶撕裂的元凶。

教導深蹲的中立雙足姿勢時，我常說只要雙腳足弓能成形，以任何姿勢深蹲都行。只要維持雙腳足弓，就能產生足夠的力矩。剛好，達成理想足弓的最佳姿勢就是平直中立的站姿。雙腳越往外開，足弓就越容易蹋陷。

舉例來說，如果深蹲到底前，腳踝的動作幅度不足（無法進一步屈曲到最低點），你就得開始尋求張力，實際表現則是腳踝蹋陷。雖然內翻動作能確保你的腳踝架構穩定，卻會破壞上游關節的完整度。實際上，你是在仰賴韌帶和組織支撐。要確保腳踝關節處於最佳姿勢，就必須透過外旋力矩，讓雙腳足弓成形。

➕ 雙腳中立

➖ 雙腳外開

如此一來，雖然以徒手進行低訓練量的徒手動作時，雙腳向外也能完成深蹲，但只要一增加重量、速度和訓練量，假象便會開始崩解。

如同肩膀穩定力矩測試，以下示範的目的是要深入說明力矩與中軸穩定的關係，並闡明中立站姿為何是產生最大力矩的理想姿勢。

➖ 膝關節外翻問題

足弓姿勢大致上是由髖關節外旋所衍生的力學系統（骨頭、韌帶、肌腱和結締組織）造成的現象。腳跟對齊腳跟腱（直立）或腳跟對齊小腿肌都是理想的足弓姿勢。將雙腳腳尖朝前，髖關節外旋，雙腳就會呈自然足弓。如此一來就能舉起更多重量，並以更大的力量跳躍。這也剛好是從靜止姿勢展開動作最安全的姿勢。

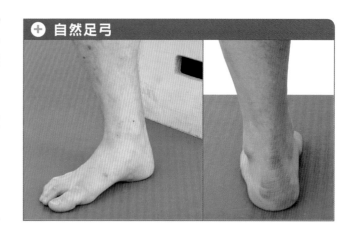

➕ 自然足弓

腳跟腱上施加側斜負荷，是造成腳跟腱斷裂、跟腱炎和前十字韌帶撕裂的機制之一。要減輕腳跟腱上的偏軸側斜負荷，其中一個辦法就是讓腳進入直立姿勢。

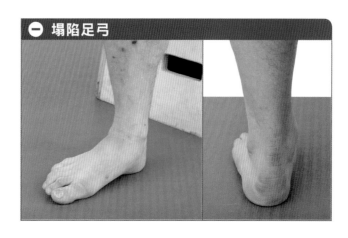

➖ 塌陷足弓

腳外張的力矩測試

我在教導穩定的髖部姿勢時，會先從腳外開的力矩測試教起，這個辦法能夠讓人輕易看出中立腳掌姿勢與力矩的關係。

進行這項測試時，先將雙腳腳尖朝前，置於髖部下方，或大約與肩同寬，接著進行穩固步驟，想像自己要把地面挖開，雙腳在地上扭緊。盡你所能製造出最大的外旋力，再盡你所能夾緊臀部，同時保持雙腳蹬趾貼地。只要髖關節外旋，雙腳足弓就會成形，也就是結締組織收縮，骨頭排列整齊，啟動肌肉。這就是理想姿勢。

雙腳腳尖朝前完成力矩測試後，雙腳外開約 45 度，重複同樣步驟。你會發現你無法產生同樣的力矩量，雙腳足弓無法成形，也沒辦法將臀肌啟動到相同程度。

請特別注意，你可以將雙腳稍微往外打開，介於 0-12 度之間，這麼做仍然能夠產生足夠的力矩。但是，角度大到 30 度之後，就沒辦法產生力矩了。力矩喪失的速度會非常快。

再次澄清：雙腳越接近平行，你的姿勢就越穩定。稍微將雙腳往外旋還是能產生力矩，但量沒那麼大。徒手深蹲或低強度運動時可能沒什麼差別，但若加上代謝需求或負重，力矩的功能失調便會損害生物力學。各位肯定也都知道，只要生物力學一受損，受傷的風險便會大增。

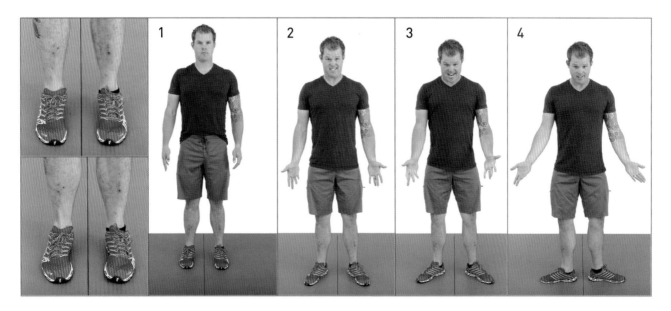

雙腳平行進行穩固步驟，接著雙腳在地上扭緊製造外旋力。你將會注意到你的鞋子有了曲線，代表雙腳的足弓成形了。接下來，將雙腳稍微外開並重複同樣步驟。你會發現雙腳一往外開，就沒辦法製造力矩讓足弓成形，也無法啟動臀肌。

釐清雙腳中立站姿

我所說的「雙腳中立站姿」，指的是雙腳腳掌打直、大拇趾朝前、雙腳平行的姿勢。我認為這是理想站姿。不過雙腳稍微朝外，也不會破壞產生力矩的能力，只是界限不好拿捏。請看下圖的圖解，我相信 0-12 度的站姿足以產生最大力矩。如果你的腳踝與髖部活動度受限，將雙腳稍微朝外（勿超過 12 度）也許能讓你感覺舒服一點，蹲得更深一些。不過等你活動度改善了，還是應該朝雙腳腳尖朝前的站姿邁進。

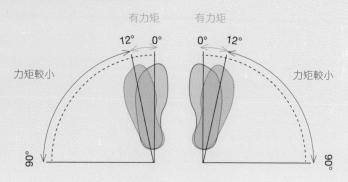

臀部靈敏度測試

臀部靈敏度測試有助於闡明雙腳腳尖朝前站姿與啟動臀肌的關係。雙腳平行能製造出最大力矩，配合臀部夾緊則能將骨盆穩定在中立姿勢。但是，如果雙腳腳尖朝外，不僅會喪失製造力矩的能力，還會無法啟動臀肌，造成不穩定的骨盆姿勢。

各位在做伏地挺身時也體會到了，如果無法以雙手製造力矩，或處於無法製造旋轉力的姿勢，肋廓就會傾斜。深蹲時也會發生同樣現象，但傾斜的不是肋廓而是骨盆。沒有力矩的話，就得用其他方式製造穩定度，若發生在深蹲，會以骨盆前傾來製造穩定度，原理跟肋廓往後傾一模一樣。

這也解釋了為什麼這麼多人深蹲時會過度伸展，為什麼這麼多人會有下背痛的問題。在低力矩的情況下，身體無法穩定，會使用骨頭來支撐骨頭，導致過度伸展的脊椎問題（見 35 頁）。

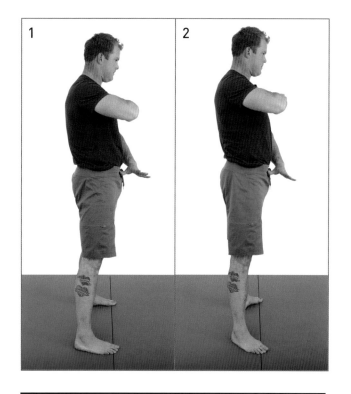

進行穩固步驟時，盡可能雙腳腳尖朝前、夾緊臀部。接著雙腳腳尖朝外，進行同樣步驟。你會注意到你沒辦法啟動臀肌來穩定骨盆，而這又會導致脊椎不穩。

髕骨對齊

要產生最大的力，並避免膝蓋疼痛，髕骨跟股四頭肌韌帶接脛前肌的部分就要盡可能平行（照片2）。腳尖朝外，股四頭肌韌帶就會被拉至偏軸角度（照片3），也就是我手指的方向。雙腳朝前，髕骨就能直直覆蓋住股四頭肌，保持理想姿勢。

支撐基礎測試

雙腳腳尖朝外的另一個問題，就是支撐的基礎會因此受限，從腳掌全長支撐縮到大約只剩下一半，破壞前後向的平衡與穩定。如果你腳踩滑雪板深蹲，就絕對不會往前或往後傾。但如果你將雙腳朝外，就會馬上失去平衡與穩定度。

這正是運動員膝蓋內夾的另一個原因，不是因為他們毫無力矩，而是因為他們缺乏前後穩定度。雙腳腳尖朝前，就算身體沒辦法產生力矩，膝蓋也不會內夾得太嚴重（見第87頁的「無力矩深蹲測試」）。

喪失穩定度的問題在進行奧林匹克舉重時會更嚴重。舉例來說，想像你在進入抓舉動作時槓微微往你的身體前方或後方傾斜。雙腳腳尖朝前時接觸面積較大，能夠立即調整姿勢，但雙腳朝外就很難找回平衡。

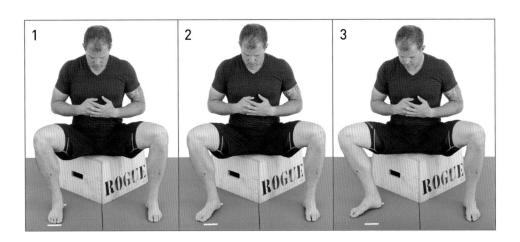

雙腳腳尖朝前，支撐的基礎就大。但雙腳朝外，大約會損失30%的腳掌長度。

怪獸走路測試

怪獸走路是常見的暖身運動，需將彈力帶套在膝蓋上方，呈 1/4 或半深蹲姿勢橫向行走。有趣的是，大家進行這項練習時雙腳不會朝外，而會始終朝前。為什麼？因為橫向行走時，膝蓋不可能不內夾。要保持穩定，就必須維持穩定度最高的姿勢，所以雙腳必須朝前。

將彈力帶套在膝蓋上方，雙腳平行，接著將大腿後側肌群與髖部往後推，蹲到 1/4 深蹲姿勢。雙腳保持打直，你便能產生更多力矩，將膝蓋更往外推，在橫向行走時給你更高的平衡與穩定度。

以雙腳朝外的姿勢做這項練習，無法產生足以將膝蓋往外推的力矩。彈力帶會把膝蓋拉在一塊，就很難在橫向行走時穩定姿勢、維持平衡。

怪獸深蹲測試

將彈力帶套在膝蓋上深蹲，也能給我們很多啟發。同樣地，雙腳腳尖朝前比較容易產生力矩，將膝蓋外推。使用鴨腳站姿深蹲，就很難將膝蓋外推，感覺起來較不穩定且無力。套上彈力帶，我們會更清楚看出這個事實。

➕ 雙腳中立

1 　　2

雙腳平行較能抵抗彈力帶的壓力，也較能以良好姿勢深蹲。

➖ 雙腳外開

1 　　2

以雙腳朝外的姿勢深蹲，無法產生足以將雙膝外推、抵擋彈力帶阻力的力矩。

86

穩定雙腳姿勢測試

雙腳腳尖朝前的話，不需要將膝蓋外推太多就能穩定腳踝，這個測試能具體說明這點。雙腳越朝外開，就越需進一步將膝蓋外推，才能形成足弓中立、腳踝穩定的姿勢，角度大過一定限度後，就無法做到這一點。

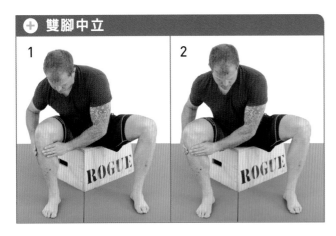

雙腳呈中立姿勢，膝蓋外推。膝蓋只需要稍微外推，就能製造出自然足弓

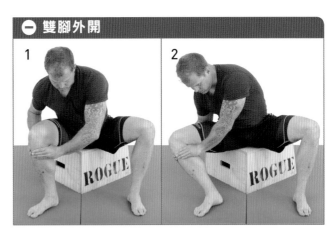

現在將雙腳外旋，膝蓋外推到足弓成形為止。膝蓋外推的距離要夠長，足弓才會成形。

外旋測試

這項測試可以看出髖關節在雙腳平行時可以產生多少外旋力，以及雙腳朝外時髖關節的動作幅度會受到多大的限制。

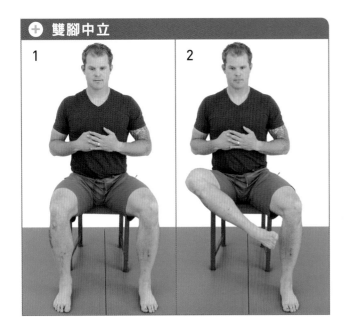

坐在椅子上，雙腳朝前，接著將腳往另一側的髖部拉。這個動作可以展現髖關節的外旋力。

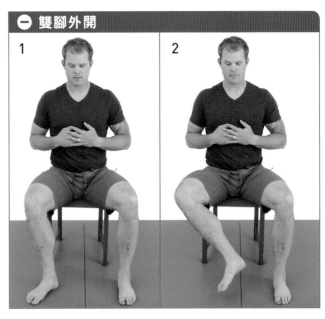

在雙腳朝外，進行同樣的步驟。你會發現你的腳沒辦法舉到相同高度，髖關節也無法產生同等的外旋力。

無力矩深蹲測試（腳踝塌陷測試）

雙腳腳尖朝前能夠降低動作末端膝關節外翻塌陷的程度，外開則會增加。換句話說，雙腳朝前比雙腳朝外更能有效避免膝蓋在深蹲到底時內夾。

有兩項方法可以測試這點：第一項是比較深蹲時雙腳朝前與雙腳朝外（不產生力矩）的差別；第二項則是坐在椅子上，比較雙腳朝前與雙腳朝外時，膝蓋往內夾的感受。第二項測試比較簡單，但你還是應該兩項都試，比較一下感受，接著想像在高負重下維持這些姿勢，或是在跑道上衝刺後變向。底線是你得在不好的姿勢下還能順利完成，以免你負重過重，或是犯下力學或動作控制的錯誤。這種情形難免發生，但如果你的姿勢良好，至少還能夠減輕負面衝擊。

➕ **雙腳中立**

雙腳朝前時，就算無法在深蹲中製造力矩，也可以減輕腳踝與膝蓋的外翻力。保持小腿垂直，維持平衡，藉此增加支撐基礎。

➖ **雙腳外開**

雙腳向外打開，腳踝會塌陷得更嚴重。雙腳呈現此姿勢，就能明顯感受到外翻力。

腳踝塌陷測試

腳趾朝前，坐在箱子上，試著讓足弓塌陷。

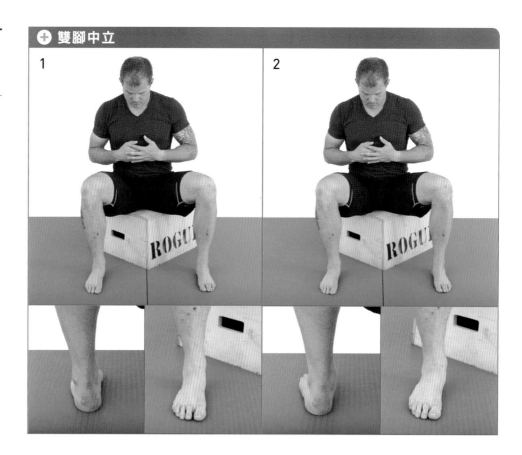

將雙腳朝外，試著讓足弓塌陷。如你所見，塌陷的程度嚴重多了。

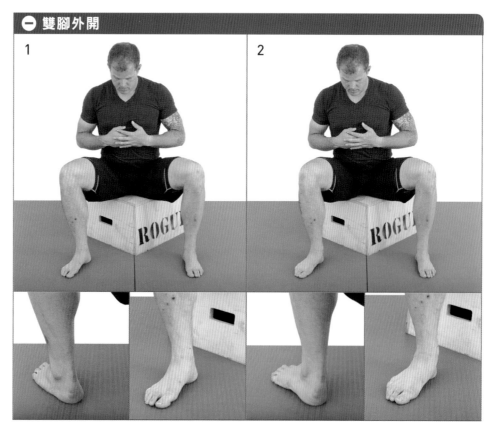

章節重點回顧

· 本書所說的**力矩**，指的是「在髖關節與肩關節製造旋轉力，將關節穩定在良好姿勢上」。

· 要讓關節穩定，就必須將四肢轉入髖關節和肩關節的關節窩。這就是製造力矩的方式：保持雙手雙腳不動（固定在地板或槓鈴等平面或物品上），從髖關節或肩關節外旋或內旋。

· 要將關節穩定在良好姿勢，維持穩固的中立姿勢，就必須製造全身穩定度。方法如下：

　· 為軀幹製造出組織良好、穩定的架構（第一項動作原則）。

　· 從主要引擎展開動作（第二項動作原則）。

　· 運用四肢製造扭轉力（第三項動作原則）。

· 製造力矩不僅能將關節固定在良好姿勢，還能繃緊四周的肌肉系統，幫忙支撐、維持理想的關節姿勢。不製造力矩，就得仰賴肌腱和韌帶來支撐。

· 如果不製造力矩，在髖部與肩膀產生張力與穩定度，你的身體會養成習慣，以不良姿勢來找到穩定度。這就叫追捕張力。

· 兩項力矩法則都提供了樣本，可以用來將髖關節、肩關節與其他關節組織穩定在良好姿勢上：

第一法則：若髖關節與肩關節屈曲（關節角度減少），便需製造外旋力（轉離身體）。

第二法則：若髖關節與肩關節伸展（關節角度張開），便需製造內旋力（往身體中心轉）。

· 要在動作時保持力學穩定的姿勢，必須製造適量力矩來配合姿勢或動作的需求。轉力只要剛好足以對抗不良姿勢的拉力即可。

· 雙手與雙腳姿勢會決定你能產生的力矩量。雙手或雙腳轉離身體的角度越大，能製造的力矩越小，穩定度也越低。

· 在深蹲時雙腳外開，不僅會降低製造力矩的能力，還會讓身體記住功能失調的動作模式，影響其他運動動作。若以雙腳外開的姿勢深蹲、站立、走路、跳躍著地或旋轉時，也很可能會用雙腳外開的姿勢。

· 雙手打直與雙腳朝前或稍微朝外（0到12度間）是理想姿勢。雙手或雙腳朝外超過30度，會降低製造力矩的能力，破壞力學。

· 雙腳和雙手越平行，姿勢越穩定。將雙手雙腳稍微朝外還是可以製造力矩，但效果會減弱。

04

身體原型與隧道

髖部與肩膀的功能性姿勢可分為七種基礎結構：肩膀四種、髖部三種。這七種身體原型能夠表現出大多數運動動作的開始與結束姿勢，同時也包含了人體正常運作需要的所有動作幅度與動作控制。請將身體原型與隧道概念當作藍圖，用來衡量做出動作、姿勢的能力以及動作幅度的限制。

雖然肌力與體能訓練動作具有診斷、衡量的功能（第五章〈動作分級系統〉將會詳談），要準確找出活動度限制還是不太容易，尤其是進行多種動作組合而成的高強度訓練課表時。這種情況下不容易得知自己究竟是動作幅度不足，還是因為速度、負重與疲勞感等因素導致動作問題。除此之外，肌力與體能訓練動作都很複雜，有技術要求。要正確進行這些動作（第二部將會進一步介紹），就需要高超技巧與大量練習。

為了讓衡量以及了解動作幅度這兩件事變得更容易，我打造了人體的原型範本，將動作元素分成七種不同的型態。這些原型代表安全、穩定的肩膀與髖部姿勢，囊括了幾乎所有動作的完整動作幅度。你會在這一章學到基礎身體原型，以及這些原型會怎麼幫你解決常見的動作控制、生物力學與動作幅度的問題。

看看接下來兩頁的圖解，各位會發現，其實肩膀和髖部的姿勢變化也沒那麼多樣。無論是體育活動、舉重或日常生活，你所使用的動作很可能都是由這七種原型姿勢中的一種以上組成。如果你有能力做好這些姿勢，便等於學會了不同基礎元素，能夠替大多數動作打造出安全、穩定的姿勢。

肩膀原型

 過頭原型

 推姿原型

 懸臂原型

 頸前架槓 1 原型

 頸前架槓 2 原型

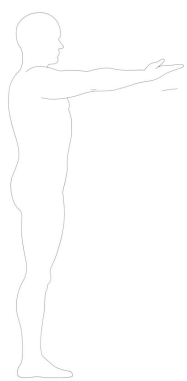

需將雙臂穩定高舉過頭的所有動作都屬於過頭原型,包括:肩推舉、抓舉、單槓懸垂、投擲等等。

進行伏地挺身、臥推或將手臂伸到身體後方時,都是以推姿原型來穩定肩膀。

需平舉雙臂穩定肩膀的動作都屬於懸臂原型。硬舉與上膊的預備姿勢也包括在內。

講電話、用肩膀扛東西、推東西或雙手伸直去抵抗前方的力道時,都需使用頸前架槓原型來打造肩膀的穩定姿勢。這個原型有兩種基本型態:手臂彎曲與手臂前伸。

髖部原型

 深蹲 1 原型

 深蹲 2 原型

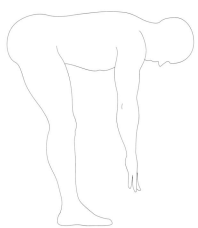

 槍式深蹲原型

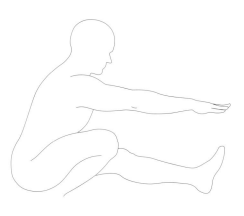

 跨步原型

深蹲原型包括了所有髖關節轉軸的動作，包括彎腰撿東西、蹲下來坐椅子。此原型有兩種基礎型態：髖部低於膝窩的深蹲姿勢，以及硬舉姿勢。

槍式原型包含了髖關節屈曲與足踝背屈的完整動作幅度。自坐姿起立、踏上或踏下較高的平面，是此原型的兩個常見動作舉例。

跨步原形包含所有單腿在後的動作，例如跑步、投擲、出拳和擺盪。

這些原型型態還有另一個重要目的:涵蓋大多數訓練動作的起始與完成姿勢。先在此說明,「起始」與「完成姿勢」,指的是每個動作最高或最低的姿勢。

深蹲

起始(最高)姿勢　　　　完成(最低)姿勢

硬舉

起始(最低)姿勢　　　　完成(最低)姿勢

伏地挺身

起始(最高)姿勢　　　　　　　完成(最低)姿勢

將動作拆解成各種姿勢原型或起始與完成姿勢相當實用，有幾個原因。

首先，這麼做能讓新手更快學會肌力與體能訓練動作。所有運動動作都是以一種以上的原型組成，例如過頭深蹲包括過頭與深蹲原型，過頭上推包括頸前架槓與過頭原型。如果你能搞懂各種原型，便有了一個以理想姿勢開始和完成所有動作的範本。你其實只是在不同原型型態之間轉換，所以便能更輕鬆看出人類動作之間的關連。如先前所說，要正確執行一個動作需要大量練習，但只要知道原理，知道起始和結束的姿勢，就能加快學習流程，因為你現在只需要記住七種姿勢。

這麼想吧，前蹲舉的頸前架槓姿勢應該跟上膊的上肩姿勢相同。不管是要進行前蹲舉或爆發式上膊，你都必須練習同一原型的相同動作形式與技巧。反過來說，千萬要小心別讓錯誤型態滲透到同一原型的所有動作上。舉例來說，若以圓背硬舉，上膊或舉起購物袋時的圓背機率也會增加。以圓肩進行伏地挺身，臥推或推車時的圓肩機率也會增加。簡單說，一種運動的原型出現問題，不僅會增加該項運動的受傷風險，所有包括該原型的動作也會受到影響。只要每次都做出正確的原型姿勢，學習同一原型的新動作時，做得正確的機率便會大增，這個概念就稱作「單一型態」。

除此之外，身體原型範本也適合用來測試技巧和衡量動作幅度。本章最後收錄了每種原型型態的快速測試。這些簡單測試能在最低的動作變數與低肌力需求下，讓你用靜態姿勢來衡量動作幅度與姿勢能力。跟加上速度的動作或邊鍛鍊邊評估比起來，這些測試更加安全，結果甚至可能更加準確。在衡量動作幅度時，這些測試也特別有用，原因是有兩個因素你永遠得納入考量：旋轉，以及屈曲／伸展。這些靜態的快速測試能幫助你看出旋轉限度和屈曲／伸展限制的差別。

最後，將動作分解成原型來進行快速測試，還能幫助你判斷有哪些關節、肌肉或姿勢需要鬆動。舉例來說，假設你進行了 112 頁的槍式深蹲測試，結果屁股摔到地上，便可明顯看出你的腳踝（背屈）缺乏動作幅度。幸好，改善背屈的鬆動術技巧相當容易，你只需要選擇針對受限區塊與（或）姿勢的技巧就行了，在這個狀況下，要選的就是腳踝和槍式深蹲型態。

身體原型讓人類動作的語言變得更加精細，各位現在就能以起始與完成姿勢來討論動作了。若缺乏這份知識，你可能只知道自己在臥推或伏地挺身時會疼痛，卻對細節一無所知。但是，現在各位已經知道這兩種運動的起始與完成姿勢都包括兩種原型，便能辨識疼痛究竟是發生在推姿原型（完成）或是頸前架槓原型（起始），接著利用本書的第三與第四部來設計處方。為了讓各位一目瞭然，我在第三部的鬆動術技巧旁加上了原型圖示。推姿

圖示便代表此技巧能幫助改善推姿原型，頸前架槓圖示便代表此技巧能幫助改善頸前架槓原型。

簡單說，按照起始與完成姿勢的動作原型將肌力與體能訓練動作分門別類，能縮短新手的學習曲線。更重要的是，還能夠提供衡量動作品質、找出活動度限制的範本。本章最後，我會更進一步介紹各種原型，詳細描述正確力學與常見問題，同時提供快速測試，讓你衡量每個原型姿勢的動作幅度與動作控制。但是在此之前，我要先引入一個稱為「隧道」的概念工具。隧道概念能解釋動作原則的意圖與目的，跟身體原型範本結合運用，還能幫助你辨認、診斷、糾正動作和活動度的問題。

隧道概念

心中有隧道概念，代表你知道要以良好的姿勢開始（進入隧道），才能夠以良好的姿勢完成（出隧道）。如果一開始就出錯，完成動作也不可能做對。完成動作不正確，下一個姿勢也會連帶出問題。

原因如下：一旦加上負重，或是在平衡狀態下增加速度或張力，就很難將身體組織成良好姿勢。假設你要把槓鈴揹上肩，準備進行背蹲舉，卻沒在將槓鈴扛下蹲舉架前先將脊椎穩固在中立姿勢上，那麼等重量擠壓脊椎，要將軀幹組織成穩固中立姿勢就難多了。

所以在開始活動**之前**先做出良好預備姿勢才這麼重要。再次強調，進入隧道的姿勢（起始動作）會決定你出隧道（完成動作）的姿勢。如果你花時間組織軀幹（將脊椎穩固成中立姿勢，從髖關節與肩關節開始動，以及製造力矩），便有很大的機率能以良好的姿勢順利進出隧道。但要是以不好的姿勢進入隧道，你只有兩種選擇：繼續以不良方式活動，或者以良好姿勢重新開始動作。

辨識問題

隧道概念可以強迫你從起始姿勢開始衡量動作，並確保預備姿勢正確。衡量運動員動作時，我絕對會先從他的起始姿勢看起，因為我知道預備姿勢做不好，就會導致完成姿勢出問題。事實上，許多情況下看起來像是完成姿勢出問題，其實是起始姿勢就出錯了。

舉個例子來說明這一點。前陣子我跟一位奧林匹克冠軍舉重選手合作，他在進行抓舉時沒辦法鎖住雙臂。他的教練讓他做了大量練習，以改善他的

完成姿勢，卻毫無成效。原來問題出在他的肩膀沒有內旋，導致肩膀在做上拉動作（舉重的開始階段）時往前傾，所以很難穩定肩膀，雙臂高舉過頭時也很難鎖住。他以不良姿勢進入隧道，就注定沒辦法做好動作。如先前所說，以不良的姿勢開始，就會以不良的姿勢結束動作。我修正了他的肩膀姿勢，讓那些限制關節活動的組織恢復正常的動作幅度，完成姿勢的問題就煙消雲散了。若沒挖出問題的根源，就算做了成千上萬次練習，也沒辦法更好地鎖住雙臂。

總而言之，許多運動員與教練會弄錯重點，把練習目標放在改善完成姿勢，但其實真正的問題出在起始姿勢。如果沒辦法正確完成某個動作，請立即評估你的預備動作（起始姿勢），確定你的動作控制是否有出錯，或關鍵的動作幅度夠不夠大。同理，如果預備動作正確，但完成姿勢還是有問題，很有可能是活動度出了問題。

規劃活動度處方時，記得將身體原型範本與隧道概念結合起來，把時間花在最需要照顧的區塊。記得，這些都只是迫使你從動作的兩面來評估姿勢的工具而已，事實上，在利用身體原型範本解析動作問題時，正是從起始與完成動作開始分析。

假設你在進行槍式深蹲原型測試時失去平衡，無法維持良好姿勢。除非你無法完全伸展髖部，否則，問題就不是出在起始姿勢。下一步則是要看看你能否正確做出良好的完成姿勢，也就是槍式深蹲的最低位置。你甚至不需要實際進行動作，只需要蹲低將單腳往身體前方伸即可。如果摔倒或是沒辦法做出組織良好的穩定完成姿勢，就可以知道你的腳踝過於緊繃（或還有其他問題）。現在，你可以把重點放在鬆動術去解決受限的姿勢了。

完成姿勢錯誤

隧道概念也給了你一個範本，讓你用來衡量循環或重複性的動作（如跑步或游泳）。假設有個跑者的落地（雙腳接觸地面的瞬間）動作出了問題，教練可能會指定他做大量的跑步技巧或動作控制練習，以改善腳部姿勢。這些練習可能可以幫忙改善最初的雙腳觸地姿勢，但如果運動員髖關節前側的動作幅度不足，或者小腿後側肌群或腳踝特別緊繃，腳部就會外旋成不穩定的姿勢（這是第二力矩法則的例子，73 頁）。他一開始也許還能保持腳掌打直，但只要腿一擺到身體後方並且外旋，著地時腳就會外張，等於是以有害的姿勢進入下一座隧道。這種情況下，問題便不是出在起始姿勢，而是完成姿勢。腿往後擺的完成姿勢會決定運動員能不能好好踩出下一步，並進入下一條動作隧道。

這件事告訴我們，完成姿勢會決定你過渡到下一組動作的能力，也就是你的新起始動作。不管是跳躍、落地，接著斜切，或從一個姿勢轉換到下一個姿勢，都是如此，如果你以不好的姿勢離開一條動作隧道，便會以不良的姿勢進入下一條隧道。

另一個值得一提的問題，是沒有做出動作的完成姿勢。在高強度下進行多次數動作時，經常有人會停住縮短整個動作，原因就只是想躲掉完成姿勢。例如你正以高速度進行推舉，假設你重視的是速度和次數，雙臂可能沒辦法在每次的完成姿勢中都過頭鎖住，進而損害下一次動作的起始姿勢。

不管是在運動、格鬥或日常生活中，這麼馬虎都是行不通的。你必須有意識、有效率地勤加訓練，這樣的訓練才有意義。下定決心，將重點從量改為質，以形式而不是完成的次數來評定你的動作。

原型快速測試

這一節我將解釋七個身體原型，並且示範每種動作形式常見的錯誤。此外，我還收錄了兩種快速測試，讓各位能自行衡量動作幅度。第一種測試不需要重量或器材，可以安全又快速地衡量動作幅度，但有個缺點：對於動作控制或姿勢穩定的能力，無法提供任何資訊。因此，我收錄了另一種負重快速測試。這些測試是在負重或有阻力，或者在難度較高的姿勢下操作。基本快速測試可用來衡量動作幅度，負重快速測試則可以更精準地評估動作幅度與動作控制。

以下例子有助於說明：假設你想測試過頭原型，首先可以先嘗試做出第 100 頁照片中的姿勢：保持脊椎中立、肩關節外旋，雙臂過頭鎖住。如果你能通過此基本快速測試（可以正確做出上述姿勢），下一步就是挑戰負重快速測試，進行單槓懸垂，或是將啞鈴或壺鈴高舉過頭。

簡單說，基本快速測試可以用來看出你能否做出良好姿勢。如果通過這項測試，就進一步加上負重或阻力來考驗姿勢。如果你因為關節限制或常見的動作問題而無法做出良好姿勢，請翻至第四部的身體原型活動度處方。第四部列出的鬆動術技巧可以幫助你修復必要的動作幅度，讓你做出七種身體原型。

雖然快速測試具有重要功能，但不能決定一切。快速測試可以點出常見的動作問題，但主要功能是作為偵測、糾正動作幅度限制，並教導基本姿勢的工具。槍式深蹲基本快速測試對你來說若是輕而易舉，代表你的腳踝動

作幅度完整，但測試結果跟你的肌力無關，跟你進入或離開姿勢的能力也無關。總之，要打造出有效率的動作模式，就必須練習從一個原型轉換到另一原型，換句話說，就是你必須實際練習動作，至於怎麼做，接下來的篇幅會一一介紹。將快速測試當作是臨床指南，用來協助你理解髖部與肩膀的姿勢和功能。如果無法通過快速測試，那就問問自己：「問題出在哪裡？要怎麼修正？」

在健身房進行這些快速測試時，我會確保運動員遵守動作原則（中軸穩定與力矩），做出姿勢時也不會感到疼痛。如果他犯下任何一種常見動作問題，原因可能有二：運動員不知道如何正確執行技巧（動作控制），或者動作幅度不足以做出良好姿勢。在某些情況下，兩個問題會同時發生。

我會在第二部介紹特定訓練動作常見的錯誤。各位將會發現，跟每個原型有關的錯誤，恰好就是在做出該原型的動作時會出現的問題。舉例來說，若進行推姿原型快速測試時，手肘往外打開、肩膀前傾，實際進行推姿動作（如臥推或伏地挺身）時，肩膀也很可能會出現相同的不穩定姿勢。我建議各位使用快速測試來找出這些問題，這樣一來，將動作原則運用在肌力與體能訓練動作上，開發均衡的運動課表時，就可以知道需要特別加強哪些姿勢，需要特別鬆動哪些區塊。

有了這些資訊，你就可以開始利用動作分級（見第五章），按照穩定需求與動作複雜度將運動動作分門別類，以進一步測試動作控制能力，打造出高效率、可移轉的動作模式。

有件事很重要：在第二部，我是從動作控制的觀點來提供糾正問題的訣竅，如果無法做出身體原型姿勢的原因是缺乏動作幅度，請翻至第四部的身體原型活動度處方。

肩膀原型

過頭原型能表現出肩關節的完整屈曲與外旋，只要是需要高舉雙臂過頭穩定的姿勢或動作，都包括在此原型內。常見的例子包括推舉、雙手高舉過頭、懸垂及過頭投擲動作。

要表現過頭動作的能力，最適當的方式是將啞鈴或壺鈴高舉過頭。此動作不僅能展現出過頭動作幅度，還能更進一步測試動作控制能力。原因為何？這個動作不是利用固定物體來製造力矩，所以你必須透過外旋製造穩定度，考驗你的動作控制能力。此時功能失調問題便會原形畢露。

單槓懸垂也是測試過頭動作幅度的好方法。以反握引體向上（手掌朝身體）懸垂在單槓上，能夠自動讓雙肩呈現外旋姿勢，是測試過頭動作幅度最簡單的方法之一。如果動作進行時發現任何常見問題，你就知道自己的肩關節外旋與屈曲不足。

過頭原型

常見例子：
高舉／推舉過頭、懸垂、投擲

起始姿勢範例：
引體向上、暴力上槓

完成姿勢例子：
肩推舉、推舉、抓舉平衡、過頭深蹲、抓舉、挺舉

基本快速測試

脊椎保持中立，雙臂高舉過頭。從側面看應可看到雙耳，手肘打直、肩關節外旋。下肩關節外旋的指令時，請他拇指朝後、腋下朝前。

＋ 正確

拇指朝後

手肘打直

雙耳露出

脊椎中立

⊖ 常見問題

手肘
外開

肩膀
前傾

腰椎過度
伸展

若肩關節動作幅度不足，或沒能穩固脊椎，就可能使肋廓後傾、骨盆前傾，導致過度伸展。假使三頭肌僵硬，就會難以鎖住手肘。肩關節旋轉動作幅度不足，肩膀便會前傾，手肘會往外打開。

啞鈴過頭測試

過頭測試

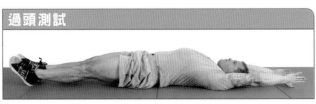

懸垂測試
（反手與正手握法）

負重快速測試

推姿原型看起來就像伏地挺身、臥推、雙槓下推或波比跳的最低姿勢。要做出此原型，請擺出伏地挺身最低位置，或者雙槓下推的最低位置更好，記得不要肩膀前傾或手肘往外打開。這很夠很好地測試出雙臂在背後活動時肩膀穩不穩定，而這主要是透過內旋與伸展來展現。

只要是牽涉到肩膀伸展的動作（雙臂伸到背後），內旋都扮演了重要角色。擁有肩關節內旋的能力，才能夠讓你將肩膀往後拉，保持挺胸的姿勢，肩關節也能外旋保持在穩固的位置。有個例子是，有些人在跑步時會手肘往外打開左右擺動，而非前後擺動。從此可以明顯看出他們的伸展與內旋不足，無法讓肩膀做出穩定姿勢。

記得，要發揮正常人類應該具備的活動度，就必須要有完整的關節囊動作幅度（內旋與外旋能力）。如果肩關節的內旋動作幅度不足，將導致肩膀前傾變成駝背的樣子，這個狀態會造成肩關節往內旋，變成我們一直努力避免的肩膀前傾姿勢。

在運動動作當中，推姿原型主要是完成姿勢（如伏地挺身或臥推的最低姿勢）。唯一以推姿原型作為中間動作的就是波比跳，也就是張開髖部、胸部貼地的姿勢。只要是腹部出力從地面上爬起的動作（如衝浪），推姿原

推姿原型

常見例子：
雙手後伸、跳躍、腹部出力從地上爬起

起始姿勢範例：
波比跳

完成姿勢例子：
伏地挺身、臥推、雙槓下推、划船

基本快速測試

保持穩固中立站姿，前臂與地面平行，將雙手手肘往後推。保持雙肩穩定，手肘與手腕對齊。

正確

肩膀後拉

手肘推至身體後方

脊椎中立

手肘對齊手腕

⊖ 常見問題

肩膀
前傾

手肘往
外打開

如果肩膀前傾，手肘往外打開，或者無法將手肘推到身體後方，便代表肩膀伸展不足。

負重快速測試

伏地挺身測試

雙槓下推測試

俄式挺身測試

懸臂原型

常見例子：
站立時雙手擺在兩側或插進口袋，提東西或揹東西

起始姿勢範例：
硬舉、上膊和抓舉的預備姿勢

完成姿勢例子：
硬舉

基本快速測試

雙臂垂於身旁兩側，肩關節外旋，手肘抬高。目標是把手腕放在軀幹後側，手肘提至與胸同高。不要取巧聳肩或將肋廓後傾。肩膀與脊椎維持中立姿勢。

型就是起始姿勢。除此之外，摔角、柔術與美式足球等近身接觸的運動中，起始動作也常為推姿原型。

懸臂肩膀原型囊括了雙臂垂於兩側的所有動作與姿勢，像是雙臂懸於身旁的肩膀休息姿勢，硬舉、上膊和抓舉等上拉動作的預備姿勢，以及大多數投擲動作（如投球）的完成姿勢。在游泳的收手階段、奧林匹克舉重的第二上拉階段，都可看到此原型，此原型是上拉階段（將槓鈴往上拉）到承重階段（將身體拉到槓下，接下重量）會出現的過渡姿勢。

此原型的動作目標與其他肩膀原型相同，讓肩膀保持外旋穩定姿勢。如果肩關節缺乏內旋的動作，肩膀就會以前傾的方式來代償。

正確

雙肩中立

手肘與胸同高

手腕放在軀幹後側

⊖ 常見問題

肩膀
前傾

手肘往外打開

手腕放
在身體
前方

如果動作幅度不足，雙肩就會以前傾來代償，雙肘會往外打開。如果你無法抬高手肘或將手腕拉到軀幹後方，代表你的肩關節內旋不足。

負重快速測試

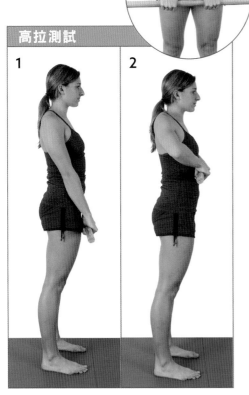

高拉測試

1　　2

背後測試

提啞鈴測試

頸前架槓原型

常見例子：
雙臂前伸推東西或抗力、
講電話、將大型物體抬至
與胸同高、用肩膀扛東西

起始姿勢範例：
前蹲舉、肩推、推舉

完成姿勢例子：
上膊、引體向上

頸前架槓原型一共有兩種動作形式：

1. 手臂往前伸直（頸前架槓 1）
2. 手臂彎曲（頸前架槓 2）

雙臂往前伸進行推或拉的動作時，頸前架槓 1 能協助穩定雙肩。頸前架槓 2 則是能夠在雙肩扛東西、將物品抬到與胸同高，或講電話時讓肩膀呈現穩定姿勢。頸前架槓原型也融入許多訓練動作裡頭，伏地挺身和臥推的預備姿勢都從頸前架槓 1 開始。要做出前蹲舉與過頭推舉的起始姿勢，以及引體向上和上膊的完成姿勢，都必須擺出頸前架槓 2。記得，手肘的活動必須不受肩膀牽制。因此，手臂伸展（直）或往前伸（如伏地挺身的起始姿勢）時，肩膀應該要呈現同樣穩定的頸前架槓姿勢。

基本快速測試

手肘伸直，雙臂與肩同高，接著雙肩的關節外旋。目標是讓手掌與肘窩朝上。這是姿勢 1。

頸前架槓 1

如果雙臂無法打直或外旋，做出姿勢 1，使肘窩與手掌朝上，代表你的肩關節很可能缺乏關鍵的內旋與外旋動作幅度。

➕ 正確

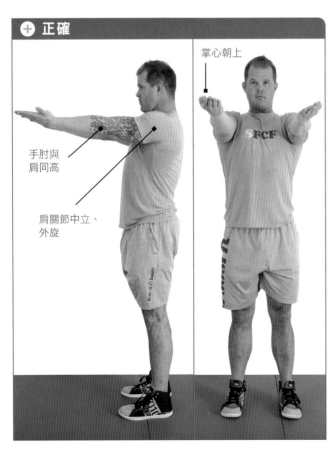

掌心朝上

手肘與肩同高

肩關節中立、外旋

➖ 常見問題

掌心朝下

肩膀前傾

手肘往外打開

負重快速測試

伏地挺身頸前架槓 1 測試

吊環式伏地挺身頸前架槓 1 測試

俄式挺身頸前架槓 1 測試

基本快速測試

先就姿勢 1 彎曲手肘，雙肩的關節保持外旋，接著雙手轉至掌心朝天。你應該要能保持雙肩穩定，手肘提至與肩同高。

頸前架槓 2

如果就姿勢 2 時手腕向內夾，或者手肘往外打開，可能是因為肩關節旋轉動作幅度不足或（和）肘關節屈曲與腕關節伸展動作幅度不足。

➕ 正確

掌心朝上

手肘與肩同高

➖ 常見問題

肩膀前傾

手肘過度外開

負重快速測試

壺鈴頸前架槓 2 測試

啞鈴頸前架槓 2 測試

槓鈴頸前架槓 2 測試

髖部原型

深蹲原型是最基礎的人類動作形式之一，大部分健身與日常生活動作都與深蹲的變化姿勢有關。不管雙腳怎麼站、距離是寬是窄，軀幹是直挺還是前傾，髖部的功能與位置大抵上來說都是一樣的。此原型能夠表現出髖關節的屈曲與外旋。

從訓練動作來看，包含深蹲原型的有硬舉、深蹲（前蹲舉、背蹲舉等），以及奧林匹克舉重的預備姿勢。此原型有兩種基本測試：髖部低於膝窩的深蹲和硬舉。不同之處在於軀幹方向，還有膝關節或腿屈曲的角度。這兩者的區別相當重要，雖然兩種姿勢有相同動作形式，但測試的是不同區塊的動作幅度：深蹲能測試髖關節外旋，還有髖部、膝蓋和腳踝的屈曲；硬舉則測試後側鏈（尤其是髖部與大腿後側肌群）在直腿動作中的動作幅度。

請注意，我用不同的圖示來代表深蹲與硬舉姿勢。這些圖示能幫助你分辨此書介紹的動作包括哪種姿勢，並找出有助於改善不同區塊動作幅度的鬆動術。然而，請記得這兩種姿勢都是深蹲原型的一部分，在髖關節屈曲和外旋的表現上是一樣的。

深蹲原型

常見例子：
坐上或離開椅子、蹲到地面高度再起立、彎腰、從地面上抬起東西

起始姿勢範例：
上膊與抓舉預備姿勢、硬舉預備姿勢、跳躍

完成姿勢例子：
深蹲、跳躍與著地

基本快速測試 深蹲 1

一開始腳掌先打直，介於 0 到 12 度之間，稍微比雙肩寬。動作開始後，將大腿後側肌群往後推，軀幹稍微前傾。彎曲雙膝，以蹲低，盡可能讓脛骨保持垂直。膝蓋外推，保持雙腳貼地，以製造力矩。

➕ 正確

脊椎中立

髖部低
於膝窩

頭與肩膀中立

膝蓋張開

雙腳中立

如果你沒辦法穩固脊椎，在髖部製造力矩，很可能有下列一種以上的問題：腰椎過度伸展、膝蓋內夾、足弓塌陷。這類問題可能是關節受限所造成的。舉例來說，如果你的膝蓋沒辦法朝外，將髖部蹲到膝窩的下方，保持背部平直或者製造出穩定足弓，可能是缺少關鍵的髖關節屈曲、外旋及足踝背屈的動作幅度（在此僅舉幾個可能）。

● 常見問題

腰椎過度伸展

髖部高
於膝窩

頭部
上抬

肩膀
前傾

膝蓋往前
（無力矩）

腳踝塌陷

負重快速測試

槓鈴背蹲舉測試

過頭箱上深蹲測試

基本快速測試

深蹲 2

脊椎穩固、中立，將大腿後側肌群往後推，軀幹前傾，雙臂下垂。以髖部為中心轉動時，稍微彎曲膝蓋。保持背部平直、肩膀中立、小腿垂直。目標是要讓軀幹與地面平行，或是讓髖部屈曲至 90 度。

如果後側肌群的動作幅度不足（特別是大腿後側肌群），你可能會變成圓背，以肩膀前傾來代償。

⊕ 正確

背部打直

頭部中立

肩膀中立

小腿
垂直

⊖ 常見問題

圓背

頭部抬起

肩膀前傾

負重快速測試

壺鈴硬舉測試

硬舉預備姿勢測試

抓舉預備姿勢測試

槍式深蹲原型

常見例子：
自坐姿站起、踏上或踏下
有高度的平面

槍式深蹲的型態能夠表現出功能健全的人體應該具有的完整踝關節活動度。這個原型需要展現完整的髖關節屈曲加上完整的足踝背屈。所以，如果可以做出槍式深蹲的型態，代表你很可能具有完整的足踝背屈與髖關節屈曲動作幅度。換句話說，槍式深蹲是深蹲動作最徹底的表現。舉例來說，張開雙腳深蹲時，髖關節和踝關節絕對不會完整屈曲，但槍式深蹲原型卻則能展現出主要引擎及相關關節（膝關節和踝關節）的完整動作幅度。

只要重心接近地面，像是要從坐姿站起、種花草或跳地板舞時，其實姿勢都跟這個原型相當類似。與先前的簡易測試相同，槍式深蹲身形主要是用來測試髖部與腳踝深度活動度的診斷工具。能不能實際進行槍式深蹲並不重要，你應該要能夠在不摔倒的狀況下，成功做出這個基礎型態。

➕ 正確

上背中立

膝蓋中立

腳踝穩定

基本快速測試

先從重心接近地面的姿勢開始，像是坐姿或全深蹲。單腿往前伸，用另一條腿平衡全身重量。目標是腳部與膝蓋維持中立，並盡可能保持背部平直。

無法保持腳跟貼地或往後跌倒，代表你可能缺少髖部屈曲與足踝背屈。膝蓋內夾超過腳踝或是足弓塌陷，也代表髖部與腳踝的動作幅度不足。

常見問題

膝蓋在腳踝內側

腳踝踢陷

腳跟離地

窄腳距深蹲換至槍式深蹲測試

1

2

負重快速測試

跨步原型

常見例子：
跑步、上樓梯、爬上坡、
單膝跪下

完成姿勢例子：
分腿挺舉

基本快速測試

雙腳平行，往前跨一大步，
後膝朝地面往下沉。後膝
應該在髖部後方，前腳的
脛骨應該保持垂直。

跨步原型能夠展現髖關節的伸展與內旋。不管是跑步、跨步、投球或搏擊等活動，只要有一條腿在身體後面，便是接近此原型的變化姿勢。分腿挺舉與跨步是此型態的最佳動作範例。

跨步原型簡易測試著重髖關節與踝關節的活動度。說得精準點，此原型能測試髖部的伸展與內旋，以及腳趾的背屈。如果你這個姿勢的動作幅度不足，後腳很可能就會塌陷、外旋，這是髖關節內旋不足的特徵。如果髖部的伸展不足，腰椎會經常出現過度伸展。雖然這個原型不像深蹲原型那麼常在訓練時使用，不過由於跨步姿勢對許多運動與日常生活動作有很大幫助，所以跨步能力也相當重要。

➕ 正確

膝蓋在髖部後方

膝蓋中立（對齊腳部）

屈曲 70
至 90 度

小腿
垂直

➖ 常見問題

髖關節伸展不足

膝關節外翻

膝蓋往前

腳趾背屈不足

過頭測試

手在背後測試

負重快速測試

章節重點回顧

· 七種身體原型代表髖部與肩膀的穩定姿勢，並且囊括大多數肩關節與髖關節動作的完整動作幅度。

· 身體原型能將運動動作分類成最常見的起始與完成姿勢，進而提供組織髖部與肩膀用的範本，縮短初學者的學習曲線，辨識出活動度的限制與力量不足的姿勢，並且找出需要鬆動的關節、肌肉或姿勢。

· 隧道概念的前提如下：必須要以良好姿勢開始動作（進入隧道），才能以良好姿勢結束動作（出隧道）。隧道概念能夠迫使你在起始姿勢時就開始衡量動作，並確保你的預備姿勢正確無誤。

· 在糾正錯誤動作時，記得要先糾正姿勢，將技巧（動作控制）擺在第一順位。如果你因為動作幅度不足而無法做出穩定姿勢，那就針對限制動作的區塊，改善你的活動度。

05

動作分級系統

動作分級系統基於穩定的需求與複雜度，將運動動作分門別類，並提供了一個架構，用來建立高效率、可轉移的動作模式和技巧推進順序（從簡單至進階運動），也可依據技巧、體適能程度和活動度來修正肌力與體能訓練動作。

了解那些掌控脊椎與關節穩定度的基本組織原則（第一到三章）以及身體原型（第四章）後，下一步是在安全的受控環境（健身房）裡，利用動作幅度完整、可移轉的肌力與體能訓練動作來應用這些知識。下面先快速複習一下重點。

如先前所述，功能性動作其實是一套討論所有人類動作的通用語言。如果你相當熟悉動作幅度完整的肌力與體能訓練動作（如深蹲、硬舉、推舉和上拉），就等於有了個通用模型，讓你在任何情況下都能安全有效率地活動。舉例來說，如果你理解硬舉的原則，你就能體現這些知識，用安全又有效率的方式從地上撿起任何東西。如果你能夠正確做出推舉和深蹲，就會懂得如何在跳躍與落地時挺直軀幹（像是搶籃板球）才不至於毀掉膝蓋。如果你知道做引體向上時要怎麼穩定肩膀，爬樹或爬牆時一定能重現同樣的肩膀穩定姿勢。

但常見的誤解來了：能在健身房做出功能性動作，不一定表示你有能力應用在其他地方。舉例來說，也許你能夠在健身房做引體向上，卻不見得有爬樹的技巧。不過，如果你懂得引體向上的運作原理，就知道怎麼製造力矩與軀幹穩定度，要安全爬上樹就容易多了。只要你懂得如何實際運用動作原理，並發展出可以重現的動作控制模式，就有一個模型，能夠協助你在任何環境中重現組織良好又有效率的穩定姿勢。不管是玩風浪板、射擊、搏擊、跳舞或美式足球，你現在都有了一個可移轉的範本，讓你能夠安全又有效率地做出動作。

不過，人類動作相當複雜。要讓身體記住實用的、萬用的動作形式，就必須把肌力與體能訓練的動作融進去，轉移到動作的所有形式中。除此之外，你還必須要有個模型去讓你找出並解決那些會限制運動表現、增加疼痛與受傷風險的功能失調動作模式、不穩定姿勢、動作幅度限制。簡而言之，你得把肌力與體能訓練動作當成改善日常與運動表現的工具，並把健身房變成動作實驗室。

訣竅是，你的運動動作必須一步步推進，用這個方式讓身體記住良好力學、提升運動表現、降低受傷風險，並特別留意動作與活動度的障礙。

技巧推進與動作複雜度

剛開始思考技巧推進與動作複雜度時，我試著從復健的角度來看。我問自己，受傷或手術後要如何重建功能性動作模式？說得更明確些，我要如何在肌力與體能訓練系統的框架之下，一層層由易至難推進動作，才能建立起良好又可移轉的動作模式？

我是這麼做的：我先導入動作原則，接著將動作原則應用到基礎的、可調整的、幅度完整的動作上，如深蹲、硬舉、伏地挺身和引體向上。

如果運動員展現出足夠的能力，做得出上述基礎動作，我就會加上負重並提高代謝需求，再導入更直挺的姿勢，挑戰他的姿勢穩定度。舉例來說，如果運動員能夠以良好的姿態進行背蹲舉，我可能會引入前蹲舉或過頭深蹲，或者直接要他跑四百公尺（讓他呼吸變重），然後要他做多次徒手深蹲。

最後一步則是挑戰運動員的動作控制，並測試他在壓力之下的活動度。我會加上速度，並引入更複雜的動作，像是奧林匹克舉重和波比跳。我發現有系統地從基礎動作推進到進階動作，不僅能替受傷的運動員復健，還能替任何程度的人（不管是新手或菁英運動選手）建立起高效率動作模式。將以上一切整合起來之後，我再把協助運動員傷後復健用的簡單範本，轉變成了解動作複雜度與技巧推進順序用的系統。我將此系統稱為「動作分級系統」，以這種方式來替動作分類、推進動作等級，好讓各位有個模型來：

- ‧恢復手術或傷後的表現
- ‧調整與客製化動作的推進順序
- ‧理解動作複雜度
- ‧特別關注動作問題
- ‧找出活動度的限制

將複雜動作分類

不是動作專家也能分辨哪些運動動作簡單、哪些動作比較難。就連剛接觸肌力與體能訓練的新手也看得出奧林匹克舉重比健力複雜多了：奧林匹克舉重需要快速轉換姿勢，健力則是用最少的動作慢慢舉起。我們通常會依據動作執行的速度、所需力量與轉換次數（動作包含多少個姿勢），來替動作分類。但是，區分動作複雜度時，其實還有另一個不常被注意到的重要考量要素，那就是整個動作都維持穩定姿勢的難度。

舉實例來說明可能最清楚。在進行硬舉等健力動作時，你可以在動作的全部過程中製造並維持力矩。換句話說，你一直都有力矩。開始與結束時都會相當吃力，動作全程都維持張力。另一方面，奧林匹克舉重則包括動作的轉換，要在兩種完全不同的原型之間變化。在轉換階段，你會暫時失去張力、中斷力矩。正是因為需要變化動作模式，並就新姿勢建立穩定度（力矩），奧林匹克舉重才會比健力難上許多。

簡而言之，若要我將動作分類，我會關注「穩定」這個部分，並將製造力矩時維持動作的能力，以及組成動作的原型型態納入考量。我利用這些準則，歸納出三大動作類別。

我們接著就來一一檢視各個動作類別，看要如何有系統地由易至難推進動作，找出動作控制的弱點，並快速瀏覽第二部的運動動作。

習慣性動作

如先前所說，工作或日常生活時採用的姿勢，將會影響你在健身房的活動方式。如果你在走路時背部過度伸展，深蹲時也很可能落入同樣的習慣姿勢。除此之外，你的環境也會影響動作效率。舉例來說，我注意到我大女兒小一的同學開始用腳跟落地的方式跑步（跑步時腳跟落地不盡理想，可能會引發許多問題），但他們上幼稚園時似乎不會這麼做。究竟發生了什麼事？

問題出在，他們的鞋子一直有鞋墊，加上長久坐著，培養出了這種習慣性的動作形式。這個例子告訴我們，追究問題根源不容易，卻相當重要，而且要逆轉已經適應並定型的動作形式，需要很長一段時間。如果你習慣久坐，就必須多花時間來矯正儀態。如果你習慣穿高跟鞋，就必須加強你的腳部姿勢與小腿後側肌群的活動度。記得，生物力學的異常狀態在任何時間階段都是可以治療的，只不過需要時間、心力與大量練習。第一步便是將動作原則融會貫通、多加練習，並應用到生活中各個層面。

第一類動作

第一類動作代表基礎的深蹲、推姿與上拉技巧，包括：深蹲、硬舉、伏地挺身、臥推、肩上推和引體向上。此類別的動作速度需求相對較低，需展現出正常或完整的動作幅度，而且與日常生活的動作相當類似。如果你是剛入門的新手、傷後復出，或只是想集中練習與日常活動最類似的動作，你應該在健身房花最多時間加強練習第一類動作。

這些練習都有共同的流程：先從高穩定姿勢開始，利用穩固中立姿勢在髖部與肩膀製造出最大力矩，接著整個動作幅度都要維持穩定姿勢。這就是第一類動作的分類方式。

| 高穩定姿勢 | → | 保持連結 | → | 高穩定姿勢 |

高穩定姿勢：
組織良好的穩固姿勢，能讓你在髖部和肩膀製造出最大穩定度。

連結：
邊以慢速移動，邊在整個活動幅度維持扭轉力。

| 從高穩定姿勢開始 | 維持力矩，保持連結 | 以高穩定姿勢結束 |

我們以徒手深蹲為例來進行討論吧。此動作需從高穩定姿勢開始（最高位置），將你的身體向下深蹲（最低位置），接著以同樣的高穩定姿勢完成動作，過程中需要變換動作形式，最後再回到一開始的型態。你的雙腳一直踩在地上，所以整個動作幅度皆可維持扭轉力。這股扭轉力可以讓你跟動作保持連結。

第二類動作

第二類動作跟第一類動作一樣，需要在兩種高穩定姿勢之間轉換，但是並不會全程維持連結（扭轉力），而是在動作的開始與結束之間加入速度。

| 高穩定姿勢 | ⟶ | 以速度解除連結 | ⟶ | 高穩定姿勢 |

從高穩定姿勢開始　　　解除連結　　　以高穩定姿勢結束

跳躍與落地便是第二類動作的完美例子。一開始會從高穩定姿勢開始，跳起時解除連結（扭轉力），接著再自然而然地穩定脊椎，並產生扭轉力，以高穩定姿勢結束動作。起始和完成姿勢都是一樣的，但是解除扭轉力、加上速度（往空中跳）會增加此動作的動作控制與活動度需求。其他第二類動作的例子包括跑步、牆壁推球、划船和抓舉平衡。

推進至第二類動作時，要藏住弱點就沒那麼容易了。第一類動作不一定能讓動作功能失調與活動度限制現形，所以你必須加上速度（可增加動作次數或導入第二類動作）、負重（重量）或代謝需求，繼續考驗你的動作控制與動作幅度能力。

如先前所述，運動員若要提升表現，就必須努力找出自己動作全貌的缺點。第一類動作就算做得再快、抬得再重或次數再多，也是不夠的。想要由易至難推進到實際的運動動作，就必須能夠自然而然做出安全穩定的姿勢，才能夠無縫過渡到下一個動作。

第三類動作

第三類動作相當類似實際的運動動作：必須快速移動，將多種原型結合成單一動作，並迅速變換方向，像是從拉到推（如暴力上槓）、斜切、跳躍，再以不同姿勢落地。明確講，第三類動作必須以一種姿勢開始，移除連結（力矩），接著進入另一種完全不同的姿勢。換句話說，你必須要能邊轉換身體原型邊自然而然製造穩定度。

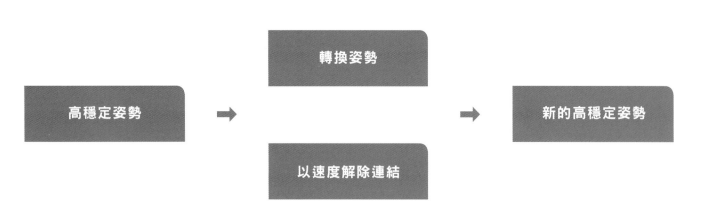

從高穩定姿勢開始

1 **2**

轉換姿勢

3

解除連結

4

以高穩定姿勢結束

5 **6**

第三類動作中，抓舉的難度算是數一數二高，而且一看就知道可以歸到這一類。從前一頁的照片中可看到，抓舉會從上拉姿勢開始（懸臂原型），髖部完整伸展，接著臀部下沉，深蹲到底，雙臂高舉過頭（過頭原型）。將槓往上拉時，會有一瞬間失去地面與槓上的力矩，呈現無重量的狀態，這就是轉換姿勢。在過頭深蹲到最低點時承接住重量的姿勢，就是你的高穩定姿勢。你必須從一種型態（也就是轉換型態的上拉姿勢）開始，接著解除連結，最後做出另一種完全不同的型態（過頭深蹲），也就是另一種高穩定姿勢。

這些幅度完整的動作跟第二類動作一樣，在執行時容易出差錯。原因很簡單，變換方向可不是容易的事情，不良動作模式與受限的動作幅度會原形畢露。

總而言之，如果要精通動作原則，就必須練習深蹲、硬舉和伏地挺身等第一類動作；如果想強化運動表現，測驗自己是不是理解中軸穩定與力矩法則，就應該練習奧林匹克舉重等第三類動作。

挺直軀幹的需求

在動作分級系統的架構下，你也可以用軀幹的角度來替複雜動作分類。原理相當簡單：軀幹越直挺，對動作控制、動作幅度與穩定能力的需求就越高。從下一頁的深蹲變化形中，可以大略看出挺直軀幹是怎麼影響動作難度。背蹲舉最簡單，因為你可以將軀幹稍微前傾，讓你的髖部、大腿後側肌群與腳踝有些喘息的空間。但是前蹲舉增加了軀幹的垂直度，動作形式的問題就會馬上現形。你會比較難將背部打直、膝蓋外推、維持小腿垂直。過頭深蹲是最困難的深蹲變化形態，因為你必須讓軀幹完全挺直，才能避免落入習慣性的不穩定姿勢。

雖然每種深蹲變化都需要穩定槓鈴、以不同姿勢組織肩膀，但軀幹的方向會增加舉重的難度。就算只是從背蹲舉的低槓位（軀幹稍微前傾）換成高槓位（軀幹直挺），在動作控制上與活動度上，難度都會變得更高。

我在教導動作與活動度課程時，會請學員連續進行一系列三種深蹲來解釋這個概念。這個系列的設計可以將簡單的第一類動作變成檢測工具，用來發現問題，並考驗運動員的動作控制與活動度。

背蹲舉

前蹲舉

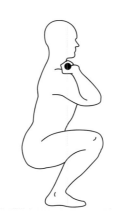

過頭深蹲

徒手深蹲

雙手放在頭後

雙手過頭交叉

首先我會請他們進行徒手深蹲。我並不會指定學員採取特定深蹲姿勢,只會要求他們保持背部平直,雙腳不離地。毫無例外,所有人都做出類似無負重的背蹲舉姿勢,因為這是最簡單的深蹲姿勢,可以讓你稍微將軀幹往前傾,在不破壞動作形式的情況下蹲到最低位置。

接著我會請他們將雙手放在頭後,這會迫使他們把軀幹挺得更直,然後再度深蹲。這等於是從背蹲舉換成前蹲舉。此時,大家會開始圓背,並且將重量轉移到蹠骨球作為代償,因為我們需要更多的動作幅度才能正確做出這個動作。

最後,我會請他們在深蹲時將雙手高舉過頭交叉,這其實就等於無負重的過頭深蹲。此時為了維持軀幹挺直、髖關節外旋、雙臂過頭,一些習慣性的古怪姿勢就會冒出來。當然,雙手高舉過頭的時候也可以將軀幹稍微前傾。不過,如果要讓這個練習發揮最高效率,每換一次深蹲姿勢,背部就必須更接近垂直。

難度調整：針對個人需求更改、訂作動作

要學習或教導如何由易至難推進動作，就得知道如何根據個人的體適能水準、活動度與技巧去更改、訂作動作。為此，你必須了解如何正確地做出動作，還要知道有些動作為何比其他動作來得複雜。想像一下，有人才剛接受過前十字韌帶撕裂的手術，剛開始復健就想做抓舉，很不明智吧。同樣地，你也不會要求誰省略過頭深蹲與抓舉平衡，直接做完整的抓舉。

推進是一套有系統的流程，必須先了解動作複雜度、個人能力與活動度限制。換句話說，你必須有能力在動作分級系統的框架中，學習如何調整動作難度，以確保得到良好技巧並不斷成長。這就是我所說的「難度調整」。你可以增加或降低一個動作的難度。

舉個例，假設你可以用良好的動作模式進行硬舉，也就是動作時能夠維持背部平直、髖部穩定（見 196 頁），那麼，若要增加挑戰，你可以用下列方式調高難度：增加重量、次數或壓力刺激（例如先跑 400 公尺再進行多次硬舉）。相反地，如果你因為活動度受限（如大腿後側肌群僵緊）而姿勢不良，可以透過縮短動作距離、墊高槓鈴來調低難度。雖然這樣調整會縮短動作幅度（理想狀態下應該要表現出完整動作幅度），不過這樣可以讓你專注在動作上。動作控制與活動度有所改善後，可以再增加動作幅度（從地上舉起重量），或在修改過的起始姿勢上提高速度、負荷量或訓練量，把難度往上調。

調整動作或訓練難度是細緻、複雜的過程，要有充足的知識、規劃與經驗。若教練知道如何依據你的能力或體適能水準來調整，對你會有莫大助益。若你沒有教練（或就算你有教練），你必須聆聽自己的身體，將矯正型態擺在第一順位。如果你有能力毫不出錯地做出動作，可以調高動作難度，如果型態跑掉，或者活動度不足以維持良好姿勢，就調低動作難度。

提高難度（讓動作更難操作）：

· 速度範例：20 秒內能做幾次就做幾次

· 訓練量範例：增加組數或次數

· 負重範例：逐漸增加重量

· 軀幹挺直需求範例：從背蹲舉推進到過頭深蹲

· 強度／代謝需求範例：將多種動作結合成高強度訓練（例如先跑 400 公尺，接著馬上進行 25 次徒手深蹲）

降低難度（讓動作更好操作）：

· 縮短動作範例：減少動作幅度

· 增加接觸點範例：製造額外的支撐基礎（例如深蹲時握住竿子）

· 降低負重範例：使用彈力帶協助

不管是受傷或手術後要由易至難進行復健運動，或是想要找出活動度與技巧的限制，只要了解動作分級系統，便能輕鬆安排推進動作的順序。你應該要能找出通用的穩定型態（身體原型），應該要能融合可移轉的、動作幅度完整的肌力與體能訓練動作，讓能力不一的運動員慢慢養成良好的動作模式型（動作分級系統）。最後，你應該要能找出活動度限制，了解問題根源，並知道如何解決。這正是下一章將教給各位的內容。

替關節活動度過大的
運動員規劃訓練課表

關節過動的運動員具有太大的動作幅度與過高的活動度（又稱雙重關節）。芭蕾舞者、柔體表演者或瑜伽老師大多屬於這種類型。有些人能夠不費力且毫不疼痛地做出超過正常動作幅度的姿勢，像是將手肘或膝蓋關節往反方向折。你可能會認為彈性超好是天賦異稟，但關節過動的人會告訴你，他們寧願僵硬一點，原因如下。

關節過動代表連接關節的組織太鬆或太緊，因此會很難做出穩定姿勢。換句話說，若運動員關節過動，活動度跟黏土人有得比，要做出高穩定姿勢便會難上許多。他們沒有本體覺輸入（感受自己伸展或動作幅度的能力），因此無法得知穩定的位置在哪裡。

對大多數人來說，穩定姿勢就是動作幅度終端，因此不會碰上這種問題。除此之外，大多數人每次運動時還會不斷拓展活動度極限。要改善動作幅度、在動作中維持關節穩定，這是經過驗證、確實有效的方法。假設有個運動員在做最大重量背蹲舉時，盡可能將膝蓋往外推，這麼做能夠繃緊髖部的鬆弛關節囊，打造出穩定的腳踝、膝蓋、髖部和脊椎姿勢，但對關節過動的運動員來說就不是這樣了。如果他們盡可能把雙腳膝蓋往外推，連結關節的組織（大半情況下都是韌帶）就會被拉過頭。簡單來說，這麼做會導致嚴重的後果。

雖然動作原則也適用於關節過動的運動員，但是有部分動作和訓練模型不適合這類人。舉例來說，我們的健身房會為關節過動的人調整動作，尤其是第二類與第三類動作。我們可能會用過頭深蹲取代抓舉，或是用前蹲舉取代爆發上膊。簡單說，我們會降低速度或乾脆拿掉速度，將重點放在基礎的深蹲、推姿和上拉動作上，建立力量與效率。

請注意，你還是可以把「速度」加入訓練計畫，但是記得要加在關節不會撐到「動作幅度終端」的動作上（如固定式腳踏車）。如果要增加動作難度，你還是可以提高訓練量與負荷量，但是必須加在第一類動作上。

為了協助各位針對關節過動的運動員規劃訓練課表，在此列出三個簡單的方針。如果你有關節過動的問題，或要指導關節過動的運動員，請使用以下的方針當作訓練範本。

1. 以動作控制及鍛鍊關節附近的肌肉為優先。把重點放在第一類動作，並避免可能造成傷害的第二和第三類動作。

2. 遵照身體原型，在深蹲和推姿等基礎姿勢中摸索何謂一般動作幅度。此外，也可以考慮試試第 98 到 115 頁的原型快速測試。

3. 專注在滑動面的鬆動技巧上，避免進行動作幅度終端的肌肉動態鬆動術（任何類似伸展的動作）及關節囊鬆動術（彈力帶來回推拉／拉扯）。對已經過度伸展的組織或關節來說，最大的禁忌就是繼續伸展。軟組織按壓或其他滑動面鬆動術是不錯的選擇。

關節過動可能會在單一關節（肩膀）、身體區域（腰椎）或所有關節上出現，原因有許多，包括基因遺傳、骨頭結構、肌肉結構、不良動作模式、過度伸展（如瑜伽師）與受傷（脫臼）都可能造成關節過動。總而言之，絕對不能輕忽任何形式的關節過動。

我的目標就是將知識傳授給各位，好讓各位糾正錯誤動作，並且解決自己的動作幅度問題。但是，這並不代表要你自己做。請人分析你的動作，確保動作確實也相當重要。若有人在一旁盯著你，你很可能會因此特別注意站立時腳掌的位置與坐下時的姿勢。你需要教練、訓練夥伴，而且對方必須具備這些知識，還要能在你姿勢不良或做得亂七八糟時坦白告訴你。你需要有人能提供你訣竅去糾正問題，並依據你的狀況來設計特定的活動度解方。我將這稱為 MWOD 鬥陣俱樂部練習。不管對象是教練、訓練夥伴、另一半或你的小孩，總之你們必須先有共識，隨時都要維持良好姿勢。這件事你逃不開，也躲不掉。

章節重點回顧

· 分級系統能提供一個樣板，讓你按照穩定需求與複雜度來調整肌力與體能訓練動作（從簡單到更複雜）。簡而言之，此系統是個分類、由易至難推進動作的模型，可以讓你：

  · 在術後或傷後恢復表現
  · 更改並訂作動作的推進順序
  · 理解動作複雜度
  · 看出動作問題
  · 找出活動度限制

· 要將動作分類，就必須考量穩定需求，也就是以力矩持續連結動作的能力，以及要以幾個原型型態去組成動作。

· 動作類型有三種：

  · **第一類動作**包括基礎動作（深蹲、硬舉、伏地挺身等），速度需求低，動作幅度完整，且與日常生活的動作相當類似。

  · **第二類動作**與第一類動作類似，但並不會全程維持連結（力矩），動作開始與結束之間會加進速度。

· **第三類動作**與體育運動相當類似：速度快，將各種原型組合成單一動作，而且會迅速變換方向。

· 在動作分級系統的框架下替複雜動作分級，另一個辦法是看軀幹的方向。軀幹越直挺，進行動作所需的動作控制、動作幅度與穩定能力就會越高。

活動度：有系統的方法

想要矯正已經受限制的動作幅度、改善肌肉柔軟度和治療關節弱化的問題，沒有一體適用的方法。要對付所有姿勢與動作相關問題、軟組織僵硬以及關節受限，你需要結合不同技巧，採取系統化的介入。除此之外，你的身體還需要做例行的基礎維護，也就是每天花 10 到 15 分鐘加強活動度。這是本章的重點，將提供參考範本，讓各位讀者用來改善動作幅度、解決疼痛、處理肌肉痠痛，其他重點還有教導你鬆動的方式與時機。

「你需要伸展！」

這句話你聽過無數次了：你一定是伸展不夠，才會受傷、痠痛、動作緩慢或笨拙。你的第一個教練肯定訓誡過你練習後要伸展，學校的體育老師肯定也強調過伸展有多重要。背會痛？沒問題！只要拉拉大腿後側肌群就會好多了。股四頭肌很緊，所以沒辦法做出良好的深蹲姿勢？伸展就能改善！

傳統智慧告訴我們：如果想要讓運動表現達到最佳、改善活動度、避免肌肉痠痛並減少受傷風險，我們就必須伸展。長久以來，大家都把伸展當成萬靈丹，用來處理肌肉痠痛、動作幅度受限與關節問題。但是，問題來了：**只伸展是不夠的**。伸展不能改善姿勢、不能強化表現、無法消除疼痛，也沒辦法避免受傷。因此，就算你聽教練的話在課後或訓練後乖乖伸展，還是沒辦法增強運動表現，也不會不再受傷。

這裡先澄清：我所說的「伸展」，特指在動作幅度極限位置的靜態伸展，或是毫無意圖地將肢體擺在動作範圍終點的姿勢。我指的是「漫無目的的伸展」。想想最經典的大腿後側肌群伸展動作如下：雙腿伸直坐在地板上，雙手盡量往前碰觸到腳趾，撐著，期待出現些許的效果。理論上來說，這種伸展可以「拉長」你的大腿後側肌群，卻沒辦法讓你或教練了解你的動

作控制或做出良好姿勢的能力。換句話說，將肌肉拉長至動作幅度的極限，伸展大腿後側肌群，並無法提升你的跑步速度或硬舉的重量。但是，大多數人如果因為組織柔軟度不足或關節動作受限而無法做出良好姿勢，反而會冒出「我要多伸展才行！」這種想法。

用個譬喻來說明吧，如果將 T 恤兩端用力拉扯一分鐘，會發生什麼事？T 恤會被拉鬆，對吧？將美好的組織拉長之後，維持在動作幅度終點會發生什麼事？你的組織會跟那件可憐的 T 恤一樣，被撐得鬆鬆垮垮。想像看看你拉長了大腿後側肌群，但是對於新的動作終點位置，卻沒有發展出足夠的肌力或動作控制的能力，就在田徑場上短跑或挑戰最大重量的硬舉。這麼做其實根本是在刻意傷害自己的膝關節。如果在新的動作終點位置，你有足夠的動作控制能力，而且能在負重下做出完整的動作，並達到新的動作終點位置，那麼「拉長」肌肉就不是壞事。這就是為何我們要在健身房做硬舉、深蹲與全幅度的功能動作訓練。簡單來說，練習第二部介紹的動作不僅能增加你的動作幅度，還能讓你的動作控制能力延伸到鬆動術所增加的新動作幅度。

問題不是出在靜態伸展會拉長肌肉，而是出在伸展僅能應付（雖然效率不高）生理系統的其中一面——你的肌肉。伸展不能改變關節的位置或各個關節的狀態，不能改善組織間滑動面的功能（皮膚、神經和肌肉之間重要的互動），也不能強化動作控制能力。這些問題可能都會被誤認成肌肉組織僵緊，所以「伸展」才會變成最老套的萬靈丹。但如果伸展這麼有用，為什麼我們還是這麼常看到功能失調和疼痛？

伸展不是解決問題的方法。如果沒辦法做出理想姿勢、正確地活動，就要有系統地一一解決你的障礙。這就是本章的內容。我要向各位介紹的這個系統，能夠全面解除讓你難以做出安全穩定姿勢的限制因素，這麼一來，你就能解決特定問題，看到顯著進步。

「多伸展多健康」這種派典成為主流，所以很少人會用整個身體系統的角度來思考。我們應該要跨越這種過於簡化的過時柔軟度概念，開始思考是哪些因素阻礙了姿勢，以及姿勢與表現之間的關係。為了幫助大家轉換概念，我不會再使用**伸展**這兩個字，而是用**活動度**或**鬆動術**代替。

我將鬆動術定義為「以動作導向、全身整體介入的方式，處理所有限制動作與運動表現的因素」。這些限制因素可能包括縮短僵緊的肌肉、軟組織與關節囊的限制、動作控制的問題、關節動作功能失調與神經動力學的問題（組織無法正確在神經上滑動）。簡而言之，鬆動術這種工具可以提高你的能力，讓你的活動和表現都更有效率。

這種觀點能讓我從頭來過，以更全面的方式來討論動作限制，目的是顛覆伸展很重要的看法。準備好了嗎？**伸展並不重要**。最重要的是姿勢與在動作過程中正確應用姿勢。如果你因為某些組織的限制而無法做出良好姿勢，伸展本身沒辦法提供你要的結果。要獲得結果，就必須有個系統幫你發現是哪些變數讓你無法正確地活動，接著再找出能有效解決問題的物理療法與技術。

動作導向的方法

要矯正動作幅度限制或僵緊的肌肉，沒有一體適用的物理療法。最佳策略應該是結合不同技術，採取有系統的方法，以便一次解決所有姿勢與動作相關的問題、軟組織僵硬和關節限制。

無論是脊骨醫師、骨科醫師、骨病學派的醫師或是專精關節的物理治療師，或者是按摩師或其他身體工作者，都無法解決你所有的組織和關節問題。肌力與體能教練也許能教你做出完美動作，但這只是整個問題中的一項變數而已。所以我們不應該跟教練合作，不該諮詢醫師或去按摩嗎？當然不是！你應該要多向不同領域的專家請教，找出最適合你的物理療法。

我發現很少有人會為身體的基礎維修建立模型。我常問來找我治療的人：「你用什麼辦法來緩和症狀？」十次有九次的回答是聳聳肩承認「沒有」。你需要一套可行安全的計劃，才能為自己的功能失調問題負起全責，而且這套安全計劃必須從姿勢和動作開始。

再強調一次，切記永遠要在一開始就先把焦點放在姿勢與動作力學，接著再處理你的症狀。原因如下：

首先，如果你能夠做出良好姿勢、以正確的動作形式來活動，力學效率不足的問題就會消失，如此便可避免許多潛在的過度使用傷害。這就像是沒去治療症狀，疾病卻痊癒了。

第二，當你有良好的活動與動作控制的能力，身體就能應付組織受限制的情況，承受不良力學的時間也會延長。請記住，不是使用鬆動術就能馬上解決你所有的問題。必須日復一日，持之以恆。改變需要時間。但是如果你知道要如何正確地活動，至少還能緩和可能導致傷害的動作錯誤，替自己爭取時間，努力改善受損的組織。

第三，不論開車或做波比跳，你的身體會適應整天做出的姿勢和動作。如

果你以良好的動作型態來活動，讓關節和組織處在穩定的位置，你的身體就能記住這些功能動作模式，減少組織與關節的限制。但是，如果你進行日常雜務時彎腰駝背或過度伸展，身體就會適應這些不良姿勢，結果組織出現調適上與功能上的縮短，使得生物力學架構被破壞。「調適上與功能上的縮短」的意思是：當關節處在不良姿勢時，周圍的肌肉韌帶組織將會適應這個活動位置。舉例來說，如果你每天都坐在椅子上，你的髖關節屈肌群就會隨著時間而變得又短又僵硬──請見下方的「擰皮測試」。了解這件事之後，你就可以規劃解決方案：運用髖部前方的鬆動方法，來反轉久坐的破壞效果，並且改用站立式的工作站。以良好站姿取代坐姿，可以讓你不需要一再鬆動同樣的僵硬組織，如此就能把時間拿來糾正別的錯誤姿勢，改善其他問題。

擰皮測試

擰皮測試是個簡單測試，可以讓你看看身體是怎麼代償已經調適變短的組織。站起來，以髖關節為轉軸，身體向前彎，捏起一把髖關節屈肌群附近的皮膚，然後站直，會發生什麼事？你一定得過度伸展，保持膝蓋彎曲，才能挺直軀幹。這就是久坐之後產生的結果。你的髖關節屈肌群反映你工作時的姿勢，變成適應性的縮短僵硬。

我用個簡單例子來闡明我的論點。假設有個運動員在做半程馬拉松的訓練，跑了 10 公里之後髖部開始疼痛。也就是說他在前 10 公里（可能約 40 分鐘）並沒有疼痛，這表示他若不是身體不夠強壯，無法長時間維持良好姿勢，就是身體緩減不良力學的能力只有 10 公里。這不是活動度受限的問題，而是整個動作的問題。用鬆動術的方法處理疼痛當然很重要，但這只有短期效用。鬆動術也許能迅速緩解症狀，卻無法預防他下次長跑時髖部再次疼痛。單純鬆動髖關節就像是吃藥壓抑症狀，但無法實際治療疾病。

這位運動員真正需要的，應該是改善她的跑步力學，確保身體足夠強壯，可以在整個跑步的過程中維持良好的姿態。當她學會如何以正確的形式跑步，培養出足以維持良好姿態的肌力後，髖關節就不會僵緊疼痛，就算髖部肌肉真的開始縮緊了（長跑時髖部肌肉難免會變緊），還是能藉由這種有效率的活動方式，盡可能延後疼痛出現的時間，甚至完全避免疼痛。

要優先調整姿勢與動作的第四個理由是，這是你安排活動度訓練計畫的準則。換句話說，它們能夠協助你決定哪些位置需要調整改變、哪些位置需要鬆動，不然你就只是在瞎猜而已。舉例來說，假設你深蹲到底時無法把膝蓋往外推，或保持脊椎挺直，我將這稱為「受限的姿勢」。要改善這一點，就要在類似深蹲到底的位置進行鬆動術。同理，如果你沒辦法將雙臂高舉過頭，你應該在雙臂高舉過頭的位置進行鬆動術（我在第三部的許多鬆動技巧旁列出了原型圖示，以便讀者參考）。

此外，進行鬆動術時還必須兼顧良好的動作力學，所以一定要了解「良好姿勢」是什麼樣子。如果你不知道如何將身體組織成良好姿勢，就永遠沒辦法獲得改善活動度的最大好處。舉例來說，假設你沒有足夠的能力在手臂高舉過頭的姿勢維持肩關節的穩定，那麼，要改善肩膀功能，就不僅要在雙手高舉過頭的位置鬆動肩膀，還需要有肩關節外旋。如果你只看到手臂高舉過頭的鬆動術，就會忽略穩定度這個最重要的條件，也就是讓肩關節轉動的力量。同樣地，如果你知道深蹲時脊椎不該圓背（駝背）或過度伸展，就可以把這個概念應用在活動度上（進行鬆動技巧時千萬不能圓背或過度伸展）。

正確的人類動作沒有任何討論空間。技巧可不是什麼關於最佳活動方式的理論空想，而是實際提供有效的方法，讓我們在最盡可能穩定的姿勢中完整表現動作潛能。如果你了解這些姿勢，就能夠結合關節、筋膜、肌肉組織等元素，讓多個系統同時自動介入，改善關節與肌肉組織受限的問題。

問題來了：如果你排除了動作控制，該如何改善動作幅度呢？要回答這個問題，就必須進一步檢視活動度系統實際的運作方式。

活動度系統

雖然大部分的鬆動術方法都會囊括一個以上的系統，不過分別理解每個系統的運作方式還是很有幫助。以下列出活動度系統的項目：

· 關節力學
· 滑動面功能失調
· 肌肉動力學

概念是運用鬆動技巧來改善各個系統，按照清單循序漸進，直到你糾正受限的姿勢，並解決了疼痛。

關節力學

為個案執行物理治療時，在給予任何改善活動度的治療之前，我會先從技巧的觀念切入，意思是我會特別指出造成問題的錯誤力學現象，接著示範如何修正動作控制。但是，若個案明顯缺乏主要的動作幅度，也就是，已經排除了動作控制這個限制因素，那麼，我會優先治療關節的問題。如果我能讓關節回到良好的位置，許多問題（像是軟組織受限和滑動面功能失調）就會自動解決。

假設我所治療的運動員因為缺少肩關節內旋引起肩膀前側疼痛，也就是他的肩膀保持在往前傾，呈現圓肩姿勢，導致肩關節的外旋肌群持續受到拉力，以及胸肌群出現調適上與功能上的縮短。我可以用鬆動術，讓過度伸展、拉長又疲弱僵硬的肌群，以及已經縮短的胸肌群恢復正常的動作幅度，但要是我不解決造成肩膀功能失調的力學機制，組織的疲弱與僵緊問題就永遠不會消失。

協助他將肩膀擺在良好的位置，會是更有效的方法。要這麼做，就得先從胸椎活動度著手。如果不修正脊椎的姿勢，我就無法徹底改善他的肩關節功能失調姿勢。恢復胸椎柔軟度可以提供合適的條件，讓他的肩膀擺在適當的位置。這麼一來，他的外旋肌群能很輕易地重新啟動，胸肌群將能恢復正常運作。只要讓關節回到適當的位置，所有相關肌肉便可以發揮原有的功能，疼痛通常就會消失。

問題是，關節要如何鬆動？有幾項工具可以協助你讓關節重新回到適當的位置，稍後就會討論，不過在開始介紹各種方法之前，我們先來討論可能損害關節活動度，進而影響到關節穩定性的元素：關節囊。

一談到關節受限制，最先要留意的東西之一就是關節囊。關節囊是包覆著關節、跟韌帶組織相近的囊狀構造（藉由厚實又強韌的纖維組織，跟關節的骨頭與軟骨相連）。這個囊狀構造形成一個讓關節自由活動的封閉空間，還能提供穩定性，避免關節被過度伸展。

不過大家經常忘記（或是不太明白），如果關節長時間處於不良的位置，這個強壯、有支撐作用的囊狀構造也會出現僵緊與調適上的縮短，進而影響關節動作幅度與組織健康。如果你經常圓肩前傾，發生肩關節囊極度僵緊的機會就很大。同樣地，如果你長時間坐著，髖部前側就會出現調適上的縮短和緊繃。這樣會有什麼後果呢？你就沒辦法將肩膀後拉到穩定外旋的位置，也沒辦法完全伸展髖關節。你可以鬆動胸肌群，稍微放鬆肩膀，也可以試著拉長髖部前側，但是這種鬆動方法只處理肌肉組織，並無法解決關節囊的問題。

舉個例子來幫助各位了解這個概念：想像有條橡皮筋一端粗另一端細，如果你從兩端將橡皮筋拉長，會發生什麼事？細的部分會拉的較長，但是粗的部分只伸長一點點。同樣地，你的組織會從最薄弱的點開始伸展。這正是伸展大腿後側肌群時，膝窩也會感到一股極大拉力的原因。大腿後側肌群最薄弱的點，就是肌肉位在膝關節後側的附著點。你的關節囊就是橡皮筋最粗的地方。為了能對關節囊本身產生有效的變化，就必須在關節內製造出空間。你可以透過彈力帶牽引（請見下一頁的照片），也就是你藉由彈力帶製造空間，促進整個關節的動作。物理治療師以雙手執行這項技術已有相當的歷史，但是只要有彈力帶也可以自己進行。

彈力帶牽引

你可以利用彈力帶牽引髖部、腳踝、肩膀或手腕。

如上方照片所示，彈力帶有兩種使用方式：

1. 你可以將彈力帶勾在髖部或肩膀。
2. 你可以將彈力帶勾在腳踝或手腕。

前者可以讓你拉開關節面，讓關節重新回到適當的位置；後者可以讓你做一些對關節囊產生作用的活動，能恢復關節內部的連結（關節面在關節囊內的移動方式），讓你的關節能處在適當的位置。

改善關節囊受限制的第三個方法：直接迫使關節回到適當的位置，同時施加旋轉力量。舉例來說，如果你的肩膀些微疼痛或活動受限，試著用彈力帶或壺鈴讓肱骨進入到關節窩後側，同時內外旋轉手臂，如下頁所示。這麼做能讓你的肩膀回到正確的位置，修復旋轉的動作幅度。

大重量壺鈴進行地板臥推時，能主動把肩膀拉到關節窩後側，可以幫助肩膀回到正確的位置。內外旋手臂可以協助恢復旋轉動作幅度。

肩關節囊鬆動術

另一個治療關節僵硬或疼痛的方法，就是在問題區塊周圍施力，讓關節打開間隙或受到擠壓。回到鉸鏈的譬喻：如果門上的鉸鏈太緊，鉸鏈轉動就會磨出一小堆碎屑。將關節彎曲打開間隙的技巧只能用在肘關節與膝關節，能夠減輕關節面部分的壓力，恢復動作。把關節拉開能夠幫助清除「鉸鏈屑」，使關節回到正確的位置。你也可以把神奇的巫毒推拉帶（VooDoo Floss Band）纏在關節四周來達到同樣效果（146 頁將詳述）。

記得，如果你不主動鬆動關節囊，組織受限制的程度就會越來越嚴重。

關節彎曲打開間隙

另一個辦法是將毛巾捲起來，夾在膝窩，形成間隙效應，恢復關節動作，並降低一部分造成屈曲幅度受限的關節面壓力。

滑動面功能失調

矯正好關節力學後，第二項要處理的活動度系統就是滑動面功能失調。

滑動面是我經常使用的通稱，用來描述人體各種不同的組成、結構和系統之間相互對應的方式。為了確保身體有彈性，你的組織（皮膚、神經、肌肉與肌腱）都應該能滑動或是能相互滑移。你的皮膚應該能在下方組織層（骨頭、肌腱、肌肉）的表面滑動，神經應該可以在隧道內（肌肉組織之間讓神經纖維通過的空隙）滑移，關節周圍的組織也能平順滑動。

有個檢查可以驗證此概念：請將食指與中指按在另一隻手上，手掌保持張開，接著手指將皮膚往每個方向移動，如下方照片所示。觀察皮膚如何滑過下方的骨骼和組織？你的皮膚就應該像這樣在肌肉、肌腱和骨骼的表面上滑動，只是位移範圍更少了一些。

舉個例，如果在腳掌往上翹時將腳趾扳向自己，你應該要能撐起或滑動腳跟腱周圍的皮膚。你也可以測試膝蓋、大腿、腳踝周圍和手肘尖端附近的皮膚。如果皮膚無法自由地滑過其他組織，身體就像多了一層外殼。想像你穿著很緊的牛仔褲，試著深蹲到底，絕對辦不到吧？如果你有滑動面功能失調，皮膚和肌肉組織就會像太緊的牛仔褲，例如久坐之後臀肌群會黏在一起、反應遲鈍，限制肌肉收縮的能力。因此長時間坐著的人，臀肌群正常的動作能力都會下降，無法穩定骨盆、將脊椎保持在中立的位置。

要讓滑動面恢復正常，就必須讓皮膚與下方的組織或骨骼上分離，方法是壓力波、按壓、來回推拉等方式（見 142 至 151 頁），以及圓球擠壓等技巧

手部的滑動面檢查

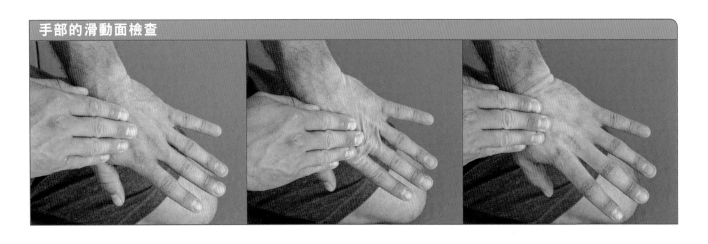

你的皮膚應該要能毫無阻礙地在手背
上滑動。

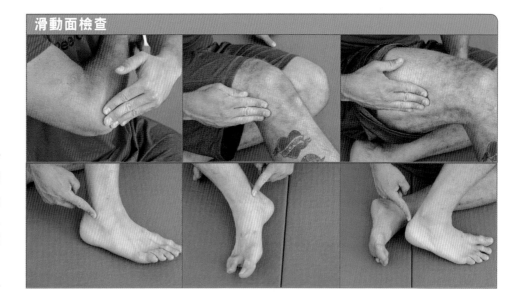

滑動面檢查

雖然關節四周的皮膚，彈性沒那麼好，但應該還是要能不受阻礙地在手肘以及膝蓋、大腿、腳踝與腳跟腱的外側上滑動。

（見 432 頁）。有幾個工具可以利用，最常見的就是按摩球、滾筒或巫毒推拉帶。你也可以請夥伴對你的肌肉施予橫向的剪力（像碾壓的壓力），按壓你的股四頭肌和大肌群，如 387 頁所示。不過請記得，滑動面功能失調可能會引起各式各樣的問題，再怎麼伸展都無法改善。要去除組織沾黏，唯一的辦法就是利用強大的剪力將皮膚、結締組織以及淺層和深層肌肉分開。

肌肉動力學

做完評估診斷，逐一解決活動度檢查清單上的項目，同時修正動作控制（姿勢或動作錯誤），改善關節囊受限，恢復過緊組織的滑動面功能後，通常我都能夠讓個案的動作幅度回到正常範圍，此時我尚未伸展任何組織。因此肌肉動力學才會是活動度檢查清單上的最後一項。

在此先聲明，肌肉動力學用到的鬆動方式與傳統的伸展動作很像。不過容我在此澄清：就我的分類，肌肉動力學不是伸展。肌肉動力學並不是將組織推到動作幅度終端，撐一下子，希望能有所改變。你使用的其實是主動模式，在動作幅度終端施加張力，協助促進組織的變化（拉長組織），恢復部分肌肉收縮力。更重要的是，你強化的姿勢要看起來就像你想糾正的姿勢。舉例來說，如果深蹲到底的動作幅度受限，就必須利用看起來像深蹲到底的姿勢來進行鬆動。

如果是需要做出極端姿勢的運動員，像是舞者、體操選手和武術家等，我就會使用肌肉動力學系統來拉長他們的肌肉，增強他們的動作幅度。不要以為這麼做可以長出新肌肉，我就曾經看過有人誤以為伸展可以長出新肌

肉。要長出肌肉或拉長肌肉，最快的方式就是進行動作幅度完整的負重動作。舉例來說，如果你的大腿後側肌群「僵緊」，硬舉和深蹲不僅能夠刺激大腿後側肌群伸展，還能培養動作幅度終端的動作控制力與肌力。

關節或組織的動作幅度恢復之後，就要把這個改變反映到訓練上。如果你的過頭肩膀動作幅度改善了 5%，而且你在健身房裡用上了新動作幅度，就更有可能維持這樣的動作幅度。過程一點都不神祕。

若肌肉在有限的動作幅度內活動，就會出現調適上與功能上的縮短。想像現在有個大半天都在自行車上度過的菁英自行車選手，他的腳踝固定在中立姿勢，髖部固定在封閉姿勢裡。長時間騎車之後下車，他的肌肉早已適應了騎車的姿勢。肌肉動力學和收縮及放鬆等鬆動方式（將組織拉到動作幅度終端，收縮肌肉，接著再放鬆，好取得多一點幅度），就很符合我解決問題的思維。如果你在車子裡坐了兩小時，那就花點時間將髖關節伸展到動作幅度終端（使用收縮及放鬆法），藉此抵銷久坐的影響，讓組織恢復正常的幅度。那並不代表要維持靜態姿勢，而是要在關節動作幅度的終端（即肌肉關節組織拉緊的位置），以小幅度動作量，重複來回活動（進出動作幅度末端），並使用彈力帶來讓髖部更接近良好位置。

我的一貫原則是在訓練前先改善動作控制能力、活動關節囊與進行彈力帶來回推拉／拉扯（見 144 頁），訓練後再進行滑動面與肌肉的動態末端鬆動技巧。這麼一來，組織便能在進行活動度修正前先暖身準備。我常聽運動員說他們在鍛鍊前不敢伸展，這種恐懼相當合理。做大重量深蹲前先進行靜態末端劈腿，多半不是什麼好主意。

各位現在已經理解了活動度系統，還有了個解決問題用的藍圖，我們就來仔細看看各位會用到的方法吧。

肌肉動力學（深蹲鬆動變化版）

可以的話，鬆動時的動作形式要近似想要修正的姿勢。

鬆動方式

各位必須先了解，活動度系統與鬆動方式之間存在著一種動態關係。舉例來說，如果你透過關節囊鬆動術改變關節囊，關節四周的軟組織多半也會受影響。同樣地，如果用按壓技巧修復組織的滑動面，關節力學與肌肉動力學可能也會改善。但是，就像木匠會用不同工具進行不同工作，每個系統也有專屬的鬆動方式。有些技巧專門改善姿勢，其他技巧則是用來讓縮短的組織恢復長度。除此之外，有些鬆動術可以做到效果更快速、更針對性，有些鬆動術則能夠改善整個肌群。

簡單來說，你必須活用各種鬆動方式，才能全面解決身體所有受限的元素。記得不要只使用單一技巧，大多數鬆動方式都可以組合使用。假設你要恢復臀肌的滑動面功能，可以用收縮及放鬆法來深入深層組織，使用壓力波來滲透僵硬肌群，接著再用按壓及來回推拉／拉扯分開打結的組織。嘗試不同結合與搭配，在最短的時間內做出最大量的改變。

功用：
恢復滑動面功能，治療肌肉痠痛或僵緊，推散激痛點，改善肌肉收縮

使用時機：
鍛鍊過後，睡前，想調降[8]（放鬆）時，進行滑動面鬆動術時

壓力波

壓力波是針對特定部位的鬆動法，可以深入深層肌肉與結締組織。這就像用鑿子鑿開結塊的組織，而不是用大鐵鎚敲開大塊的肌肉團塊。這個方法也很適合應用在激痛點上（也就是肌肉組織裡會引起其他部位疼痛的僵緊區塊）。稍後將會進一步討論，你的肌肉放鬆時摸起來應該要柔軟有彈性，如果你感覺到肌肉上有「結」，或是條狀的僵緊區域，一碰就痛，那就是通常稱為「激痛點」的地方。激痛點不僅會在硬結處引起疼痛，還會讓身體其他部位疼痛、限制動作幅度。使用壓力波按壓激痛點，可以讓肌肉放鬆、恢復正常功能。

要進行此技巧，請保持全身放鬆，躺在球或滾筒上，藉此深入最深層的肌肉組織。接下來，把全身重量壓在目標區塊上，在球或滾筒上慢慢滾動，製造出壓力波。這個技巧就等同於結構整合療法與羅夫按摩法（Rolfer pressing）中，用手肘慢慢沿著大腿後側肌群或股四頭肌按壓的手法。動作放慢，將全身重量完全壓到球或滾筒上，讓組織可以在球體上鬆開。照理來說，動作的速度越慢，你能承受的壓力就越大，組織獲得的助益就越多。如果動作太快，滾動時肌肉出力繃緊，便會徒勞無功。

---

8. 調降（down-regulate）指給予組織的刺激量減少，組織會調降對刺激的反應，用在運動訓練就是休息狀態，很輕鬆和緩的運動。通常都配合呼吸輕鬆的伸展、按摩肌肉等較靜態的活動。審訂注

將全身重量壓在球或滾筒上，慢慢滾壓你想改善的組織，在結塊的區塊製造壓力波。

收縮及放鬆法

收縮及放鬆法是從科學實證的 PNF（本體感覺神經肌肉誘發術）伸展法修改而來。你可以用這個方法來增強活動度，讓縮短的組織恢復正常動作幅度，或在進行滑動面鬆動術時製造更深層的擠壓力。進行方式如下：

· 如果你想改善肌肉動力學，請先將肌肉和四周肌群推至動作幅度終端 5 秒，製造張力，接著釋放張力，推進新動作幅度撐上 10 秒。

· 如果你想改善滑動面功能，先找出你的僵緊區塊（無法把全身重量壓到球上或滾筒上的位置），接著繃緊該處肌肉 5 秒以上。維持張力 5 秒後放鬆，讓目標組織進一步沉到球上或滾筒上。

功用：
進行肌肉動力學鬆動術能改善縮短組織的動作幅度，進行滑動面鬆動術能製造更深層的加壓，改善肌肉收縮

使用時機：
鍛鍊過後，想伸展組織至動作幅度終端，或想使按壓產生更深的擠壓力時

用雙手將腿保持在同一位置，腿用力往外推離自己的身體，以此製造張力，維持張力 5 秒。5 秒後釋放張力，推進至新動作幅度，撐上 10 秒。

彈力帶來回推拉 / 拉扯

對付肌肉僵硬最簡單的方式，就是使用彈力帶讓關節就良好位置，接著讓關節活動，我把這個步驟稱為「來回推拉 / 拉扯」[9]（**注意：**「來回推拉 / 拉扯」指的是動作）。請記得，組織會適應你的工作姿勢。如果你整天久坐，不僅髖關節屈肌群會適應變短，應該待在髖關節囊中心的雙腿股骨頭還會往後移。每次進行深度屈曲動作時，你的股骨頭就會撞上髖臼（髖關節窩）的邊緣。這就是進行深蹲，或者就關閉關節的姿勢鬆動時，會感到髖部前方出現夾擠或疼痛的原因。使用彈力帶製造牽引效果（在關節裡製造空間或動作），可以將股骨頭拉回關節囊中央，有效清除夾擠，讓你在推進新動作幅度時不會感到不適。

用彈力帶也能協助你處理關節囊受限制。關節囊相當厚實，需要多施加張力才能改變狀態。再用橡皮筋的譬喻吧，你必須特別拉扯橡皮筋較粗的一端，才能讓整條肌肉受到平均的拉力。彈力帶可以幫助你達到此目標。

清除髖關節夾擠

彈力帶讓你可以「去除」受限關節與組織四周的沾黏，在為動態或負重動作做準備時，這正是最佳方法之一。假設你要鬆動髖部前方，第一步是將彈力帶勾到大腿上側後方，髖部往前拉，製造前方牽引效果。下一步是就跨步姿勢，後方膝蓋先壓低再抬起，進行分腿深蹲。如果沒什麼感覺的話，代表你的動作幅度可能很完整。但是若你發現髖部無法伸展，或髖部前方受到巨大的拉力，那很有可能是你的髖關節囊受限了。雖然強化活動度的技巧嚴格說來算不上是暖身動作，但是「彈力帶髖關節伸展跨步深蹲」等彈力帶來回推拉 / 拉扯鬆動術，可以為負重與動態動作做好充分準備。

---

9. 來回推拉的原文為 floss，原指牙線，在這裡指一種物理治療的手法，以來回揉動、推來推去來處理沾黏組織，就像來回拉動牙線去除齒間沾黏。審訂注

以幅度完整的動作來鬆動組織，能使縮短僵硬的組織恢復正常動作幅度，還能影響多個組織系統。

彈力帶來回推拉 / 拉扯

按壓及來回推拉 / 拉扯

按壓及來回推拉 / 拉扯讓你可以「釘住」疼痛的結塊組織，或在該區域加壓。在不適的組織上按壓，接著肢體朝各個方向移動，進行「來回推拉 / 拉扯」，動作幅度越多越好。這個方法跟主動放鬆術（ART）、激痛點療法或指壓相當相似，都是使用動作來解除組織深層的力學限制，把重點放在恢復滑動面的功能。

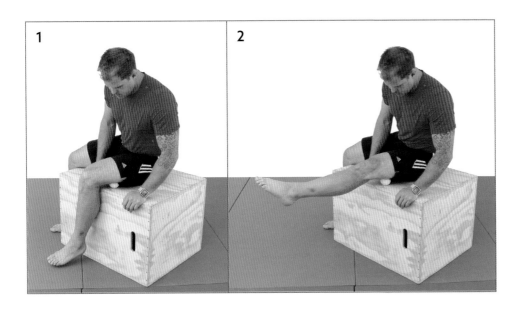

找出僵緊區塊之後，將最大壓力（體重）壓在球、滾筒或槓鈴上，接著移動肢體，動作幅度越多越好，藉此以縱向滑動放鬆受擠壓的組織。

點壓及扭轉

點壓及扭轉也是修復滑動面功能的好動作。把球壓在組織上（最好是質地較軟，表面有點抓力的球），固定好組織，接著扭轉球。這個技巧能幫助你刷開僵硬組織，還能讓血液流進循環較差的區域，像是腳跟腱或手腕。

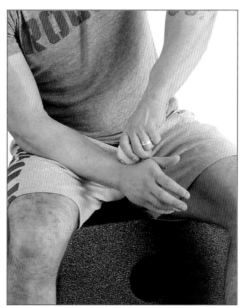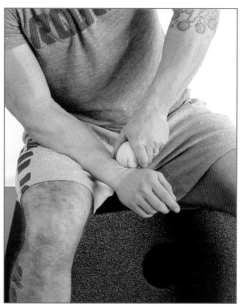

進行點壓及扭轉時，用球壓住目標區塊，接著扭轉球，扭緊皮膚和鬆弛的軟組織。

巫毒推拉帶擠壓（巫毒來回推拉／拉扯）

功用：
恢復滑動面功能，放鬆激痛點，去除疤痕組織，消除關節腫脹或發炎，就受限姿勢改善動作幅度與關節活動度，改善肌肉收縮

使用時機：
訓練前，關節腫脹時，以及想要處理疼痛的激痛點或關節時

巫毒推拉帶擠壓是種以擠壓為主的間歇性關節鬆動法，可以同時顧到所有活動度系統。我認為，要糾正姿勢、恢復動作幅度，這是最厲害有效的辦法。（**注意**：巫毒推拉帶是種特地為擠壓式鬆動技巧設計的伸展束帶。各位可以上 MobilityWOD.com 購買。你也可以將腳踏車內胎切半，變通利用。）

進行方式如下：將帶子纏在關節或受限組織四周（在該區域上下幾吋的地方製造大量擠壓力），接著將四肢朝四面八方活動 2 至 3 分鐘，接著拆下帶子。我通常會在想要改善的區塊上施加 75% 的拉力，在其他區塊四周施加 50% 拉力。舉例來說，如果我要以巫毒來回推拉／拉扯法改善上髕骨囊（膝蓋前方），我會在前方施加 75% 張力，後方施加 50% 張力。纏的時候，每層帶子重疊半吋（帶子的一半寬度）。如果纏完後還有帶子，可以在目標區域綁成 X 型，增加剪力效果。

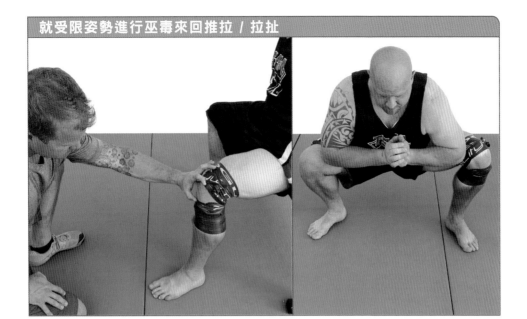

就受限姿勢進行巫毒來回推拉／拉扯

巫毒來回推拉／拉扯法可以讓你就想要改善的姿勢進行鬆動（如深蹲最低姿勢）。

巫毒來回推拉／拉扯法的好處在於，你可以就想要改善的姿勢進行鬆動。滾壓股四頭肌當然可以改善姿勢，可是沒辦法讓你搭配動作幅度完整的功能性動作進行鬆動。舉例來說，如果你纏住股四頭肌再深蹲，就能針對某些可能會限制深蹲姿勢的組織來改善這些組織的力學。如果你纏住膝蓋再深蹲，便能在做出受限姿勢的同時，在關節上增加負荷，改善各力學系統。

不過這個方法有個問題：巫毒推拉帶擠壓法會作用在許多層面上，你無法確切知道你改變了什麼。將帶子纏在關節或大塊疤痕組織上進行動作，能夠製造不同層肌群之間的滑動效果，修復底下組織的滑動面功能。巫毒帶還能幫關節打開間隙，協助恢復關節的動作幅度。不僅如此，在釋放擠壓力時，血液還會湧入循環不良的關節與組織。簡單來說，巫毒來回推拉／拉扯法可以幫助恢復黏著組織的滑動面功能，解決關節疼痛，並且大幅改善肌肉收縮力。如果你的姿勢受限、關節或手肘疼痛（這是我治療網球肘的首選），將巫毒推拉帶纏在關節或受限區塊，可強迫組織表現出完整動作幅度。

處理關節或組織腫脹，巫毒來回推拉／拉扯也是效果最好的辦法之一。腫脹會讓大量本體感覺接收器（體內回應姿勢和動作的感官接收器）失靈，壓迫神經末梢，引發劇烈疼痛，進而削弱關節力學。千萬別輕忽了腫脹的威力，擠壓關節能將腫脹推回淋巴系統，再從淋巴系統排出身體。

請特別注意，包纏腫脹關節的技巧稍微不同。舉例來說，若要推散扭傷造成的腳踝腫脹，先從盡可能接近腳尖的地方包起，上下層重疊半吋（帶子寬度的一半），並在包裹腫脹腳踝時維持帶子 50% 的拉力。訣竅是從腫脹區域以下幾吋的地方開始包纏，不要露出皮膚，保持帶子張力平均。腳纏（加壓）好後，活動幾分鐘，拆下帶子，給組織幾分鐘的時間復原，接著再纏上帶子。重複這個流程大約 20 分鐘（兩三次循環），或者在感覺起了變化後停止。這個辦法的效果相當驚人，可以讓腫得像葡萄柚的腳踝恢復正常大小，還能完全紓解疼痛。我認為巫毒推拉帶擠壓法是處理受傷關節發炎和疼痛的最佳方法。

用巫毒來回推拉 / 拉扯法處理關節腫脹的原則，就是要往心臟的方向包，所以要包裹腳踝，就從腳趾往小腿包。若是要鬆動關節或黏著的疤痕組織，從高包到低或反過來都沒差，只要從目標區塊上下幾吋開始就行了。

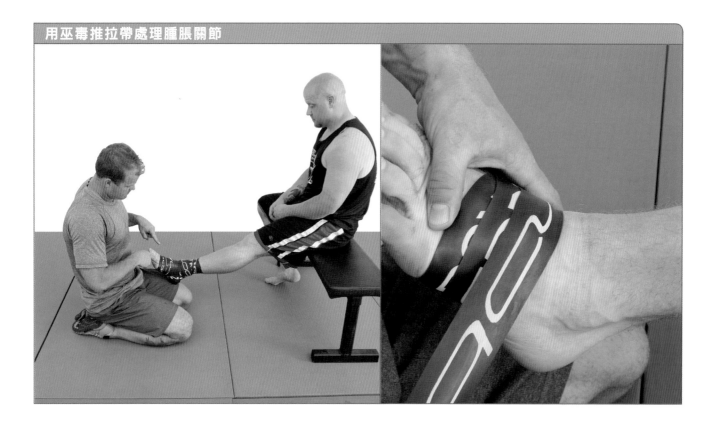

用巫毒推拉帶處理腫脹關節

用巫毒推拉帶處理腫脹關節，盡可能從四肢末端開始往心臟方向纏，在腫脹區域四周用帶子製造 50% 的拉力。目標是包住整個腫脹區域，包纏時上下層重疊半吋。

巫毒推拉帶包裹技巧：手肘

要包裹關節或受限組織，先從目標區域上下幾吋開始包起，上下層重疊半吋。繼續包裹到完全包住想要改善的區塊。如果推拉帶還有剩，用 X 形包裹整個區域，繞最後一圈時特別加強張力，把推拉帶末端收在帶子底下，張力能讓推拉帶不散開。包裹完以後，盡可能在辦得到的動作幅度內活動四肢。

巫毒推拉帶包裹技巧：股四頭肌

先告訴各位一聲，巫毒來回推拉／拉扯法可能會有點不舒服。請別擔心，雖然會覺得有點不舒服，但關節和組織不會受到任何傷害。如果帶子拆下後皮膚發紅（我都說這是美洲豹斑紋），不用緊張，只是你的表層皮膚受到拉扯，沒什麼大礙。

不過，還是有些原則要注意。首先，如果你開始發麻或有針刺感，或是皮膚變成像僵屍的顏色，就把帶子解開。這種狀況通常會在纏上帶子兩分鐘左右發生，大部分情況下會產生刺痛感，接著手腳發白，如果有這個狀況，盡快拆開帶子。另一個警訊就是突然出現強烈的閉鎖感，不要忽略這些不舒服的感覺與徵兆。巫毒來回推拉／拉扯法跟大多數鬆動術一樣，進行方式可能有點激烈，但是你應該要能夠區分不適感、麻木感、刺痛感與閉鎖感。

安全檢查

觸摸皮膚時，皮膚應該會先變白再恢復原樣，就跟摸曬傷的皮膚一樣。如果摸了之後顏色沒有恢復，那就該拆開帶子了。

增加血流量

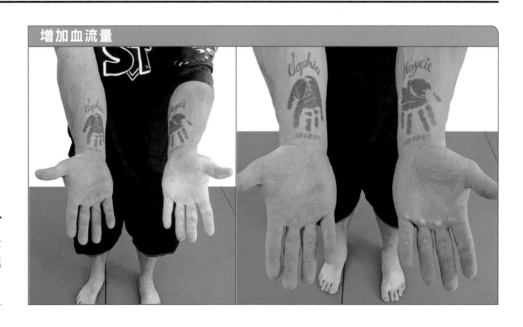

拆下帶子時，皮膚會失去血色。不過幾秒後，流進該區塊的血流量就會增加。

兩分鐘後，皮膚就會失去血色。雖然這是正常現象，但同時也代表你該拆下帶子了。拆下帶子幾秒後，流進該區塊的血流量就會增加。

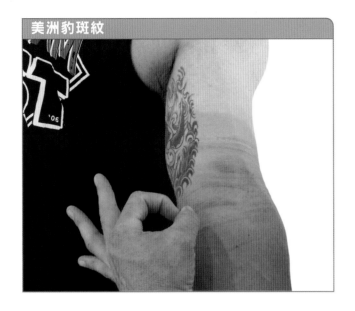

美洲豹斑紋

推拉帶會擠壓你的皮膚，在皮膚上留下紅色痕跡。別慌張，這些紅色紋路幾分鐘後就會消失。

關節彎曲打開間隙

關節彎曲打開間隙能夠協助解除關節囊受到的限制，恢復膝蓋和手肘的屈曲動作幅度。你的前臂應該要能輕鬆碰到二頭肌，小腿後側肌群應該要能輕鬆碰到大腿後側肌群。如果在吃東西時需要以頭就手，或是必須雙腳外八才能做出全深蹲，就代表你的次要引擎（膝蓋與手肘）缺乏屈曲動作幅度。有個簡單的方法可以幫助你清除鉸鏈屑，恢復關節正常動作幅度，那就是捲起毛巾，塞在膝蓋或手肘後方，接著在槓桿支點上製造加壓或屈曲力。你也可以使用彈力帶製造間隙效果，如下方中間的照片。

功用：
在關節裡製造空間，恢復膝蓋與手肘的屈曲動作幅度

使用時機：
鍛鍊之前或之後，膝蓋或手肘屈曲動作幅度不足時

要產生間隙效應，可以夾毛巾捲或用彈力帶達成牽引效果。巫毒推拉帶也可以製造出間隙效應。

紓解疼痛的三條原則

改善組織功能失調、解決動作相關的力學問題，最好的辦法就是找出你的受限姿勢。舉例來說，如果你深蹲到底時難以將膝蓋往外推，那就應該在那個受限姿勢進行鬆動。但如果膝蓋或背部扭到了，或在運動時受傷了，該如何是好？

就算你維持良好動作形式，技巧完美，還是難以避免疼痛和傷害，特別是在進行高水準運動或訓練時。關節扭傷、組織僵硬等等，都是人類身體活動難免會碰到的問題。所以有個範本很重要，不僅能解決力學問題，也可紓解疼痛。

剩下的晚點再談。我先花點時間來解釋我所謂的「扭傷」是什麼意思。

在此澄清，「扭傷」並不是什麼嚴重的傷害，是用來通稱關節扭傷、肌肉拉傷，以及引起肌肉痙攣疼痛的小動作問題，包括姿勢不良或肌肉僵緊、動作方式不對、扭到關節，結果引起疼痛症候群。舉例來說，假設你圓背抬東西時傷到了背，或是圓肩將東西推過頭時傷到了肩膀，你可能會以為：「糟糕，我的椎間盤突出了」或「我撕裂了旋轉肌」。面對自己吧，你肯定不知道你究竟怎麼了，只知道自己受傷了，很痛。別搞錯了，如果你覺得自己的傷很嚴重，千萬別胡來，快去找醫生檢查吧。但如果你只是因為肌肉太僵緊、姿勢不穩定而扭傷，靠以下三條原則八成就能自行解決了：

1. 位置不對，就搞對位置。

2. 動不了，就想辦法動。

3. 鬆動問題區塊的上下游組織。

身為物理治療師，我對付扭傷的第一要務就是先將關節恢復到良好位置。如本章稍早所述，如果關節能回到良好位置，許多問題（像是關節疼痛和肌肉痙攣）就會消失。另一方面，如果你直接處理痙攣，不讓關節恢復良好位置，疼痛就不會消失。如果肩膀受傷，就應該讓肩膀回到良好位置（搞對位置），再用針對關節力學的鬆動技巧讓肩膀進入不會痛的動作幅度（想辦法動）。舉例來說，如果你要治療肩膀，可以用巫毒推拉帶擠壓（146頁）與肩關節囊鬆動（310頁），以清除關節夾擠、消除發炎、恢復滑動面功能，並讓新鮮血液流入灌流不良的組織。用動作讓關節回到良好姿勢後，就可以利用上下游手法解決痙攣或那些會強化不良動作模式的組織受限制。

上下游手法的概念很簡單：針對出問題的地方，鬆動上游（上方）和下游（下方）的組織。

採取這個手法有一個好處，你不需要了解動作或解剖學就可以保護自己的身體，只需要鎖定受限區塊上下方的肌肉和組織就行了，就這麼簡單。當然，你也可以鬆動疼痛的地方，但出問題的地方不一定就是疼痛的源頭。舉例來說，如果小腿前側肌群和股四頭肌僵緊，這些組織將會拉扯你的膝蓋，限制動作幅度，危害力學。要記得你的身體覆蓋了一層筋膜網（一整片的纖維結締組織，專門覆蓋、分隔或連結肌肉、器官和身體的柔軟構造，會將動作傳送到全身。如果你的小腿後側肌群、股四頭肌或大腿後側肌群僵緊，四周的筋膜也會跟著變緊。如果筋膜僵緊，就會拉扯膝蓋，讓你無法做出穩定姿勢。鬆動膝蓋上下方的組織（股四頭肌、上髕骨囊、大腿後側肌群、小腿後側肌群和小腿前側肌群），你就能夠讓僵緊的關節稍微放鬆，並讓拉扯膝蓋的肌肉與筋膜恢復正常功能。

上下游手法只有一個缺點，就是要靠落後指標來進行，意思就是身體傳送疼痛訊號之前，你已經有很長時間用不正確的方式活動了。理想情況是身體發痛**之前**就找出並解決身體的限制。但問題是，在身體受傷前，很容易不知不覺落入不良力學的惡性循環。所以要找出身體受限之處，設法在該區塊成為問題源頭前，恢復並改善動作幅度。

為了幫助各位利用本書收錄的鬆動技巧，解決常見的扭傷，紓解疼痛，我在第四部收錄了幾個關節扭傷與疼痛的範例處方。

針對活動度設計訓練課表

在此再次強調，加強活動度的手法有兩種：

1. 找出受限姿勢或區塊，用你想加強的姿勢鬆動。

2. 鬆動疼痛區域的上下游區域。

現在各位已經有一個基礎範本，就來討論要怎麼針對活動度設計訓練課表吧（開出個人處方）。

首先，各位務必有「全年無休」的概念（請見第156頁起的「活動度七大規則」），每天都必須花上10-15分鐘鬆動，做越久當然越好，但10-15分鐘是下限。現代人生活繁忙，但我們還是必須撥出時間調整姿勢，改善組織

功能。雖然每天花 15 分鐘加強活動度似乎不多，但一週累積起來就有 105 分鐘，算起來也相當可觀。

這 10-15 分鐘應該做些什麼呢？以下有四條基礎準則來幫助各位設計個人專屬的活動度訓練課表：

1. 先緩解關節與組織疼痛，接著再改善受限姿勢。想像有個標靶，每次進行鬆動時，疼痛的關節和組織都應該在標靶中心。鬆動疼痛區塊應該就會花掉 10-15 分鐘裡的一大段時間，其他時間就拿來改善受限姿勢（如深蹲到底的姿勢），或消除生活中可能受到的傷害，如在辦公室久坐。

2. 列出「問題」清單。在設計活動度課表時，這份清單能幫助你了解有哪些地方需要加強，以及為何需要加強（兩者一樣重要）。我的建議如下：詳細列出有可能用鬆動技巧緩解的問題（像是肩痛或深蹲到底的動作幅度不足）。別寫得太複雜，只列出能夠解決、跟你個人或運動相關的問題。最後，自己要了解為什麼要解決清單上的問題。這樣的話，你設計的處方或活動度課表才有意義跟價值。換句話說，了解為什麼要這樣做（無論是要改善受限姿勢或紓解疼痛）能夠給你目標去做活動度訓練，這樣才能保有進行鬆動術的動機，畢竟，大家都不是那麼心甘情願做這件事吧。

3. 每個姿勢都必須花 2 分鐘以上的時間改善。研究指出，至少要 2 分鐘才能讓軟組織有所變化。意思是，每個姿勢的最低劑量是 2 分鐘。舉例來說，如果你要進行沙發伸展（391 頁），左右髖部都要各鬆動 2 分鐘以上。不過我的原則是，除非受限區塊有所改善，或者該療程已經沒有改善空間，否則都必須繼續鬆動。這代表可能得花上 2 分鐘，也可能花上 10 分鐘。如果你沒感覺到組織有正向改變，就別急著換動作。

4. 選擇 3-4 種鬆動技巧，或 3-4 個區塊／姿勢進行鬆動。野心不要太大，一次就想鬆動 10 個姿勢。大多人每次治療頂多只能完成 3-4 種鬆動技巧。

了解設計活動度課表的幾項基礎規則後，現在我們就實際應用看看吧。讓我們假定有個運動員肩膀疼痛，沒辦法在深蹲時蹲到最低，這裡我針對他使用了前述的四條準則，並收錄以下範本，以此來幫助各位理解如何設計個人化活動度課表或處方。

鬆動肩膀：
肩關節囊鬆動術（310 頁）：每條手臂 2 分鐘
彈力帶過頭牽引（301 頁）：每條手臂 2 分鐘

鬆動深蹲到底的姿勢：
單腿屈曲加外旋（370 頁）：每邊 2 分鐘

消除久坐的傷害：
超級沙發伸展（第 393 頁）：每邊 2 分鐘
總時間：16 分鐘

記得要依據你當下的受限區塊、所做的動作與常擺出的姿勢，逐日調整活動度課表。重點是不斷強化姿勢，並撥出時間進行基礎身體維護。針對每天的需求變更設計，還能幫助你列出想改善的問題清單。

第四部收錄了各種處方與更詳盡的例子（針對特定受限姿勢、緩解疼痛等等），可協助各位進一步理解如何打造個人化活動度課表。

| 彈力帶過頭牽引 | 肩關節囊鬆動 | 單腿屈曲加外旋 | 超級沙發伸展 |

活動度七大規則

為了保持安全、有效利用時間，這裡我列出了進行鬆動技巧的七大基礎規則。請將此七大規則當作身體基礎維護的綜合準則。

測試與再測

你進行的所有動作都應該要有可觀察、可測量、可再現的結果，否則把時間拿去看實境節目還比較實際。要把測試與再測當成診斷工具，用來衡量動作或（和）疼痛情況是否有所改善。

原理如下：假設今天各位想要加強深蹲姿勢。在開始按壓股四頭肌或鬆動小腿後側肌群前，先深蹲到底，衡量你的受限區塊，接著找出可能阻礙你做出最佳動作形式的組織，針對該處施展活動度技巧。舉例來說，如果你認為問題可能出在小腿後側肌群僵緊，那就進行小腿後側肌群鬆動術，接著再用深蹲到底的姿勢重測。膝蓋能不能外推得更遠？能不能保持背部平直？如果你鬆動了正確區塊，也施展了適當的技巧，那麼就應該感受或觀察到明顯的進步。如果沒有進步，這就成了鐵證，代表問題並不是出在該區塊，必須針對其他區塊進行鬆動術。

鬆動術能夠協助你擺出良好的關節位置，做出最佳動作，減少或完全紓解疼痛。測試與再測則能讓你知道你的努力是不是真的有用。除此之外，將新動作幅度應用在實際動作上，能夠幫助你的大腦記得新動作幅度。

感覺不對勁，就是不對勁

鬆動受限組織的過程會帶來不適感，這點無法避免。如果你曾經用滾筒按壓過股四頭肌，你就會知道我這話是什麼意思。但是除非你的整條股四頭肌都跟木頭一樣硬，不然應該只有部分區段會痛。壓到受限組織區塊時，會產生難以忍受的疼痛，但一壓完就不會痛。這是因為柔軟的組織在受到壓力時不會引起疼痛反應。

但是，不適感（再強烈的不適感都包括在內）和有害的疼痛是有差別的。如果你認為你好像傷到自己了，那大概是真的。如果感覺好像有東西撕裂了，那大概真的撕裂了。如果你感覺到炙熱的疼痛感，就是身體在告訴你事情不太對勁。如果你覺得髖部有強烈的夾擠感，那就代表髖部出現了強烈的夾擠。一出現問題，就不要繼續鬆動，否則問題會更嚴重。

我想說的是，鬆開僵硬受限的組織會有不適感，但是你不應該有傷害變得

更嚴重的感覺。只有你能感受到兩者的差別，聽取身體的警訊。喝杯小酒可以稍微減輕鬆動術的不適感，但不要喝醉到壓在按摩球上睡著了。就算沒睡著，在按摩球上滾壓整整一小時還是會讓你寶貴的組織瘀血。

我常說：「別自找痛受。」人體忍受受傷、疼痛與折磨的極限高得嚇人，這正是許多人進行鬆動術時經常傷到自己的原因。所以，在此我必須告訴各位：淺嘗疼痛即可，別自找痛受。改善活動度的過程會帶來不適感，但不至於讓人無法承受。

全年無休

各位要知道，在健身房舉起重物跟撿起枕頭，兩個動作其實沒有差別，都需要有意識地控制姿勢，將身體組織至最佳狀態。無論你在日常生活中做什麼事情，都應該時時以改善姿勢與動作力學為目標，並每天至少花上 10-15 分鐘進行基礎身體保養。注重營養一天都不能鬆懈，睡眠一天都不能少，這些道理都一樣。當然，有時候難免無法正常飲食、運動或睡足八小時，但不管做什麼事，都應該培養時時以良好關節位置活動的習慣。

如果要進行高水準的運動或訓練，連一天也不能鬆懈。無論是工作、運動、舉重還是散步，都必須時時注意自己的姿勢，這就是「全年無休」規則的基礎。

以下有個簡單的例子有助於說明我的想法。我有個朋友是緝毒局幹員，他說他有個朋友每次下車時都會繞過後車廂，不管是值勤或下勤，是將車子停在雜貨店、家裡或餐廳，每次下車絕對會刻意繞過後車廂。他之所以這麼做，是因為他把步槍放在後車廂裡，他想把走近後車廂的習慣深深鑲入動作程式。這麼一來一旦他身陷槍戰，根本不用思考，身體就會自動跑到後車廂拿步槍。

要記得，你的身體是一部適應力極強的機器。如果你每天花上幾分鐘改善姿勢，絕對會有所進步。但如果鬆懈了幾天，你的身體就會變僵硬，動作和姿勢就會反映出適應的結果。就算你一天沒去健身房，也千萬不能一天不進行鬆動術。其實，很多時候肌肉痠痛和組織僵硬都是鍛鍊隔天才會發生，這時候正應該努力恢復組織正常功能。因此，要改善活動度最好一點一滴進行，這樣你才有充裕的時間在動作中引發改變，更重要的是，長期來看也不會負荷不了。

讓活動度變得實際可行

如前文所述，一般人聽到「記得加強髖關節的屈曲和外旋」這種話，肯定一頭霧水。但如果我說他需要鬆動深蹲到底的姿勢，他就可以馬上將需要鬆動的姿勢和想改善的姿勢連結在一起，如此就會比較容易去思考怎麼改善活動度。如果你缺乏過頭動作幅度，便應該就雙臂過頭外旋的姿勢進行鬆動。

關鍵在於優先進行近似實際生活情境的鬆動技巧。舉例來說，你不用躺著伸展大腿後側肌群，而是將彈力帶套在髖部附近，在起立時進行髖關節轉軸，這個動作看起來很像硬舉。動作越像你想改變的姿勢，改善效果就越好。

務必以良好的關節位置進行鬆動術

犯下脊椎過度伸展的問題，或是在肩膀姿勢不穩定時進行鬆動，不可能讓你獲得想要的效果。實際上，你只是在進一步加強不良姿勢，將不良力學烙印進身體中。進行鬆動術時要隨時牢記動作原則。如果腳踝失穩，膝蓋內夾，呈圓背姿勢，或是腰椎過度伸展，記得重新調整姿勢。

別執著於同一姿勢；自行探索嘗試

把鬆動術當成基礎指南。雖然我會示範要怎麼使用正確技巧進行各個鬆動術，但你並不一定要完全按照照片進行。你比任何人都清楚自己身體哪裡僵緊、哪裡受限。只要維持良好動作形式，避免習慣不良姿勢，就可以自由探索身體的功能失調障礙，踏入新的考驗境界。我將這稱為「了解情況後的自由發揮」。舉例來說，如果你要鬆動前髖部，你可以側旋身體或將雙臂高舉過頭。重點是必須鎖定感覺最緊的區塊。

別一臉痛苦的表情

我們在健身房裡常說：鬆動時千萬別一臉痛苦的表情。第一，痛苦的表情會讓頸屈肌縮短，造成運動鏈受限。第二，最好別把疼痛感和古怪表情連結在一起，否則你的身體會把兩者當成同一件事。如果你每次滾壓股四頭肌都一臉猙獰，鍛鍊時股四頭肌一用力，會出現什麼表情？比賽中，最好別洩露自己的痛苦程度，以免對手見機利用。所以運動員會練習在感到不適感時放鬆臉部。進行鬆動術時，你是有意識地選擇要強化自己的身體，那就好好享受吧。

最後，躺在球上做怪表情看在旁人眼裡很奇怪，別嚇到人。

章節重點回顧

· 動作幅度終端的靜態伸展沒用。要使體能發揮最佳表現，降低受傷風險，就必須採取有系統的方法，改善身體生理系統的所有面向。這些面向包括僵緊縮短的肌肉、軟組織與關節囊受限制、動作控制功能失調，以及關節動作幅度的限制。

· 記得要優先矯正動作控制，再利用鬆動技巧治療力學系統。

· 鬆動術（活動度）是動作導向的、全身性的手法，並考量所有動作與表現的限制元素。將鬆動技巧視為一組工具，用來改善動作控制與動作幅度，維持關節和組織健康。

· 使用鬆動技巧來改善生理系統的三個面向：關節力學、滑動面與肌肉動力學。

· 關節力學技巧能協助恢復關節功能。你可以使用三種方法來改善關節力學：

　1. 用彈力帶或製造間隙效果，將關節表面拉開。
　2. 強迫關節回到穩定姿勢。
　3. 擠壓關節。

· 滑動面技巧能改善皮膚、神經與肌肉之間的互動。滾筒與按摩球按壓等都是適合的技巧。

· 肌肉動力學技巧能將組織拉到動作幅度終端。肌肉動力學是個主動模型，能讓你著重動作，在動作幅度終端施加張力。

· 記得這項通用規則：在訓練之前先調整動作控制，強化關節囊，進行彈力帶來回推拉／拉扯，將滑動面與肌肉動力學的動作幅度終端鬆動技巧留到訓練後。

· 鬆動方式包括了壓力波、收縮放鬆、彈力帶來回推拉／拉扯、巫毒推拉帶擠壓與屈曲分隔法。你必須利用各種不同的鬆動方式，全面解決限制身體的不同元素。

· 加強活動度的途徑有兩種：

　1. 找出受限姿勢或區塊，用你想加強的姿勢進行鬆動。
　2. 鬆動疼痛區域的上下游（上方或下方）。

· 沒有一套活動度課表對所有人都有用。個人需求與每日身體狀況是建構訓練課表的核心，會依照僵緊或受限部位、進行的動作或久撐的姿勢而改變。

· 設計個人化活動度課表時，有三條通用規則：

　1. 先解決發疼關節與組織的問題，接著再將重點放在改善受限姿勢。
　2. 花在每個姿勢上的時間別少於 2 分鐘。
　3. 選擇 3-4 種鬆動技巧或鬆動區域／姿勢。

· 活動度的七大規則是身體基礎保養的通用方針，包括：測試與再測、全年無休、別一臉痛苦的表情……等。

動 作 分 類
CATEGORIES OF MOVEMENT

現在各位已經了解動作原則，知道如何用組織良好的姿勢穩固脊椎，也學會怎麼在髖部與肩膀這兩大主要引擎製造力矩，接下來就要實際應用這些知識了。在第二部，各位會學到怎麼正確執行第一類、第二類與第三類功能性動作。

要記得，第一類動作與日常生活動作最相近，第二與第三類動作則較能應用到運動的動作上。不管你是新手或菁英運動員，都應該花時間熟悉第一類動作。如果你想改善運動能力，找出動作錯誤，第二類與第三類動作比較適合你。

為了幫助各位找出並修正常見問題，我會特別指出做特定運動時不該有的情形，並提供簡單的訣竅與指示，用來矯正和避免動作控制錯誤。如果你是因為缺乏動作幅度而無法做出正確姿勢，請看看動作問題旁的身體原型圖示，並參照第四部的身體原型活動度處方。

在各位翻到下一頁前，我想再強調一件事：雖然接下來的照片步驟能協助解說正確動作形式，但你還是得依照自己的活動度、體型與技巧程度來修正技術。換句話說，把照片當作視覺參考，就算沒辦法做出百分百相同的姿勢，也不用慌張。你的深蹲可能跟我的不太一樣，那也沒關係。最重要的是，請以前述的原則為基礎，並且將調整動作形式放在第一優先。

徒手深蹲（P 162）

箱上深蹲（P 176）

背蹲舉（P 178）

前蹲舉（P 187）

過頭深蹲（P 192）

硬舉（P 196）

伏地挺身（P 204）

臥推（P 209）

雙槓下推（P 216）

肩上推（P 220）

倒立伏地挺身（P 226）

引體向上（P 229）

深蹲 1
這個動作包括深蹲原型。
要改善這個動作常見的限
制,請翻至第四部的深蹲
原型處方。

徒手深蹲 Air Squat

深蹲與走路是兩個絕對不能輕忽的動作,想想看你一天當中平均會起立坐下多少次、走多少路。每天用不良力學走路和深蹲,幾年下來膝蓋和背就很容易冒出慢性疼痛,而醫生就會開始說明現代的關節置換術有多神奇。我甚至還沒提錯誤的走路和深蹲姿勢會怎麼樣危害你的運動潛能。

一個人的走路方式能透露許多資訊,深蹲更是像面鏡子。動作幅度完整且髖部蹲至膝窩以下的徒手深蹲是萬能診斷工具,可以找出並糾正普遍的動作及活動度問題。總之,如果想要使表現達到最佳,同時保護膝蓋和下背,一定要學會正確的深蹲和走路方式(請見 174 頁)。

這一節會詳細分析深蹲,同時點出常見的深蹲錯誤,提供修正動作控制與活動度的方法,好讓各位找出損害表現的動作錯誤,加以糾正。

請注意,深蹲風格(深蹲技巧)會隨教練與運動員的個人習慣而大相逕庭。這一節示範的深蹲技巧能搭配動作原則,就生物力學層面來說安全又有效率,而且可以靈活應用。不過,你的整體深蹲姿勢可能會因為活動度和人體測量學(人體的尺寸、比例)的差異而跟我不盡相同。最重要的是脊椎保持中立,髖部、肩膀、膝蓋和腳踝就穩定姿勢,也就是足弓成形,膝蓋沿著相同軌道上下,從髖關節開始外旋。

另外,也請各位注意,深蹲的種類非常多,有徒手深蹲、箱上深蹲、背蹲舉、前蹲舉、過頭深蹲(僅列出數項)。接下來我會檢視各種深蹲的功效與技巧,以及各關鍵原則在各種深蹲上的應用。但是首先要先來談談深蹲的站姿。

深蹲站姿

深蹲站姿(雙腳的距離與位置)跟深蹲技巧一樣,將會隨你的活動度和目標而有所差異。舉例來說,如果你想打破深蹲的世界紀錄,寬站姿可以幫你達成目標。寬站姿能讓你保持軀幹挺直(應付極大負重的必要條件),蹲得跟汽車一樣穩。但如果你是要用深蹲來改善健康與運動表現,就需要能表現出完整動作幅度、讓問題現形、能應用在其他運動動作上的站姿。

對大多人來說,雙腳站得比膝蓋寬就可以了。這種萬用深蹲站姿可以用在各種運動,像是美式足球後衛球員和網球選手的準備姿勢,或是拳擊手的搏擊站姿。學會這個姿勢,不必調整腳步也能挑戰更進階的動作,如前蹲舉、過頭深蹲與奧林匹克舉重。我在序言引用過宮本武藏的名言:「將戰

鬥的儀態應用於日常當中，將日常的儀態應用於戰鬥當中。」換個角度想，就是「將深蹲站姿應用於日常當中，將日常站姿應用於深蹲當中」。

這麼說吧，身為運動員，你建立的深蹲站姿必須最適合你的目標，並讓你有能力做出良好動作形式。你可以按照自己的特性和目標，採用雙腳比肩膀寬上許多的寬站姿，或是雙腳微比肩寬的萬用站姿，或是雙腳位於髖部正下方的窄站姿。我最常採取萬用站姿，但偶爾我也會實驗寬站姿，以變化刺激。

重要的是，你要知道自己選擇這種站姿的原因。為了簡單起見，我們把深蹲站姿分成萬用站姿與寬站姿兩種。如先前所述，前者是可移轉站姿，可以應用在各式各樣的動作上，還能讓你的髖部和腳踝展現出完整動作幅度。因此，萬用站姿便成了寶貴的診斷工具，能幫助你培養動作控制和肌力，應用在運動與日常生活也會用到的動作幅度上。但是如果動作幅度不足，可能會很難用窄站姿深蹲，雙腳靠得越近，就需要越大的髖部與腳踝動作幅度才能完成動作。

會採用寬站姿進行深蹲的，主要是舉重選手和活動度受限的人。雙腳比肩寬，髖部和腳踝不用屈曲至相同角度，就能做出全深度、髖部低於膝窩的深蹲。這種站姿能夠讓你保持軀幹直挺，承受較大負荷。如果你想用最大重量深蹲，就容易出現過度伸展的脊椎問題（見 170 頁）。如果踝關節與髖關節關鍵的動作幅度不足，寬站姿會是好選擇。但要知道，寬站姿的可移轉性比不上萬用站姿，也比較沒辦法拿來當作衡量工具。如果活動度是你唯一的受限因素，我建議先從較寬的站姿做起，活動度有所改善後再朝著萬用站姿改進。

寬站姿

萬用站姿

在此再補充個有趣的小資訊：寬站姿也很適合動作幅度過大的人，特別是關節角度過大的運動員（見 128 頁），這些人身體太軟，沒辦法穩定與製造張力。採用寬站姿並讓雙腳朝前打直，能夠製造身體張力，幫助關節過度鬆弛的人找到穩定度，避免可能造成傷害的動作錯誤。

總之，記得採用能配合你的身體類型和體適能目標的深蹲站姿。兩種站姿各有優缺點，都很實用，也都值得學習。最重要的是遵守深蹲原則。

深蹲原則

理想的深蹲，是建立穩定的髖部、膝蓋與腳踝姿勢，接著在蹲低和起立時維持這些姿勢，深蹲原則能夠幫助各位達成這個目標。把這些原則當成是達到最佳深蹲技巧的通用準則吧。你可以把這些原則應用在前蹲舉、背蹲舉、過頭深蹲等各種深蹲上。

盡可能保持小腿垂直

站起及下蹲時，記得盡可能保持小腿垂直。小腿垂直能讓你控制髖部和大腿後側肌群的力量傳送方向，藉此卸除壓在膝蓋上的重量。如果你無法保持小腿垂直，膝蓋往前超出雙腳，力量就會從後側肌群流失，增加關節內軟組織受到的剪力和扭轉力，特別是軟骨、髕骨肌腱和前十字韌帶（ACL）。深蹲到底時，膝蓋難免會往前，尤其是臀部碰觸腳踝的窄站姿深蹲。向下蹲時，膝蓋前推的動作越晚出現越好，從最低位置起立時則必須馬上試著讓小腿垂直。這個做法能協助維持髖部與大腿後側肌群的張力，藉此輸出最大力量，將動作問題降到最少。

用髖部與大腿後側肌群來負重

我曾在第一部討論過單一關節規則與負重順序原則，並以此闡明為何需要從髖部和肩膀開始動作。用髖部和大腿後側肌群負重就是這些概念的延伸。

開始深蹲時，記得要先從髖部和大腿後側肌群開始負重：軀幹前傾，大腿後肌側群往後推。這麼做能將重量轉移到正確的肌群上，讓你保持脊椎中立，轉動髖關節轉軸，並且在手臂與雙腿維持適當的力矩。簡而言之，這樣能強化你的姿勢，讓你不至於折斷腰椎。

許多運動員誤以為挺胸和後推臀部能讓小腿保持垂直，但其實這麼做會造成過度伸展（也就是骨盆前傾）。為了避免這個問題，開始動作時想像自己是在將大腿後側肌群往後坐。如果你只想著臀部後推，很可能會落入過度伸展的習慣姿勢。

➕ 起立

➕ 向下深蹲

➖ 膝蓋前推問題

➖ 膝蓋前推問題

將重量分配到雙腳中心

為了製造並維持最大力矩,請想像自己將體重分配到雙腳中心(不是蹠骨球或腳跟,也不是雙腳外側),重心落在腳踝正前方,雙腳在地上扭緊。

學習深蹲姿勢時,許多人會變成用雙腳蹠骨球支撐重量。原因可能是技巧或動作幅度不足,也可能兩者兼具。許多教練會試著要求新手把重量轉移到腳跟上。但隨著運動員不斷進步,這樣修正反而會引起其他重量分配的問題。把重量擺在腳跟上,會使得你難以製造維持完整穩定度所需要的力矩,而且這個習慣也很可能轉換到其他動作上。想像你將重量壓在腳跟,試著進行大重量的奧林匹克舉重或灌籃,不用想也知道不可能成功。若將重量轉移到腳踝前方(維持雙腳完全貼地),從髖部製造外旋力矩,應該就能看到雙腳會出現明顯的足弓。這就是我所說的穩定腳掌與腳踝姿勢。

保持膝蓋中立姿勢

理想上,你的膝蓋應該要保持在中立姿勢,起立下蹲時都應該位於同樣的垂直軌道上。換句話說,你的膝蓋應該要在同一道平面上下移動。再次強調,膝關節外翻塌陷(會在膝蓋扭轉內夾時發生)是膝蓋受傷最主要的原因,特別是前十字韌帶撕裂。教練(我也不例外)通常會指示運動員將膝蓋外推,以避免這個常見的動作問題。這個指令雖然能夠導引出外旋動作,卻無法精準又直白地解釋深蹲時膝蓋為什麼要往外推,細節請見 168 頁的「『膝蓋外推』深蹲指令」。

舉例來說,下一頁的照片中我的膝蓋在深蹲時往外推,這是因為我是從髖關節製造外旋。要注意,膝蓋外推的時候,用雙腳外側撐地是很危險的錯誤,可能會導致膝蓋和腳踝受傷。

外推雙腳膝蓋的姿勢可以看出你是否具有完整的髖關節動作幅度。如果你採用寬站姿,或缺乏完整髖關節部動作幅度,雙腳膝蓋可能無法順利往外

推。如果你的活動度不夠，不要硬是把膝蓋推到雙腳外側，就算膝蓋無法
開到比雙腳寬也沒關係。

多年來，許多教練都告訴運動員深蹲時膝蓋要對齊雙腳。如果你的雙腳外
八，又從髖關節外旋，膝蓋就會往前超出雙腳。但如果你具備完整動作幅
度，而且深蹲姿勢能夠讓你製造出最大力矩（腳掌打直或稍微外八），膝
蓋可能就會開得比雙腳還寬。因此，最重要的就是要製造並維持足夠的外
旋力矩，好讓膝蓋保持中立，限制膝蓋只能左右移動。

穩定肩膀

雙臂姿勢會因為你進行的深蹲種類而有所改變。無論如何，還是要記得靠
外旋製造力量，讓肩膀就穩定姿勢。

如果是要準備進行徒手深蹲，請將肩膀往後拉，拇指向內。如果是要準備
進行槓鈴舉重，那就將雙手在槓上扭緊（右手順時針扭，左手逆時針扭），
想像自己要將槓折成兩半。產生的張力可以協助你穩定肩膀，啟動上背肌
肉，讓脊椎呈現穩固中立姿勢。這個預備姿勢能夠產生強大的力量，負重
越大就越重要。

「膝蓋外推」的深蹲指令說明

教導正確的深蹲動作時，我經常叫對方把雙腳膝蓋向外推，好讓對方從髖關節外旋。但容我進一步說明：「膝蓋外推」並不是深蹲的模型，不是什麼技巧，也不是一套方法。「膝蓋外推」就跟「雙腳在地上扭緊」一樣，只是個鼓勵運動員外旋以穩定髖部的指示。

請注意，理想的深蹲是腳踝、膝蓋、髖部和背部都呈現穩定姿勢。我發現「將雙腳在地上扭緊」和「外推膝蓋」的指示可以讓運動員自髖關節外旋，進而穩定髖部上下游結構。不過，要知道這句指示並不能妥善描述深蹲技巧。任何指示都有可能被誤用或錯誤詮釋，這句指示也不例外。

舉例來說，若有人在深蹲時膝蓋內夾，教練經常誤用「膝蓋外推」的指示。雖然這時候下這句指示能夠促進髖關節外旋，預防膝蓋更往內夾，卻違反了其中一條深蹲原則：膝蓋在整個動作幅度中都保持中立。若膝蓋真的內夾了，你應該要將重量轉移至雙腳中心再起立，而不是繼續張開膝蓋。膝蓋內夾時骨盆會跟著往前傾，膝蓋外推時骨盆會往後轉。若在深蹲起立時試著張開膝蓋，將會導致骨盆晃動，在腰椎上形成剪力。這個錯誤可能會導致各種問題（如以雙腳外緣撐地），進而引起膝蓋與腳踝的問題。

在右頁徒手深蹲步驟圖中，各位可以看到我的膝蓋是往左右張開的。當然，這是因為我具備完整的髖部動作幅度。我的膝蓋會往左右張開，是因為我的膝蓋必須推到這麼遠的位置，髖部和膝蓋才不會鬆弛。如果你的活動度不像我一樣好，可能就沒辦法像我一樣把膝蓋開到這麼遠。

在此重述第三章的重點：製造的力矩剛好滿足動作需求就可以了。如果進行徒手深蹲時，用吃奶的力氣把雙腳膝蓋往外推，你可能會感覺不太對勁，甚至還可能導致問題。但是，如果你將膝蓋往外推（製造髖關節外旋）到恰好的位置，正好抵銷掉將膝蓋往內拉的力，會覺得動作相當流暢，還能避免可能造成傷害的動作問題。

總而言之，「外推膝蓋」這句話其實只是簡單的指示，用來引導髖關節外旋，避免膝蓋內夾。這句指示並沒有別的意思。其實也可以說「膝蓋別內夾」，但這麼說只會讓人更困惑。

請記得，所謂的「指示」，就是用來引導運動員做出特定動作或行動的話。換句話說，就算你的膝蓋沒辦法開到跟我一樣遠也沒關係。總之，最重要的是將脊椎組織到中立姿勢，製造力矩並遵守深蹲原則。

徒手深蹲步驟

最高位置	中段範圍	最低位置	中段範圍	最高位置
1	2	3	4	5

1. 就深蹲準備姿勢時，雙腳站姿打直或稍微外八，介於 5-12 度之間。接著進行穩固步驟：夾緊臀部，頭部、肋廓和骨盆上下對齊，繃緊腹部。脊椎就穩固中立姿勢後，想像自己要把地板挖開，雙腳在地上扭緊。更詳細點來說，請將左腳以逆時針方向扭緊、將右腳以順時針方向扭緊，保持雙腳朝前貼地。接下來舉起手臂，將肩膀往後拉，雙手稍微外旋，藉此繃緊上背部，讓肩膀就穩定姿勢。雙眼往前直視，維持中立頭部姿勢，將重心保持在腳踝前方。

2. 將大腿後側肌群往後推，同時保持小腿垂直，雙膝往左右推，開始往下蹲到最低位置。想像自己是被往下拉，不是往下掉，好幫助你維持張力，產生最大力矩。

3. 髖部與大腿的交界線低於膝蓋後，你應該會覺得身體非常穩定。換句話說，你的整個身體應該不會有鬆弛的感覺。背部應該繃很緊，膝蓋抵達外旋動作幅度的極限，髖部的張力也達到最高。你可能會需要稍微將膝蓋移前一點才能完全蹲下。最重要的是要維持恰當的必要外旋力，保持膝蓋與腳踝的中立姿勢。

4. 持續有意識地從髖關節外旋，將脛骨往後拉回垂直的位置，並伸展髖部與膝蓋。從最低姿勢站起來的方式要跟蹲下時相同：脊椎保持中立，肩膀與上背部保持繃緊。起立跟蹲低的步驟相同，只是反過來而已。

5. 起立後夾緊臀部，回到穩定的最高姿勢。這麼做能夠讓骨盆回到中立姿勢，並讓你替下一個動作或下一次深蹲做好準備。

膝蓋前推問題

開始深蹲時不後推髖部，反而前推膝蓋，是常見的負重順序錯誤。有時會有人為了保持軀幹直挺和避免腰椎過度伸展，而導致膝蓋前推。通常來說，這只是小小的技巧（動作控制）問題，只要將重點放在修正深蹲前 15 公分的動作就可以輕鬆解決。

脊椎過度伸展問題：可怕的下背拱起

沒辦法繃緊腹部肌肉，將脊椎組織至中立姿勢的話，會讓你在開始深蹲時就落入過度伸展的姿勢。只要一無法控制骨盆，肌肉群就會失去穩定度。就算雙腳在地上扭緊、膝蓋外推也沒用，力量還是會從你的身體流失。如果出現這個問題，深蹲到底時也會出現骨盆翻轉（請見 173 頁的骨盆翻轉問題）。

大多數人的活動度都足以做對深蹲動作幅度前 15 公分的姿勢，所以其實只要透過學習就能糾正此問題。但是，要是前髖部結構（髖關節囊、髖關節屈肌群和股四頭肌）僵緊到不行，你的身體很可能會為了放鬆髖部系統，而落入過度伸展的習慣姿勢。

膝關節外翻問題

開始深蹲前，必須先繃緊核心，夾緊臀部肌肉，雙腳在地上扭緊，以在髖部製造外旋力。如果不製造出穩定度，雙膝就會變形，在這些結構上形成一股扭轉剪力。這就叫做膝關節外翻。記得，如果你無法在開始深蹲時就製造力矩，身體就會在其他地方製造穩定度，並出現這種問題。

將雙腳外轉超過 12-15 度，會增加這個問題出現的機率。雙腳外轉角度大，也會難以製造穩定膝蓋用的力矩。

修正這個問題的動作控制很簡單：在最高位置將雙腳在地上扭緊，接著在蹲低時專心把雙腳膝蓋外推。但是，蹲低超過 15 公分後，腳踝、髖部和大腿的活動度限制便可能會造成影響。

有趣的是，有些教練和運動員反而支持深蹲時膝蓋內夾。雖然雙膝內夾也能夠無痛深蹲，卻會增加受傷風險，並讓身體記住這種不能有效轉用到其他活動上的動作形式。你也許能用這姿勢撐上一段時間，但是研究證明，膝關節外翻會造成傷害，特別是前十字韌帶撕裂。所以我才會教導大家，深蹲時雙膝都要在相同的上下垂直軌道上移動。

深蹲 1
此一問題和深蹲 1 原型有關。要修正活動度，請翻至第四部的深蹲原型處方。

動作控制修正：
雙腳在地上扭緊，雙腳膝蓋外推，製造外旋髖關節力矩。
專心將膝蓋保持中立，讓雙膝沿著同樣的垂直軌道上下動。

鬆動術目標區塊：
前側鏈（髖部與股四頭肌）
後側鏈上部（臀肌）
內側肌肉群（內收肌群）
小腿後側肌群與腳跟腱

動作幅度
深蹲測試：
排除腳踝問題

要是因為缺乏關鍵動作幅度而做不出理想姿勢，你必須問問自己：問題出在哪裡？是我的腳踝、股四頭肌還是前髖部？其實問題很可能出在整個身體系統失衡，意思就是僵緊組織結合而成的問題。所以，我才會使用簡易測試來排除身體特定區域，採取有系統的途徑來解決這些問題。

舉例來說，腳踝撞壁與槍式深蹲測試是兩種測試法，能讓你看看腳踝的動作幅度是完整還是缺了一些重要的動作幅度。這些測試有個好處，你不需要背下人體的解剖構造或完整動作幅度的關節數字，你只需判斷能否做出槍式深蹲的姿勢就行了。是或否，就這麼簡單。

腳踝撞壁測試

腳踝撞壁與槍式深蹲測試都能檢測你是否具有完整腳踝動作幅度，但是腳踝撞壁測試能確切告訴你究竟是哪裡不足。假設你併攏雙腳進行深蹲，並在蹲下去時保持背部平直，如果腳踝動作幅度不足，你就會感覺自己像是撞上一面牆壁，無法再向下蹲。這時候你不是失去平衡往後倒，就是以圓背姿勢代償。無論如何，撞上牆壁那一瞬間就是腳踝動作幅度的末端。

槍式深蹲測試

槍式深蹲的最低姿勢是腳踝動作幅度需求最高的人類動作。如果你可以打直背部蹲到深蹲的最低位置，在貼地的腳不離地、維持中立的條件下，將一條腿伸往身體前方，就代表你的腳踝背屈動作幅度很完整。

腰椎反轉問題（屁股眨眼）

深蹲到接近最低位置時，若骨盆塞在身體下方，就會發生屁股眨眼問題。通常情況如下：首先你將臀部往後推，腰椎過度伸展，骨盆前傾。接著在蹲低時，你的骨盆會轉回來，塞到身體下方，就像是小狗夾著尾巴一樣。站起來後骨盆又會再度前傾，回到相同的過度伸展姿勢。

不管原因是動作控制錯誤，或者是大腿後側肌群僵緊等活動度限制，記得千萬不能輕忽骨盆翻轉，在本節中，就數這個問題最容易引起下背痛和脊椎扭傷。骨盆翻轉的殺傷力之所以這麼大，是因為動作過程中會在腰椎結構上產生三倍的剪力：骨盆前傾，後傾，又再次前傾，如果再加上槓片的槓鈴，發生慘劇的風險便會大增。坐下時也可能會發生此問題：如果你以過度伸展的姿勢坐下，變成圓背姿勢，然後又試著再次坐直，等於犯下一模一樣的錯誤。

如果你懷疑自己出現這個問題，請這麼做：你必須製造並維持中軸穩定度和力矩。如果在開始深蹲時腰椎過度伸展，就停止動作，重量放回架上（如果進行負重深蹲），重新調整姿勢。如果是因為組織受限而無法做好動作，就不要蹲那麼深，試著改善內收肌群與大腿後側肌群的活動度。記得，千萬別為了蹲更低而破壞安全動作形式。要了解這個問題在坐下時是怎麼發生的，請翻至 176 頁的箱上深蹲技巧。

深蹲 1
此一問題和深蹲 1 原型有關。要修正活動度，請翻至第四部的深蹲原型處方。

動作控制修正：
在最高位置時夾緊臀部，穩定脊椎，往下蹲時維持中軸穩定。
開始深蹲時，將大腿後側肌群往後推，而非臀部。
製造髖關節外旋力矩，並在蹲下起立時維持此力矩，確保膝蓋沿著同樣的軌道上下移動。
用箱上深蹲來減少動作幅度（深蹲深度）。

鬆動術目標區塊：
前側鏈（髖部與股四頭肌）
後側鏈上部（臀肌）
後側鏈下部（腿後肌群）
小腿後側肌群與腳跟腱
軀幹

走路與
踏步力學

走路

走路是很複雜的動作。要分解走路的關節姿勢與不同階段，可以花上相當長的篇幅，但這不在此書的討論範圍，而且並非必要。各位只要記得，走路時維持雙腳腳尖朝前、脊椎中立就行了，就這麼簡單。

如果你走路時雙腳外八，每走一步，腳踝就會蹋陷成不穩定姿勢。這種走路方式會導致蹈趾滑液囊腫（蹈趾外翻）與其他腳和膝問題。想想看你每天會走幾步路吧。關鍵是在開始活動前就組織好身體。進行穩固步驟（見40到41頁），專心將雙腳朝前。

抬腳

踏上一定高度的平台和上下樓梯等動作，其實跟深蹲原則相同，就把這些動作想成單腿直立式深蹲吧。你必須保持軀幹垂直、脊椎中立，外推膝蓋，讓雙腳足弓成形（中立）。階梯越高，髖轉軸轉動的角度就越大。不論是高是低，成功的關鍵是盡可能保持小腿垂直。

上下樓梯或踏上箱子會出問題，是因為膝蓋往前傾，腳踝蹋陷。這就像是在毫無穩定度的情況下開始深蹲。髖關節缺乏力矩，導致過度伸展，下游結構就成了扭曲的姿勢。解決辦法很簡單：保持雙腳腳尖朝前，外推膝蓋，維持軀幹組織良好與穩定。

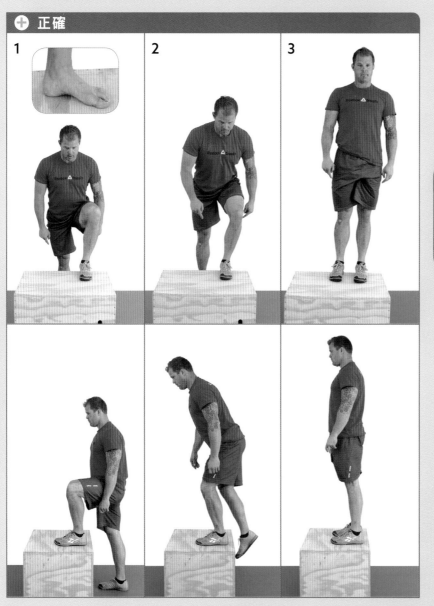

箱上深蹲 Box Squat

箱上深蹲這個動作一般人每週會進行好幾千次。你每次坐下或從椅子、沙發或馬桶上站起來時，動作姿勢其實就相當接近這種深蹲。

為了教導基礎深蹲原則，我在指導新手運動員時會先教徒手深蹲，但大多人的活動度其實不足以深蹲到底（雖然所有人類都應該要做得出這動作）。如果你無法蹲到臀部超過膝窩，加個及膝或更高的箱子，也是學習深蹲力學的好辦法。

箱上深蹲能讓你修正自己也許沒注意到的問題，這一點跟徒手深蹲不一樣。舉例來說，假設你不太能讓髖部和大腿後側肌群負重，將膝蓋後拉，維持小腿垂直，那麼，放個箱子或椅子，讓你有穩定的動作目標，就能輕易矯正膝蓋前推的問題，還能讓身體記起功能性動作模式。除此之外，你還能在最低位置專注於脊椎力學和重量分配，不必擔心會往後倒。簡而言之，這個簡單的辦法可以幫助你調整深蹲深度，又不會破壞動作形式。

1. 就深蹲站姿。腳跟距離箱子幾公分，箱子尖角朝向雙腳中心。接著將雙腳在地上扭緊來製造力矩，夾緊臀部，穩定中軸，肩膀做出穩定姿勢。

2. 保持小腿垂直、背部平直，大腿後側肌群出力往後坐，從髖部向前彎。

3. 臀部朝著箱子往下坐，同時維持髖部、大腿後側肌群和背部的張力。

4. 臀部一碰到箱子就出力離開最低位置。

5. 重新回到最高位置。

從最低位置起立

用箱上深蹲來鍛鍊時，全程都不該完全放掉髖部和大腿後側肌群的張力。臀部一碰到椅子，就必須倒轉步驟重新起立。但是，如果你最低姿勢的動作有問題，在箱子或椅子上暫停一下，是幫助調整起立時力學的好方法。這麼做能給你一個新的起始姿勢，讓你從最低位置起立時，能專心維持小腿垂直，將膝蓋外推並保持背部平直。從坐姿起立時，關鍵是要保持腹部繃緊，身體以髖關節轉軸往前彎，重新讓髖部和大腿後側肌群接下重量，就像開始深蹲時一樣。

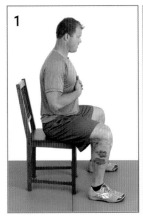 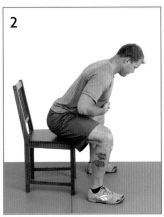 

1. 坐下其實就是箱上深蹲，只是長時間停在最低位置而已。就算你久坐不起，還是要保持背部平直，小腿垂直，膝蓋往外打開。

2. 起立時，以髖關節轉軸往前彎，讓髖部和大腿後側肌群負重，重新製造張力。

3. 像在進行深蹲時一樣，保持背部平直，向外打開雙腳膝蓋起立。

起立膝蓋前推問題

如果你起立時膝蓋往前移動，通常有兩種可能：起立時不容易在髖部和大腿後側肌群製造張力，或是製造的力矩不足。箱上深蹲跟徒手深蹲一樣，如果你在最低位置會前推膝蓋，主要是因為動作控制出了錯。

要是我發現運動員每次從深蹲最低位置起立時膝蓋都會往前推，我會請他坐在箱子或椅子上，並把我的手放在他的膝蓋前面。他的膝蓋一碰到我的手，我就會請他坐回箱子上再試一次。這個簡單的辦法除了可以讓問題現形，還能讓人注意到自己的動作，大幅降低犯下此錯誤的風險。

  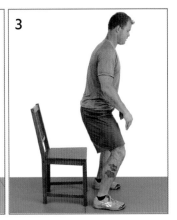

動作控制修正：
將雙腳在地上扭緊，雙腳膝蓋往外打開，藉此製造力矩。

保持背部平直，從髖關節轉軸往前彎，讓髖部和大腿後側肌群負重，同時盡可能保持小腿垂直。

請他人將手放在你的膝蓋前方，讓你注意到自己的動作。

深蹲 1
頸前架槓 2
這個動作包括以上原型。
要改善這個動作常見的限
制，請翻至第四部的對應
原型處方。

背蹲舉 Back Squat

了解深蹲的通用法則，並練習過徒手深蹲和箱上深蹲後，就可以提高姿勢
難度，加上負重。軀幹和髖部上多了重量，做徒手深蹲和箱上深蹲時沒注
意到的小問題就會無所遁形，背蹲舉因此成了診斷不良動作模式的另一種
方法。不僅如此，加上槓鈴還能夠改變軀幹直挺度與運用在動作上的扭轉
力，而這可移轉在更複雜的動作上。

進行徒手深蹲時，可能只會用上 30-40% 的力矩與張力程度。雖然對簡單的
動作來說，這種程度的力已經夠大，但所需的穩定度卻低到無法應用在更
動態的動作上。舉例來說，跳躍與落地或高負重深蹲都需要更高的軀幹直
挺度與扭轉力。如果不用更大的負重來挑戰自己的預備姿勢和動作，就很
難產生更大的力。

背蹲舉包括了許多複雜步驟：從架上扛起槓鈴，往後走擺出深蹲站姿，執
行動作，往前走重新將槓鈴上架。要正確執行每個步驟，需要技巧、練習，
以及極度專注。要讓身體記住正確的動作形式、減少錯誤，就必須按照相
同的負重順序進行，以降低動作的變化，好讓你在做每一道過渡步驟時保
持姿勢的品質。如果你用 17 種方式從架上扛起槓鈴，就會用 17 種方式開始
深蹲。

我不是指你不該偶爾更換槓鈴位置或深蹲站姿。這些更動無所謂，只要每
次扛起槓鈴的預備姿勢都一樣就可以了。如果你退後時先踏左腳，那就每
次都踏左腳，讓你的身體透過反覆練習記住相同的動作形式，這樣的話，
就算疲倦、壓力過大或參加競賽，你都不會犯下基本錯誤。正確的動作形
式會變成本能。

為了縮短各位的學習曲線，我把背蹲舉分解成三個階段：起槓（將架上的
槓鈴扛起）、後退與深蹲。值得一提的是，起槓和後退都是通用的步驟，
任何從架上扛起槓鈴的舉重動作都會用到，包括前蹲舉、過頭深蹲、肩上
推、爆發上推、爆發上挺與分腿挺舉。

第一階段：起槓（15 公分深蹲）

要從架上扛起槓鈴，就必須在脊椎負重前先擺好肩膀預備姿勢，繃緊腹部。
這是隧道概念（見 96 頁）的最佳應用範例：如果從架上起槓時，脊椎組織
不良或髖部姿勢不良，不可能重新做出良好姿勢。

第一階段其實就等同於 15 公分深的垂直深蹲，會替整個舉重動作奠下基礎。舉重大多數的傷害或失誤都與這個階段的錯誤有關，所以你非做對不可。如果你的起槓動作不良，就把槓鈴擺上架，從頭開始。記得確保架子的高度要適合起槓，大約與胸同高。

1. 找出最舒服的雙手握槓距離。我喜歡把手放在比肩膀微寬一點的位置。雙手距離跟站姿一樣，會依每個人的活動度和骨架大小而定。最重要的是找出最適當的握法，讓你能在上背和肩膀產生足夠的外旋力與張力。簡單來說，這麼做能讓你保持手腕打直，手肘不高過肩膀。

2. 雙手就預備姿勢，在肩膀製造力矩。抓住槓鈴，身體往後拉，利用槓製造力矩來創造外旋力，想像你要用雙手折彎槓。拇指扣在槓鈴上下都可以，我偏好握槓時將拇指扣在下方，才能利用槓鈴製造更強的扭轉力。

3. 肩膀就定位、上背繃緊後，一隻腳踏到槓下，將槓擺在三角肌最明顯、凸起的部位上，也就是肩胛棘（想進一步了解起槓位置，請見 182 頁「傑西・博迪克（Jesse Burdick）的背蹲舉槓位測試」與 183 頁的高槓位背蹲舉）。無論槓位高低，你的目標都一樣：在肩膀製造足夠的力矩，在上背製造足夠的張力，以維持良好姿勢。單腳跨到槓下後，雙腳在地上扭緊，打造穩定的髖部姿勢。慢慢來沒關係。別把槓鈴當成壓在肩上的東西，要想成你身體的一部分。

4. 另一隻腳踏到槓下，就深蹲站姿。你的目標是在上背製造張力，並且盡可能保持軀幹垂直。為此，請將頸部往後靠到槓上，眼睛直視前方。接著扭轉雙臂，將手肘置於槓鈴正下方，雙臂往後拉，盡可能保持外旋力矩。同時，夾緊臀部，繃緊腹部，肋廓與骨盆上下對齊，雙腳在地上扭緊，盡可能往外打開雙腳膝蓋。

5. 脊椎就穩固中立姿勢，繃緊肩膀與背部，軀幹盡量保持垂直，伸展膝蓋，將重量從架上扛起。

第二階段：後退

背著極大的重量走路可不是容易的事，這也是起槓步驟如此重要的原因：起槓步驟能決定後退的成效。如果以組織不良的脊椎扛起槓鈴，後退只會讓已經不良的姿勢更糟糕。

為了避免這個狀況，記得正確執行起槓，而且每次背蹲舉都要用相同的動作形式後退。舉例來說，我從架上扛起重量後，絕對會先退左腳再退右腳，接著重新恢復深蹲站姿。後退腳步短而謹慎，別走離架子 3 公尺遠，調整站姿時不要低頭看腳，也不要做其他破壞軀幹與上背直挺度的動作。

從架子上扛起槓鈴後，往正後方踏一步，要踏得既短且直。除非你要轉換成更寬的站姿，否則雙腳距離盡量保持與起槓一樣，以減少動作變化。遵守相同規則：繃緊腹部，保持脊椎中立，維持背部和肩膀張力。

另一隻腳往後踏，雙腳盡可能在後退時擺出深蹲站姿。越不需要移動、調整站姿越好。

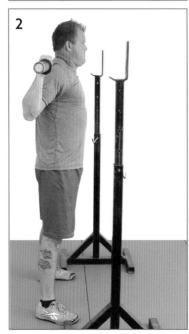

第三階段：深蹲

從架上扛起重量，後退就深蹲站姿後，代表你已經準備進行第三階段：深蹲。
背蹲舉進行的方式跟徒手深蹲相同，不同的只有負重與雙臂姿勢。

1. 就深蹲站姿後，夾緊臀部，雙腳在地上扭緊，膝蓋外推。你的肩膀和上背應該保持繃緊，手腕打直，頭部往後收，支撐重量的手肘在槓的正下方，或比槓稍微後面一點。全身姿勢應該跟起槓階段一模一樣。

2. 保持背部平直，小腿盡可能垂直，大腿後側肌群往後坐。

3. 繼續向外推開雙腳膝蓋，持續蹲到最低位置，直到髖部超過膝窩，或是大腿與地面平行。為了維持髖部穩定，請想像自己是被拉到最低位置。

4. 一蹲到動作幅度終端就起立，脊椎、膝蓋和雙腳維持中立。

5. 站起來時，夾緊臀部並回到起始姿勢。

傑西·博迪克的
背蹲舉槓位測試

將槓鈴上背的方式有許多選擇，但其實都能歸為低槓位或高槓位兩類。低槓位背蹲舉能讓你前傾軀幹，讓後方肌群（大腿後側肌群與髖部）負擔張力。高槓位背蹲舉則需要更挺直的軀幹，比較需要用上股四頭肌。低槓位是大多數舉重選手常見的選擇（雖然要背起 450 公斤以上的重量，唯一的辦法其實是挺直軀幹），高槓位則常見於奧林匹克舉重。雖然這兩種變化動作都有值得學習、練習的必要，但各位八成會偏好其中一種，這也沒關係，只要你兩種槓位都會做就好。

世界上最厲害的背蹲舉選手，會在深蹲時採取「比較低」的槓位。最重要的，就是槓鈴要放在舒適繃緊的上背位置上。你可以用一個簡單的測試來找出這個位置：

將一根 PVC 管或空槓放在背上，雙手距離拉寬，讓手腕可以與槓垂直，手肘置於槓正下方。接著讓槓在上背（胸椎）與肩膀（三角肌與肩胛骨）的肌肉上下移動，找到繃最緊的位置。有些人會是高槓位，有些人則是低槓位位置（對大多人來說，這個位置就在肩胛骨上方，在三角肌上）。記得槓不能高過斜方肌跑到頸部（頸椎），也不能低於外旋肌的肉（肩膀背部）。記得，你的動作幅度應該要足以將槓放在任何位置上。但是要進行深蹲時，切記要採取最恰當、最有效率的位置。

高槓位背蹲舉

如果你才剛學會背蹲舉，我建議你先選定低槓位或高槓位其中一種練習。但如果你已經是中級運動員，就沒理由不學習不同槓位。如果你已經練到這個階段，便應該經常換站姿、更改槓位和調整槓鈴的粗度與重量。

記得，肌力體能訓練動作是種工具，能讓你在受控制的環境中學習複雜動作形式，調整難度。背上的槓位調高，就要稍微調整軀幹姿勢，提供不同的深蹲刺激。簡單來說，這麼做可以給你一個全新的動作形式去學習。

低槓位背蹲舉可以讓你以髖部和大腿後側肌群負重，軀幹稍微前傾。高槓位背蹲舉強迫你挺直軀幹，讓股四頭肌負擔較多的重量，髖部和腳踝也需要更大的動作幅度。你必須遵守相同的原則，但現在卻被迫要適應新姿勢——請見下一頁「馬克・貝爾的減荷法」。

1. 除了槓位外，高槓位背蹲舉的準備動作（起槓後退）跟低槓位背蹲舉一模一樣。請注意，槓架在我的頸部底部，位於頸椎與胸椎之間。

2. 保持軀幹直挺，小腿盡量垂直，脊椎中立，蹲至最低位置。

3. 重新回到最高位置。

握法問題（手腕彎曲）

如果你的肩關節內旋動作幅度或胸椎伸展動作幅度不足，肩膀就沒辦法往後拉，也無法將脊椎穩固在中立姿勢。如下方照片所示，此問題的特徵是身體會往前呈現圓形屈曲姿勢，而且手腕會彎曲。如果你不用肩膀支撐重量，手腕不做出良好姿勢，手肘就會承擔大半負重。背蹲舉時手肘奇痛無比？問題可能就出在這裡。

頸前架槓 2
此一問題與頸前架槓原型相關。要修正活動度，請翻至第四部的頸前架槓原型處方。

動作控制修正：
找出上背部的槓位（見182 頁的「傑西·博迪克的背蹲舉槓位測試」），確保你的手腕打直，手肘在槓正下方或稍微比槓後面一點。
將頭部往後朝槓鈴推，讓上背部就中立姿勢。
如果動作幅度不足，試著將雙手往外滑，直到手腕和手臂成一直線。

鬆動術目標區塊：
胸椎
前肩與胸部
後肩與背闊肌
下游手臂（手肘與手腕）

馬克·貝爾的減荷法

「減荷」（Underloading）是美國頂尖舉重選手兼超級教練馬克·貝爾（Mark Bell）提出的概念，藉由引進新姿勢來訓練運動員。

舉例來說：假設你想靠硬舉變得更強壯，馬克不會增加重量、舉重速度或更改組數和次數，反而會挑戰動作幅度或姿勢。他會要你在腳下墊槓片、改變槓位、變換握法或更換槓型。他在不增加負重的情況下，增加了動作難度，這個方法很聰明，可以在不增加重量的前提下，協助硬舉選手改善表現。除此之外，這個辦法也很適合用來教各位將動作規則和負重順序應用在新動作姿勢上。這麼一來，運動員就能夠適應新姿勢，還能迅速知道自己的姿勢是否不良，哪裡需要調整改進。

握法問題（手肘提高）

將手肘抬高、把槓壓上後背是另一個常見的抓握問題，元凶則是肩膀和胸椎活動度不足。如同上一個抓握問題，背部無法形成穩定的平台撐起槓鈴，才會導致你落入往前屈曲的不良姿勢，並使手肘緊繃，引發其他動作錯誤。

注意：不是只有活動度不足的運動員才會出現這個問題。很多人會錯誤地提高手肘，試圖製造背部張力。這個問題其實只是個動作控制錯誤，在預備時就必須修正。

頸前架槓 2
此一問題與頸前架槓原型有關。要修正活動度，請翻至第四部的頸前架槓原型處方。

***

鬆動術目標區塊：
胸椎
前肩與胸部
後肩與背闊肌
下游手臂（手肘與手腕）

動作控制修正：
找出上背部的槓位（見 182 頁的「傑西 · 博迪克的背蹲舉槓位測試」），確保手腕打直，手肘在槓正下方或稍微比槓後面一點。
頭部往後朝槓鈴推，讓上背部就中立姿勢。
如果動作幅度不足，試著將雙手往外推，直到手腕和雙臂成一直線。

頭部問題（檢查站姿）

暖身時，教練經常會叫新手低頭看看雙腳角度。這是有理由的：如果你雙腳的位置不同（像是一隻腳的角度比另一隻腳大），製造爆發力的能力就會大受影響，脊椎上也會產生一股左右不均的力。雖然這在重量輕時不是什麼大事，卻會讓身體染上不良習慣，最終難免導致脊椎姿勢崩毀。因此明確的動作形式非常重要，每次進行動作都要以相同方式後退，退到同樣的站姿位置，就不用犧牲頸部姿勢低頭檢查了。

動作控制修正：
剛開始學習深蹲和後退方法時，不要用太誇張的方式低頭看站姿。
每次都使用相同的流程後退，並用較輕的負重來練習，直到你能自在地站對。

早安深蹲問題

這個問題的特徵是，在最低姿勢時先抬起髖部，雙腿也會伸展。原因是髖關節外旋力矩不足，你在最低姿勢覺得不夠穩定，所以才會抬起髖部和大腿後側肌群來支撐負重。

缺少力矩，就不可能在動作全程保持背部與髖部的連結，結果就是把腰椎當成髖關節，並從腰椎開始前彎，使用背部的力量來完成動作。

再說一次，如果你擁有良好的動作控制型態，而且肌力足以承擔負重，姿勢就不會輕易變動，起立的姿勢會跟蹲下的姿勢相同。如果身體開始代償，那就停下來，請身旁的人協助你進行，或者從槓下脫身。（注意：舉重失敗時將重量拋到地上是很複雜的一件事，進行高負重動作前要先學會。）這種情況在硬舉時較單純，因為失敗的話脊椎姿勢也不會變動。硬舉失敗的話，你不會扭曲身體、往前倒或往上看，只會停止動作或拋下重量而已。

前蹲舉 Front Squat

想像你扛起一桶啤酒,再放到地上。你會不會傷害膝蓋或背部?如果學會前蹲舉就能辦得到。

舉起啤酒桶、沙發、一袋木炭或你的小孩,這些日常生活中大部分與舉重相關的動作,都會需要你用身體前方撐起重量,從地上抬起東西或放到地上。除此之外,這些動作大部分都會需要你保持軀幹直挺。前蹲舉是把健身運動應用到日常動作上的絕佳例子。

前蹲舉可以幫你找出肩膀、髖部、股四頭肌與腳踝動作幅度的缺點,讓藏在徒手深蹲或背蹲舉中的弱點無所遁形。進行徒手深蹲或背蹲舉時,你可以將胸部前傾,進一步把髖部往後推,讓髖部、大腿後側肌群與腳踝有喘息空間。前蹲舉需要挺直軀幹,因此能讓活動度限制現形,改善後甚至還有可能強化表現。

前蹲舉是第三類動作的前置動作,也就是上膊和挺舉(需以單一動作將重量從地面拉上肩,接著將重量高舉過頭)。前蹲舉還能讓你學會如何以頸前架槓的肩膀姿勢進行深蹲,而這是學習、練習上膊的必要技巧。

深蹲 1
頸前架槓 2
這個動作包括以上原型。要改善這個動作常見的限制,請翻至第四部的對應原型處方。

頸前架槓姿勢

不管是上膊架槓或從架上起槓,首要目標都一樣:以雙臂製造外旋力矩,將肩膀組織至穩定姿勢。不製造力矩會導致圓背。上背張力與外旋力矩能協助你進行動作,而這一切都從抓握開始。

傳統的理想抓握會要你把手擺在離髖骨一個拇指遠的地方。如下方照片所

大多數的情況下,使用傳統的頸前架槓預備法來找出抓握力,會讓你落入代償姿勢。要支撐負重、製造外旋力矩,就必須將手肘對齊手腕,但是我在照片中的雙手握法太窄,因此不可能辦得到。

示，從這個位置舉起雙臂會導致肩關節內旋、手肘往外打開，讓你變得不穩固。將手腕對齊手肘，打造出穩定的支撐平台，會是比較安全的方式。

正確做法如下：手掌朝向身體前方，單手朝肩膀摺起，手肘舉至呈 90 度，接著將手掌反轉朝天（請朋友協助你，幫你做出這個姿勢也可以）。也許還需要一些微調，但這個方法能幫助你找到正確的雙手抓握寬度。

手掌朝前時屈曲手臂（外旋姿勢），手肘就會往側面開，讓手腕與手肘對齊。這麼做還能讓肩膀做出穩定姿勢，讓你製造出最大力矩。握法跟深蹲站姿一樣，也許需要自己稍微調整，才能找出最舒服穩定的姿勢。大多數人都會依照手臂長度和肩膀活動度調整。**注意**：要深入了解起槓步驟，請見背蹲舉的章節（178 頁）。

第一階段：頸前架槓姿勢

第二階段：後退

1. 以適當雙手距離握住槓鈴，讓肩膀就穩定姿勢。

2. 雙手在槓上扭緊，製造外旋力矩。

3. 盡可能維持力矩，單腳直接踏到槓下。同一邊的手臂在槓下扭轉，使肩膀與手臂構成的平面跟地面平行。這麼做的目的是要讓你繃緊肩膀，在上背部製造更高的張力。

4. 另一隻腳跨至槓下。就深蹲站姿後，在槓下扭轉手臂，擺出頸前架槓姿勢。槓應該壓在肩膀和你的手指上，但不該把肩膀往前推支撐重量。

5. 保持手肘高舉，維持力矩，雙腳在地上扭緊，左右外推雙膝，直直從架上舉起槓。

6. 直直後退。這裡也一樣，每次先後退的腳都要是同一隻。

7. 另一腳後退，就深蹲站姿。步伐要短，小心踏出。

第三階段：前蹲舉

8. 組織姿勢：夾緊臀部，繃緊腹部，雙腳在地上扭緊以在髖部製造張力。

9. 保持手肘抬高，朝左右推開雙膝，將大腿後側肌群稍微往後拉，髖部在雙腿中間往下蹲。保持頭部後收，雙眼直視前方，以固定力矩與張力。

10. 雙腳膝蓋往外推，深蹲到最低位置。手肘不要放下，維持張力。

11. 軀幹挺直，出力從最低位置起立。起立姿勢要跟蹲下時相同。

12. 站起來時夾緊臀部，重新回到最高位置。

頸前架槓 2
此一問題與頸前架槓原型相關。要修正活動度,請翻至第四部的頸前架槓原型處方。

動作控制修正:
調整頸前架槓力學與握法姿勢,請見 187-188 頁的穩定肩膀頸前架槓預備姿勢。

鬆動術目標區塊:
胸椎
前肩與胸
後肩與背闊肌
下游手臂(手肘與手腕)

握距過窄問題(雙肘外開)

若頸前架槓姿勢中的手腕都在肩膀內側,肩膀就會陷入不穩定的姿勢。如下方照片所示,黛安的手肘往左右打開,將大股力量轉移到手腕上。這時整個身體就會很脆弱。她的肩關節內旋,上背部的張力隨之消失。如果你也發生了這種狀況,很可能會覺得手腕快被沉重的槓鈴折斷了。

這件事告訴我們:除非手腕與手肘對齊,否則絕對難以撐起高負重或或維持軀幹直挺。

這個問題的動作控制修正法很簡單:雙手往外滑,修正成肩膀穩定的頸前架槓預備姿勢。如果靠動作控制沒辦法解決這問題,代表胸椎伸展可能不足(上背平直),肩膀也缺乏屈曲與外旋。

「手肘抬高!」

在前蹲舉或上膊中,「手肘抬高」沒辦法修正姿勢。這道指令也許能夠避免舉重失敗,但無法避免問題。要修正問題,必須有系統地解決:你製造的力矩是否足以維持軀幹直挺?你能否做出良好的頸前架槓姿勢?你能否保持軀幹直挺蹲到底?若你舉重失敗、拋下重量,很可能是因為架槓不良,髖部和腳踝的動作幅度又不足。但是,如果架槓姿勢良好,就可以維持手肘抬高、上背堅挺,不用拋下槓鈴,身體也可以稍微往前。

雙臂交叉問題

雙臂交叉的頸前架槓姿勢，是健美選手典型的前蹲舉預備姿勢。雙臂在身體前方交叉，就可以在不用考驗肩膀動作幅度的情況下，製造出架槓用的平台。這種頸前架槓的姿勢輕鬆多了。雖然這種變化姿勢還是能給你前蹲舉的刺激，卻會破壞肩膀姿勢，而且無法轉用至更動態的舉重動作上。健美選手通常不會進行奧林匹克舉重，所以對他們來說，這姿勢無法轉用到其他運動上也沒關係。但是，只要無法在槓上產生力矩，就一定會出問題。你的肩膀會內旋，上背會往前圓起，讓你難以在高負重下做出中立姿勢。

胸部前傾問題

深蹲時手肘往下掉、胸部往前傾，可能代表兩件事：第一，你沒有在髖部和肩膀製造力矩，導致頸前架槓姿勢不確實；第二，在下列區塊中，有一個以上部位動作幅度不足：肩膀（屈曲與外旋）、手肘（屈曲）、手腕（伸展）、腰椎（伸展）、髖部（外旋）和腳踝（背屈）。

深蹲 1・頸前架槓 2
此一問題與以上原型相關。要修正活動度，請翻至第四部的對應原型處方。

鬆動術目標區塊：
頸前架槓：
胸椎
前肩與胸
後肩與背闊肌
下游手臂（手肘與手腕）

深蹲：
前側鏈（髖部與股四頭肌）
後側鏈上部（大腿後側肌群）
小腿後側肌群與腳跟腱
內側肌肉群（內收肌群）

動作控制修正：
調整頸前架槓力學與抓握姿勢，請見 187-188 頁的穩定肩膀頸前架槓預備姿勢。
在肩膀與髖部處製造並維持外旋力矩。

過頭深蹲 (Overhead Squat)

深蹲 1
過頭
這個動作包括以上原型。
要改善此動作常見的限制，
請翻至第四部的對應原型
處方。

要讓看不見的問題現形，過頭深蹲是最有效的辦法。這是最有挑戰性的深蹲變化型。前蹲舉要把槓撐在身體前方，過頭深蹲則是把槓穩定在頭上。過頭深蹲這個動作最能測試你穩定軀幹的能力、製造力矩的效率和身體動作幅度。前蹲舉能夠讓背蹲舉隱藏的弱點現形，而過頭深蹲則是更勝一籌的診斷工具，可以讓動作控制問題與活動度限制無所遁形。

假設你的髖關節外旋動作幅度不足，腳踝背屈動作幅度不足，前蹲舉還可以靠軀幹微微前傾來代償。就算動作幅度不足，只要頸前架槓姿勢正確，脊椎堅挺，你還是能夠完成前蹲舉。但一推進到過頭深蹲，問題就會開始冒出來。若過頭深蹲在蹲到底時將軀幹前傾，肩膀就會失去穩定、鬆開，讓槓鈴重量在頭上危險地晃動。

1. 使用抓舉握法握住槓鈴，進行背蹲舉的前幾個動作：製造力矩（像要把槓折彎）、起槓、後退。槓要放在上背的槓位上（請見 182 頁的「傑西 · 博迪克的背蹲舉槓位測試」），手肘與手腕位於相同的垂直平面上。頸部朝槓後推，保持頭部水平，以維持頭部中立姿勢，在上背製造張力。接著，就深蹲站姿，夾緊臀部，繃緊腹部，雙腳在地上扭緊。

2. 雙腳膝蓋往外打開，大腿後側肌群稍微往後拉，保持脊椎堅挺，像在挺直軀幹深蹲，髖部在雙腳之間往下蹲。記得雙膝往外開，而不是往前推。

3. 伸展膝蓋與髖部，把槓高舉過頭。腋窩外旋朝前，繼續用槓製造力矩，維持穩定的肩膀姿勢。槓在頭上穩定後，重新進行最高位置的穩固步驟（夾緊臀部，繃緊腹部，雙腳在地上扭緊）。請注意，槓是壓在黛安手掌的中心，她的手腕與前臂成一直線（沒有彎曲或屈曲）。

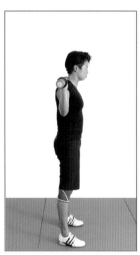

如果你能以出色技巧完成過頭深蹲，代表你不僅理解穩固與力矩的基礎原則，肩膀、髖部和腳踝的動作幅度還很完整。所以，用 PVC 管進行過頭深蹲才會變成熱門的衡量工具。好教練只要兩秒鐘，就可以看出動作控制的問題與活動度限制。

過頭深蹲跟其他動作一樣，必須先以低負重（如 PVC 管或空槓）熟悉動作，接著再增加重量或是功輸出，來測試自己在高需求下維持良好動作形式的能力。

注意：雖然過頭深蹲的前幾個階段跟背蹲舉和前蹲舉相同（起槓和後退），你在開始深蹲前得先將重量往上推到過頭姿勢。你可以用爆發上推或爆發上挺的方式把重量往上推。爆發上推（下蹲上推）適合輕重量，如果是更大的負重或多反覆次數，較省力的爆發上挺會是較好的選擇。

4. 膝蓋保持在穩定姿勢，大腿後側肌群稍微往後拉，將膝蓋外推到動作幅度終端，髖部在雙腳之間往下蹲。

5. 繼續刻意將雙膝朝左右張開，蹲到最低位置。如果你得在最低位置稍微停留以穩定頭上的重量，也沒關係。記得不要從最低位置彈起來，胸部不要前傾，或是不要讓槓移動到身體重心的前方或後方。

6. 伸展膝蓋與髖部，重新回到最高位置。**注意**：如果你還要再執行一次反覆，請在最高位置再進行一次負重順序調整。如果這組動作已經完成，你可以把重量降回頸部，或者從身體前方放下重量。舉的重量非常輕的時候（如空槓）才能降回頸部。比空槓重的話，就直接從身體前方拋下重量。千萬別不要用你的頸椎去承接 135 公斤的重量。

聳肩問題

許多人在打造穩定姿勢時，會誤把肩膀聳到耳朵的高度。「聳起肩膀」也是一句教練常講給運動員聽的無用指示。把肩膀穩定在良好姿勢的唯一方式就是製造外旋力矩，對應的指示則是「腋窩朝前」，就這麼簡單。叫運動員聳高肩膀到耳朵的高度，只會讓他內旋成不穩定的姿勢。

肩膀不穩定問題（手肘彎曲）

如果你的手臂沒辦法在頭上打直，可能有兩種原因：你不知道如何製造穩定的肩膀姿勢，或是肩膀缺乏內旋動作幅度。彎曲手肘能將手臂內旋，減少肩膀、背闊肌和上背的張力。雖然這種代償方式能讓你將槓高舉過頭，卻會讓肩膀落入不穩定的姿勢，形成有害的動作形式，影響引體向上、推姿動作和硬舉等上拉姿勢。你會大量流失力量，增加手肘受傷與疼痛風險。

握法問題

做過頭深蹲常會出現手腕痛,原因是握法錯誤。如下方照片所示,雙手一往後折彎,就要用手指支撐負重,讓手腕承受巨大壓力。運動員之所以用這種握法,大部分是因為肩膀動作幅度不足。他們把槓高舉過頭時,沒辦法將肩膀拉到理想姿勢,因此會把手腕往後扳,讓槓在身體中心的上方維持平衡。這種傷害手腕的握法不僅會讓手腕疼痛,還會讓人很難用槓製造力矩,進而損害力量與穩定度。

過頭
此一問題與過頭原型相關。要修正活動度,請翻至第四部的過頭原型處方。

動作控制修正:
將槓置於掌心,手腕保持中立(平直)姿勢。
確保槓位於髖部與肩膀中心上方。

鬆動術目標區塊:
胸椎
後肩與背闊肌
前肩與胸部
第一肋骨

胸部前傾問題

胸部一前傾(可能是因為動作幅度不足或肩膀姿勢不良),為了維持過頭姿勢平衡,肩膀就會鬆開。這個姿勢維持不了多久。如果你覺得肩膀軟塌了,就停下動作,重新調整姿勢,否則蹲得越低,就越可能受傷。

深蹲 1 · 過頭
此一問題與以上原型相關。要修正活動度,請翻至第四部的對應原型處方。

動作控制修正:
儘早製造力矩,並於動作幅度全程維持此一力矩。
手臂鎖緊,利用槓製造力矩,使腋窩朝前,藉此將肩膀穩定於良好姿勢。

鬆動術目標區塊:
前側鏈(髖部與股四頭肌)
後側鏈上部(臀肌)
內側肌肉群(內收肌群)
後側鏈下部(大腿後側肌群)
小腿後側肌群與腳跟腱

深蹲 2
懸臂
這個動作包括以上原型。
要改善此動作常見的限制，
請翻至第四部的對應原型
處方。

硬舉 Deadlift

硬舉這個動作在工作上既常見又重要，像是消防員將傷者抬上擔架，戰場上的士兵彎腰拿彈藥盒，工人拿起電鋸等動作，都是硬舉。

每次彎腰從地上拿起東西，其實就是在進行硬舉，但是很少人懂得正確的硬舉方式。許多人彎腰撿東西時會變成圓背姿勢，這也許就是數百萬人有下背痛的原因。

懂得如何用正確動作形式硬舉的人（也就是懂得如何穩固脊椎、製造力矩，避免犧牲動作形式換取動作幅度），通常比較不會有背部疼痛的問題。他們有個通用的抬物模型，只要知道正確的硬舉預備姿勢，就可以在不損害

硬舉動作
幅度測試

直腿硬舉測試

直腿坐測試

想知道你有沒有足夠的活動度做出良好的硬舉技巧，要衡量後側鏈的動作幅度，也就是你的髖部、大腿後側肌群與背部，最適合的測量方式之一就是打直背部與雙腿，用髖關節向往前彎。如果你不圓背也不內旋肩膀就摸得到比地面稍高的槓鈴（這個姿勢其實就是身體前傾 90 度的直腿硬舉預備動作），代表你的動作幅度完整，可以進行硬舉。如果摸不到，可以考慮使用 200 頁的膝蓋前推預備動作。

衡量後側鏈動作幅度還有第二種方法：坐在地上，雙腿往前伸。繃緊腹部後，你應該能夠把背和雙腿打直，穩穩坐著。如果你彎曲膝蓋、圓背或坐得不直挺，就代表後側鏈動作幅度不足，或是有動作控制的問題。也許你會想起體育課做過的坐姿體前彎，雙腳抵住箱子，咬緊牙根伸出雙手盡量超過腳趾，但不要把這兩者混為一談。學會了穩固法則後就會發現，坐姿體前彎其實無法衡量你的功能性動作幅度或動作控制，反而只能讓你知道自己有多擅長圓著背做出恐怖、糟糕的姿勢。

直腿硬舉測試是較好的測量工具，畢竟除非你玩輕艇或划船，否則很少會用坐姿做出大量動作。所以，加上能夠負重的元素（軀幹）會更實際。

背部的情況下，從地上拿起重物。

為了保護背部並產生最大的力，你要有意識地進行這個基礎動作形式，好在任何情況下維持良好姿勢。你要做出最佳硬舉預備姿勢，讓身體記住，好每次都得到相同的動作結果。不管你是累或緊張，至少你有個藍圖，能讓你以最低風險產出最大爆發力。

硬舉的負重順序與通用法則跟深蹲一樣：穩固核心並製造力矩，讓髖部與大腿後側肌群負重，盡可能保持小腿垂直，將重量分配到雙腳中心（想知道這些原則的概要，請見 162 頁的徒手深蹲）。因為有這些相似處，硬舉成為很好學的動作。硬舉跟其他第一類動作一樣，可以當作衡量動作幅度限制與動作控制失誤的診斷工具（你可以確實看出脊椎問題與後側鏈的限制），但在開始硬舉前，務必學會如何做出最佳預備姿勢。

上至下預備姿勢

上至下預備姿勢是最簡單、最有效率的抬物模型。在最高位置先組織好脊椎，就能把壓在脊椎上的負荷降到最低，並在握上槓鈴、啞鈴或重物前，有最穩定的軀幹。再次強調，硬舉的穩固步驟跟徒手深蹲一樣，而其中一個常見的錯誤是在彎腰握好雙手後，才試著組織脊椎，做出良好的髖部姿勢。如果你的預備姿勢是圓背前傾，就得在最低姿勢重新打直背部，而那是很難辦到的。這就跟深蹲到底後才試著穩固脊椎一樣，雖然能把背打直，不過沒辦法在上背製造張力，也無法穩定脊椎，結果可能只得到不當姿勢。

要正確進行硬舉，就要在舉起地上的重量前，先盡可能製造力矩，繃緊全身系統。你必須主動製造張力，如果在預備時喪失張力，尤其是上背、髖部或大腿後側肌群，就要調整膝蓋，讓那三個區塊去承受重量（請見 200 頁的「膝蓋前推預備姿勢」）。

總而言之，你製造的張力越大，能夠用來進行動作的力量就越大，受傷的風險也就越小。雙肩要就穩定姿勢，以髖部和大腿後側肌群承受重量，接著在確立握法後拉槓（請見 199 頁的圖 7 說明）。在開始硬舉前，要讓槓幾乎離地。假設槓上裝了 61 公斤的重量，你要設法在槓上產生 59 公斤的張力。製造張力時，應該要聽到、感覺到槓鈴敲到槓片內圈。這代表你已經成功製造張力，可以舉起地面上的重量，開始動作。

上至下預備姿勢

1. 預備做硬舉時，小腿靠向槓鈴，雙腳擺在髖部正下方，就硬舉站姿。槓應該位於雙腳中心的上方。請注意，我的雙腳腳尖朝前朝前，雙腳距離比深蹲稍微窄一點，這比較接近我的跳躍或跑步姿勢。

2. 進行跟徒手深蹲一樣的負重順序步驟：夾緊臀部，讓骨盆呈現中立姿勢，雙腳在地上扭緊，抬起手臂，將肩膀往後拉同時外旋雙臂，吸氣。

3. 肩膀就穩定姿勢後，肋廓下沉到骨盆上方，穩固身體的同時吐出空氣。

4. 保持背部平直，大腿後側肌群往後坐，以髖關節轉軸往前彎，直到摸到槓或彎至動作幅度終端為止。**注意：**如果因為缺乏髖部與大腿後側肌群活動度，而無法在不破壞脊椎姿勢的情況下摸到槓，請使用 200 頁的膝蓋前推預備姿勢。

5. 伸出一隻手握住槓，掌心朝自己，

握在比小腿稍微寬一點的位置。這麼做能讓你以鉤握法握住槓鈴（見 201 頁），同時保持髖部、大腿後側肌群和上背的張力。對大多人來說，離小腿一個拇指長是不錯的起點，重點是要留下足夠空間將雙膝往外推。開始舉重前先就定姿勢，雙膝盡可能外開，確保雙臂不會擋到。

6. 另一隻手用同樣方式鉤握。**注意：**我偏好雙手全握（正握），如圖所示。這種握法讓我可以在上背部製造最大

再次以髖部和大腿後側肌群負重　　　　　　　　　　　　　舉起

力矩與張力。雖然正反手握法（見201頁）也是個選擇，但無法製造出等量的力矩與肩膀穩定度。

7. 確立握法時，你可能會發現身上沒什麼張力，背不如想像中緊，髖部和大腿後側肌群承擔的重量也沒那麼高。這時若要找回張力，就用雙手把槓扭緊，假裝要從地面上舉起重量，稍微拉槓，同時抬起髖部，膝蓋往後拉，盡可能在髖部、大腿後側肌群與背部製造張力。同樣地，這時候脊椎

姿勢也不該有任何變化。

8. 重新以髖部、大腿後側肌群與背部承受重量之後，邊拉槓邊蹲低臀部，盡可能保持小腿垂直，想像自己被拉到最低位置。注意，槓鈴的位置在我的肩胛骨正下方，如果你的肩膀離槓太遠，通常代表你的脛骨並沒有垂直，製造力量的能力也會隨之降低。

9. 雙腳持續在地上扭緊、雙手拴緊槓，直直從地面上舉起重量。開始拉

槓時，脊椎姿勢應該保持不變。

10. 槓盡可能貼近身體，直起身子，髖關節伸展至最高位置，同時夾緊臀肌。不要往後仰或聳肩。槓放回地面上時，只要用相反順序進行就可以了，也就是保持背部平直，頭部就中立位置，用髖部和大腿後側肌群承擔重量，盡可能維持全身張力。

膝蓋前推預備姿勢

有些人使用上至下預備姿勢時，沒辦法用髖部承擔重量、保持小腿垂直、向前摸到槓，問題通常是大腿後側肌群與髖部太僵緊。如果你有僵緊的問題，請使用這個預備姿勢（或直接從有高度的平台上舉起重量）。進行的方式跟上至下預備姿勢相同，先在最高姿勢穩定軀幹，保持小腿垂直，用髖關節轉軸前彎。但是，後側鏈的動作幅度一到達極限（再繼續前彎或髖部往後推的話，會破壞脊椎姿勢），膝蓋就開始往前推。這麼做能讓你保持背部平直，用髖部和大腿後側肌群繼續負重，同時調整姿勢。確立好雙手在槓上的握法後，小腿前側肌群往後拉到垂直，重新製造張力。製造張力的模式也相同：穩固脊椎，用髖部和大腿後側肌群負重，以膝蓋調整姿勢。

有些人的膝蓋（背屈／膝蓋前推動作幅度不足）、大腿後側肌群與髖部相當僵緊，就算用這種預備姿勢，在最低點就準備姿勢時還是會變成圓背。這種情況就要用磚頭、槓片或槓架來調整預備姿勢。

1. 就深蹲站姿，穩定軀幹，請見上一個預備姿勢的圖說 1。

2. 用髖關節轉軸向前彎，大腿後側肌群往後推。

3. 大腿後側肌群和髖部一到達動作幅度終端，就把膝蓋往前推，擺出硬舉握法。重點是要保持腳跟貼地、脊椎堅挺。

4. 將膝蓋與大腿後側肌群往後拉，重新用髖部和大腿後側肌群負重。盡可能保持小腿垂直。

5. 伸展髖部與膝蓋，將重量從地上拉起。脊椎姿勢不該有任何改變。

6. 槓盡可能貼近身體，直起身子，髖關節完全伸展，同時夾緊臀肌。

鉤握法是奧林匹克式舉重運動員常學習的技巧。如下方照片所示，鉤握法不同於傳統握法那樣把大拇指放在四指之上，而是先以拇指鉤住槓，再用四指包住大拇指。這種鎖法能防止槓滾出手中，還能製造外旋力矩，讓手腕呈現良好姿勢。這種握法能讓你應付較高的負重，還能應用在上膊和抓舉等其他舉重動作上，所以我喜歡教運動員用這種握法進行硬舉。

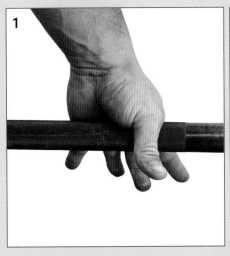
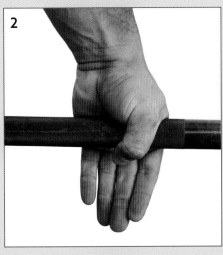
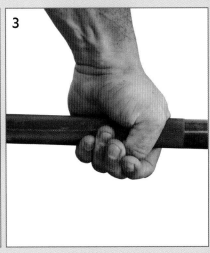

先前曾經提過，我通常偏好採用雙手全握法（overhand grip，即正握法），因為那能產生最大的外旋力，強化握力。雙手全握法還能應用到其他以上拉為主的運動上（引體向上、上膊、抓舉等）。正反手握法（常稱為翻轉握法 flip grip）無法讓肩膀呈現理想姿勢。如右圖所示，我的左手掌朝前，右手掌朝後，此時問題出在左手產生的外旋力矩不如右手，因此右手臂極有可能受傷。不僅如此，這種握法是死胡同，只能用在硬舉，不能應用到其他動作。

對某些人來說，正反手握法比較舒服，能讓他們拉起較大的重量，因此不時還是會用上。但這代表你應該每次都採用這種握法嗎？不一定。我的建議如下：採用雙手全握鉤握法，直到握法失靈（對大多人來說，大約會在單次最大重量的 90% 時），接著再採用正反握法。

下至上預備姿勢問題

許多人進行硬舉預備姿勢時，會身體前傾圓背，握好槓鈴後，再試著讓脊椎和髖部就良好姿勢。別誤會了，我確實看到有人用這種預備姿勢舉起極大的重量，但他們幾乎都前傾圓背、姿勢不良。原因如下：用髖關節轉軸向前彎時若脊椎不穩定，你會依賴骨盆前方肌群來將背部拉回平的姿勢，縮短髖部前方的肌肉。你可以拉回中立姿勢，卻沒辦法鎖定或穩定姿勢。如果硬舉的重量很重，你通常會前傾圓背。如果重量輕，也許能夠維持背部平直，但因為髖部肌肉縮短，你會很難用中立姿勢起身，此時為了讓軀幹直挺，你通常會過度伸展。換句話說，下至上的預備姿勢會讓重量壓在背部，而不是髖部和大腿後側肌群，如果硬舉後下背疼痛，很可能就是犯了這個問題。

追捕張力問題

從最低位置開始動作很容易讓你變成圓背，但是這個問題不只會在預備姿勢出現。就算你從最高位置開始準備動作，如果沒把全身繃緊，就一定會落入不良姿勢。我將這稱為「追捕張力」（tension hunting）。如果髖部、大腿後側肌群和背部繃得不夠緊，身體就會替你收拾殘局，變成圓背姿勢。要避免這個問題，就要靠拉槓來產生身體的最大張力。記得，硬舉是個緩慢的動作。你不能瞬間從 0 加到 60，要從 40 到 60。

注意：如果沒在動作開始前就拉住槓的重量，就會聽到槓鈴撞上槓片的響亮撞擊聲。再次強調，從地上舉起重量前，就應該要有槓片彷彿已經離地的感覺。

許多舉重選手在舉重時會圓起上背，下背保持平直，因為這麼做能縮短將重量拉到髖部鎖定姿勢的距離。很多人經常搞不清楚這一點。上背處於牢固的屈曲姿勢，代表舉重選手先前傾圓背，然後用這個姿勢製造張力與力矩。

請記得，圓起上背是專業舉重選手有意識的決定，而且他們很清楚後果。專業舉重選手暨世界紀錄保持者唐尼·湯普森（Donny Thompson）就是有名的例子。他用圓背練習墊高硬舉，結果使椎間盤受傷。他的回應是：「我很清楚，我用圓背舉重，害了自己。」專業舉重選手絕對不會在硬舉時圓起下背，否則會遭致嚴重的後果。但是，為了獲得優勢，有時舉重選手會不惜用危險的姿勢去舉起更大的重量。

雖然如此，但新手或一般的健身人士絕對不該靠圓起上背來舉起更大的重量。為什麼？因為這個姿勢會增加受傷風險，讓功能失調動作模式入侵日常生活，而且還不能轉用到動態拉扯跳躍等其他運動動作上。

我喜歡傑西·博迪克圓起上背拉重物的規則：如果硬舉重量達到 270 公斤，才能考慮圓起胸椎。事實上，許多頂尖奧林匹亞式舉重教練，像是麥克·伯根納（Mike Burgener）和葛藍·佩德萊（Glenn Pendlay），都不會讓運動員進行單次高重量硬舉，因為這個動作的上背與肩膀姿勢無法應用到奧林匹克舉重上，所以他們不希望運動員的身體記住這種上拉動作形式。

張力問題

正確的硬舉會在一個動作內完成，意思是所有部位都會同時挺起（髖部與膝蓋同時伸展）。如果舉起地上的重量時，髖部先上抬，軀幹才挺起，代表你沒有繃緊全身，你的身體在幫你追捕張力。雖然你還是能夠維持背部平直，卻會無法產生最大力量。

動作控制修正：
舉起地面上的重量前，先抬起臀部，膝蓋往後拉。這麼做能讓後側鏈產生張力。完全啟動髖部和大腿後側肌群後，髖部蹲低，膝蓋往外推開，邊蹲低邊拉槓鈴。

推姿
頸前架槓 1
這個動作包括以上原型。
要改善此動作常見的限制，
請翻至第四部的對應原型
處方

伏地挺身 Pushup

在運動和日常生活中，大多數的上半身動作都是在身體前方進行的中距離動作：進食、抓、拿、推、拉……等。要在這個動作幅度內以高效率活動，需要一個打造穩定肩膀姿勢的模型。

這時伏地挺身就派上用場了。

伏地挺身跟徒手深蹲一樣，可以用來強化核心穩固與力矩原則。伏地挺身還可以當作衡量動作控制與動作幅度的診斷工具。不過，徒手深蹲衡量的是髖部，伏地挺身則能告訴你肩膀、手肘與手腕的狀況。衡量的項目也都相同：你能不能把脊椎穩固至中立姿勢？雙手能不能在地上扭緊製造外旋力（使肩膀就良好姿勢）？你的動作幅度與動作控制能不能讓你在執行動作時維持雙手平直、手肘貼近身體？你不必使用任何設備，就能看出自己有多了解穩固與力矩的基礎原則，同時找出活動度限制。

除此之外，伏地挺身還是個基石，可以讓你進階到更複雜的推姿動作（如臥推、雙槓下推和過頭推舉）與更複雜的動作形式。如果你了解這些基礎概念，並且將這些概念應用到伏地挺身上，在練習更複雜的動作時，就比較不容易落入習慣性的不良姿勢。

許多運動員不懂得肩膀、手肘與手腕的良好姿勢原則，難怪會常常會為旋轉肌撕裂和肩膀脫臼等問題所苦，每次做推姿動作時還會產生前肩疼痛。伏地挺身能教導這些基礎動作形式，讓身體牢牢記住，並且讓運動員和教練有個樣本去解決肩膀、手肘與手腕問題。

運動員、教練和物理治療師經常會把肩膀問題歸咎於旋轉肌群或肩膀脆弱。雖然這也是其中一個因素，卻不盡然是問題的根源。最重要的還是姿勢，如果你沒有製造穩定姿勢用的模型，就很難自然而然製造力矩和力量。懂得如何正確做伏地挺身，不管雙手怎麼擺，不管你是在拿、推或拉東西，不管你的手臂方向為何，都能打造出既穩定又發揮強大力學的姿勢。

注意：伏地挺身的許多原則都跟深蹲和硬舉一樣，但深蹲是要以髖部和大腿後側肌群負重，盡可能保持小腿垂直，將重量分配在雙腳中心，伏地挺身則是要以胸肌群和三頭肌負重，盡可能保持前臂垂直，將重量分配在雙手中心（手腕前方）。雙腳姿勢的概念也可應用於此。跟深蹲和硬舉的站姿一樣，你應該要找到一個能轉用到其他推舉動作上的舒適姿勢。雙手與肩同寬是不錯的開始。目標是要找到最佳姿勢，讓你以良好技巧進行動作。熟練之後，可以偶爾換換雙手寬度，製造新的刺激。

1. 開始伏地挺身前，雙膝跪下，雙手張開大約與肩同寬，手指朝前伸直。接著雙腿往後伸，雙腳併攏，夾緊臀肌。
注意： 併攏雙腿能夠完全啟動臀肌，在軀幹上產生最大張力。請注意，我開始時雙手是在身體前方。重心稍微往後能夠卸下肩膀上的負重，讓你的雙手比較容易在地上扭緊，製造外旋力。

2. 雙手繼續主動出力在地上扭緊，身體往前移，肩膀與雙手上下對齊。試著將肘窩朝前，以產生最大力矩。

3. 重心保持在雙手中心處（手腕正前方），前臂維持垂直（手肘與手腕對齊），開始朝最低位置壓低身子。這個動作相當於深蹲要保持小腿垂直，以製造出最大力量，並保護手肘。記得，用三頭肌和胸肌群負重的原因，跟深蹲要用大腿後側肌群和臀肌負重的原因相同。你的胸肌群能協助將肩膀穩定在良好姿勢，好讓三頭肌順利伸展手肘。

4. 壓低到最低位置。繼續夾緊臀部，繃緊腹部，盡可能保持前臂垂直。

5. 將身體推離最低位置時，脊椎和肩膀姿勢不該有變動。保持背部平直、肩膀後拉。

6. 雙手繼續在地上扭緊，伸展手臂，回到最高位置。

推姿
此一問題與推姿原型相關。
要修正活動度,請翻至第
四部的推姿原型處方。

動作控制修正:
在最高位置調整預備姿勢:
夾緊臀部,雙手在地上扭
緊(肘窩朝前),下降還
有撐起的全程都保持前臂
垂直。

鬆動術目標區塊:
前肩與背闊肌
後肩與胸部
下游手臂(手肘與手腕)

手肘外開問題

大多數人都能製造力矩,打直背部,就良好姿勢開始伏地挺身。但是伏地
挺身跟深蹲一樣,只要一開始下降,就很容易看到錯誤。舉例來說,許多
運動員雙手手肘會外開,用肩膀前傾的姿勢將胸部壓到地面。不管這個現
象是在前幾吋或最低位置時出現,一看到這個錯誤,我馬上就會認為是肩
膀的內旋或外旋動作幅度不足。雖然原因也有可能是預備姿勢不良或三頭
肌力量不足,但問題絕大多數都出在肩膀動作幅度。

如下方照片中所示,我的手肘一往外開,肩膀就會變成不良姿勢。這就是
人們的手腕、手肘與前肩會疼痛的原因。他們不管是做大重量臥推、過頭
深蹲時在頭上穩定重量、伏地挺身或雙槓下推等徒手動作,都別無選擇,
只能採用手肘外開、肩膀前傾的姿勢。難怪有人做推姿動作時前肩會劇烈
疼痛,因為他們缺乏 100% 的內旋動作幅度。

推姿
此一問題與推姿原型相關。
要修正活動度,請翻至第
四部的推姿原型處方。

動作控制修正:
專注於伏地挺身的最高姿
勢。雙手朝前,右手擺在
12 至 1 點鐘方向,左手擺
在 12 至 11 點鐘方向。
雙手在地上扭緊,製造外
旋力,試著使肘窩朝前。

鬆動術目標區塊:
前肩與背闊肌
後肩與胸部
下游手臂(手肘與手腕)

手臂外開問題

第三章介紹力矩和深蹲技巧時解釋過,腳踝或髖部動作幅度不足的運動員
通常會擺出外八腳來增加動作幅度。同樣的狀況也出現在伏地挺身。如果
運動員的肩關節內旋或外旋,或是手腕屈曲動作幅度不足,常會採取肩膀
前垂的外開手臂來代償。外開手跟外八腳一樣,會在動力鏈上下游造成一
連串力學問題,還會大幅增加受傷與疼痛的風險。

如果你的力量沒辦法用良好型態進行動作幅度完整的伏地挺身，你有兩個選擇：將雙手撐在較高的平面上（如椅子、箱子或牆壁），或者用馬克·貝爾的超級訓練彈弓（Sling Shot）。如果你沒有超級訓練彈弓可用（我推薦這個產品），可以把 Rogue Monster 彈力帶在手肘上繞一圈。這兩種工具都能降低動作需求，讓動作更簡單，此外還是能讓你維持脊椎中立姿勢。不過，超級訓練彈弓的好處在於能夠避免手肘朝兩側外開，並在最低位置支撐你的體重，因此，除了能夠減輕負擔，還能夠促進良好力學。這就等於把 Rogue Monster 彈力帶纏在雙腳上做引體向上。你可以模仿正確的動作，又不必擔心破壞動作形式。

許多人在調整伏地挺身的難度時，會誤將膝蓋著地。這樣修改雖然能減輕負擔，讓伏地挺身變簡單，卻會讓你很難夾緊臀部製造軀幹張力。雙膝跪地做伏地挺身會產生不良力學。背部要直挺、堅固，就必須夾緊臀部，讓骨盆就中立姿勢。雙膝跪地進行伏地挺身不可能完成上述步驟。

不正確

正確

吊環式伏地挺身

訓練時加上吊環，能讓問題現形。許多人在低力矩環境中進行伏地挺身還可以勉強過關，但加上了吊環就混不過去了。抓著吊環就一定得製造力矩。你雙手要扭緊吊環，設法讓手肘與手腕上下對齊。所以，有些運動員在做伏地挺身和臥推時會前肩疼痛，但做吊環式伏地挺身卻毫無疼痛感。吊環相當不穩定，會讓你很難用不良力學來操作，一定要製造穩定度。

除此之外，吊環還能讓你檢驗自己的雙手姿勢和手臂路徑是否正確，做伏地挺身和臥推時都應該要運用這二者。

吊環式伏地挺身有兩個優點：一是穩定需求更高，能夠給你挑戰；二是讓身體記下正確的推姿力學。原因如下：在吊環上做伏地挺身時，雙手會自動靠到肩膀正下方。你一定要外旋雙手製造外旋力，維持前臂垂直，才能讓手肘貼緊身體。換句話說，你會本能地讓軀幹更加穩定，並採用外旋肩膀姿勢，因為這是最容易在吊環上維持平衡的辦法。如果雙手內旋、手肘往後偏或往外移，手臂就會抖動，姿勢就不可能穩定。

注意：別覺得只有厲害的運動員才能做吊環式伏地挺身。學習在最高位置穩定姿勢，也能讓新手獲益良多。

 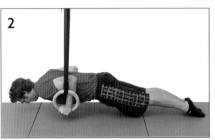 

1. 將吊環放在大約與肩同寬的位置。跪在地上，握好吊環，接著將雙腿往後伸。注意卡爾將雙腳併攏，用腳尖平衡（而非蹠骨球）。記得，吊環式伏地挺身比一般伏地挺身更需要軀幹控制力，以腳尖維持平衡最能夠啟動臀肌，幫助你製造並維持軀幹的穩定度。雙手外旋，拇指朝向身體外側，以穩定肩膀。左手約在11點鐘方向，右手約在1點鐘方向。

2. 繼續夾緊臀部，繃緊腹部，外旋雙手，將身體降到最低位置。手腕應該要與手肘對齊（前臂垂直），而且手肘應該貼緊身體。就算你的肩膀動作幅度不足，吊環還是能迫使雙臂呈現理想姿勢。但如果你的肩關節內旋不足，雙手就會開始向內旋。推離最低位置時與這股力抗衡，試著回到拇指朝外的姿勢。

3. 繼續保持雙手朝外、背部平直，將身體推離最低位置，重新回到最高位置。

臥推 Bench Press

臥推有個常見的問題：比起動作有多正確，運動員和教練通常更重視所推的重量。這一切始於高中健身房的臥推 135 公斤俱樂部，以及代表地位成就的紀念 T 恤。「你能推多重？」這問題在自由重量訓練健身房的文化裡，成了理所當然的笑談。但是，如果你是真心追求高水準的運動表現，真正應該執著的問題應該是：你的臥推動作有多正確？（其實答案你應該心裡有數。）

運動員大多不知道正確的臥推過程包含多少變數。過程看似簡單：躺上重訓椅，舉起架上的槓，讓槓慢慢降到胸前，接著再伸展手肘。這有什麼？但是，臥推跟深蹲或硬舉一樣，你必須考慮許多變數。如果要讓肩膀呈良好姿勢、在躺著時穩固脊椎、維持理想的槓鈴路徑，就少不了大量的練習和技巧。

要正確做出臥推，就必須有良好的動作練習。舉例來說，你應該要知道如何做出穩定的肩膀姿勢，並以槓鈴製造力矩。你應該知道如何在背部弓起的姿勢中穩固脊椎，手腕還要與手肘上下對齊。如果其中一個步驟不正確，或者關鍵動作幅度不足，就會冒出可怕的動作錯誤：手肘外開，肩膀前傾，頭部姿勢扭曲，背部過度伸展。由於人類可以在完全不注意技巧的情況下臥推極大的重量，所以這個動作造成肩膀傷害的風險比任何運動動作都還要高。

教導他人如何以正確動作形式進行臥推，可以拯救數百萬雙肩膀。臥推不僅能教你如何在推出中段範圍，還能給你張藍圖，協助將肩膀收回關節窩後方，製造力矩。臥推也是種診斷工具：在伏地挺身等低力矩環境下，你還能隱藏動作與活動度的功能失調障礙，但加上負重並增加力矩需求後，這些功能失調障礙就會全部現形。

注意：臥推跟深蹲和肩上推一樣，從架上起槓本身就是個技巧。為了安全成功起槓，你必須做到幾件事：弓起背部，收回肩膀，以槓鈴製造力矩，雙腳在地上扭緊，深呼吸繃緊腹部。正確進行這些步驟就可以讓你做出良好的臥推預備姿勢。如果起槓階段出了差錯，就很難用良好動作形式完成動作。為了幫助各位理解，我會一一拆解並解說預備姿勢。

推姿
頸前架槓 1
這個動作包括以上原型。要改善這個動作常見的限制，請翻至第四部的對應原型處方。

握法

要找出雙手握距，最佳方法就是雙手外旋，在吊環上就伏地挺身姿勢。對大部分運動員來說，最佳雙手握距只比肩膀稍微寬一點，比大家通常偏好的距離窄多了。事實上，你的握法要能讓你保持肩胛骨後拉，在槓鈴上產生足夠的力矩，讓手肘維持在離身體 30-45 度的平面上，並在推槓時保持前臂垂直。除此之外，槓要位於手掌中心，對齊手腕。這些動作看起來符合本能，但我看過有些人用了奇怪的握法，像是只用手指握住槓，這種握法不僅危險（槓鈴可能會從你的手滑下去，壓在脖子或臉上），還會造成劇烈的手腕與拇指疼痛。

正確握法

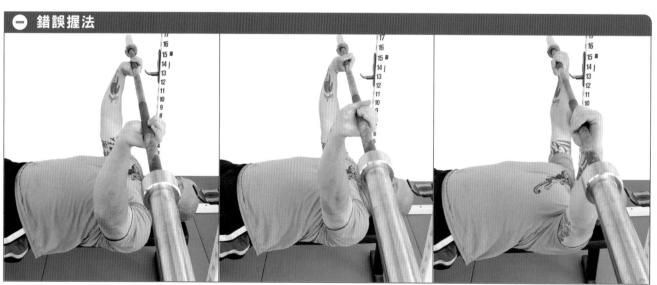

錯誤握法

雙腳姿勢

肩膀組織不良會破壞深蹲效率，髖部組織不良則會影響你的臥推能力。要維持軀幹直挺，雙腳姿勢就必須能讓你製造足夠力矩。這裡的雙腳姿勢應該要非常像你的深蹲站姿。同樣的規則也適用於此：保持小腿垂直，雙腳在地上扭緊，膝蓋往外推，重量分配於雙腳中心。有些人會採用不夠穩定的雙腳姿勢，讓身體難以製造力矩或就穩固姿勢。

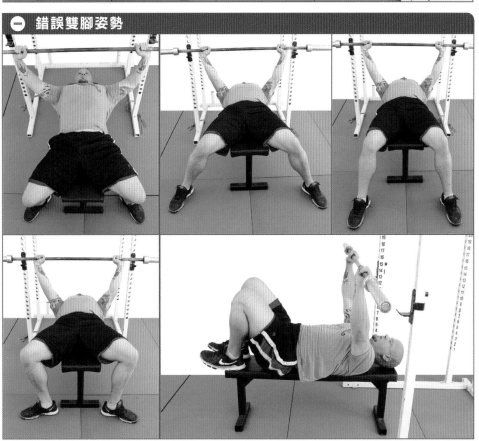

穩固伸展

要正確進行臥推，就必須讓身體呈現弧形，保持肩膀後拉，但這不代表脊椎過度伸展。重點是要往後弓起背，穩定肩膀，繃緊腹肌，接著將髖部放回重訓椅上。如果你的肋廓往下沉，或背部貼平重訓椅，就很難把肩胛骨往後收。這個姿勢並不容易，需要時間才能精通。胸椎僵緊也會很難產生適當的弧形。

槓鈴架高度

雖然說起來有點荒謬，但我還是要強調：記得將槓架調到適當高度，讓手臂能夠稍微彎曲。如果起槓動作理想，你應該要能夠保持肩胛骨後拉，伸直手臂將重量從槓鈴架上推起。如果槓鈴架太高，你就必須把肩膀往前伸，犯下重大的預備姿勢錯誤。

臥推步驟

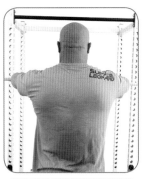

1. 準備進行臥推時，先躺在槓下，讓槓對齊鎖骨或脖子，擺出適當的雙腳姿勢。

2. 將重量從架上舉起前，先將肩胛骨往後拉，用槓製造力矩。想像你要用雙手折斷槓，藉此繃緊上背，讓肩膀就穩定姿勢。同時將雙腳在地上扭緊，膝蓋往外張開，夾緊臀部，提高髖部。每個步驟都要維持這些動作。

3. 將重量從架上舉起，槓與肩膀對齊。請注意，照片中槓壓在傑西的掌心，就在手腕正上方。

4. 保持肩胛骨後拉，將重量降至胸前。手肘往下拉，盡量保持前臂垂直，試著藉此以三頭肌與胸部負重。

5. 伸展手肘，重新回到起始姿勢。

推姿

此一問題與推姿原型相關。
要修正活動度,請翻至第
四部的推姿原型處方。

動作控制修正:

專心試著折彎槓鈴,將肩
胛骨往後拉。動作全程都
要維持大量力矩。
維持手腕對齊手肘。

鬆動術目標區塊:

胸椎
前肩與背闊肌
後肩與胸部
下游手臂(手肘與手腕)

手肘外開問題

跟伏地挺身一樣,許多運動員在臥推時會將手肘往兩側打開,原因可能是
肩關節內旋不足,或在預備姿勢時沒有製造並維持足夠的力矩。沒有把肩
膀轉入關節窩後方也會發生這個現象:如果肩膀鬆散,手肘就會往外打開
製造張力。如果動作幅度不足,可以考慮改做下一頁的地板臥推。

推姿

此一問題與推姿原型相關。
要修正活動度,請翻至第
四部的推姿原型處方。

動作控制修正:

有意識地試著折彎槓鈴,
製造並維持力矩。
手腕和手肘對齊,保持肩
膀後拉。
練習理想的槓鈴軌道。你
也可以把吊環式伏地挺身
當作工具,用來練習正確
的臥推動作形式。

鬆動術目標區塊:

胸椎
前肩與背闊肌
後肩與胸部
下游手臂(手肘與手腕)

手肘後壓問題

預備姿勢無疑是臥推最複雜的階段。肩膀就位,槓對齊肩膀後,臥推大致上
就只剩彎曲和伸直手肘而已。目標是彎曲手肘,將手肘維持在離身體 30-45
度的平面上,同時保持前臂垂直。但問題是,將槓降至胸骨上需要較高的
活動度、肌力與控制力,有些人會覺得不太自在。為了避開活動度限制與
三頭肌力量不足的問題,他們會以肩膀(而非三頭肌和胸部)負重。如下
方照片所示,這麼做會在手腕和手肘上產生大量剪力。

地板臥推

雖然臥推是很好的動作，但許多人在進行時卻會碰上問題。臥推需要肩膀表現出高度的伸展與內旋（手肘往身體後方推），還需要三頭肌的肌力，但有很多人肌力不足。如果你的肩關節內旋動作幅度不足或三頭肌不發達，這種臥推就會放大許多問題：你的手肘會大開，肩膀前傾，還會在槓下扭動以追求穩定度與爆發力。如果你有這些問題，小心別讓身體記住有害的動作形式。做出明智的選擇，改練地板臥推吧。

地板臥推能夠限制臥推的動作幅度，又能提供相同的刺激：你還是可以讓肩膀活動到關節窩後方，以三頭肌負重，練習負重的中段範圍推舉動作，又不必設法避開活動度的問題。簡而言之，地板臥推是能保護肩膀的寶貴工具，還能教你如何推出中段範圍。此外，地板臥推也能讓你活動大肌群，不必擔心需要糾正許多錯誤。

注意：臥推規則在這裡一樣適用，握法、雙腳姿勢和負重順序都完全相同。

1. 起槓方式跟臥推一樣。要了解負重順序，請見 213 頁的臥推步驟。

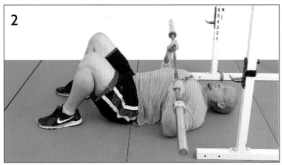

2. 保持前臂垂直，肩膀後拉，腹部繃緊，三頭肌降到地面。重點是保持前臂垂直，以胸部和三頭肌負重。

3. 三頭肌一碰到地，就伸直手肘，將重量推回起始姿勢。

推姿
懸臂
這個動作包括以上原型。
要改善此動作常見的限制，
請翻至第四部的對應原型
處方。

雙槓下推 Dip

要讓肩膀輸出力量的能力達到顛峰，你可以進行各種用不同動作幅度穩定肩膀的運動。

伏地挺身與臥推能夠教你如何將肩膀穩定在身體前方（推姿原型）。肩上推和爆發上推能教你如何將重量穩定在頭部上方（過頭原型）。雙槓下推則能告訴你，雙臂在身體兩側時，要如何製造穩定度（懸臂原型）。

嚴格來說，雙槓下推也算是推姿的一種，但是雙槓下推跟拿重物的穩定需求是一樣的。雙槓下推的技巧可以應用在各種日常任務上，像是拿行李箱或從扶手椅上站起來。

雖然雙槓下推的原則跟其他中段範圍和過頭動作相同（製造外旋力矩，將肩胛骨往後拉），但雙槓下推可以給予肩膀新的刺激。如果你不花時間訓練這些伸展動作幅度，手臂在身體兩側或背後拿重物或進行基礎作業時，你很可能會肩膀前傾，以不良姿勢代償。

除此之外，如果要進行暴力上槓等更動態的動作，就必須先做出動作幅度完整的高水準雙槓下推。如果你在雙槓下推的最低位置都無法控制肩膀，就不用想進一步在暴力上槓時自然而然製造出力矩。

雙槓下推是複雜的運動，需要大量肌力、控制力與肩膀動作幅度。因此，你必須知道如何調整這個動作的難度。

要調整雙槓下推的難度，請先從最高位置開始，確認自己可以打直雙臂，穩定雙肩。如果你的肌力或動作幅度沒辦法降到最低位置，可以利用彈力帶或馬克·貝爾的超級訓練彈弓來降低動作難度。如果可以用雙槓，你可以打直雙臂前後移動來開發這個姿勢的肌力。

就算你的肌力足以進行這個動作，也不代表你沒做錯。這動作很容易出錯。舉例來說，許多人很難保持前臂垂直並用胸部和三頭肌負重，原因可能出在肩膀動作幅度不足或負重順序錯誤。他們反而會把手肘往後推，過度伸展，或保持胸部直挺然後在最低位置扭動身子來尋求力學優勢。這麼做會對肩膀造成嚴重傷害，也可能在下推時造成胸骨疼痛。

預備姿勢

要正確進行雙槓下推，就必須確保進行雙槓下推的器材夠高，能讓你伸直雙腿。如果器材太矮，就不得不彎曲雙膝，將雙腳腳踝在身後交叉，引發脊椎過度伸展的問題（反向力）。雙手握槓的寬度也很重要。傳統握法是把前臂長度（手肘到指尖）當作雙手距離，但這無法教會你做出正確的起始與完成姿勢。要測量雙手距離，最好的辦法是先站直，雙臂擺在身體兩側，接著轉動雙手，讓手掌朝向身體外側，槓要剛好位於雙手小指內側。另外，雙槓下推跟伏地挺身一樣，你也可以用吊環來找出恰當的抓握寬度。

雖然這些方法不盡完美，但還是能讓你做出理想姿勢，將力矩與肩膀穩定度推到極致。如果你找出的雙手距離剛好跟前臂長度相同，恭喜你，你的測量模型比別人簡單多了。

1. 雙槓下推起始姿勢的指令有很多都跟伏地挺身和推舉一樣：雙手在槓上扭緊，肘窩朝前，肩關節外旋至關節窩後側。雙腳併攏，腳尖朝下，夾緊臀部將骨盆支撐在中立姿勢。雙腳應該要位於身體前方一點點。

2. 雙腿伸直，腳尖朝下，夾緊臀部，繃緊腹部，讓胸部往前沉，降至最低位置。跟深蹲一樣，想像自己被往下拉，保持雙手在槓上扭緊。重點是專心把肩膀往後拉（身體往前傾時想像自己要夾住雙肩肩胛骨），保持脊椎堅挺，前臂垂直。

3. 雙手繼續扭緊槓，伸直手肘，重新回到最高位置。不要改變軀幹的姿勢。

懸臂
此一問題與懸臂原型相關。
要修正活動度,請翻至第
四部的懸臂原型處方。

動作控制修正:
開始練習雙槓下推之前,
先把伏地挺身當作模型,
讓身體記住適當的肩膀穩
定力學。
單獨練習最高姿勢:雙腿
伸直併攏,專心夾緊臀部,
雙手扭緊槓,肘窩朝前,
肩膀後拉。

鬆動術目標區塊:
胸椎
前肩與背闊肌
後肩與胸部
下游手臂(手肘與手腕)

聳肩問題

如果肩膀動作幅度不足,幾乎不可能將肩膀往後拉到良好姿勢,鎖定手肘。
雖然同樣的道理也適用於伏地挺身和臥推,但這兩個動作比較容易掩飾問
題,因此雙槓下推才成為很棒的診斷工具。雙肩一撐起整個身體的重量,
肩膀活動度的限制就會現形。

如果起始姿勢組織良好,但身體卻在往
下沉時用不良姿勢代償,代表肩膀缺乏
伸展與內旋動作幅度,或是肌力不足以
正確進行動作。

胸肌群會負責將肩膀穩定在外旋姿勢。
雙槓下推需要極高的肩膀穩定度,因此
你的胸肌群必須特別出力,將肩膀鎖定
在穩定的外旋姿勢。如果肩膀前傾或聳
肩,胸肌群就會偏離軸線,將胸骨拉開,
所以有些人進行雙槓下推時,胸骨會劇
烈疼痛。

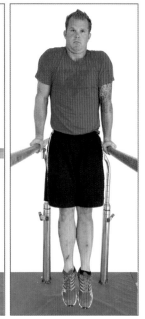

脊椎過度伸展問題

動作控制修正:
雙腿伸直併攏,腳尖朝下。
雙腳在身體正下方或稍微
前面一點。
夾緊臀肌,就脊椎中立姿
勢。
雙肩往後拉,用槓製造力
矩。

彎曲膝蓋、腳踝在身後交叉等錯誤若出現在預備階段,會引起過度伸展問
題。除非雙腿伸直併攏,否則會很難啟動臀肌,將骨盆穩定在中立姿勢。

請看下方照片,我在施力推離最低位置時將頭往後仰,身體弓成了過度伸
展的姿勢。這個例子
裡,我為了製造向上動
量犧牲了脊椎姿勢與肩
膀穩定度。為了找到穩
定度並完成動作,我的
身體擺出代償姿勢,背
部往後拱、手肘外開、
肩膀前傾。這可不好!

吊環式雙槓下推

動作與活動度系統的其中一項主要功能，就是教導各位由易至難學習動作，將所學轉用到其他動作上。吊環式雙槓下推就是經典的例子，這個動作不僅能提供更進一步的挑戰，還能為暴力上槓等更動態的動作奠定基礎。

跟吊環式伏地挺身一樣，吊環式雙槓下推需要解決的問題比一般的雙槓下推還要多，活動度狀況會被迫現形。如果運動員的肩膀無法就外旋姿勢，無法鎖住手肘，你就知道他的內旋不足。

吊環式雙槓下推也能協助你以良好姿勢練習動作，還能自動糾正常見的問題。舉例來說，在下沉到最低位置時將手肘往後拉，是雙槓下推常見的典型問題。這麼做會讓肩關節內旋，陷入不良姿勢。但是，為了在吊環上保持平衡穩定，你必須維持前臂垂直。不管怎樣試，你都不可能把手肘推到手腕後方。

雖然吊環式雙槓下推是很棒的診斷工具，但我很少在設計高強度或高次數訓練課表時加入這個動作，畢竟疲倦時次數做多了，肯定沒辦法保持正確姿勢。暴力上槓也一樣（見 280 頁）。不過，我並不是指不能用吊環式雙槓下推來鍛鍊肌力。重點是肩膀或脊椎姿勢一開始變差，就要停止動作。

1. 雙手外旋，大拇指朝向身體外側，穩定雙肩。將肩膀往後拉，左手約在 11 點鐘方向，右手約在 1 點鐘方向。雙腳併攏，腳尖朝下，夾緊臀肌，繃緊核心肌群。

2. 繼續夾緊臀部，繃緊腹部，雙手外旋，下沉到最低位置。請注意照片中卡爾稍微往前傾，但雙腳維持在身體前方。這麼做能讓三頭肌與胸部承擔重量，並維持肩膀與軀幹的良好姿勢。另外，也請注意他手臂的姿勢：他的手腕與手肘呈一直線（前臂垂直），而且手肘緊貼身體。請特別注意，雙手往下壓時，會旋轉至大約 12 點鐘方向。如果肩膀的內旋不夠，雙手會繼續往內旋轉。推出最低位置時，與這股力量抗衡，回到拇指朝外的姿勢。

3. 手繼續外旋，保持背部平直，伸直手肘，重新回到最高位置。

過頭
頸前架槓 2
這個動作包括以上原型。
要改善這個動作常見的限
制,請翻至第四部的對應
原型處方。

肩上推 Strict Press

肩上推是絕佳的動作,可以讓你以雙臂高舉過頭的姿勢練習穩固與力矩規則。此外,肩上推還可以放大檢視動作控制的問題區域及活動度限制。

舉例來說,假設有個人把槓推過頭時,肩膀沒辦法呈現適當姿勢,這跟他的動作控制和肩膀動作幅度有什麼關係?如果他以大負重進行挺舉,或在做代謝體能訓練,已經疲倦不堪了,還魯莽做任何過頭動作,會發生什麼事?如果你不知道什麼是理想的起始與完成姿勢,或者動作幅度不足以完成訓練動作,就沒辦法把這些基礎概念應用到更複雜的過頭動作上。

你能不能維持肋廓與骨盆中立,保持背部平直?能不能打直手肘,讓肩膀在動作幅度終端屈曲?你能否將腋窩朝前,擺出穩定肩膀姿勢?就是這麼簡單。

肩推舉也是有用的復健工具。舉例來說,如果我指導的對象膝傷剛恢復,或是正在進行前十字韌帶術後復健,我會把肩上推當作第一個負重動作。

穩定肩膀

健身房裡沒有專門練習肩膀穩定度的動作。所有肩膀動作都有穩定成分,在這一點上,許多教練和物治師經常不得要領。

輔助訓練動作沒辦法教你如何以穩定的肩膀進行推、拉、提、抬等動作,用滑輪或輕啞鈴來回外旋手臂就是個例子。設計訓練課表時必須加入能強迫肩膀穩定在良好姿勢上的動作。因此,伏地挺身等中段範圍動作、肩上推等過頭動作和雙槓下推等側身或背後動作才會這麼重要。

很多教練認為游泳選手、棒球投手與排球選手(需要進行大量過頭動作的運動員)都不該進行推舉類型的鍛鍊,他們認為過頭動作很危險。如果你不知道正確肩膀姿勢應該是怎樣的動作形式,也不知道動作怎麼擺,這話的確成立。假設有個運動員已經做了數不盡的過頭動作,如果他的動作形式錯誤,他的教練肯定不會希望他再以不良技巧進行過頭動作。

那他的教練究竟該如何是好?答案是:教他擺出穩定的肩膀姿勢,再教他怎麼用良好技巧進行肩上推。這麼做不僅可以改善過頭姿勢的效率,還能讓教練衡量他在動作幅度終端的姿勢。教練不用讓運動員推舉起超大重量或做高次數動作,但有擔當的教練應該要能夠教導運動員基礎穩定原則,並找出活動度與動作控制的功能失調障礙。

肩上推還是需要低量的外旋力矩（運動員需要將雙膝外推，雙腳在地上扭緊），來幫助強化受傷的關節與四周肌群，同時讓身體重新記住功能性動作模式。

槓鈴與啞鈴

許多人會問我：「你為什麼鼓勵大家用槓鈴推舉？啞鈴不是安全容易多了？」

回答這個問題之前，大家要先知道，重量離中心線（大致的質心）越近，越容易以良好的型態從那個位置推舉。

如果肩膀動作幅度受限或技巧不精準，啞鈴推舉是不錯的選擇，因為啞鈴能讓你在不破壞動作形式的狀況下，將肩膀維持在良好姿勢。

如果你用雙臂將槓鈴高舉過頭時肩膀會痛，換成啞鈴有助於減輕疼痛，因為預備姿勢會有所改善，將啞鈴高舉過頭時手臂的旋轉方向也會有比較多選擇。

啞鈴推舉能提供許多獨一無二的優勢，這點毋庸置疑。不僅如此，甚至連壺鈴也有許多好處，我會鼓勵所有的運動員都多加嘗試。但是總有一天，啞鈴推舉會限制你推舉過頭的最高負重。

除此之外，運動員改做爆發上挺、分腿挺舉等更複雜的舉重動作時，永遠都會出現一個問題：他們沒有一個用固定物體（槓鈴）製造力矩的模型，也缺少在負重下進行這些動作的肌力。這正是在發展階段就要用槓鈴推舉的原因：槓鈴能幫助身體記住基礎動作形式，進而轉用在這些更複雜的動作上，甚至還能開發出推起更高重量所需的推舉肌力。

不過，槓鈴的確有些挑戰需要克服：將重量推舉過頭時要小心別撞到臉，要把負重撐在身體前方，要保持前臂垂直，將槓平衡於胸前，還要從靜止的起始姿勢產生力量。但是，透過槓鈴推舉學會的負重順序流程，可以轉用在其他動作和物品上，這也是本書所有動作的重點。

我們的目標如下：學習能在完整動作幅度下展現關節與核心穩定度的動作。雖然槓鈴稱不上自然的器具，卻是考驗過頭能力最簡單的工具。用大重量啞鈴進行動作的話，遲早重量會加不上去。

肩上推預備姿勢

肩上推的預備姿勢相當接近從架上扛起槓鈴，做出頸前架槓姿勢（見 187 頁前蹲舉）。你一樣要一次一邊以槓製造力矩（折槓，在槓下扭轉手肘），像前蹲舉一樣從架上起槓，再後退。前蹲舉要將手肘舉到 90 度，並將槓平衡於指尖和肩膀上，而肩上推則是要將槓放在胸部與掌心上。

除此之外，站姿與握法也是值得一提的細節。站姿倒是簡單，就跟你的跳躍和硬舉步伐一樣：雙腳在髖部正下方打直，大約與肩同寬。不過，握法就比較難判斷了，有幾個不同的辦法：採用 188 頁的頸前架槓預備姿勢，或是就吊環式伏地挺身的最高姿勢（見 208 頁），或是進行彈力帶推舉測試（見 226 頁）。重點是肩膀要拴入關節窩後部，保持前臂垂直，手腕與手肘呈一直線，用掌心握槓。

1. 跟進行前蹲舉一樣，從架上扛起重量後退（請見 187 頁「頸前槓架姿勢」）。重點是用槓製造力矩，肩膀收至關節窩後方，穩固軀幹。你的前臂垂直，用掌心和胸部平衡槓，繃緊雙肩。運動員會犯下最嚴重的錯誤就是先扛起架上的重量，再試著繃緊全身。這就等於背蹲舉時不穩固身體就以背扛起重量。擺好站姿後，雙腳在地上扭緊，夾緊臀肌。

2. 保持雙肩後拉，夾緊臀部，繃緊腹部，稍微把頭往後拉，重量直直推過頭。頭要避開槓，而不是槓繞過頭。專心繃緊手肘，腋窩朝前。不要聳肩、抬高手肘或往後傾，脊椎姿勢不應該有任何變化。

3. 手肘鎖住後，將頭往前推到雙臂之間，就中立姿勢。想著將腋窩轉向朝前，以製造最大力矩。請注意，照片中黛安的手臂剛好對齊耳朵。許多運動員會把頭往前推到超越手臂，或是把頭往後拉，這兩種姿勢都會破壞軀幹與肩膀的穩定度。

4. 降下槓時，頭稍微往後拉，槓的軌道要保持垂直。再重複一次，往下的軌道應該跟往上的軌道相同。降下槓時，保持手肘緊繃，肩膀後收，夾緊臀部。

5. 維持同樣程度的力矩，將重量降至起始姿勢。

4

5

頸前架槓問題

從頸前架槓姿勢開始推舉是常見的錯誤。雖然爆發上推與爆發上挺時還能勉強過關，但肩上推是另一回事。若用指尖來平衡槓，就沒辦法在起始姿勢製造足夠的力，抬起胸上的重量。會出現這種狀況，可能是因為缺乏以垂直前臂推舉的模型、肩膀動作幅度不足或胸椎過度僵緊，也有可能三者皆是。

頸前架槓 2
此一問題與頸前架槓原型相關。要修正活動度，請翻至第四部的頸前架槓原型處方。

動作控制修正：
扛起架上的槓鈴前就先做好推舉預備姿勢。槓鈴置於雙手掌心，確保手肘與手腕（和槓鈴）呈一直線。用槓鈴製造力矩，保持雙肩拴入關節窩後部。
進行彈力帶推舉測試（226頁）。

鬆動術目標區塊：
胸椎
前肩與背闊肌
後肩與胸部
下游手臂（手肘與手腕）

手肘外開問題

過頭
此一問題與過頭原型相關。要修正活動度，請翻至第四部的過頭原型處方。

動作控制修正：
在預備姿勢製造足夠力矩，推舉過頭時保持手肘內收。

鬆動術目標區塊：
胸椎
前肩與背闊肌
後肩與胸部
下游手臂（手肘與手腕）

手臂伸展過頭時如果手肘外開，代表製造的力矩不夠，或是預備時肩膀沒有就良好姿勢。但是，如果你的雙臂沒辦法在高舉過頭時鎖住（這問題很常見），問題很可能出在肩膀動作幅度不足。重量加重，或推進至爆發上推、爆發上挺等更複雜的舉重動作時，這種有害的力學型態很可能會惡化成嚴重問題。

身體後弓問題

肩上推的軀幹穩定需求很高。爆發上推與爆發上挺利用的是雙腿與髖部的爆發力，肩上推則需要以肩膀和手臂的肌力推槓。推槓階段是從靜止狀態展開，肩上推因此成了相當棘手的動作。隨著重量變重，你可能會像做臥推一樣將背往後弓，把重量往身體前方推，以尋求力學優勢。這麼做能讓你比較容易舉起胸上的重量，卻會讓主要引擎失衡，導致手肘外開，肩膀前傾。舉槓時槓鈴刻意避開臉，而不是將頭往後拉的話，也經常出現這個問題。

大多狀況下，你只需要降低重量，臀部夾緊，頭往後移，保持槓軌道垂直，就可以改善這個問題。但如果你的胸椎僵緊，肩膀缺乏旋轉動作幅度，就可能無法讓肩膀就良好姿勢。如果問題出在這裡，你可能會將重量往身體前方推，做出錯誤姿勢。

過頭
此一問題與過頭原型相關。
要修正活動度，請翻至第四部的過頭原型處方。

動作控制修正：
夾緊臀部，繃緊腹部。
在抬起架上的重量前，肩關節先拴入關節窩後部。

鬆動術目標區塊：
胸椎
前肩與背闊肌
後肩與胸部
下游手臂（手肘與手腕）

頭部前挺問題

將手肘伸展過頭時把頭推到雙臂之間，是另一個常見問題。運動員經常會把頭後拉以避開槓，並保持此姿勢繼續把雙臂鎖在頭上，導致身體後弓，所以教練經常會叫運動員把頭推回雙臂之間。這個指令能提醒他們，槓鈴一高過臉，頭就要回到槓下，以糾正錯誤。

問題是有些人會過度代償，將槓鈴往後推，頭繼續往前挺。這個錯誤不僅會讓雙肩鬆散並破壞脊椎姿勢，還會讓脖子的頸段承受巨大剪力。如果你的頭往前挺超過雙臂，而且推舉時槓鈴往背後推，很容易傷到脖子。正確的技巧是要將頭稍微往後帶，讓你足以將槓往上推即可，一將重量推過頭後便把頭移回槓下，保持軀幹與頭部上下對齊。

動作控制修正：
保持頭與軀幹呈一直線。
設法保持槓軌道垂直，頭稍微往後移，剛好讓臉避開槓即可。
熟悉技巧之前，先以較輕的重量練習。

過頭
頸前架槓 2

這個動作包括以上原型。
要改善此動作常見的限制，
請翻至第四部的對應原型
處方。

倒立伏地挺身 Handstand Pushup

倒立伏地挺身不是自然的動作。除了體操、街舞和 CrossFit 外，一般人很少
會以倒立進行任何動作。雖然如此，這個動作很適合加進訓練課表。倒立
伏地挺身是練習肋廓和骨盆上下對齊的最佳動作。你的骨盆和雙腿必須在
肋廓的上方平衡，這麼做會讓中軸穩定與肩膀組織策略的許多缺點現形。

倒立伏地挺身跟大多訓練動作不同，需要用雙手來穩定肩膀，進而組織軀
幹，而不是用雙腳來穩定髖部。舉例來說，進行深蹲預備動作時，雙腳必
須在地上扭緊，讓肋廓與骨盆上下對齊，藉此在髖部製造力矩（穩定度）。
但是倒立伏地挺身完全相反，挑戰性相當高。你等於是用推舉的完成姿勢
組織身體。就學習動作形式與穩定軀幹的觀點來看，倒立伏地挺身的效果
無可匹敵。

彈力帶推舉測試

彈力帶推舉測試有幾個好處。首先，這個測試能夠讓各位了解穩定肩膀有
多重要、產生的效能有多高。第二，這個測試還能證明大家最愛做的爆發
上挺頸前架槓姿勢其實不能轉用到推舉上。

進行方式如下：將彈力帶勾在一隻腳上，做出類似頸前架槓的推舉姿勢，
接著試著用這個姿勢將手臂伸展過頭。你會發現，肩膀馬上就轉到前方，
落入不穩定的姿勢，而且手臂還很難高舉過頭。接下來，將肩膀往後拉到
良好姿勢推舉，你會馬上發現這樣更容易鎖住手臂。一把肩膀往後帶，手
肘貼緊身體，動作就會
變得簡單許多。你可以
利用肩膀的穩定度出力，
將力量有效傳送至彈力
帶上。

總之，彈力帶推舉測試
是挑戰推舉效率的好辦
法，還能夠讓人看看有
效率的推舉是什麼樣子、
什麼感覺。

⊖ 不穩定

⊕ 穩定

再次強調，要加強運動表現，就必須用不同方法考驗你的動作控制。掌握越多能當作訓練工具的動作，表現就會越好、越穩定。所有運動員都會用上這個動作嗎？當然不會。舉重選手或奧林匹克舉重選手當然不可能做到倒立伏地挺身，但他們有許多訓練動作的技巧都是可移轉的，可以用來學習肩膀姿勢與軀幹穩定。但是，如果你是一般人，倒立伏地挺身對你來說便是基礎技巧，可以改善你的運動表現，更能讓你了解自己在不熟悉的姿勢下是否能穩定肩膀與軀幹。

注意：如果想要進一步了解倒立伏地挺身，我相當推薦卡爾・保利教練的網誌 GymnasticsWOD.com，以及他的暢銷書 *Free+Style: Maximize Sport and Life Performance with Four Basic Movements*。

1. 預備時先進行穩固步驟，以髖關節轉軸往前轉動，彷彿要進行單腿硬舉一樣。把抬起的腳當作擺錘，雙手貼地，雙手距離與伏地挺身相同，接著把雙腳甩到身體之上，做出倒立姿勢。保持雙腳腳尖朝前，轉移至倒立姿勢時雙手在地上扭緊，製造外旋力。重點是併攏雙腿，腳尖朝上，完全啟動臀肌，達到最大穩定度。專心夾緊臀部，繃緊腹部，腋窩朝前。

2. 繼續將雙手在地上扭緊，彎曲手肘，讓身體往後傾，保持身體直挺。做倒立伏地挺身時，有時會無法擺出完美的頭部姿勢。請注意，照片中卡爾需稍微將頭部往後傾，才能看到地面。

3. 降低身子，直到頭碰地。

4. 推離最低位置時，想著保持身體挺直，手肘貼緊身體。

5. 持續扭緊雙臂，將頭推過雙臂之間，推到身體下方，恢復平衡。同時試著將腋窩朝前，維持外旋力矩。

倒立伏地挺身（靠牆）

1. 雙手置於離牆約 15 公分處，進行穩固步驟，接著踢起雙腳倒立。保持雙手平直，夾緊臀部，併攏雙腳，腳尖朝上，骨盆與肋廓上下對齊，腋窩朝前。

2. 雙手在地上扭緊，手肘彎曲，頭朝地面下沉。下降時，盡量保持前臂垂直，手肘貼緊身體，背與雙腿呈一直線。

3. 從最低位置往上推、雙臂鎖住時，讓腋窩朝前。

我們的目標是不用靠牆的倒立或倒立伏地挺身，但這些動作需要極大量的肌力、穩定度與動作控制能力。要培養出這樣的技巧，使用牆壁等支撐物可以助你一臂之力。這就像用史密斯機來做深蹲或臥推，往下或往的軌道都在同一直線上。找好友來幫你撐腳也是個選擇。這麼做需要更高程度的穩定度，而且可以協助你在倒立時找出平衡。

你甚至不用真的進行動作，只需要進入起始姿勢，試著鎖住手肘，腋窩朝前，組織你的軀幹。若要學習保持肩膀與軀幹穩定，這是個極佳方法。再次強調，沒有什麼動作能像倒立伏地挺身那樣挑戰你對齊肋骨與骨盆的能力。

蠍子倒立伏地挺身問題

倒立伏地挺身的問題跟肩上推一樣：肋廓前傾、抬頭、手肘外開和肩膀前傾。就像一般的伏地挺身，有些人在進行倒立伏地挺身時也會打開雙腿，結果是臀部流失力量，造成可怕的脊椎過度伸展問題，增加受傷風險。

有趣的是，大多數人試著倒立走路時都會不自覺張開腳。我經常看到這種現象，還會不自覺在心裡說：「恭喜，你成功用手走路……還順帶破壞了所有推舉動作的動作形式，毀了你的背和肩膀。」這張照片裡頭的錯誤實在不勝枚舉，我都不知道該從何說起。

用這個姿勢推舉是不可能成功的。將卡爾的照片上下顛倒，在他手中放個槓鈴，並且叫你衡量他的姿勢的話，你會怎麼說？肯定沒什麼好話。

重點來了：你必須組織軀幹，設法讓肩膀做出正確姿勢，也就是腋窩朝前。保持雙手平直才能產生最大力矩，併攏雙腳，腳尖朝上，完全啟動臀肌。如果你想往下看地面，動作別太誇張。除了這點以外，動作控制修正和活動度處方都跟肩上推的問題一樣。

引體向上 Pull-Up

如前所述，如果你只用「次數」和「速度」來衡量動作，陷入不良習慣姿勢的風險就會大增，引體向上就是典型的例子。大多數情況下，很少人會多花心思探討運動員是否犧牲了脊椎、頸部與肩膀姿勢。引體向上是否做得好，變成只用一個問題來衡量：「他的下巴能否超過單槓？」

我們不該把重點擺在是不是完成了動作，而應該注意是不是以**良好動作形式**完成動作。

假設我現在告訴你，只要你能完成動作，用圓背進行大重量硬舉也沒關係，這句話根本沒道理，對吧？每個字都抵觸本書主旨。引體向上也一樣，如果你得用不良姿勢來代償才能做出正確的動作，你的身體就會受到傷害。你也許能夠瞞混過關一陣子，但是，以彎曲手肘進行動作、過度伸展腰椎，遲早會付出代價。

我們在健身房教運動員標準引體向上的原因就跟肩上推一樣：標準引體向上能讓我們在低風險環境教導良好力學，並讓運動員的身體記住。接下來推進至擺盪式引體向上等更動態的動作時，才能大幅降低落入不良姿勢的風險。這個動作從動作幅度終端的靜止狀態開始，可以協助運動員開發身體能力，之後才好加上速度進行挑戰。

讓運動員有能力擺出並維持堅挺的脊椎、穩定的肩膀，接下來就是肌力問題了。如果運動員沒辦法以良好型態開始動作，我們只需要在他的腳上纏一圈彈力帶，或是在槓下放個箱子，讓他用雙腿輔助動作。彈力帶除了強化肌力之外，還能降低力矩需求，讓運動員能夠在完整動作幅度活動。

鉤握

雙腳站姿能決定你能否在髖部製造力矩，維持中立脊椎；握法則能決定你能否在肩膀製造力矩，引體向上時能否維持肋廓下沉。對大多數人來說，雙手略與肩同寬，採用伏地挺身或肩上推的握槓距離，都是不錯的起點。

下一步就是學習如何握槓。請看右方照片，卡爾採用一種獨特的握法。他不是用拇指鉤住槓的上方，而是用拇指包住食指或中指。此外，他也用小指包住槓的上方，讓手腕稍微彎曲。這種握法能夠將他的手鎖在槓上，讓他製造力矩，進而讓肩膀就穩定姿勢。

過頭
頸前架槓 2
這個動作包括以上原型。要改善此動作常見的限制，請翻至第四部的對應原型處方。

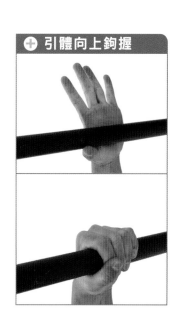

➕ 引體向上鉤握

這種修正過的虛握有幾個好處。首先,這種握法能讓他的雙肩轉至外旋姿勢。換句話說,他不需要刻意折槓,因為他早就製造了力矩。如果手腕直直擺在槓的正下方,你就要花費更多工夫才能在肩膀製造力矩。第二,這種鉤握法的垂直懸掛姿勢是衡量過頭動作幅度的良好診斷工具:以引體向上鉤握法懸垂時,如果能夠維持軀幹的整體性,便代表你的過頭動作幅度相當完整。

1. 擺出引體向上的鉤握法。接著夾緊臀肌,讓肋廓下沉,穩固軀幹。併攏雙腿,腳尖朝下。這麼做能夠將臀肌和核心肌群的張力推至極限。請注意卡爾把背打平,肋廓與骨盆完美上下對齊,而且將雙肩轉入關節窩後部(腋窩朝前)。

2. 持續繃緊腹部,夾緊臀部,將身體往上拉。開始上拉時想像自己在將雙腳往上推,軀幹和雙肩是一個整體。軀幹往後移時,核心不要放鬆。

3. 小指一樣鉤住槓,將胸部往上拉到與槓同高,頭部保持中立姿勢。**注意:**將下巴拉到槓上時如果頭沒辦法保持中立姿勢,就停止動作。不要為了完成動作而將頭往後仰。

4. 降至起始姿勢時,不能有任何變化:繼續保持背部平直,夾緊臀部,繃緊腹部,小指鉤住槓,頭部就中立姿勢,併攏雙腳,腳尖朝下。只要軀幹保持穩固中立,握法毫無改變,你就不需要刻意折槓,自然而然就能維持高力矩狀態。

5. 用跟開始一樣的方式完成動作,維持良好姿勢。

上背緊縮問題

如前所述,大多數人的力氣和動作控制能力都不足以做出標準的引體向上。為了獲得力學上的優勢,運動員經常會將肋廓往後傾,打開雙肩並過度伸展腰椎。肩關節內旋不足或不適應鉤握的人也經常出現這種毛病。他們不製造力矩,結果是肩膀鬆軟,讓下游軀幹也跟著鬆散,很難將身體往上拉。

如果你開始動作時,背、肩膀和軀幹沒有張力,身體就會自己追捕穩定度,結果是肋廓後傾、手肘外開、肩膀前傾、頭部後仰。這些問題跟肩上推一模一樣,是巧合嗎?我想不是。

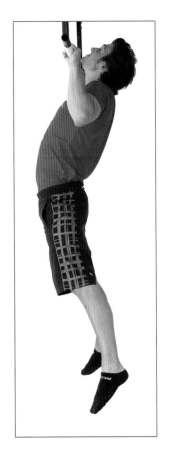

過頭
此一問題與過頭原型相關。要修正活動度,請翻至第四部的過頭原型處方。

動作控制修正:
修正抓握力學:確保小指鉤住槓。
夾緊臀部,將肋廓拉到骨盆上,併攏雙腿,腳尖朝下。

鬆動術目標區塊:
胸椎
後肩與背闊肌
前肩與胸部
下游手臂(手肘與手腕)

雙腿交叉問題

跟雙槓下推一樣,許多人做引體向上時會誤把雙腳勾在身後,彎曲雙腿。這麼做能避免雙腿打開(肌力不足以做出標準引體向上的特徵),而且能讓你將膝蓋往胸部推,製造動量。

單槓離地太近也會出現這種問題。但無論原因為何,這麼做都會讓你沒辦法啟動臀肌,讓肋廓對齊骨盆,還會讓你形成過度伸展的姿勢。如果從過度伸展的姿勢開始動作,就不可能在雙肩製造力矩與穩定度,不僅會用組織不良的脊椎進行動作,肩膀還會聳高到耳朵旁,背闊肌的張力也會流失。簡單來說,你會用不穩定的肩膀關節懸掛在槓上。

動作控制修正:
調整握法力學:確保小指鉤住槓。
雙腿打直,雙腳併攏,腳尖朝下。夾緊臀部,肋廓與骨盆上下對齊。

反手引體向上

我們的目標是用任何手部姿勢製造力矩，並且在進行所有動作時表現出完整動作幅度。用不同雙手姿勢進行引體向上，能夠測試你有多了解這種運動，但是，千萬別採用會破壞技巧的姿勢。因此，我建議你先從傳統的手掌朝前引體向上學起，這種握法能教你如何製造力矩，讓肩膀就穩定姿勢，還比較容易將脊椎維持穩固中立。表現出完整的過頭動作幅度後，再進行反手引體向上，考驗你的姿勢。

如果反手引體向上時沒辦法鎖住雙臂、壓低肋廓，你很可能缺乏過頭動作幅度。

將雙臂擺在完全外旋的姿勢，可以讓你不必再主動追捕張力，提供較高的穩定度。但問題是外旋雙手會讓你難以在動作幅度終端製造力矩。不僅如此，如果你沒辦法擺出動作幅度終端的起始姿勢，手肘便會彎曲，肋廓會後傾，變成不理想的姿勢。你不僅是用代償姿勢進行引體向上，表現出來的動作幅度也不夠完整。（難怪做起來比較簡單！）

1. 預備姿勢跟引體向上相同：夾緊臀部，併攏雙腿擺在身體前方，腳尖朝下，肋廓下沉，保持頭部中立。注意圖中卡爾的雙肩完全外旋。雖然這麼做能讓他的肩膀呈現良好姿勢，但只要一開始往上拉，他就得多費心力才能不讓肋廓上提，維持脊椎中立。

2. 保持手肘繃緊，肋廓下沉，頭部中立，臀部夾緊，將全身朝槓拉。往後仰時試著讓雙腿位於身體正前方。

3. 將下巴拉過槓。保持頭部中立，避免將下巴抬到槓上。

牆壁推球（P 234）

爆發上推（P 236）

跳躍與落地（P 238）

單手擺盪（P 246）

擺盪式引體向上（P 252）

壺鈴擺盪（P 240）

划船（P 249）

漸進式抓舉平衡訓練（P 254）

過頭

頸前架槓 2

深蹲 1

這個動作包括以上原型。要改善這個動作常見的限制，請翻至第四部的對應原型處方。

牆壁推球 Wall Ball

這裡簡單回顧一下，第二類動作跟第一類動作類似，起始與完成姿勢都能讓你挺直軀幹製造力矩，但第二類動作並不會全程保持與動作的連結（不會整個動作幅度都維持力矩與張力），而會加上速度，暫時中斷連結。

如果對象是新手或受傷剛痊癒的運動員，牆壁推球是我會先引入的第二類動作之一。牆壁推球其實就是加上動態刺激（拋接藥球）的簡單深蹲，同時還能考驗你保持軀幹垂直的能力。牆壁推球相當適合用來衡量動作控制的型態與不足之處。

以下舉個簡單的例子：假設你在訓練新手運動員，他已經精通基礎動作原則與第一類運動，你也檢測過他在負重下挺直軀幹的能力，那麼下一步就是引進牆壁推球這樣的第二類運動了。你會發現，只要你要求他不多想、立刻用槓鈴以外的物體製造力矩，他就會手忙腳亂，開始過度伸展腰椎，

1. 準備進行牆壁推球動作時，先就深蹲站姿，將藥球舉至頭部高度，雙手在球上扭緊，做出穩定肩膀的姿勢。站的位置要離目標夠遠，足以讓你用起始姿勢接球。換句話說，你的球不能掉在你面前或身後，而是剛好落在你頭部的高度。

2. 保持軀幹挺直，像前蹲舉一樣蹲到底，請見 187 頁。頭部維持中立，專心打直背部。不要拉長脖子去看清楚目標。

3. 抬起身子時，眼睛鎖定你的目標。再次強調，千萬不要把頭往後仰。如果預備姿勢正確，距離牆壁夠遠，應該不需要拉長脖子也能夠看到目標。

圓起上背，膝蓋往前推。其實你只不過是要他以穩定姿勢拿著藥球深蹲，朝著目標投擲再接住而已。但是，所有頂尖運動員的訓練課表裡都應該有牆壁推球這動作嗎？並非如此。

我的想法如下：加上速度後，你就能在低受傷風險的環境裡，讓運動員的缺點現形（你也可以加上代謝需求，讓他更難掩飾不良動作模式與活動度限制）。這對教練來說相當有用，你現在有了簡單的模型，可以用來教導運動員將髖部的力轉移到肩膀。在他推進到奧林匹克舉重之前，你可以教他如何在深蹲最低位置自然而然地製造力矩。如果他不能用良好姿勢接住一顆 8 磅的球，你覺得換成 43 公斤的槓鈴會發生什麼事？這正是牆壁推球動作的價值和用途。

注意：牆壁推球常出現的問題包括軀幹前傾、肩關節內旋、下背過度伸展與膝關節外翻。請往回翻至徒手蹲舉（162 頁）與前蹲舉（187 頁）的動作控制與活動度修正法。

4. 站直後伸展手臂，朝目標丟球。重點是兩隻手臂同時伸直。換句話說，別像在罰球一樣丟球。很多人會以慣用手過度代償，導致無法用良好姿勢接球。記得站直時要夾緊臀肌，在接球前重新回到強而有力的直挺姿勢。

5. 用起始姿勢接住前方的球。重點是要在過頭高度接住球，抓著球往下坐，在蹲低時將雙手在球上扭緊，讓肩膀就良好姿勢。

過頭
頸前架槓 2
這個動作包括以上原型。
要改善這個動作常見的限
制，請翻至第四部的對應
原型處方。

爆發上推 Push-Press

爆發上推的預備姿勢與肩上推相同（見 220 頁），但肩上推是從靜止狀態推起胸前的重量，爆發上推則是需先彎曲膝蓋再伸展，為頭上的重量加速。這股「下蹲上推」的力量能讓你抬起更大的重量，還能教你如何將力量從髖部傳到肩膀。這種動作形式可以應用在上搏與挺舉等更複雜的動作上。

爆發上推時，起始姿勢不用製造太大的力矩，因為你是用雙腿與髖部推起胸上的重量。如果你有活動度問題，無法做出肩上推的頸前架槓姿勢，爆發上推的架槓姿勢能讓你有些喘息空間，還能讓你將重量推過頭。

將爆發上推想成是加上負重的垂直跳躍吧。爆發上推能協助你逐漸推進動作，學習挺直軀幹進行跳躍與落地的技巧。如果你懂得如何外推膝蓋、打直背部來下蹲上推，你就有了垂直跳躍與落地的模型，而這種姿勢可以保護你的背和膝蓋。

1

2

3

4

1. 預備姿勢與肩上推類似：確立握法（雙手握距跟肩上推相同），折槓，讓雙肩就良好姿勢，做出頸前架槓姿勢，抬起重量往後退，確立站姿。同樣的規則也適用於此：夾緊臀肌，繃緊腹部，深吸一口氣開始動作。如照片所示，爆發上推的頸前架槓姿勢介於肩上推與前蹲舉的頸前架槓姿勢之間。請注意，黛安的手肘大約呈現 45 度角，槓鈴壓在掌心，用胸部與肩膀撐著。抬高手肘可以讓你維持足夠的力矩、肩膀保持穩定姿勢，槓鈴才不會在蹲低時滑下胸部。

2. 保持軀幹直挺，膝蓋左右打開，雙腳在地上扭緊，髖部往雙腳中間下沉。

3. 以爆發的動作伸直膝蓋與髖部，頭稍微往後移（足以將槓推過臉，保持槓軌道垂直即可），並將重量推過頭。目標是要盡可能維持全身姿勢垂直，重量落在雙腳中心，若在腳趾會往前倒，在腳跟就會往後倒。槓往上加速時，保持雙手手肘內收、肩膀後拉，藉此維持力矩。

4. 雙手手臂在頭上打直時，軀幹和頭移到槓下。繼續夾緊臀肌，維持核心張力，在髖部與肩膀製造力矩。

為了幫助各位理解，請將下蹲上推想成跳躍，將放低重量想成落地。大多數人都沒學過要如何以良好動作形式來跳躍與落地。

想像你正跳起來搶籃板球、在排球場上殺球，或是在進行肌力體能的循環訓練，需要進行高次數的跳箱或爆發上推（如 CrossFit 的 Fight Gone Bad 訓練課表）。如果沒有模型能教你外推膝蓋或打直背部，會發生什麼事？你會將膝蓋往前推，脊椎過度伸展。難怪會有這麼多人做了這些活動後，膝蓋會隱隱作痛（髕骨肌腱炎，俗稱跳躍膝）。

注意：爆發上推最常見的問題包括前推膝蓋、腰椎過度伸展、將槓鈴往身體前後推、手肘往外打開與肩關節內旋。要改善下蹲上推相關的膝蓋前推與過度伸展問題，請翻回到徒手深蹲（162 頁）與前蹲舉（187 頁）。要改善推舉問題，請翻回到伏地挺身（204 頁）與肩上推（220 頁）。

5. 下放重量時，頭和軀幹稍微往後拉，繼續夾緊臀部來支撐背部。務必保持手肘內收、肩膀後拉，持續製造力矩。

6. 蹲至 1/4 的位置，以胸部接住重量。膝蓋往外推，髖部往雙腳中間下沉，回到爆發上推的頸前架槓姿勢。這裡要特別注意，你要有意識地在接槓姿勢製造力矩，以準備做下一次動作。如果重量降至胸部時手肘外開或肩膀前傾，讓力矩流失，就會以不良姿勢展開下一次動作。進行高次數動作之所以如此重要，原因就是你可以學會製造並維持力矩。假設你的訓練課表包括了 15 次爆發上推，如果第一次用完美姿勢推高重量，但降下時卻沒好好維持力矩，接下來 14 次都會以不良姿勢進行。

7. 伸展髖部與膝蓋，回到最高位置。

**深蹲 2・深蹲 1
過頭・推姿**

這個動作包括以上原型。
要改善這個動作常見的限
制,請翻至第四部的對應
原型處方。

跳躍與落地 Jumping and Landing

垂直上下跳躍,甚至從靜態、平行式站姿向前跳,其實就是無負重的蹲跳。
這些動作同樣需要以髖關節轉軸往前彎,用後側鏈負重,以髖部製造外旋
力矩,盡可能維持小腿垂直。除此之外,動作問題也與深蹲相同。

有些人會將膝蓋往前推。如果他們的雙腳外八,就會出現腳踝塌陷、膝關
節外翻、腰椎過度伸展⋯⋯等問題。跳躍與落地唯一的不同在於後果會更
加嚴重,特別是在有高度的平台上,或者一次進行大量跳躍與落地動作的
時候。

籃球或排球等運動中,選手必須進行無數次跳躍與落地循環。如果他們養
成的動作形式包括膝蓋前推、腳外開或膝蓋的錯誤,會發生什麼事?會很
不妙。有一股龐大的無形重量壓在他們膝蓋上,這正是跳躍膝的生成機制。
(注意:膝蓋在跳躍、深蹲動作時前推、內夾,導致連結髕骨與脛骨的髕
骨肌腱不斷受到刺激,所以產生了跳躍膝。)除此之外,前十字韌帶和內
側副韌帶也很容易因此受傷。

鬆動、按壓上下游組織能夠減輕跳躍膝帶來的刺激,還能幫你改善姿勢,但
解決問題的唯一辦法是修正技巧。要修正靜態的跳躍與落地型態還算容易:
遵守動作原則,專心保持膝蓋中立,小腿垂直,雙腳朝前打直。記得,深蹲、
上拉和爆發上推的動作,都可以幫你打造良好的跳躍與落地動作形式。

注意:如果要挺直軀幹跳躍(如搶籃板球),記得膝蓋往外推(從髖關節
向外旋),製造更大量的力矩,讓膝蓋上的擠壓力降到最低。

1 **2** **3** **4**

1. 如果你想從靜止站姿盡可能往上跳高，請讓雙腳位於髖部正下方，保持雙腳腳尖朝前。接著進行核心穩固步驟，手臂舉高，一過頭就不要再用力往上拉。請注意，照片中我的手臂朝內旋，讓肩膀就穩定姿勢，以便在軀幹前傾、手臂後甩時保持背部平直。

2. 跳躍前先蓄力：軀幹前傾，髖部和大腿後側肌群用力，雙腳在地上扭緊，雙膝往外推。盡可能保持小腿垂直。

3. 雙手手臂擺盪到過頭高度，同時伸展髖部與膝蓋。請注意，我在照片中雙腳併攏，腳尖朝下，藉此在空中啟動臀肌，維持脊椎組織良好。腳尖朝下也可以讓你準備好用蹠骨球落地，這是最理想的落地方式。

4. 雙腳碰地時，膝蓋外推、雙腳在地上扭緊，製造外旋力。髖部與大腿後側肌群往後推時，軀幹前傾。

深蹲 1・深蹲 2
懸臂・過頭
這個動作包括以上原型。
要改善這個動作常見的限
制,請翻至第四部的對應
原型處方。

壺鈴擺盪 Kettlebell Swing

要學習複雜的動作,關鍵就是簡化。我們要把動作拆解成精準又容易控制的步驟。接著,我們鼓勵各位以拚死拚活的精神,專心進行每道步驟。這是增進學習效率的方法,也是達到最佳表現的基礎,還能降低受傷風險。

我們以背蹲舉為例。我不會把背蹲舉當成一個動作來教,而是將背蹲舉分解成三個階段:起槓、後退和深蹲。這麼做不僅能簡化動作,清楚知道每道步驟究竟在做什麼,還能發揮診斷功能。我們馬上可以看出運動員是否知道如何在預備姿勢穩固身體、製造力矩。如果他無法用槓鈴製造力矩,沒在起槓時讓骨盆中立,我們就可以在他以脊椎負重前著手糾正這個問題。對教練來說,這是極為好用的工具,如此我們就能在運動員展開動作幅度完整的動作前,先行糾正他們的問題。

壺鈴擺盪是另一個例子。這個動作的重點是擺盪,而在實際進行擺盪前,要先舉起地上的壺鈴。這個階段跟硬舉的起始階段完全一樣:穩固核心,打直背部,以髖關節轉軸向前彎,在肩膀製造力矩,接著挺起身子。很明顯,許多人沒辦法看出其中的連結,會馬上圓背前彎,膝蓋前推,用不穩定的肩膀姿勢舉起重量,以不良姿勢開始動作。難怪這麼多人沒辦法做好壺鈴擺盪。沒辦法正確進行動作不是因為動作控制能力或動作幅度不足,純粹是因為預備姿勢不良。

所以把第二類動作一層層剝開才這麼重要:加進動態刺激,可以讓你看到運動員的動作形式有什麼問題。如果想找出運動員得跳躍膝的原因,就讓他做壺鈴擺盪。只需兩秒,你就可以看到他的膝蓋往前推,而不是大腿後側肌群往後坐。這個問題在第一類動作可能會隱藏起來,但在第二類動作就會現形。

俄式擺盪與美式擺盪

肌力體能訓練界有兩種常用的壺鈴擺盪方式，值得在此一提，那就是美式擺盪與俄式擺盪。前者需要將壺鈴擺盪過頭，後者則需將壺鈴擺至與胸或與頭同高。如果要衡量動作控制與活動度，這兩種變化型都相當有用，但是兩者的目的有些差異。

美式擺盪明顯需要更完善的肩膀、軀幹與髖部控制力，動作幅度需求比俄式擺盪更高，因此能讓更多問題現形，但是能用的重量比不上俄式擺盪。如果你的過頭動作幅度不夠完整，美式擺盪將會放大穩固與力矩的問題（在最高位置過度伸展，肩關節內旋）。如果你沒有完整動作幅度，最好不要貿然進行美式擺盪，硬要將壺鈴舉到某個範圍。

俄式擺盪

美式擺盪

上至下預備姿勢

1. 要準備進行壺鈴擺盪，先進行硬舉的上至下預備步驟。請注意，我的雙腳腳尖朝前，大約與肩同寬，軀幹則成穩固中立姿勢，肩關節外旋。

2. 保持雙肩後拉，小腿垂直，頭部中立，將大腿後側肌群往後推，打直背往前彎。

3. 抵達動作幅度終端時，彎曲雙膝，壓低髖部（保持腹部繃緊，脛骨盡量垂直，背部打直），好讓你握好壺鈴。雙手在把手上扭緊製造外旋力，肩膀就穩定姿勢。如果你的內旋不足，沒辦法持續將肩膀後拉，可以抓住壺鈴外側（後續會介紹這種變化型）。

4. 要維持良好姿勢，需要全身繃緊，在全身系統製造張力。持續將膝蓋往外推，抬起髖部，脛骨盡可能保持垂直。

上至下預備姿勢

5. 用硬舉將壺鈴舉到站立姿勢。伸展髖部、膝蓋鎖住，在最高位置夾緊臀部，雙肩繼續往後拉，雙腳在地上扭緊。

6. 開始擺盪：雙腳膝蓋往外打開，大腿後側肌群往後坐，髖關節轉軸往前彎，跟低槓位背蹲舉的前 15 公分動作步驟一樣（見 178 頁）。這時候，

將壺鈴擺到雙腿間。重點是保持頭部中立，小腿垂直，雙肩往後拉。

7. 將重量分配到雙腳中心，同時伸展髖部與膝蓋，並在髖部完全伸展時夾緊臀肌。我們的目標是以髖部推動前臂，用爆發式髖關節伸展來提供擺盪的動力。在髖部完全伸展之前，雙臂不應該離開身體。

8. 利用髖部產生的爆發力將雙臂高舉過頭。此時會達到無重量狀態，抓緊時機夾緊臀肌，組織你的姿勢。接下來，以開始擺盪的方式接下重量，將大腿後側肌群往後拉，保持小腿垂直，頭部就中立姿勢，並且維持脊椎堅挺。

懸臂
此一問題與懸臂原型相關。
要修正活動度,請翻至第
四部的懸臂原型處方。

動作控制修正:
使用上至下的硬舉預備姿
勢來舉起地上的壺鈴。
雙手扭緊把手,肩胛骨往
後拉。

鬆動術目標區塊:
後肩與背闊肌
前肩與胸部

力矩問題

如果沒辦法用壺鈴把手製造力矩,雙肩就會以內旋姿勢代償。這個問題很容易修正,只要採用上至下的預備姿勢即可。不過,如果你的肩關節內旋不足,就不太能夠以握距過窄就穩定姿勢。這種情況下,你可以抓住壺鈴把手外側。這樣你的雙肩就能有喘息空間,讓你進入良好姿勢。但是要記住,這個情況不正常,你不應該要靠調整動作難度來避開活動度不足的問題。認真改善你的肩膀動作幅度吧。

調整握法難度

如果你是因肩關節內旋不足而無法做出良好姿勢,可以抓住壺鈴把手外側。

頭部問題

有個情況相當常見：完美做出壺鈴擺盪的預備姿勢，但卻在用髖部和大腿後側肌群負重、開始動作時（或在最高位置接下重量時）把頭往後仰，犧牲了脊椎中立姿勢。大部分情況下，這個問題之所以出現，都是為了抵抗把軀幹往前拉的向下擺盪力。把頭往後仰能夠抵銷那股力量，避免身體往前倒（請見下方的髖關節轉軸問題）。

這麼想吧，壺鈴擺盪的動作形式跟低槓位背蹲舉的前 15 公分是一樣的。重點是頭部保持中立姿勢，雙眼盯著前方約 180 公分的地面。直視前方就會很容易犯下這個問題。

動作控制修正：
頭部保持中立姿勢，雙眼盯著前方約 180 公分的地面。

髖部問題

另一個常見的問題是頭跟著壺鈴擺到雙腿之間，像美式足球進攻發球時的胯下後傳一樣。如果你沒有製造力矩或穩固核心，或下背力量不足，就會發生這種情況。下方的照片中，我其實是用過度誇張的方式示範這個問題，但這種狀況的確會發生，而且在每組的最後一下最容易出現。這個時候運動員不會控制壺鈴往下的速度，反而會在最高位置結束動作，放開肩膀與髖部的所有張力，讓壺鈴的動量將他往下拉。這種方式很容易讓你在完成動作時拉傷下背。記得，傷害經常在運動開始或結束時發生。記要做出正確的決定，以良好姿勢開始和結束動作。

動作控制修正：
軀幹不要追著壺鈴跑，不要往下看，也不要在做完每組最後一下後放掉張力。好好控制重量，將重量降回地面，像在進行大重量硬舉一樣。

單手擺盪 One-Arm Swing

就我看來，比起經典的壺鈴擺盪，壺鈴更適合用來進行單手擺盪。單手擺盪這個動作的挑戰性意外地高，因為所含的旋轉會讓你難以穩定肩膀和軀幹，像是向下擺動時，在雙腿之間擺盪的壺鈴動量會將肩膀拉成內旋姿勢。你必須抗拒這股力量，持續將肩膀往後拉。

你也可以藉由單手擺盪來看看自己空下來那隻手的穩定策略。我知道這句話我已經在書中說了無數次，但我要再次強調：如果你不靠著穩固脊椎並在主要引擎製造力矩來做出穩定姿勢，你的身體就會在其他地方尋求穩定

1. 遵照壺鈴擺盪的上至下預備姿勢（242 頁）。但現在不是用雙手抓住壺鈴，而是抓住把手的中心或最外側。記得肩膀往後拉，繃緊另一隻手臂，保持全身張力。

2. 保持肩膀後拉、軀幹直挺，身體轉向沒拿壺鈴的那一隻手，讓壺鈴移往中軸。如果你是用左手拿壺鈴，就向右轉；用右手拿壺鈴，就向左轉。

度。你必須組織好另一隻手，方法是單手握拳或張開五指，並將肩膀轉至關節窩後方。這個概念可以轉移、應用到所有單手單邊動作，像是單手啞鈴推舉、啞鈴抓舉和土耳其式起立。

結論如下：在單邊肩膀製造穩定度比雙肩困難多了，尤其是進行動態動作的時候。你沒有器材可以用來製造力矩，所以一切就得看你有多了解基礎動作形式。

注意：預備姿勢跟雙手擺盪完全一樣，使用上至下的預備方式。

3. 把壺鈴移到身體中線的時候，大腿後側肌群往後拉（保持背部平直，頭部中立，小腿垂直），接著把壺鈴甩至雙腿之間。**注意**：在這個步驟中，有些教練會叫你手往內旋。我個人會專心保持肩關節朝前，壺鈴才不會打到腿，同時還能維持穩定的肩膀姿勢，若手往內旋，肩膀比較難往後拉。

4. 同時伸展髖部與膝蓋，爆發站起。如同一般的雙手擺盪，想著用髖部推動手臂，讓你有效率地將力量從髖部傳送至肩膀。

力矩問題

如上方所述，如果不組織好沒握壺鈴的手臂，手臂就會扭曲成奇怪的姿勢，
通常是變成鉤形，肩膀嚴重內旋。除了看起來奇怪外，這種姿勢還會造成
開放式迴路問題，並透過動力鏈傳遞到全身，讓你難以製造與維持穩定度。

划船 Rowing

**深蹲 1．深蹲 2
頸前架槓 1．推姿**
這個動作包括以上原型。
要改善這個動作常見的限
制，請翻至第四部的對應
原型處方。

如果你懂得如何以良好動作形式硬舉，划船就簡單了。這兩個動作的負重
順序和起始姿勢都一樣。如果我要你划船 1,000 公尺，我希望各位能在腦中
自動換算成硬舉 60-80 下。這麼做不僅能讓你比較容易替正確動作形式排序，
還能讓你有意識地控制每一下划船動作。

但是，划船跟硬舉不同的地方在於，划船是低阻力、高次數的運動。除了
加進速度、時機和代謝刺激外，你還要不斷重組出相同的起始與完成動作，
所以划船時很容易犯錯。

加進速度後，動作就會開始變形。比起以不良動作模式硬舉，用不良姿勢
划船的後果不會立刻出現，影響卻會不斷累積。舉例來說，如果你以每分
鐘 30 下的速度划上 20 分鐘，便會擠壓塌陷的腳踝 600 次。短期內也許還能
瞞混過關，但長期下來會導致傷害。此外，這麼做還會讓你的身體記住不
良動作模式。

划船動作最重要的幾個好處如下：

1. 划船可以突顯腳踝、後側鏈和髖部的屈曲動作幅度。

2. 找出負重順序哪裡有錯。如果划船時是用下背承擔重量、肩膀前傾，而沒有保持脊椎堅挺，以髖部和大腿後側肌群製造張力的話，會很容易看出來。

3. 划船能夠幫助你進一步了解以下原則：如果頭部、肩膀或脊椎的姿勢不對，就不可能用良好動作形式進行動作。

4. 划船能測試你的協調性，以及用同樣姿勢不斷重複製造力量的能力。

注意：划船的技術細節難以盡述，尤其是時機，但把划船拆解成速率等各個細節已經超過本章的範圍。我的目的是要利用功能性動作，綜合探討穩固步驟、力矩與動作轉用性這三者的密切關係。

硬舉預備姿勢

划船預備姿勢

划船的預備姿勢幾乎跟硬舉一模一樣。

1. 預備進行划船時，先調整踏板，讓束帶包住腳趾根部。拉緊束帶，雙手握住把手，伸直雙腿，把軌道上的座位往後推（重點是減輕骨盆的擠壓力，讓你能打直背部）。雙腿伸直後，坐挺打直背部，接著夾緊肩胛骨，雙手扭緊把手。要製造出最大力矩，就用雙手拇指鉤住把手。繼續保持背部打直，頭部就中立姿勢，雙肩往後拉，膝蓋往外打開，髖部和座椅往前滑，讓軀幹稍微往前傾。此時跟硬舉一樣，要保持小腿垂直，以髖部負重。

2. 保持手臂打直，持續用把手製造力矩，伸展膝蓋，稍微往後仰，將髖部往後推。雙眼專心看鏈條，幫助你維持頭部中立。

3. 伸展雙腳膝蓋時，將把手拉到胸骨處。注意我的前臂幾乎呈現水平，雙肩後拉。如果把照片逆時鐘轉 90 度，看起來就像雙槓下推的最低位置姿勢。許多規則在這個動作上同樣適用：持續保持肩膀後拉，頭部中立，手腕與手肘呈一直線。

4. 稍微暫停後，雙手手臂伸直。雖然技術上來說這稱為恢復階段，但你還是要繼續用把手製造力矩，將肩胛骨往後拉。

5. 雙手超過膝蓋時，以髖關節轉軸往前彎，讓軀幹稍微前傾，接著將髖部朝腳跟滑。你應該要回到跟開始時一樣的姿勢。

頭部、脊椎與肩膀問題

頭部姿勢不對，背部就會圓起，肩膀就會鬆軟。這時候，應該送往髖部的
力會跑到背部，雙肩還會內旋，影響你的爆發拉力。肩膀動作幅度不足、
胸椎緊繃也會導致這個問題。

推姿
此一問題與推姿原型相關。
要修正活動度，請翻至第
四部的推姿原型處方。

動作控制修正：
肩胛骨夾緊，雙手扭緊把
手，製造力矩。
雙眼專心看鏈條，幫助你
維持頭部中立。
盡可能保持背部平直，小
腿垂直。

鬆動術目標區塊：
前肩與胸部
後肩與背闊肌
胸椎

順序問題

划船的起始姿勢和第一次的後拉階段跟硬舉很像，都必須同時伸展膝蓋與
髖部。但是，划船加上了速度與時機的元素，所以許多運動員沒辦法掌握
動作順序。他們不會同時全身動作，反而會將髖部後推，將軀幹留在前方，
用背部出力划槳，或是往後仰，讓膝蓋繼續彎曲，用手臂後拉。

這個問題也會出現在恢復階段（將把手送回起始姿勢的位置），但順序剛
好相反。他們會將髖部留在後方，胸部前傾，或是還沒伸直手臂就彎曲雙
膝，於是非得將把手移過雙腿。不管是發生在哪個步驟或階段，順序問題
都會破壞節奏、破壞力道，而且還會讓運動鏈上下游產生大量問題。

動作控制修正：
把身體當成單一的整體來
移動。
專注於同時伸展膝關節及
髖關節。

過頭

頸前架槓 2

這個動作包括以上原型。
要改善此動作常見的限制，
請翻至第四部的對應原型
處方。

擺盪式引體向上 Kipping Pull-Up

擺盪式引體向上是以體操為基礎的技巧，結合了前後水平擺盪與上拉動作，
並利用踢腿和推動髖部來提供擺盪的動力。重點是要利用水平面的動量把
下巴拉過槓。

許多自認為是肌力體能訓練專家的人，會批評擺盪式引體向上不夠安全。
他們說得沒錯，但只有做得不正確才會有危險。擺盪能讓你在較短的時間
內進行較多次動作，但如果做得不對，便會嚴重傷害肩膀、手肘和下背。
要怎麼擺盪才不會有受傷之虞？

首先，你的肩膀要有完整的動作幅度，意思是懸垂在槓上時要能伸直手肘、
腋窩朝前，讓脊椎就中立姿勢。請見 100 頁的過頭原型基礎快速測試。

1. 跳起來抓住槓，做出引體向上的
鉤形握法（見 229 頁）。手肘伸直、
腋窩朝前，夾緊臀肌，將肋廓往下拉
並繃緊腹部。雙腳併攏，腳尖朝下。

2. 繼續夾緊臀部，腋窩朝前，雙腳
併攏。雙腿往後踢，把頭和胸部拉到
槓下。夾緊臀肌能避免你過度伸展下
背。請注意，照片中卡爾全身呈弧
形。雖然他的背在伸展，但脊椎受到
了保護。

3. 腋窩朝前，手肘打直，將雙腿往前
擺盪，把身體推離槓。

第二，你必須從標準引體向上（229頁）做起，基礎打好，才能開始在槓上擺盪。知道如何握槓、讓身體就良好姿勢後，你就可以加進擺盪動作。這不僅是為了運動，還能一併衡量肩膀活動度與動作控制能力。如果你在槓上擺盪時手肘彎曲、肩膀前傾，可能有兩個原因：你不知道正確的預備姿勢與擺盪方式，或是末端肩關節屈曲動作幅度、內旋或胸部伸展不足。

借力動作之所以有用，還有一個原因就是符合動作效能移轉的訓練模式。注意下方照片，往後擺盪的姿勢其實就只是放大了許多運動項目的動作形式，特別是投擲動作。舉例來說，網球發球、排球殺球和棒球的投球等，其實都是懸垂擺盪引體向上的鏡像動作。除此之外，動態的髖部屈伸動作跟挺舉和抓舉這種奧林匹克舉重技巧很像。這種髖部的動作也是暴力上槓（見280頁）等體操動作的基礎。

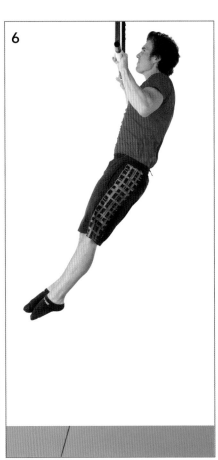

4. 髖部往後拉，肩膀往前推。

5. 持續夾緊臀肌，繃緊腹部，將雙腳往前擺盪，把身體推離槓。

6. 往後擺盪的同時把下巴拉到槓上，保持手肘緊繃和脊椎中立。再次強調，這裡的重點是要用往後擺盪的力量來幫助你把下巴拉過槓。要一氣呵成接到下一次動作，將自己推離槓，接著在伸展雙臂時，像步驟2和4

一樣把自己拉到槓下。在所有第一類與第二類動作中，往上跟往下的姿勢都要看起來一模一樣。

深蹲 1
過頭

這個動作包括以上原型。
要改善此動作常見的限制，
請翻至第四部的對應原型
處方。

漸進式抓舉平衡訓練
Snatch Balance Progression

抓舉平衡訓練，是把奧林匹克舉重動作中抓舉的接槓階段獨立出來訓練。
特點在於，這個動作需要你利用抓舉握法，從背蹲舉的最高位置轉換動作，
快速蹲到槓下，變成完整過頭深蹲姿勢。這個練習的目的是學會在過頭深
蹲的最低姿勢中做到輕鬆接槓，因為這是抓舉最有挑戰、看起來最嚇人的
步驟。你必須將髖部和肩膀組織成良好姿勢，同時維持脊椎堅挺、軀幹直
挺。

抓舉平衡技巧一共有三個版本，只有第一個版本在動作分級系統裡屬於不
同類別。這些技巧有特定的難度順序，通常會以此順序推進練習，因此我
認為最好按照順序來介紹這三種版本的抓舉平衡技巧。我希望一同呈現這
些技巧，這樣可以讓各位看出不同變化動作的細微差異，也能解釋從第一
類動作（上推式抓舉平衡）轉換到第二類動作（爆發上推式抓舉平衡訓練
和抓舉平衡）為何這麼難。

注意：雖然此處使用了槓鈴，但漸進式抓舉平衡訓練也可以使用 PVC 管。
PVC 管適合所有年齡、任何程度的運動員。要了解抓舉平衡常見的問題，
請往回翻至 192 頁的過頭深蹲。

上推式抓舉平衡

此一系列技巧的第一個推進練習是上推式抓舉平衡。要執行這個技巧，首
先要先擺出過頭深蹲的站姿，接著將槓鈴保持在原位，身體往下到過頭深
蹲的最低位置。如下一頁中的照片，黛安並沒有把槓推到她的頭上，反而
將自己的身體推到槓下。這個技巧同時結合了推舉與過頭深蹲，無疑是最
困難的第一類動作。

1. 擺好抓舉握法，像在進行背蹲舉一樣扛起架上的槓（178頁）。

2. 維持軀幹直挺、脊椎中立，大腿後側肌群往後坐，髖部往雙腳中心下沉。同時施加恰到好處的向上力道，讓槓能待在原位。想像槓不能移動，你是在將自己推到槓下方。

3. 槓保持原位，將自己推到最低位置。你的手肘應該要在頭上固定住，髖部蹲到比膝蓋還低。重點是膝蓋要左右打開，肩胛骨往後拉，腋窩朝前，以維持髖部與肩膀的力矩。

4. 過頭深蹲的方式將重量往上推，回到站立姿勢。

爆發上推式抓舉平衡訓練

爆發上推式抓舉平衡訓練與上推式抓舉平衡的相似之處在於，兩者都要在不改變站姿（雙腳姿勢）的情況下，將身體推到槓下，做出過頭深蹲姿勢。不過，這時候不是要從靜止狀態把身體推到槓下，而是要加進下蹲上推的動作，這個技巧同樣也會在爆發上推和爆發上挺中用到。我們的目標是利用髖部的能量把重量推離背部，接著蹲到槓下，呈現鎖住雙臂的全深蹲姿勢。這裡的重點是速度，不像上推式抓舉平衡需要慢慢進行。

1. 擺好抓舉握法，像在進行背蹲舉一樣扛起架上的槓（178 頁）。

2. 雙腳膝蓋往外打開，盡可能保持軀幹垂直，髖部朝雙腳中心往下坐。

3. 以一股爆發性的動作同時伸展膝蓋與髖部。這裡的重點是要利用下蹲上推所產生的力量，來加速推離上背的重量，幅度足以讓你移到槓下即可。

4. 槓往上移時，向下蹲到過頭深蹲姿勢。目標是蹲到底，雙膝往外打開，手肘打直，腋窩朝前。

5. 以過頭深蹲的方式將重量往上推，恢復站立姿勢。

抓舉平衡

抓舉平衡再加進一項要素。上推式與爆發上推式抓舉平衡都是以過頭深蹲的站姿開始與完成動作，抓舉平衡則需要在蹲到槓下時改變雙腳姿勢。抓舉平衡不會從頭到尾維持過頭深蹲站姿，而是從上拉動作（硬舉、上膊和抓舉）的站姿開始。另一個看法是從跳躍站姿（硬舉）開始，以落地站姿（深蹲）結束。這個技巧可以讓另外一組問題現形：許多人由於活動度和能力不足，因此在蹲低到全深蹲姿勢時，會習慣性用外八站姿代償，以即時製造力矩。簡單來說，抓舉平衡是迅速又有點狡詐的衡量方式，不僅可以讓動作幅度的問題現形，還能衡量運動員是否理解力矩和穩固原則。

1. 擺好抓舉握法，像在進行背蹲舉一樣扛起架上的槓鈴（178頁）。讓雙腳擺出上拉（抓舉、上膊、硬舉）站姿。

2. 盡可能保持軀幹垂直，膝蓋打開，髖部朝雙腳中心下沉。

3. 像要垂直跳躍一樣，同時伸展膝蓋與髖部。重點是要把髖部的力傳到肩膀，用這股力把槓鈴推離肩膀後方。

4. 槓加速往上移時，下蹲到過頭深蹲的最低位置，把身體推到槓下。同時，雙腳往外推到落地（深蹲）站姿，雙腳馬上在地上扭緊，鎖住雙臂，接下頭上的槓鈴。保持雙腳腳尖朝前、膝蓋中立、腋窩朝前。

5. 以過頭深蹲的方式起立。

第三類動作　高穩定姿勢　➡　中斷連結　➡　高穩定姿勢

波比跳（P 259）　　土耳其式起立（P 262）　　上膊（P 264）

挺舉（P 272）　　抓舉（P 278）　　暴力上槓（P 280）

波比跳 Burpee

波比跳是結合伏地挺身、深蹲與垂直跳躍的動作，過程一氣呵成。你已經知道起始與完成姿勢是什麼樣子，很容易就能找出問題。本書進行到這裡，你的能力也應該能辨認出常見的問題。波比跳其實只是重組基本姿勢，不斷強化相同的動作形式，不同的地方就只是增加過渡階段。

你可以一邊保持軀幹穩定、肩膀姿勢良好，然後一邊流暢地進入動態的平板式嗎？可以用垂直的前臂進行伏地挺身嗎？可以過渡到深蹲最低位置，身體自然而然製造力矩，接著挺直軀幹跳起來嗎？

有趣的是，大家都很熟悉伏地挺身、深蹲和跳躍與落地技巧，但一要他們不假思索做出這些姿勢，一切就亂了。

我們這麼看吧，波比跳這個動作就像是在進出三座不同的隧道。如果你用不良姿勢開始伏地挺身，就會用不良姿勢過渡到深蹲動作，最後跳躍的時候全身姿勢早就扭曲不堪。每個動作出現的問題，會在後續動作變成更嚴重的問題。如果把波比跳當成測試耐力用的快速多次數鍛鍊運動，那麼動作形式越糟，受傷風險就越高。

每次進行動作，都要可以快速精準地重現相同的穩定姿勢。重點不是能夠完成幾次，而是能夠做完幾次高水準動作。如果你經常做波比跳（這動作最好常做），就應該好好安排你的鍛鍊方法，才不會做得亂七八糟。

我以 CrossFit 的團體課程來舉例吧。假設你在訓練一群運動員，需要他們連續做 25 次波比跳，如果你要運動員以最快速度連續完成 25 次，最後姿勢可能會慘不忍睹。這時候你可以重新設計鍛鍊方式，鼓勵運動員做出高水準的動作，而不是用最快速度做完。舉例來說，你可以讓運動員兩兩一組，其中一人連續做固定次數的波比跳，另一人則安靜在一旁計算對方有幾次沒做好。目標是盡可能降低有問題的次數。

只要改變鍛鍊規則，就可以改變運動員的心態。如此一來，運動員就會特別注意動作品質，將目標放在重複做出相同的良好姿勢，這才是最重要的！

波比跳的萬用特性則是另一個值得注意的重點。肌力與體能訓練動作的目的就是要轉用到運動與日常生活上，波比跳則常在武術和格鬥運動上見到（如綜合武術家或摔角選手把腿往後踢，跳起回復格鬥姿勢，避免被對手摔倒）。在衝浪或美式足球等碰撞型運動也會見到。

深蹲 2
深蹲 1・推姿
頸前架槓 1・過頭
這個動作包括以上原型。要改善此動作常見的限制，請翻至第四部的對應原型處方。

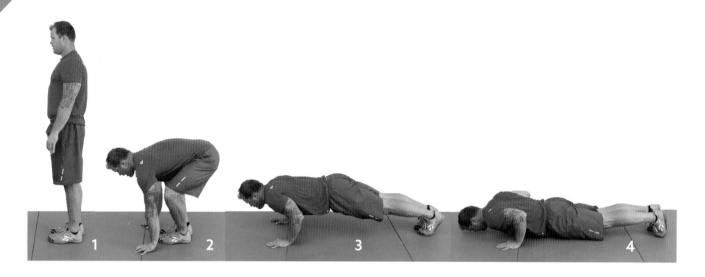

1. 開始時就跳躍站姿,進行穩固步驟。

2. 將大腿後側肌群往後推,盡可能保持小腿垂直,雙膝就中立姿勢,髖關節轉軸往前彎,手掌放在地面,手指朝前。這裡的重點是保持下背平直,雙腳在雙手碰地時往後伸或滑到後方。

3. 雙腳往後滑,擺出伏地挺身最高位置的姿勢。雙手記得在地上扭緊,夾緊臀部,持續繃緊腹部。

4. 胸部往地面沉的同時,手肘保持貼緊身體,肩膀與手腕上下對齊。

5. 用爆發式動作伸展手肘,髖部往上推到完全伸展,膝蓋往胸口拉。

6. 雙腿拉到身體下方時,試著用雙腳取代雙手的位置。重點是要盡可能保持雙腳平直,打直背部,抵達深蹲的最低位置。

7. 身體推離深蹲最低位置,垂直往上跳。照片中我併攏雙腿,雙肩往後拉(腋窩朝前),腳尖朝下。接下來我會用一般姿勢落地,過渡到另一次波比跳。有關落地方法,請翻回跳躍與落地技巧(238頁)。

失敗的波比跳

波比跳將許多動作結合成一氣呵成的協調行動，因此容易出現很多問題。舉例來說，許多人會以圓背下彎，歪七扭八地趴到地上，跳起來變成可怕的小狗大號姿勢，在起立時磨損膝蓋，或是跳到空中時雙腿往後踢。這就像是一個動作裡集結了硬舉、伏地挺身、深蹲和跳躍的所有問題，慘不忍睹。如果你的波比跳步驟看起來像下方照片，就回到上一步，獨立練習每個動作，直到有能力做出完美姿勢為止。

想像有個士兵穿著 32 公斤重的裝備躺在地上，怎麼起立最有效率？其實跟波比跳差不多。就伏地挺身的最低位置，盡可能保持前臂垂直，將身體往上推，全身呈弧形，接著一次站起一隻腿，直立。你也可以用跨步進入站立姿勢。目標是把腳掌平放在地面，小腿垂直，接著用脊椎組織良好、穩定的姿勢起立。在我們的健身房裡，如果有人無法以良好動作形式從伏地挺身過渡到深蹲最低位置，我們也會使用相同的模型來練習。

如果要從腹部開始離地站起來，就使用簡化版波比跳這種動作形式吧。

**調整
波比跳的難度**

土耳其式起立 Turkish Getup

過頭

槍式深蹲・跨步

這個動作包括以上原型。要改善這個動作常見的限制，翻到第四部的對應原型處方。

武術家（尤其是學習巴西柔術的人）將土耳其式起立稱為「技術起立法」。當他們在尋求別的起立動作時，土耳其式起立可以讓他們用最少的能量站起來。

這就是土耳其式起立最重要的日常應用：讓你學會用最有效率的方式從地上站起來。這樣你就能想像對要起立的老年人來說，這動作的價值有多高了。土耳其式起立也是相當寶貴的診斷工具。如果今天要指導肩膀傷後復健的運動員，或是測試運動員會不會穩定肩膀，我會引入的第一個第三類運動就是土耳其式起立。土耳其式起立不能用槓鈴或地面等固定物體製造力矩，因此可以強迫運動員將肩膀鎖定在穩定姿勢，並表現出完整的動作幅度。除此之外，土耳其式起立跟其他第三類動作不一樣，進行時速度要慢，這讓這個動作成了安全又實用的工具，可以把這些穩定度的概念解釋得很透徹。

無論進行到哪個階段，你都可以停下動作，矯正肩膀姿勢——不只是高舉過頭的那條手臂，支撐的手臂也可以。握住壺鈴的手臂腋窩要朝前，支撐身體的手臂也要把肩膀後拉，手在地上扭緊，因此可以一次診斷兩種肩膀姿勢。此外，你也可以看看肩膀姿勢不穩會如何引起運動鏈的其他問題：如果沒有鎖定肩膀，腳踝可能會塌陷，膝蓋會內夾，腰椎會過度伸展……等等。

1. 平躺於地，壺鈴放在右肩（或左肩）旁邊，握住把手。照片當中，我已經撐起右腳，左手臂伸到另一邊握住壺鈴。夾緊臀肌，腹部繃緊。腳掌繼續踩平，才能以良好姿勢過渡到跨步、起立。

2. 左手將壺鈴往身體中心拉，伸展右手手肘。手肘緊貼身體，拇指朝向頭。手臂鎖住後，肩膀沉到關節窩後方，收回左手臂，就穩定姿勢。進行動作時，眼睛持續盯著壺鈴。

3. 繼續打直右手臂，主動出力，將大拇指推離身體，以右腿把身體撐離地面，變成用左手肘撐地。目標是手肘和肩膀對齊。肩胛骨務必保持後拉，穩定軀幹。

4. 坐起身子，左手掌撐在地上。手和左肩對齊。過渡到過頭姿勢時，心裡想著腋窩要轉向前。

5. 繼續夾緊臀肌，用右腳將身體推離地面，伸展髖部。

6. 用左手臂和右腿撐起身體重量，左腿拉到髖部底下，膝蓋撐在身體重心下方（與壺鈴上下對齊）。

7. 眼睛盯著壺鈴，重量移往右側，軀幹挺到垂直地面。左手一離地，就把肩膀往後拉，手臂外旋。記得確保左腿內旋。

8. 右膝維持中立姿勢，右腿出力站起身子，將重量保持在身體重心的上方。用左臂來平衡全身，維持左肩穩定度。

9. 站直之後，左腳往前踏，夾緊臀肌，擺出完成姿勢。

上膊 Clean

深蹲 1
懸臂·頸前架槓 2
這個動作包括以上原型。
要改善這個動作常見的限
制，請翻至第四部的對應
原型處方。

上膊會透露許多訊息。你能不能維持中立脊椎姿勢，快速以動態動作拉起地板上的重量？你能不能每次都重複相同的負重順序？你能不能在轉換姿勢時，保持軀幹、髖部和肩膀穩定？

當動作變得這麼複雜，犯下技術錯誤的可能性也變得更高了。但是，上膊也提供了機會，讓我們改善表現、找出個人運動能力中的潛在弱點。在導入第三類動作，逐漸增加訓練難度時，我們就該培養這種心態。

會硬舉和前蹲舉是很棒沒錯，但讓我們看看你能不能在移動靜止物體時，加快拉動速度並製造力矩。讓我們看看，你是不是具備足夠的動作控制能力與活動度，可以快速精準地蹲至前蹲舉的最低位置。

如果你想提起地上的東西，用肩膀接住，就要有個模型去學習、教導這個技巧。上膊就是層層解開這種動作形式的正式藍圖。

不良混合型態

上至下的準備法無疑是硬舉的最佳預備姿勢，卻不一定能轉用到奧林匹克舉重。實際上，世界知名的奧林匹克舉重教練葛倫·潘德雷就不讓他訓練的選手進行單次高重量硬舉，因為他認為上背伸展動作幅度不足及「硬舉式肩膀」會破壞奧林匹克舉重的動作形式。

雖然這是奧林匹克舉重特有的觀點，卻符合我們「練習成久遠」的哲學。如果你以屈體姿勢拉起重量，將槓拉過大腿時就必須將軀幹挺至垂直，導致類似壺鈴擺盪的髖部前推動作。這麼做會讓你的髖部能量往前傳，而不是往上。結果不是硬舉失敗，就是必須往前跳，才能接住重量。

硬舉預備姿勢

上膊預備姿勢

下至上預備姿勢

硬舉的預備姿勢需要由上至下進行（見 197 頁），上膊則需由下至上準備。兩個動作的負重順序有些相似，首先都需要打直背部，肩膀往後拉，接著以髖部和大腿後側肌群負重，用膝蓋調整姿勢。但是，硬舉是採屈體姿勢，維持髖部和大腿後側肌群的張力，並在槓上擺出握法，上膊則是深蹲到底，在該位置進行預備姿勢。

這麼做的原因有三：首先，下至上的預備姿勢可以讓你將胸部伸展動作幅度推至顛峰，適用於奧林匹克舉重。深蹲到底可以讓你有效率地把肩胛骨往後拉（以槓當作固定支點），並在上背產生最大的張力。這為何重要？答案很簡單，這麼做可以讓你準備好用良好的頸前架槓姿勢負重。

在規劃準備策略時，要考慮到完成姿勢。我們的目標不只是要以良好的姿勢進入隧道，還要以良好姿勢離開。預備姿勢與完成姿勢（深蹲的最低位置）相同的話，就可以增進接槓姿勢的穩定度。

第二，下至上預備法可以讓你優先擺出直挺的軀幹姿勢，這對拉槓（把地面上的重量舉到髖部與胸部高度）和接槓（深蹲到底，同時以頸前架槓姿勢接下重量）來說都相當關鍵。

最後也最重要的原因，是下至上的預備姿勢可以給你一個樣本，遵循著做，就能每次都產生相同的結果。

注意：許多人的活動度不足以採用下至上預備姿勢。在這種情況下，上至下預備姿勢是比較好的選擇，而且依然能發揮功能（美國的許多頂尖舉重選手都是證人）。但是上至下預備姿勢無法讓上背和肩膀呈現最佳力學姿勢，因此較為不理想。找出活動度受限的原因，設法改善吧。

1. 就上膊站姿（與跳躍和硬舉站姿相同），收回肩膀，進行穩固步驟。

2. 深蹲到底，保持背部平直，肩膀直挺繃緊，做好鉤握法（見201頁）。**注意：**上膊握法應該要跟頸前架槓握法相同。想了解頸前架槓的預備姿勢，請往回翻至187頁。

3. 膝蓋往外推，臀部往下蹲，軀幹拉到跟地面垂直，收回肩膀，雙手扭緊槓。這麼做能將上背的張力推至極限，並讓肩膀就穩定姿勢。

4. 繼續用槓製造張力，吸一口氣繃緊腹部。接著提起臀部，以髖部和大腿後側肌群負重。

5. 背部保持平直，膝蓋就中立姿勢，肩膀繃緊，同時伸展髖部與膝蓋。同樣地，拉起地上的槓時，脊椎姿勢不要改變。先抬起臀部、槓撞上槓片發出聲音或膝蓋內夾都是不該有的錯誤。

6. 槓高過膝蓋後，髖部往前頂，槓盡量貼近身體。達到三關節（足踝、膝蓋與髖部）伸展時，聳起雙肩。照片中黛安將手臂伸直，她以雙腿和髖部製造的能量 100% 都能傳送到槓上。

7. 槓往上移時，雙腳往外滑到落地的姿勢，把身體拉到重量下。這時常會出現一個問題，那就是腳跟往後踢，重踩雙腳（這個動作通常稱為驢子踢）。雖然重踩雙腳可以啟動後側鏈，讓你擺出最佳落地姿勢，但是不要做出可怕的驢子踢。理想做法是雙腳往外滑，停住時在地上扭緊。

8. 以前蹲舉的姿勢將重量推至最高位置。

爆發式上膊

如果你是國家美式足球聯盟的前鋒，就要知道如何保持肩膀組織良好，從雙手雙腳撐地轉換成軀幹垂直姿勢，立即出擊。你必須要以接近光速的速度做到這一點。學習爆發式上膊的正確進行方式，可以協助訓練這個動作形式。

爆發式上膊是難度較低的上膊變化型。不是在深蹲最低位置接槓，而是在1/4深蹲或最高位置接槓。許多人的活動度不足以正確進行上膊，因此爆發式和懸臂的變化型可以協助你訓練出良好動作形式。

話雖如此，這可不是不練完整上膊和抓舉的藉口。如果你沒辦法蹲低上膊或抓舉，就要找出問題的源頭，設法改善。

我們的目標是要透過完整動作幅度培養動作控制能力。如果你不斷以縮短動作幅度來隱藏自己動作控制與活動度的問題，被迫擺出動作幅度終端的姿勢，就會用不良姿勢代償。經驗不足會變成你的絆腳石。總而言之，一定要開發動作幅度終端的動作控制能力。

別隱藏自己的缺點。收起自尊，全力上吧。

懸垂式上膊

學習上膊和抓舉等複雜動作時，必須一層層分解。如果你真心想練好奧林匹克舉重，就要獨立練習每個步驟。舉例來說，懸垂變化型（從站立姿勢展開動作）可以讓你專心練習拉槓的第二步驟（三關節伸展）、舉重的接槓步驟（頸前架槓）和落地。

這麼做有幾個好處：

1. 將動作拆解成清楚明確的步驟，縮短學習曲線。

2. 可以讓你專心處理有問題的部分。

3. 可以避開活動度問題（像是無法做出預備姿勢，或無法在最低位置接下重量），練習動作的其他層面。

1   **2**   **3**   **4**   **5**

1. 用硬舉將重量拉到站立姿勢。

2. 大腿後側肌群往後坐，槓降到膝蓋頂端。保持肩膀後拉，軀幹盡量維持挺直，膝蓋就中立姿勢。

3. 以一個爆發動作同時伸展髖部和膝蓋，彷彿自己要直直跳起，同時雙肩聳起。

4. 槓往上移時，身體移到重量之下，以頸前架槓姿勢接槓。

5. 以前蹲舉的姿勢將重量推至最高位置。

深蹲 2
深蹲 1
此一問題與以上原型相關。
要修正活動度,請翻至第
四部對應的原型處方。

─────────

動作控制修正:
在最低位置將雙腳膝蓋往
外推,以髖部和大腿後側
肌群負重後,開始拉槓。

鬆動術目標區塊:
前髖部與股四頭肌
後側鏈上部(臀肌)
後側鏈下部(大腿後側肌群)
小腿後側肌群與腳跟腱

張力追捕問題

如果雙腳膝蓋沒有外推,或是屈曲和外旋動作幅度不足,開始上拉時臀部
就會往上翹,導致脊椎過度伸展。身體會用這種方式自行製造張力。在最
低位置將膝蓋往外推,繃緊全身來改善姿勢。

過早拉槓問題

槓一超過膝蓋,就要盡量將軀幹挺成垂直,才能完全伸展髖部。這麼做能
讓你將往上的能量從髖部傳到槓上。如果身體前屈(採取了上至下預備姿
勢)或是前側鏈(髖關節屈肌群與股四頭肌)的伸展動作幅度不足,就很
難完全伸展髖部。這樣會發生什麼事?會變成用手臂拉槓,而非利用髖部
的力量。

要矯正此一問題,請採用懸垂式上膊的動作變化型(用硬舉把重量拉到站
立姿勢,降至大腿再上拉),或是不過渡到接槓姿勢,專注練習伸展髖部
的動作(上膊拉槓)。如果問題出在髖部或股四頭肌太緊,就設法鬆動僵
硬的組織吧。

動作控制修正:
採取上膊式高拉或懸垂式
上膊等變化動作,把最容
易出錯的拉槓步驟抽出來
練習。
鎖住髖關節並聳起肩膀後,
心裡想著把手肘提高。

鬆動術目標區塊:
前髖部與股四頭肌

如果要連續進行多次動作，把重量降回地上時就要特別注意肩膀姿勢。記得要將肩膀後拉，雙手扭緊槓，接著蹲到起始姿勢。這麼一來，你就能夠流暢過渡到下一次的動作，也不會習慣性地落入不良姿勢。

放鬆肩膀問題

許多人在將槓降到地上時，會犯下鬆開雙肩的錯誤。如下方照片所示，這會破壞脊椎整體性，讓肩膀落入不良姿勢。

動作控制修正：
將槓降到大腿上時，肩膀持續後拉，雙手扭緊槓。想像自己要開始進行懸垂式上膊，心裡想著保持背部平直，雙腳膝蓋往外推。

挺舉 Jerk

我們的健身房常有人說，如果你不能挺舉，你的肩膀一定不正常。

雖然打好基礎、穩定的過頭姿勢很重要，但就算過頭動作幅度完整，或者做得出推舉和爆發上推，還是不夠。如果要完整地表現出自己的過頭姿勢穩定又有效率，就要能鎖住雙臂，自然地即時擺出穩定的肩膀姿勢（腋窩朝前）。換句話說，你必須要會挺舉。

如果你做得出挺舉（意即能夠同時伸長穩定雙肩），就代表你理解本書不斷強調的穩定概念，也具備了能夠轉用到游泳、投擲和推牆等動態過頭活動的模型。除此之外，挺舉跟其他第三類動作一樣，能夠放大會使力矩和力量流失的問題，還能找出基礎過頭推舉動作看不到的肩膀活動度問題。

如果你才剛開始學挺舉，從架上扛起槓會很有幫助。這麼做能讓你擺出最佳預備姿勢，並把動作抽出來練習（要了解從架上扛槓的方式，請見 187 頁的前蹲舉）。但是，如果你的目標是進行奧林匹克舉重，就得學習如何從上膊過渡到挺舉。這兩個動作的過渡需要將雙腳擺回拉槓站姿，並放低手肘，調整頸前架槓姿勢。手肘大約要呈現 45 度角（介於前蹲舉頸前架槓姿勢與肩上推頸前架槓姿勢之間）。

挺舉跟爆發上推一樣，要用下蹲上推（彎曲並伸展膝蓋）來讓重量往上加速。但爆發上推是要留在跳躍站姿，挺舉是要蹲到重量的下方，用深蹲（落地）或分腿深蹲姿勢接槓。不管你採用何種變化姿勢，目標是在最佳槓位高度以強力穩定的姿勢接下重量。對一般的運動員來說，在手臂鎖住的那一秒暫停能提供絕佳的刺激，還能讓教練衡量運動員的姿勢品質。

頸前架槓 2
過頭・深蹲 1
這個動作包括以上原型。
要改善這個動作常見的限制，請翻至第四部的對應原型處方。

爆發上挺

爆發上挺的動作變化型能提供動態過頭刺激，讓你衡量垂直跳躍與落地的力學。進行爆發上挺時，重點是軀幹保持直挺，膝蓋在下蹲接槓時往外推，雙腳朝前打直，雙腳姿勢從跳躍換到落地。要注意的問題包括腰椎過度伸展、膝蓋前推、手肘彎曲和肩關節內旋，還有可怕的驢子踢腿。

注意：爆發上挺的恢復和預備時間比較短，經常會放在低重量高次數的訓練課表裡。分腿上挺還可以讓人推舉起更高的重量。

1. 不管是扛起架上的槓，或是把重量用上膊扛到肩膀，預備姿勢都一樣：夾緊臀部，繃緊腹部，雙腳腳尖朝前，肩膀後拉。照片中黛安擺出了拉槓或說是跳躍站姿，並以指尖和三角肌平衡槓。她的手肘姿勢介於肩上推和頸前架槓姿勢之間，約呈 45 度角。**注意：**挺舉的握槓寬度應該接近前蹲舉頸前架槓。

2. 軀幹盡量保持直挺，大腿後側肌群稍微往後坐，雙腳膝蓋往外推，髖部朝著雙腳中間下沉。淺蹲的姿勢應該跟前蹲舉的前 15 公分一樣。

3. 以一個爆發性的動作同時伸展膝蓋和髖部，進入三關節伸展姿勢。槓離開肩膀時，頭稍微往後拉，幅度足以將槓推過臉，讓槓的軌道保持垂直即可。

4. 槓加速往上移動時，雙腳往外滑至落地姿勢，雙腳在地上扭緊，膝蓋外推，並把自己的身體推到槓下。打直手肘，肩膀後拉，腋窩朝前，以這個姿勢接住重量。

5. 用過頭深蹲的方式將重量推到最高位置。

跨步
過頭・頸前架槓 2
這個動作包括以上原型。
要改善這個動作常見的限
制，請翻至第四部的對應
原型處方。

1. 擺出挺舉的頸前架槓姿
勢。想要了解如何從架上
扛槓，請翻至 187 頁的前
蹲舉。雙腳調整至拉槓站
姿，手肘降低到挺舉的頸
前架槓姿勢，從上膊過渡
到挺舉。

2. 雙腳膝蓋往外推，大腿
後側肌稍微往後坐，讓髖
部朝雙腳中心下沉。保持
雙肩後拉、背部打直，軀
幹盡量垂直。

3. 同時伸展膝蓋與髖部，
把重量推離胸部。同時，
頭稍微往後拉，將槓推過
臉，槓的軌道保持垂直，
一隻腳往後滑，另一隻腳
往前滑。

分腿挺舉

以分腿站姿挺舉，會更容易維持軀幹直挺、肩膀穩定。因此，比起一般挺
舉，分腿挺舉可以舉起更大的重量（除非你是很厲害的中國奧林匹克舉重
選手）。這點很好，但分腿挺舉真正的優點是在你一腿伸展（至身體後方）、
一腿屈曲時，提供穩定髖部的模型。這就是斜切、跑步或跨步的姿勢。
以下是分腿挺舉要注意的幾個重點：

1. 雙腳擺出穩定的姿勢：雙腳落地時稍微內旋，前腳朝身體中心轉，重心
擺在腳踝前方，後腳內旋，重量放在蹠骨球上。前腳的姿勢可以讓你在
膝蓋不至於太過外開的情況下產生外旋，後腳姿勢能穩定你的髖部，讓
你能以中立骨盆支撐挺直的軀幹。

2. 完成舉重、收回腳的時候，切記先移動前腿，動作不可倉促。前腳往後滑，後腳踩至方正站姿。像在做深蹲起槓後退一樣，把這順序練到純熟。

3. 除非你是要參賽的奧林匹克舉重選手，否則盡量多換站姿，熟悉不同的姿勢吧。有時試試左腿在前，有時試試右腿在前。雖然其中一邊力量較強是正常現象，不過，就像好的拳擊手會練習左撇子與右撇子站姿、滑雪板選手要能轉換雙腳站位一樣，面面俱到的運動員也應該兩種站姿都能挺舉。

4. 槓推過臉之後，頭從雙臂中間往前推（但別推太遠）。雙手手肘鎖住，腋窩朝前，在最高點接槓。照片中黛安將重量放在後腳蹠骨球上，後腿稍微內旋。她的前腳稍微有點內八，小腿垂直。雙腿大約彎曲 45 度。這對腳踝、膝蓋和髖部來說是最穩定的姿勢。關鍵是要想著把前腳膝蓋往外推，後腳膝蓋往內推，夾緊後臀肌，維持方正步伐。

5. 持續繃緊腹部，腋窩朝前，鎖住手肘，前腳往後滑。

6. 把左腳踏回起始姿勢的位置。

跨步
此一問題與跨步原型相關。
要修正活動度，請翻至第
四部對應的跨步處方。

動作控制修正：
膝蓋微微彎曲，專心將後
腿內旋。

鬆動術目標區塊：
後側肌上部（臀肌）
前髖部與股四頭肌
後側鏈下部（大腿後側肌群）

外八腳問題

許多運動員會在蹲至跨步姿勢時將後腿往外打開，尤其是新手。這麼做會讓力量大減，還會讓你的後腿變成不良姿勢，如下方照片所示。若出現這種情況，你可以跟修正其他動作一樣，先使用 PVC 管或較輕的重量來練習正確力學。如果你的髖關節內旋不足，無法擺出良好姿勢，解決方法很簡單：翻到鬆動術部分（381 頁起），著手處理髖關節內旋的活動度。

注意：跑步時也會出現同樣的外八腳動作形式。跑步的活動度處方也一樣：從髖部開始鬆動，一路往下游走。

膝蓋問題

很多人會覺得沉到跨步姿勢時不太穩定，尤其是剛開始學挺舉時。為了避免姿勢掉太低，運動員經常會打直後腿，並且以過度伸展的姿勢保持軀幹垂直。若出現這種情況，就跟大部分動作控制問題一樣，你必須退一步，用 PVC 管、空槓或輕重量來練習動作，就這麼簡單。如果訓練技巧時你發現自己因為活動度受限而擺不出姿勢，那就找出並處理問題根源。就此問題來說，問題通常出在髖部周圍的前方結構太過緊繃。

動作控制修正：
想著右膝要彎曲，朝身體中心轉。雙腿彎約 45 度。

鬆動術目標區塊：
前髖部與股四頭肌
軀幹

抓舉 Snatch

抓舉這個動作最能看出動作幅度,以及運動員究竟了不了解中軸穩定和力矩原則。抓舉是教練的終極衡量工具,因此對運動員來說,也是最具挑戰性的第三類動作。

抓舉的下至上預備姿勢跟上膊相同,但需要更高程度的動作控制能力和活動度。你拉槓時要握得更寬,並且用過頭姿勢接下重量。換句話說,你要蹲到更低的深蹲位置,用更寬的握距製造力矩,難度變得更高。從拉槓過渡到穩定過頭姿勢時,雙手要用鉤握法扭緊槓,並且維持外旋力,這一點也不輕鬆。有很多人就是因為這樣,才沒辦法將肩膀穩定在良好姿勢,無

深蹲 1
懸臂・過頭

這個動作包括以上原型。要改善這個動作常見的限制,請翻至第四部的對應原型處方。

1. 擺出抓舉站姿(跟你的跳躍和硬舉站姿相同),肩膀往後拉至外旋姿勢,進行穩固步驟。

2. 保持背部平直,肩膀直挺繃緊,膝蓋往外推,深蹲到最低位置,以鉤握法握住槓(見 201 頁)。

3. 為了要在上背製造出最大張力,並讓軀幹垂直,雙手請扭緊槓(製造外旋力),肩膀往後拉,臀部朝腳跟往下坐。

4. 抬起髖部,以髖部和大腿後側肌群負重。切記背部要保持平直,肩膀後收,小腿垂直,膝蓋外推。記得拉槓前要先把全身鬆散的關節繃緊。

5. 同時伸展髖部和膝蓋。將槓拉離地面時,脊椎姿勢不該有任何改變。

6. 槓高過膝蓋後,髖部往前挺,槓盡量貼近身體。進入三關節伸展狀態後,雙肩聳起。注意照片中,黛安伸直手臂,雙腿和髖部所製造的向上力量可以 100% 傳送到槓上。

7. 槓往上移動時,將雙腳滑到落地站姿(雙腳在地上扭緊),蹲到深蹲姿勢,將自己拉到槓下。

8. 在過頭深蹲的最低位置接下重量。繼續保持肩膀後收,手肘打直,腋窩朝前。

9. 從過頭深蹲姿勢起立。

法保持軀幹垂直或維持脊椎直挺。就算你犯的錯誤再小、活動度問題再微不足道，動作還是會崩壞。

注意：如果想找出適當的抓舉握法寬度，我建議各位遵守這個關鍵概念：姿勢不穩時，你的握法要讓你能夠將重量拋到背後，以免砸到自己的頭骨。肩膀活動度經常會限制抓舉握法，理想情況下，最好還是請教練替你找出最恰當、最安全的握法。

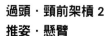

**過頭‧頸前架槓 2
推姿‧懸臂**

這個動作包括以上原型。
要改善這個動作常見的限
制，請翻至第四部的對應
原型處方。

暴力上槓 Muscle-Up

如果你可以輕鬆做出標準引體向上和吊環式雙槓下推，恭喜你！但你可以
將兩個動作結合成無縫轉換、協調的活動嗎？你能不能邊做邊保持背部平
直、肩膀組織良好？

標準暴力上槓需要極高的軀幹與肩膀控制力。再加上擺盪等動態元素、疲
勞及高次數，所有糟糕的動作控制習慣就會現形。

順帶一提，吊環只會讓動作更加困難。從上拉過渡到推舉時，必須製造力
矩，維持穩定度，這是難度極高的動作控制活動，彷彿站在一對旋轉搖晃
的圓盤上進行抓舉。如果沒有模型教你用不穩定物體製造力矩，你的力量
就會流失，落入不良姿勢，讓受傷風險大增。

1. 準備動作時，先用手腕
內側邊緣鉤住吊環，擺出
反手握法。這種握法能讓
你無縫過渡到雙槓下推，
讓雙肩進入完整外旋的姿
勢中。臀部夾緊，雙腿併
攏，肋廓下沉，腹部繃緊。

2. 開始上拉時，雙手內旋，
雙肩肩胛骨持續內夾，雙
腿在身體前方伸直。

3. 手肘貼緊身體，將身體
往上拉。上拉時，想像自
己在將腳往前推，以便持
續啟動軀幹與肩膀。

做得出標準引體向上和動作幅度完整的吊環式雙槓下推，並不代表你就能暴力上槓。所有第三類動作都一樣，真正的挑戰在過渡階段。為了縮短學習曲線，我們經常會要運動員用離地較近的吊環練習轉換姿勢，讓他們用雙腿支撐身體重量。我們也會加進下衝式雙槓下推，讓運動員中斷張力連結，從雙槓下推的最高位置掉到最低位置。這麼做能夠讓運動員學會在雙槓下推最低位置即時產生力矩，並準備過渡到暴力上槓。除此之外，這麼做也能讓肩膀有更大的旋轉動作幅度。

注意：擺盪式暴力上槓的進行方式跟擺盪式引體向上相當類似（要進一步了解擺盪動作，請翻回 252-253 頁的擺盪式引體向上）。

4. 把胸部拉至與吊環同高時，軀幹往前挺。這步驟也一樣，腦裡想著腳尖朝下、併攏雙腿、雙腳擺在身體前方。

5. 一抵達雙槓下推的最低位置，就主動出力把大拇指轉離身體，在肩膀上製造力矩。

6. 雙手繼續外旋，手肘伸展，抵達雙槓下推的最高位置。

03 鬆動術技巧
MOBILIZATION TECHNIQUES

身體有一個以上的區塊動作幅度不足？關節疼痛讓你難以忍受？如果你已經讀完第一部，應該知道怎麼解決問題：糾正功能失調姿勢或動作形式，進行鬆動術。需要的知識都齊全了，現在來實際操作吧。

在這一部中，你將學會這套系統所有的鬆動術技巧。這些技巧能協助你改善縮短僵緊的肌肉、鬆軟的組織、關節囊受限制、動作控制的問題和關節動作幅度限制。簡單講，這一節將會讓各位有工具去緩解疼痛，改善姿勢和動作力學，對身體進行基礎保養。

為了幫助各位閱讀，我依照身體區塊來區分鬆動術。你可以照區塊瀏覽（上背、後肩等），或按照第四部的活動度處方去鬆動。我也在技巧旁邊加上原型圖示，讓各位看到各個鬆動術能改善的原型。舉例來說，如果你打算進行的技巧旁邊有過頭原型的圖示，就知道這個鬆動術可以改善過頭原型。如果你有某個姿勢動作幅度不足，可以用原型圖示來協助選擇技巧。

每種鬆動術都會按照步驟順序來呈現，但大多數技巧都可以也應該搭配使用。舉個例，你可以拿股四頭肌按壓來搭配內收肌群按壓，或是把所有的胸椎鬆動術技巧全都結合在一起。技巧的搭配沒有規則限制。

記得，知識就是力量，但要正確執行才能產生效果。下定決心，每天至少花 10-15 分鐘改善自己的姿勢和活動度。現在就行動，別再找藉口了

區塊分布圖

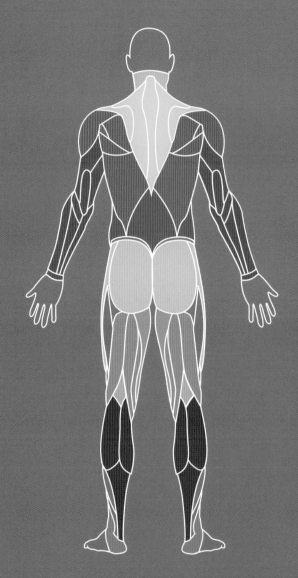

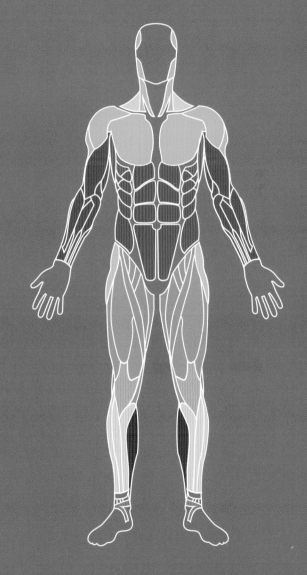

鬆動術目標區塊：

活動度工具

進行本節介紹的技巧會用到幾樣裝備。如果你沒有下列工具，也可以湊合著用家裡現有的東西：酒瓶、擀麵棍、狗玩具、運動裝備等等。舉個例，如果你沒有巫毒推拉帶，可以把腳踏車內胎裁半，就有一條功能性加壓帶。「沒有按摩球或滾筒」不是藉口，發揮想像力，運用隨手可得的東西吧。

滾筒

瑜伽理療球

阿爾法球

核心放鬆球

初級鬆動術工具

這些是最簡單、最不痛的鬆動術工具。如果你痠痛得不行，或是才剛接觸鬆動術，最好先使用這些工具。不過要注意，只使用初級工具不會有什麼顯著效果。用初級工具來暖身，試著進階到中級和高級鬆動術工具吧。

滾筒
適合： 收縮及放鬆、壓力波、按壓及來回推拉／拉扯
老實說，我認為滾筒對新手和小孩來說就夠用了。如果運動員想追求最佳表現，就需要能深入滲透組織、製造出更高剪力的工具，不過身邊還是必須要有個滾筒。你可以選擇能提供較大刺激的滾筒，像是戰鬥之星、水管或槓鈴。

瑜伽理療球（Yoga Tune Up Balls）
適合： 收縮及放鬆、壓力波、按壓及來回推拉／拉扯、點壓及扭轉
瑜伽理療球是筋膜和疼痛緩解大師吉兒·米勒（Jill Miller）設計的，跟袋棍球差不多大，但是材質較軟，表面抓力較強。以袋棍球進行的技巧也可以用瑜伽理療球進行，不過瑜伽理療球用來點壓、扭轉組織特別有效，能讓筋膜恢復功能，像是腳背上的毛病就很適合（可於 www.yogatuneup.com 購買）。

阿爾法球（Alpha Ball）
適合： 收縮及放鬆、壓力波、按壓去及沾黏、點壓及扭轉
阿爾法球是吉兒·米勒設計的另一個工具，直徑9公分，材質有點軟，抓力較強，適合針對組織敏感點，解開沾黏的平滑面組織（可於 www.yogatuneup.com 購買）。

核心放鬆球（Coregeous Ball）
適合： 按壓及來回推拉／拉扯、收縮及放鬆
吉兒·米勒設計的充氣球，直徑 23 公分，主要用來進行整體腹部按壓。材質稍有抓力，所以你可以將球壓在某一點上，鬆動緊繃的腰肌（可於 www.yogatuneup.com 購買）。

袋棍球

槓鈴

壺鈴

壘球

足球

Rouge 彈力帶

雙袋棍球

中級鬆動術工具

表面光滑但質地堅硬的彈力帶或工具（如 PVC 管、袋棍球和壘球）都屬於中級工具。這些工具用起來比較痛，但比初級工具有效，還能當作進階到高級工具前的緩衝。

袋棍球

適合：收縮及放鬆、壓力波、按壓及來回推拉／拉扯、關節彎曲打開間隙、點壓及扭轉

結實的袋棍球可以深入你的組織，光是用袋棍球就可以大幅改善你的活動度。如果想針對胸椎進行鬆動術，可以把兩顆袋棍球纏在一起（如下）。

槓鈴與壺鈴

適合：按壓及來回推拉／拉扯、收縮及放鬆、壓力波

槓鈴是種原始但相當有效的按壓工具。幾乎每座健身房都有槓鈴，如果沒有滾筒或雙袋棍球，槓鈴是不錯的選擇。

壘球

適合：收縮及放鬆、按壓及來回推拉／拉扯、壓力波

有時會需要用比袋棍球更大的物體，才能按壓到需要鬆動的組織。壘球特別適合按壓大塊臀肌。

足球

適合：收縮及放鬆、按壓及來回推拉／拉扯、壓力波

運動員的腰肌通常相當緊繃，導致各式各樣的活動度問題。用洩氣的足球按壓腹部能夠適度恢復該區塊的柔軟度。

Rogue 彈力帶（Rogue MonsterBand）

適合：收縮及放鬆、彈力帶來回推拉／拉扯

這種力量強大的橡膠彈力帶主要用來進行彈力帶來回推拉／拉扯。Rogue 彈力帶能幫你把關節調回良好位置，協助改善關節囊受限制（可於 www.roguefitness.com 購買）。

製造雙袋棍球的方法

=

=

戰鬥之星與小型戰鬥之星	超新星球與小型超新星球	雙子棒	巫毒推拉帶
			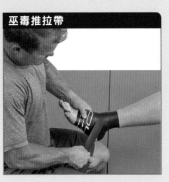

高級鬆動術工具

這些更強硬的鬆動術工具，通常會用在增加壓力和動作幅度的技巧變化上。這些工具可能會讓你無比疼痛，但不要害怕，這些也是最有效、最物超所值的鬆動術工具。

戰鬥之星（Battlestar）與
小型戰鬥之星（Little Battlestar）

適合：收縮及放鬆、壓力波、肌肉群之間剝離、按壓及來回推拉／拉扯、不同層肌群之間的滑動

戰鬥之星是大幅升級版的標準滾筒。我喜歡把戰鬥之星比喻成鏈鋸加上金剛狼與壓路機。我設計這個工具的目的，是為了同時提供硬式泡綿滾筒給予大範圍軟組織滑動，以及局部組織精細剝離（raking）的效應（可於 www.roguefitness.com 購買）。

超新星球（Supernova）與
小型超新星球（Supernovito）

適合：按壓、收縮及放鬆、壓力波、肌肉群之間剝離、按壓及來回推拉／拉扯

超新星球是升級版的壘球，可以提供更高的抓力與剪力，影響深層組織區塊，如髖部或大腿後側肌群。超新星球的齒塊專門設計來分開多層組織，讓你深入組織，達到最佳活動度強化效果（可於 www.roguefitness.com 購買）。

雙子棒（Gemini）

適合：按壓、收縮及放鬆、肌肉群之間剝離、按壓及來回推拉／拉扯

我會先使用雙袋棍球來鬆動胸椎，這是固定胸椎骨之間的小面關節最理想的工具。雙子棒能提供更細緻的紋路以及抓力，針對目標激痛點產生更加強烈的效果（可於 www.roguefitness.com 購買）。

巫毒推拉帶（VooDoo Floss Band）

適合：巫毒推拉帶擠壓

巫毒推拉帶是專門用來針對組織敏感點和腫脹關節進行治療式加壓的工具。你也可以將腳踏車內胎從中間縱切開來，作為替代品（可於 www.roguefitness.com 購買）。

區塊 1 下顎、頭部與頸部

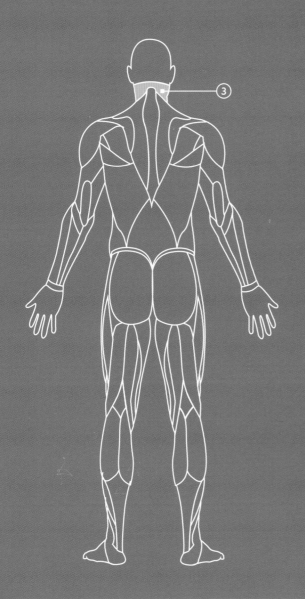

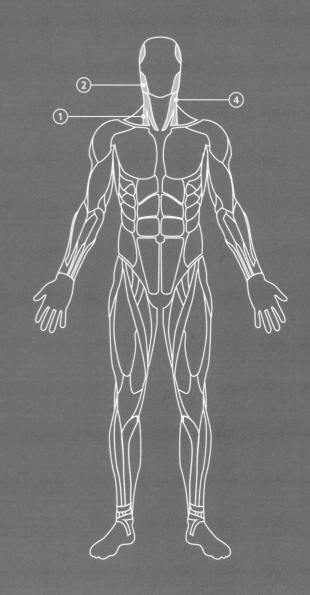

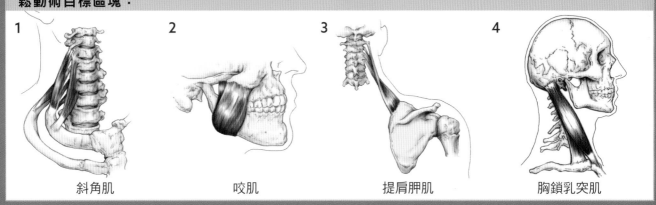

鬆動術目標區塊：

1	2	3	4
斜角肌	咬肌	提肩胛肌	胸鎖乳突肌

下顎與頭部

如果你會半夜磨牙、咬緊下顎、不自覺張大嘴巴，或在舉重時擺出奇怪的下顎姿勢，這些鬆動術很適合你。但是，不要把這些鬆動術當成救生圈。你必須控制住這些壞習慣。嘴巴是個開放式迴路，身體的力量與穩定度容易從此處流失。除此之外，日常的飲食、磨牙和咬緊牙齒不斷累積，容易集結成嚴重的肌肉僵緊。

下顎與頭部的肌肉跟其他肌群一樣會變僵緊，帶來許多問題。如果你經常產生運動性或緊張性頭痛，最好先做這種鬆動術。

事實上，這裡的組織很少受到注意，應該多保養。使用這些鬆動術可以深入肌群，修復令人頭疼的頭部與下顎僵緊，以免下游區塊產生問題。

注意：要有效治療緊張性或運動性頭痛，請使用下一節的技巧打開胸椎，再結合這一節所有鬆動術技巧。請參考 467 頁的緊張性與運動性頭痛處方。

下顎鬆動術

1. 將一顆球擺在下顎的一角，掌心朝外。

2. 穩穩將球壓進下顎，手往前扭轉，將所有筋膜和四周肌群都收在球的下方和四周。

3. 下顎朝四面八方活動。

頭部鬆動術

1. 把球擺在太陽穴（顳肌）上，眼睛旁邊。

2. 旋轉球，把球壓進頭部，接著盡量做出誇張的表情：以眼畫圈、提起眉毛、張開嘴巴等等。

前頸鬆動術

你有沒有在飛機上垂著頭睡著過？感覺很難受吧，不僅睡不好，頸部短屈肌還會扭傷。駝背也會有同樣的後果。駝背時身體會前傾圓背、肩關節內旋，變成頭前伸的可怕姿勢，使得頸部前方的肌肉變短變僵硬。無論你的頸部前側肌肉是因為睡覺姿勢不良、駝背或運動而僵緊，都要用球深入肌肉來放鬆。不這麼做可能會危及呼吸、破壞儀態，甚至引起頭痛。

這個鬆動術能修復頸部短屈肌的滑動面與動作幅度。頸部短屈肌從下顎一路延伸到鎖骨，接著繞到頸部前方。這裡最關鍵的技巧是點壓及扭轉。要對付緊繃的頸部短屈肌，傳統方法是手扳住頭，往另一邊拉（以右手抓住頭部左側，接著把右耳往下拉到右肩）。當年物理治療學校教我們的就是這種方法，但我實在不太喜歡。如果想鬆開黏在一起的僵硬神經，要用球壓住黏在一起的組織，然後移動。

可改善：
緊張性或運動性頭痛
頭前頸後的姿勢
頸部活動度
頸部疼痛

方式：
點壓及扭轉

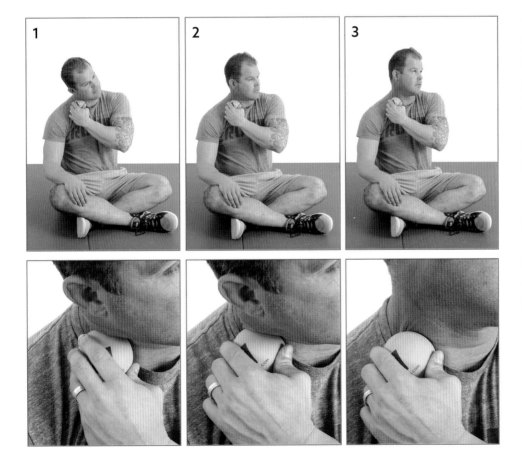

1. 頭往側面傾，把球壓在頸部的側面、鎖骨上方。
注意：這個鬆動術可以活動到頸部的前側以及側面、耳朵到鎖骨外圍的區塊。

2. 保持壓力，在原處扭轉球，扭緊組織。

3. 眼睛往球的反方向看，頭朝四面八方活動。你也可以四處滑動球，鬆開黏在一起的組織。如果你覺得身體的張力不夠，把鬆動區塊同一邊的手臂擺到身體後方。

後頸鬆動術

可改善：
緊張性與運動性頭痛
頭前伸的姿勢
頸部拉傷或頸部伸肌群僵
硬
頸部活動度

方式：
壓力波
收縮及放鬆

想像有個舉重選手在硬舉、壺鈴擺盪或深蹲時會把頭後仰，或是業餘健身者在週間工作時不自覺地在辦公桌前駝背。每次把頭往後仰或駝背，其實都是在擺出過度伸展的頸部擠壓姿勢，進而讓頸部嚴重僵緊。頸伸肌群僵硬，就會造成層出不窮的毛病，頸部疼痛、拉傷和緊張性頭痛都是相當常見的症狀。

維持頭部中立姿勢絕對不容易，尤其頭部的重量一點也不輕（人類頭部可重達 4.5 公斤），你可能不時就拉傷頸部。所有人都有頸部僵緊的問題，你絕對需要有份鬆動後頸的樣本。這份鬆動術樣本做起來相當容易，可以在看電視或組間休息時進行。

拿起手邊就有的球，可以用阿爾發球、超新星球球，甚至在腹肌訓練墊（小墊子）上放顆袋棍球，從頭骨底部沿著頭骨輪廓推到雙耳。如果你找到緊繃點，試著在打結組織上方前後摩擦。你也可以把頭躺在球上，或是把雙手擺在頭上，藉此增加壓力。

這是鬆動頭骨底部後頸區塊的最佳鬆動術，尤其是頸部伸肌群。不過，如果你想強化頸椎，你可以選擇雙袋棍球、一對瑜伽理療球或雙子棒，將工具擺在頭部下方。我們的目標是鬆動頸椎節段，每換一個節段就稍作停留，將頭部朝四面八方活動，以此來做來回推拉／拉扯。你也可以把工具擺在腹肌訓練墊上，把自己的重量壓到工具上，有效壓住組織，接著把下顎往胸部貼，頭部捲起。最後一個選擇是捲起一條擦手巾，放在頸椎節段之間，左右前後活動你的頭部。

目標區塊

從頸部和頭骨底部（枕骨部）開始，沿著頭部輪廓往耳朵後方推動。

後頸鬆動術：選項 1

1. 仰躺於地，把一顆球擺在頭骨中央。你會感覺到該處有一個小凹槽。

2. 慢慢將頭轉到側面，讓球沿著頭骨底部滾到耳旁。

3. 把頭轉到另一邊，讓球滾過整個頭骨底部。

後頸鬆動術：選項 2

1. 要增加向下壓力，請將一手掌心朝天花板，手腕擺在額頭上。

2. 抓住另一隻手臂的手腕，慢慢前後移動，讓球沿著頭骨底部摩擦。

區塊 2　上背（胸椎、肋骨、斜方肌、肩胛骨）

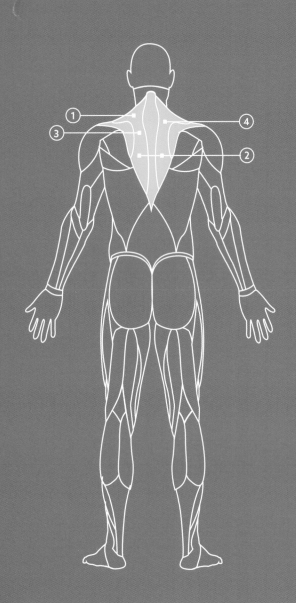

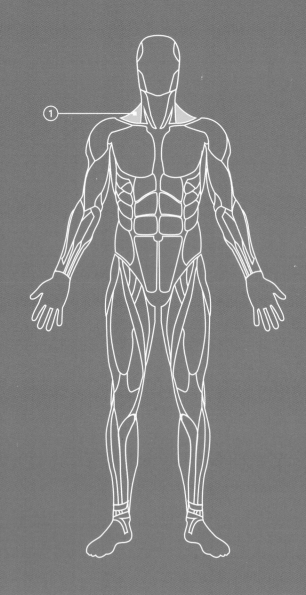

鬆動術目標區塊：

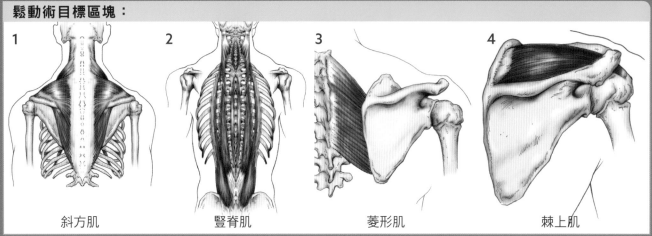

1	2	3	4
斜方肌	豎脊肌	菱形肌	棘上肌

胸椎滾筒按壓鬆動術

胸椎一僵硬，就很難把肩膀和頭部穩定在良好姿勢，甚至還可能引起頸部與肩膀疼痛。要改善胸部活動度，首先就該進行胸椎滾筒按壓鬆動術。

這些鬆動術是所謂的整體伸展運動，不像雙袋棍球一樣針對單一組織或活動節段，而是將目標放在放鬆整個胸部系統。球比較能精準深入僵緊點，滾筒或戰鬥之星則能放鬆背部的二或三個動作節段、肋骨小面關節和上背的部分軟組織。

選項 1：伸展按壓

此鬆動術的重點是躺在滾筒上，身體往後拱，以生成大量的伸展力。許多人會毫無目的地在滾筒上來回滾動，這是常見的錯誤。健身房也常有人在暖身時漫不經心地使用滾筒，說不定還邊看著電視影集。這樣一點效果也沒有。如果想要有確切持久的改變，就要在這些組織上盡量產生翹翹板效應和伸展力。

找到僵緊區塊後，先把滾筒當作槓桿支點，背往後拱。你是在利用滾筒來迫使自己伸展。可以深吸一口氣，試著扭動身子、前後伸展，抬起臀部增加壓力，再將臀部降回地面。探索區塊，找出背部緊繃的位置，持續按壓該區，直到覺得身體有些改變。

**過頭 · 推姿 · 頸前架槓 2
頸前架槓 1 · 懸臂**
此鬆動術能夠協助改善以上原型

可改善：
脊椎中立姿勢
肩膀功能
胸部活動度（整體屈曲與伸展）
頸部、上背與肩膀痛

有關戰鬥之星的注意事項：
滾筒是最基礎的活動度工具。書中使用戰鬥之星的動作，都可以用滾筒代替。

1. 雙手環抱，滾筒擺在肋廓底部。雙手手臂緊緊抱住身體，收緊背部，拉開軟組織和肩胛骨，以便鎖定想改善的背部動作節段。

2. 收緊上背組織後，身體往後拱，在滾筒上製造伸展力。保持此姿勢，盡可能在滾筒上伸展，時間越長越好，直到感覺有所改變。

3. 雙手手臂繼續緊抱，像做捲腹一樣坐起身子。將身體的大部分重量壓在滾筒上，臀部往雙腳方向移，把壓在滾筒上的背部往下滑，移動到新區塊。

4. 滾筒置於上背中間後，往後拱起身子，在滾筒上伸展，盡可能製造伸展力。

5. 感覺有足夠改變後，繼續沿著關節往上移動，換到頸部下方。你也可以夾緊臀部，在往後拱起身時抬起臀部，在滾筒上製造更高張力。

選項 2：左右按壓

光是在滾筒上拱起身體，不一定能夠按壓到身上最僵緊頑強的區塊。如果你碰到大幅伸展力也無效的僵硬區塊，可以試試看在那塊組織上左右滾動。左右按壓能夠讓你撥開脊椎旁的軟組織，以免軟組織受限制了伸展與旋轉。如果你常打高爾夫球、網球、棒球或其他需要扭轉身體的運動，記得每次訓練活動度時都要加進左右按壓的動作。

1. 雙手手臂環抱身體，收起上背組織，滾筒擺在肋廓底部。

2. 找出僵硬區塊後來回滾動，保持上背緊繃。你可以扭轉髖部，也可以旋轉整個身子。兩種方式都可以。

3. 滾到滾筒左邊。來回滾動，直到感覺有足夠改變。如果你注意到其中一邊比較緊，停在那一側，實施「側身滾動」按壓（選項 3）。

選項 3：側身滾動

一發現脊椎兩側的緊繃程度不一，就是需要緊急保養的警訊。比較緊繃那一側會危害那個方向的旋轉力。如果不處理，上下游區塊很可能會跟著發生問題。

假設你注意到上背的左側比右側還緊，其中一個解決辦法就是轉向左邊，按壓該區塊。不要花太多時間在想，試著找出問題根源，只需要知道兩邊按壓的感覺應該要一樣就夠了。

1. 翻身至上背較緊的那一側，慢慢上下滾壓僵緊區塊。

2. 上下滾壓該側背部，將壓力波送至僵緊區塊。

3. 記得，除了上下滾動之外，你也可以用壓力波解除僵硬，或者用滾筒頂住該區塊，然後彎曲身子。

胸椎球按壓鬆動術

用滾筒鬆動上背能夠全面改善胸部系統。另一方面，用雙袋棍球或雙子棒鬆動上背，則能夠讓你局部鎖定區塊，一次矯正一個節段，能夠更精準地鬆動胸椎。如果整段背部動作幅度受限，通常是一兩個節段在作怪。

這個技巧跟滾筒一樣，有許多變化版本。你可以拱起背部，在拱背時抬起髖部再降至地面，左右滾動，將雙臂高舉過頭，也可以自由搭配以上方法。這個技巧跟我示範的所有鬆動術技巧一樣，不需拘泥於照片中的方式。

過頭・推姿・頸前架槓 2
頸前架槓 1・懸臂
此鬆動術能夠協助改善以
上原型

可改善：
脊椎中立姿勢
局部胸椎活動度（一次鎖
定一個椎段）

選項 1：按壓伸展

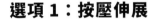

1. 雙手環抱身體，收緊鬆散組織，同時移開肩胛骨。在鬆動整條胸椎時，用雙袋棍球或雙子棒的頂點夾住節段。

2. 製造出上背張力後，慢慢在雙袋棍球或雙子棒上伸展。這些工具的槓桿支點比較尖，所以記得肋廓底部要保持對齊骨盆。持續繃緊核心肌群，以免腰椎過度伸展。接下來你可以坐起身子，繼續在袋棍球或雙子棒上伸展。如果需要增加壓力，在拱起身體時抬起髖部。

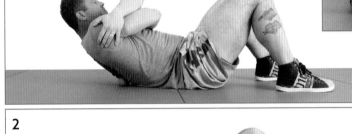

3. 腳跟往地墊推、抬起臀部，以此增加壓力。你可以左右滾動、旋轉肩膀或扭動身子，加強鬆動術效果。

4. 持續伸展，臀部慢慢降回地墊上。**注意：**你可以結合拱身和抬起臀部的步驟，也可以分開進行。換句話說，你可以拱身、坐起來，重複動作；或是拱身、抬起髖部、降下髖部，重複動作。前者較能改善目標區塊的上游組織，後者較能改善下游組織。

選項 2：槓片按壓

可改善：
運動員的急性胸椎僵硬

訓練量大的運動員會出現比一般人更複雜、更深層的僵緊。如果你是高大強壯的運動員，進行雙袋棍球按壓時，可能需要加上重量才會有效果。最好的加重辦法是在胸上放槓片，並用雙手手臂抱住。最合適的工具是 20 公斤的槓片或大重量藥球（請見選項 3）。在胸上加壓可以一併鬆動肋骨，肋骨也會影響胸椎與過頭肩膀活動度。除此之外，這麼做還可以在槓片上增加向下壓力，增加胸椎鬆動術的延展量和效果。

1. 將 20 公斤槓片放在胸部上，雙手抱住。抱住槓片可以拉開軟組織，讓你針對脊椎的活動節段進行鬆動。放好槓片，將雙袋棍球擺在想改善的活動節段下，在球上往後拱背。

2. 慢慢往側面滾動。槓片會將你往側面拉，所以你必須慢慢動作，與槓片的力量抗衡。要獲得最佳效果，鎖定你想改善的活動節段進行鬆動。

3. 雙手持續抱緊槓片，身體往右側滾。

4. 想加上另一層刺激，將下巴碰胸，坐起身子，就像在進行不太標準的捲腹一樣。

5. 想增加壓力，將槓片朝臉傾斜，抬起髖部。

6. 想改善過頭動作幅度，往後拱背，一隻手臂高舉過頭，舉起的手保持外旋穩定，用另一隻手臂支撐槓片。

選項 3：軟式藥球按壓

使用軟式藥球也可以達到類似的刺激。雖然軟式藥球施加的壓力效果不如槓片，但是比較容易用胸部撐起，鬆動時也比較好控制。軟式藥球對鬆動上段胸椎特別有用，因為你可以用胸部較高的位置撐起軟式藥球。想獲得最佳效果，將球放上胸部時專心感受上段胸椎。將氣吸進緊繃的區塊來增加壓力，並且使用收縮放鬆的方式來放鬆僵緊節段。

胸椎過頭伸展按壓鬆動術

雖然用雙手環抱身體能夠有效改善胸椎活動度，但效果僅限於上背部而已。雙手手臂高舉過頭可以讓肩膀也收到效果，並且改善肩關節屈曲、胸椎伸展與旋轉動作之間的關係。想想棒球投手投快球、網球選手發球或排球選手殺球的姿勢，這些行動都需要擺出過頭姿勢、伸展胸椎和旋轉上身。

你的上背是由許多系統組成的複雜網路，這些系統息息相關，互相牽動、交流。如果背部系統錯亂，會讓你難以穩定肩膀或將雙臂高舉過頭。如果你要改善過頭姿勢，就要用想加強的動作形式來鬆動。胸椎過頭伸展按壓就是這個概念的最佳範例。

雖然你可以從零開始準備各種過頭伸展鬆動術，但也可以結合之前的技巧。換句話說，你可以從雙手環抱姿勢變成高舉過頭，再回到環抱姿勢，再進行過頭伸展。唯一要注意的是肩膀要保持穩定姿勢，持續啟動中軸。小心別彎曲手肘或用胸椎底部轉軸往前彎（這些是最常見的問題）。彎曲手肘會讓肩膀變得不穩定，用胸椎底部轉軸往前彎會讓下背過度伸展。要避開這些問題，就必須持續收緊腹肌，手肘在頭上鎖住，並且主動出力讓腋窩朝前，才能避免從胸椎與腰椎交接處往前彎。

過頭
此鬆動術能夠協助改善以上原型

可改善：
過頭姿勢
胸椎的伸展與上身的旋轉動作幅度
投擲力學

選項 1：過頭伸展

1. 將滾筒或戰鬥之星擺在肋廓底部。記得，手臂高舉過頭會產生額外的伸展力，導致腰椎過度伸展。記得維持身體穩固、就中立姿勢，以避免此一問題。

2. 雙手手臂高舉過頭。請注意照片中我打直了手肘，將腋窩朝前，並且出力將雙手朝天花板伸。

3. 持續穩固中軸，讓肩膀就穩定姿勢，在滾筒或戰鬥之星上拱背。你也可以將髖部抬離地面增加壓力。

選項 2：過頭固定伸展

請注意下方的照片，我的雙手固定在槓鈴上（用沙發的骨架也可以）。接著我把髖部降回地面，強化伸展動作。我將肩膀穩固在固定姿勢，以使用下半身製造伸展力。

許多人活動度不足，因此躺在滾筒或袋棍球上時，沒辦法將雙臂移動到良好的過頭姿勢，雙手無法壓到碰地。因此，我建議各位直接將雙手固定在地面上，以幫助伸直雙手，增強運動效果。

我們來討論一項重要的概念吧。想像看，有兩個動作的型態相似，卻會對你全身系統造成不同的效果，倒立伏地挺身與肩上推就是這樣。這兩種運動都需要擺出良好的過頭姿勢，但是動作卻大不同。其中一個動作從過頭姿勢開始，另一個動作卻在過頭姿勢完成。這兩個動作看起來很像，但你應該不會只做其中一種吧？當然不會！所有認真自重的運動員和教練都知道平衡鍛鍊才能將表現和健康狀態推到顛峰，這是直覺本能。但是，許多人在訓練活動度時卻常常陷在單一層面上，而這也是我希望各位能矯正的觀念。

重點是，加強活動度必須兵分多路。如果你的目標只是改善胸椎伸展，同時特別強化手臂關節屈曲，那先前示範的動作就夠了。但如果你希望全身

1. 雙手環抱身體，收緊上背。抬起髖部，肋廓對齊骨盆，在滾筒上伸展。不要用拱背的方式伸展。

2. 抬起髖部後，雙手固定在槓上，保持手肘鎖定、腋窩朝前，接著慢慢把髖部降回地面。雙手越接近越好。請注意，這種鬆動術變化型能讓你優先強化過頭姿勢，並用下半身放大伸展動作。

3. 繼續將髖部朝地面下沉。

4. 臀部一碰地就伸直雙腿，將髖部固定在地面上。你可以維持這個姿勢，一直到感覺有效為止，或者背部移動到另一區塊。重點是要維持良好的過頭姿勢，身體維持穩固，在槓桿支點上抬降髖部或撐在整體伸展姿勢，直到感覺有效。

系統都能改善，就必須從不同角度改善活動度。這就像同時利用肩上推和倒立伏地挺身進行刺激，達到多層次的訓練成效一樣。如果想獲得最佳效果，就必須平衡鍛鍊。

選項 3：雙袋棍球

這個變化版本結合了動作幅度終端的肩關節屈曲與腰椎伸展，概念跟上一頁是一樣的。不過，這裡的目標不是鬆動好幾個動作節段，而是把個別節段獨立出來鬆動。進行鬆動。

1. 把雙袋棍球擺在脊椎的特定動作節段上，雙手手臂高舉過頭。身體維持穩固，鎖住手肘，腋窩朝前。

2. 雙手手臂繼續高舉過頭，躺在球上伸展。姿勢就位後，你可以左右滾動，也可以抬起髖部增加額外壓力。

選項 4：雙袋棍球過頭固定

這個變化版本是選項 2 的翻版，只是把滾筒換成雙袋棍球。如果想獲得最佳效果，把雙袋棍球擺在脖子底部附近的上背位置。

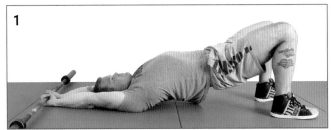

1. 將雙袋棍球擺在接近脖子底部的位置，抬起髖部，雙手抓槓固定，手肘打直，腋窩朝前。

2. 持續穩固身體，避免過度伸展腰椎，慢慢將髖部降至地面。

胸椎整體伸展鬆動術

大部分熱衷於鬆動的人，都會在家裡或是健身房放一個啤酒桶，原因我懂，啤酒桶是萬用工具。首先，啤酒桶可以用來裝啤酒，也可以用來當作改善運動表現的工具，簡直是一石二鳥。在本節中，啤酒桶可以用來幫脊椎進行大幅度整體性伸展，好處有二。

第一，啤酒桶讓你動到脊椎全部的動作節段，你可以探索全身性姿勢。舉例來說，在滾筒或 PVC 管上拱背也是在進行整體伸展，但是可能只會用上二或三個動作節段。在啤酒桶上伸展，能夠探索所有動作節段之間的關係，對脊椎產生全面影響。許多人會把身體撐成橋型，放大這個動作，結果卻造成不標準的肩膀、背部和髖關節伸展姿勢。啤酒桶可以讓你不用擔心姿勢不正確，以便專心伸展。

啤酒桶的第二個好處就是擴大探索範圍。在滾筒或雙袋棍球上伸展時，地面會限制你的伸展範圍。不過，躺在啤酒桶或其他大型圓面（如疊在幾片槓片上的藥球），就能用較大幅度拱起要改善的組織。

選項 1：過頭伸展

1. 躺在啤酒桶上，肋廓與骨盆呈一直線，穩固身體，做出良好的肩膀姿勢。

2. 雙手高舉過頭。注意照片中我併攏雙手，鎖住手肘，腋窩轉向前方。

3. 雙手高舉過頭，肩膀維持穩定姿勢，提高髖部，在啤酒桶上伸展。

選項 2：壺鈴或槓鈴固定

你可以把啤酒桶當成滾筒，進行以上示範過的變化版鬆動術。在這個流程，我把之前示範的技巧步驟倒了過來，要先抓住壺鈴，雙手在地上固定，再把髖部降至地面。這個動作也一樣，因為離地高度較高，不會被地面限制住，脊椎或肩膀可以做出較大的整體伸展。

選項 3：彈力帶過頭牽引

這個變化版本的概念跟選項 1 一樣，不過稍微增加肩膀關節的牽引效果。雖然這個鬆動術變化版比較進階，需要花點時間調整才能做出正確姿勢，不過效果相當好。這個技巧跟所有需要大幅全身伸展力的技巧一樣，要啟動全身肌肉，主動出力維持姿勢。

我曾經跟海軍合作，其中有位帶頭的教練說得好。他指著一群沒有穩固身體、吊在橫槓上的海軍說：「你看他們，活像吊在槓上的肉塊。」這句話清楚點出這個動作的禁忌：不要像肉塊一樣吊在槓上。

過頭肋骨鬆動術

除了恢復脊椎的動作幅度，你還必須確定自己的肋骨靈活、有彈性。我們常會忘記肋骨與脊椎是相連的，而且可能會對系統的關節力學造成重大影響。肋骨僵硬不僅擋住胸椎的關鍵動作節段，還會限制放鬆時跟肩胛骨的關係，讓你難以穩定肩膀。你只需用簡單的鬆動術，就能讓肋骨恢復柔軟。

下一頁的動作步驟是最基礎、最有效的肋骨鬆動技巧。如下方照片中所示，這個鬆動術的目標區塊是在第二根肋骨上方，從中斜方肌（上方照片）開始，一路沿著肩胛骨旁的區塊（下方照片）往下。一般處方會需要在每根肋骨上至少停留 30 秒，並且緩慢甩動手臂 15 到 20 次。

花時間鬆動那些會限制住動作的僵硬區塊是最基本的原則。但是，有時健身前就是沒時間解決所有問題，也許你整個背都緊繃在一起，但是你只有一分鐘暖身，為接下來的鍛鍊改善姿勢。在這種情況下，清楚知道要將時間和精力投注在何處會有很大的幫助，這樣對即將進行的動作才能有最大的幫助。當然了，有時間的話最好一一解決身體所有問題，但是能用來矯正的時間有限。因此，你必須詳細計算、善用時間。以下是我的建議：

如果要做過頭動作，把重點放在上肋骨。如果是做需要伸展或內旋的動作，如雙槓下推、臥推或伏地挺身，把重點放在下肋骨。原因很簡單，如果肩膀夾擠讓你沒辦法將手臂舉到穩定的過頭姿勢，你的肩胛骨很可能卡住了，擋住手臂移動的軌道。雖然這跟所有鄰近肩胛骨的肋骨都有關，但是上肋骨對手臂上舉的妨礙較大。這種情況下，最好的解決辦法就是從中斜方肌

過頭・頸前架槓 2
頸前架槓 1
此鬆動術能夠協助改善以上原型

可改善：
肩膀動作幅度
肩膀、上背與頸部疼痛
肋骨僵硬

採用方法：
壓力波
收縮及放鬆
按壓及來回推拉／拉扯

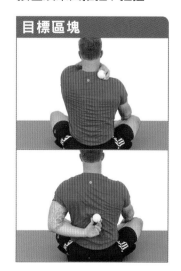

目標區塊

開始，一路往下鬆動。

相反地，如果你的訓練課表需要大量的肩膀伸展或內旋，最好從肋廓下方開始，因為僵硬的下肋骨會像支架一樣，阻礙你擺出良好的肩胛骨姿勢。

1. 將袋棍球擺在肩胛骨旁的區塊，介於右肩胛骨與脊椎之間。

2. 雙腳腳跟踩緊地墊，提高髖部，增加壓力。同時間，手朝天花板舉起，手肘鎖住，手臂舉過頭。記得，肩膀要維持穩定姿勢，因此手臂舉過頭時不可彎曲手肘或內旋手臂。如果變成了手臂彎曲的不良內旋姿勢，就停下動作，這就是你的動作幅度終端。手肘彎曲代表你的肩關節內旋不足。

3. 持續鎖住手肘，雙手手臂推過頭。

4. 不要放下髖部，右手臂往身體另一側伸，試著碰觸到左髖部。打直手臂、將手往另一側伸可以收緊柔軟鬆散的組織，間接讓肩胛骨離得更遠（動作更大）。目標是把肩膀拉到肩胛骨活動的極限，以激發出最大的組織動作幅度。

組織肩胛骨

許多運動員、教練和物理治療師似乎都認為肩膀夾擠就等於旋轉肌出問題。其實，肩胛骨的姿勢不良，就會讓旋轉肌無法啟動。如果有人跟你說你的旋轉肌無法正常發揮功能，你可能需要先修正肩胛骨姿勢，好重新啟動旋轉肌。

從肩胛骨上方開始的話，把球擺在肩胛骨與脊椎之間。盡可能把臀部往上抬成橋狀，讓球深入你的身體，並把手臂舉過頭，持續鎖住手肘。接著手臂往身體另一側伸，試著碰觸另一邊的髖部。可以感覺到同側的菱形肌、斜方肌和脊椎側邊肌群被拉緊。將手臂往身體另一側拉的動作是放鬆這些肌肉最好的方法。沿著肩胛骨旁的區塊往下鬆動時，持續像上方的照片一樣，將手臂甩過頭。另一方面，如果你想特別改善伸展與內旋，下一個技巧最能協助強化你想改善的組織。

下肋骨按壓：內旋

下肋骨僵硬會讓你在外旋和內旋時難以穩定肩胛骨。這樣想吧：下肋骨僵硬，下菱形肌之間的組織就無法自由活動，肩胛骨與脊椎之間的組織就沒辦法良好互動。結果，進行需要肩膀伸展和內旋的動作時，就比較難維持肩膀穩定。舉例來說，如果你用僵硬的下肋骨進行臥推、雙槓下推或奧林匹克舉重（這裡特別指高懸臂姿勢），就會發現很難控制肩胛骨。肩胛骨一失控，就會落入肩膀前傾的內旋姿勢，喪失力量與力矩，增加受傷機率。這可不妙！為了確保動作時能全程控制住肩胛骨並穩定肩膀，你必須讓下肋骨與肩胛骨底部附近的組織恢復彈性，這就是這個鬆動術的目標。

推姿・懸臂
此鬆動術能夠協助改善以上原型

1. 把一顆袋棍球放在下肋骨，肩胛骨底部與脊椎之間。用左手穩定身軀，髖部朝身體右方轉。

2. 球保持原位，左手滑到下肋骨下，左髖部降回地墊。

3. 左手手臂壓在背後，朝身體右方旋轉，專心把球往肩胛骨邊緣推。

4. 朝身體左方旋轉。這時候你可以開始上下移動身體，把球推到受擠壓肩胛骨的邊緣，尋找僵緊的點。試著恢復肋骨周圍僵硬組織的滑動面功能。

斜方肌摩擦

有時候胸椎會僵緊，其實是只是斜方肌黏在一塊，把你的動作限制住了。要記得，你的身體是由不同系統組成的龐大系統。要讓鬆動術有最大的效果，務必要考慮到還有哪些部位跟你想要改善的組織或區塊連在一起。舉例來說，如果你想要鬆動胸椎或改善肩膀（旋轉、伸展和高舉）動作幅度，就要鬆動連結兩個系統的斜方肌。

你的斜方肌負責穩定肩膀與頸部，因此有許多結締組織去連結肩膀、頸部和背部複合區。難怪這區塊很容易變得僵硬，造成許多上下游問題。更重要的是，僵硬還很容易進一步引起可怕的上斜方肌瞬間無力。為了預防和治療這個常見的絆腳石，你必須像在捶肉一樣把這個組織敲軟。這個組織相當緊實，而且應該非常僵硬，最好多加鬆動。

要正確進行這個鬆動術，就要把一顆球（袋棍球或超新星球之類的大球）擺在斜方肌與提肩胛肌之間，盡可能把重量壓在球上，接著不斷左右摩擦。要同時達到雙重效果，可以把兩顆大小相同的球擺在同一個目標區塊。這裡的目標是要讓球產生橫向、來回摩擦的動作。如果碰到特別僵硬的點，就重複收縮及放鬆，讓球深入組織。

警告：如果你經常進行大重量上拉動作（如奧林匹克舉重），這個鬆動術對你來說會相當刺激。你會發現這些組織相當扭曲、粗硬。

頸前架槓 2・頸前架槓 1
過頭・懸臂・推姿
此鬆動術能夠協助改善以上原型

可改善：
上斜方肌瞬間無力
頸部、胸椎與肩膀複合區的疼痛與僵硬
在斜方肌的肌肉組織及肌筋膜的介面滑動
頸部與肩膀的穩定度

方式：
壓力波
收縮及放鬆

1. 把球擺在斜方肌下（肩胛骨上方、頸部與肩膀之間），舉高手臂

2. 繼續伸直手臂，左右扭動身體，製造橫向、來回摩擦的壓力。吉兒・米勒用了個譬喻，我覺得很有幫助：想像自己在開一輛方向盤很大的校車。你的動作要慢，才能承受全身重量的完整壓力。

3. 如果你發現有一點特別僵緊，停在那個點，接著收縮及放鬆，讓球深入你的身體。你也可以朝各個方向移動手臂，產生來回推拉／拉扯的效果。腳跟用力踩地墊並抬高髖部可以增加壓力。

槓鈴斜方肌鬆動術

要找到斜方肌的頂端可不容易。我發現要鎖定這個區塊最好的方法之一，就是直接鑽到槓鈴底下。你可以在深蹲架下擺好姿勢，接著將斜方肌往上推到加了槓片的槓鈴上，或直接把空槓架在肩膀上。前者能給你較多的控制力，讓你能鎖定特定區塊。體型較小的人最好用這種方法，才能控制壓力，以免撞到鎖骨。用斜方肌頂住空槓也有好處。你可以讓槓鈴像蹺翹板一樣在斜方肌和頸部上擺動，利用支撐的手扭轉搖動槓鈴，製造出摩擦效果。

過頭
此鬆動術能夠協助改善以上原型

1. 你可以跟照片一樣，把槓鈴架在斜方肌上，或是在深蹲架下進行。如果你選擇後者，記得要把槓鈴擺在跟斜方肌同高、脖子底部的位置。

2. 手臂高舉過頭，肩膀內外轉動。這麼做不僅能鬆動斜方肌和頸部，也能鬆動第一肋骨。你也可以用另一隻手控制槓鈴的上下動作，讓槓鈴像蹺蹺板一樣在斜方肌上擺動。扭轉槓鈴、將槓鈴前後搖動也是不錯的方式。

第一肋骨鬆動術

也許你用不正確的姿勢打了整天的電腦，或是用不理想的姿勢進行過頭動作，你的肩膀和四周肌肉可能會因此縮短，導致第一肋骨僵硬。

第一肋骨的功能就像幫浦把手，要做過頭動作，第一肋骨就要在手臂舉高時往下滑動。如果第一肋骨僵硬就會產生夾擠，破壞肩膀穩定度，讓你舉手時看起來跟僵屍沒兩樣。

要解決這個問題，先找出第一肋骨，也就是鎖骨和斜方肌與頸部底部之間的骨頭結構。手從脖子底部往下摸，朝你的斜方肌壓，就絕對能碰到第一肋骨。找到目標區塊後，你可以採取幾種不同的鬆動術。加壓這個區塊最實用的工具就是彈力帶或槓鈴加球。不管你選擇哪一種，目標都是要將手臂高舉過頭，來回擺動手臂，或者深吸一口氣，讓球深入身體，好讓第一肋骨恢復柔軟。重點不是要撐著忍住痛，而是要讓第一肋骨盡量產生動作。

過頭
此鬆動術能夠協助改善以上原型

可改善：
過頭動作幅度（尤其提肩）
肩膀功能
肩膀與頸部的疼痛和僵硬

方式：
來回推拉 / 拉扯（手臂動作）
收縮及放鬆

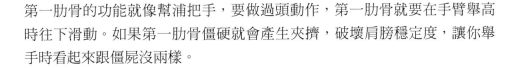

如果你是軍警消人員，需要扛著 22 到 45 公斤重的裝備，那麼，在這裡畫個星號，以這個鬆動術為核心來規劃你的活動度強化訓練課表吧。想想看，裝備的重量壓在你的脖子和肩膀上，深入你的第一肋骨，第一肋骨除了會變得僵緊無比，動作節段還會纏住連向頸部的神經。難怪你會雙手發麻、幾乎沒辦法把手臂高舉過頭。鬆動第一肋骨，就能恢復肩胛骨的正常功能。**注意：**許多神經會從這個區塊離開頸部，所以千萬不能小看麻木和刺痛感。一發現不對，就減輕壓力，稍微往回退一步。

選項 1：第一肋骨基礎按壓及來回推拉 / 拉扯

第一肋骨鬆動術簡單又有效，是我的最愛，可以利用門框、牆角或方形柱子。我偏好用深蹲架，才能有足夠的空間讓頭和手臂朝各個方向移動，並使用竿子把身體朝球拉，進一步製造壓力。關鍵是要利用收縮及放鬆的技巧，將呼吸導向目標區塊，增加肩膀和第一肋骨複合區的動作。放鬆讓球深入時，手臂可以下垂，或者將手臂移動到動作幅度終端的姿勢，如下方照片所示。你也可以將頭往側面拉，一併鬆動頸部。不要覺得這個動作只能放鬆第一肋骨，其實這對斜方肌和頸部來說也是很棒的鬆動術。

1. 找出第一肋骨，也就是鎖骨和斜方肌與頸部底部之間的骨頭，接著在這個區塊放一顆袋棍球或瑜伽理療球。

2. 將球壓在這個位置，身體往前推，讓球深入身體。注意照片中我用雙手手臂幫助球深入身體，以便製造更高的壓力。

3. 收縮幾次之後，手臂舉過頭外旋。

4. 手臂往後拉，伸展的同時內旋肩關節。

5. 手背到背後，完成手臂的完整動作幅度。

6. 用手把頭移開，一併鬆動頸部和斜方肌。將這些動作與收縮放鬆法結合，能在短時間內感受到極大的成效。

選項 2：槓鈴球第一肋骨鬆動術

保養身體是你自己的責任，要發揮創意，用妙方來鬆動難以鬆動的區塊。
舉例來說，朝第一肋骨施加壓力、按壓胸小肌或腰肌複合區可不容易。要
深入這些區塊，需要特殊的活動度工具，這個時候槓鈴球就能派上用場了。
槓鈴球結合了兩個功能極佳的活動度工具：槓鈴和袋棍球。這個獨特的組
合有許多用途，而且功能強大。在我們的健身房裡，我們會用膠帶把球纏
在舊槓鈴、竿子和雙槓下推器材上，製作槓鈴球。你一定不會相信這些器
材有多熱門。我發現這麼做之後，有更多人會在組間做鬆動術，還會鎖定
需要加強但容易被忽略的區塊。如果只是臨時需要，你可以用巫毒推拉帶
來纏球，如照片所示。

   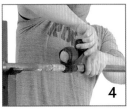 

如果你手邊有棄置的舊槓鈴，我建議你用膠帶直接把袋棍球或瑜伽理療球黏到槓上，不用再拆下。這樣你就能持續
使用，用起來也輕鬆。如果你只有一根槓鈴，或你只是臨時需要，你可以用巫毒推拉帶來纏住球，如上圖所示。

1. 球纏到槓鈴上後，在槓下方預備，
把球抵在斜方肌與鎖骨之間。你可
以用這個姿勢鬆動，把體重往上朝
槓鈴推。

2. 另一個選擇是扛起槓鈴。你可以
收縮及放鬆，也可以歪頭，讓第一
肋骨區塊產生動作。

3. 外旋肩關節，手臂高舉過頭。姿
勢就位後，試著提高肩膀。你也可
以就過頭姿勢收縮及放鬆，接著把
手臂放到背後，完成手臂的完整動
作幅度。

選項 3：彈力帶第一肋骨鬆動術

1. 這個動作的目的是利用彈力帶把球壓進斜方肌與鎖骨之間。

2. 單手抓住球和彈力帶，背上肩膀預備，就像在背相機包或斜背包一樣。

3. 右手抓住球和彈力帶，彎腰把彈力帶勾上左腳的腳底。

4. 站直身子，讓彈力帶產生張力，調整球的位置，讓球抵著第一肋骨。

5. 外旋肩關節到動作幅度終端，背著彈力帶的手臂高舉過頭，接著朝反方向轉頭。姿勢就位後，你可以提放肩膀、收縮及放鬆（啟動、放鬆斜方肌），用手臂繞圈、把手臂放在背後、歪頭等。

用彈力帶將球壓入第一肋骨，是鬆動這個區塊的另一種創意方法。這個鬆動術的準備方式有點麻煩，但球一就定位，就很容易收到成效。這其實就是槓鈴加球的翻版，目的是用收縮放鬆法活動肩膀和頸部。最棒的是，拉緊彈力帶不用太久就可以達到效果。只要一兩分鐘就能達到絕佳成效，而且特別能改善你的過頭姿勢。

注意：不用球也可以達到效果。只使用彈力帶也可以壓住斜方肌，觸及第一肋骨。雖然成效會稍微差一些，但已經可以改善你的狀態。

選項 4：古典第一肋骨鬆動術

1. 把一根木棍抵在牆角，並抵在第一肋骨上。深呼吸，腳跟朝地面推，身體朝牆壁滑動。

2. 木棍位置固定好之後，手臂伸直到頭上。如果有障礙讓你沒辦法伸直手臂，就來回晃動，盡可能讓組織產生夠多的動作。

3. 鎖住手肘後，手臂直伸過頭。姿勢就位後，你可以降提手臂，試著提肩，或是把手臂拉到身體下方。

4. 把手放到背後，讓木棍壓到更多的角落。

這是原版的第一肋骨鬆動術。雖然上面的技巧用起來比較實際（尤其是在健身房），這個鬆動第一肋骨的選項還是相當有用又有效。

區塊 3　肩部後側、背闊肌、前鋸肌

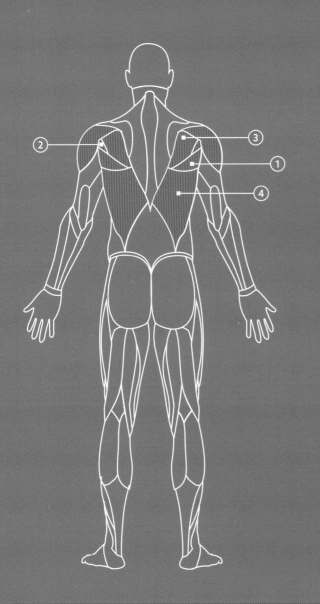

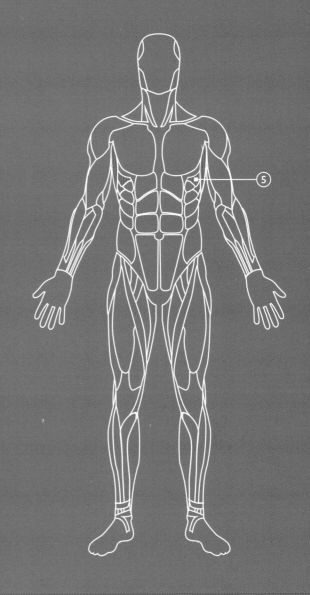

鬆動術目標區塊：

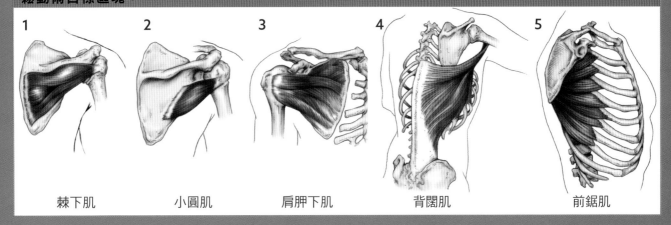

1	2	3	4	5
棘下肌	小圓肌	肩胛下肌	背闊肌	前鋸肌

過頭・推姿・頸前架槓 2
頸前架槓 1・懸臂
此鬆動術能夠協助改善以
上原型

可改善：
肩膀姿勢與功能
肩膀扭傷的復原
肩痛

肩關節囊鬆動術

現代人的問題之一就是肩膀前傾。如果開車或打電腦的時間太長，你的肩膀很可能會一直停在肩關節囊前側，結果是後肩關節囊極度僵緊，不僅很難把肩膀拉到關節窩後方，肩膀還會無法有效率地旋轉。要矯正這個問題，就要讓肩膀回到關節窩後方，好讓你有效率地鬆動後側關節囊。

人們一直努力解決後肩僵硬的問題。運動員會做傳統的肩膀伸展，把手臂橫拉過身體，幾乎是本能地以為這是鬆動後肩關節囊的方法，其實這方法只會導致肩膀夾擠，產生更多問題。你真的以為把肩膀往前傾成扭曲姿勢，再把手臂橫拉過身體，會有什麼幫助嗎？當然不會！用代償姿勢做鬆動術不會有什麼幫助。想改善後側關節囊，就要先讓肩膀就良好姿勢，再橫拉手臂。

問題來了，如果你經常用肩膀前傾的姿勢活動，或是扭傷、拉傷肩膀，後關節囊很可能變得僵緊。這種情況下，就很難把肩膀收回關節窩後方，讓關節就穩定姿勢。這時候肩關節囊鬆動術就派上用場了。只要用大重量壺鈴，就可以有效把肩膀推到關節窩後方，再施力促使組織做出外旋姿勢。這麼做能讓肩膀回到良好姿勢，伸展後關節囊，還能協助關節進行被動的輔助動作。除此之外，外旋動作還可以給你一些神經肌肉方面的指引（想想折槓的動作），這可以進一步應用在許多中段範圍推姿技巧上，像是臥推和伏地挺身。

＋ 傳統肩膀伸展

－ 傳統肩膀伸展問題

1. 一顆壺鈴擺在右肩旁，抓緊把手，肩關節朝地。注意照片中我是用左手抓住把手頂端。

2. 轉成仰躺姿勢，壺鈴拉到右肩上方，上推至伸展狀態。

3. 抬高髖部，讓肩胛骨讓位，右肩往地墊拉，讓肩膀回到關節囊後方。這跟臥推或地板臥推的預備姿勢幾乎一模一樣。

4. 身體維持穩固、肩膀置於關節囊後方，讓髖部降到地面。肩膀和地墊之間不留空隙。左手臂伸過胸部，包住手肘前方，維持手肘鎖緊、手臂伸直。

5. 肩膀拉至關節囊後方之後，手臂外旋。持續內旋、外旋手臂，恢復肩膀的正常功能。

牽引變化型

如果後關節囊相當緊繃，傳統鬆動術可能很難讓肩膀完全回復至良好姿勢。這種情況下，加上側面牽引可以打開組織，讓你的肩膀沉至關節囊後方。

肩旋轉肌按壓及來回推拉／拉扯

如果你定期追蹤 MobilityWOD.com，或參加過我舉辦的研習，一定聽過我把肩膀前傾的姿勢稱為臭屁肩膀姿勢，我為什麼這麼說？你有沒有看過人垂著肩，卻挺著胸部想假裝自己很了不起？肯定有吧。我敢打賭，你看到那種人的第一個想法肯定是「那傢伙看起來真臭屁」，因此我才把這姿勢稱為「臭屁肩膀」。

如果你是因為儀態不良，在辦公桌前坐上整天所以肩膀前傾，或者你是經常呈現圓背姿勢的單車手，你就會有「臭屁肩膀」的症狀，也就是前傾肩膀導致姿勢不穩，限制住製造外旋力矩的能力，結果就如同大家所知道的，會導致一些後果，如功能失調的動作形式、力量和力矩流失等。不僅如此，若停留在內旋姿勢過久，就會把肩膀外旋肌撐開，變得脆弱又僵硬，進一步引起急性肩膀疼痛。

懸臂
頸前架槓 2
推姿
此鬆動術能夠協助改善以上原型

可改善：
肩膀功能
肩膀疼痛

可改善：
按壓及來回推拉／拉扯
收縮及放鬆

目標區塊

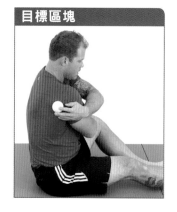

1. 將一顆袋棍球擺在腋窩附近背闊肌的附著點正上方。這裡就是外旋肌附著在肩膀後方的點。進行方式沒有對或錯，目的是在球上施加壓力。如果你希望提高刺激，那就側躺，增加壓在肩膀上的重量。

2. 肩膀後方的組織固定在球上之後，手臂朝地面轉。

3. 內旋手臂直到動作幅度終端。姿勢就位後，你可以繼續來回擺動手。

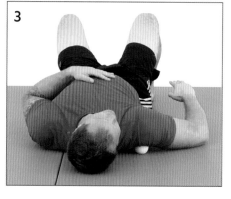

幸好，要讓這個區塊恢復柔軟並舒緩疼痛並不困難。你只需要一顆硬球（最好是袋棍球），就能有效放鬆組織，恢復正常力學，緩解疼痛，讓你看起來不那麼臭屁。

要記得，人體有許多大肌肉都能做到內旋，但能做到外旋的卻不多。不要讓這些外旋肌停留在會失去效率的姿勢。換句話說，如果你因為臭屁肩膀姿勢而讓外旋肌變得虛軟無力，肩膀就會疼痛，可能還會傷到旋轉肌群。因此，如果有人跟我說「我的肩膀痛」，我會馬上問他有沒有按壓旋轉肌後方。如果沒有，我會叫他馬上做這個鬆動術，再告訴我感覺。大多數情況下，幾分鐘的按壓就能夠紓解肩膀疼痛，改善不良的肩膀姿勢。這個鬆動術能夠帶來相當大的成效。

過頭組織按壓鬆動術

可以的話，鬆動術的姿勢型態最好類似你想改善的動作或姿勢。舉例來說，如果你想改善過頭姿勢，最合理的方式是手臂高舉過頭，鬆動所有可能限制動作幅度的地方。大多數情況，你會發現腋下區塊（背闊肌與旋轉肌群附著在腋窩的位置）相當僵硬、不舒服。我們採取的途徑很簡單，如果你的手臂沒辦法舉過頭，或是舉過頭時會痛，問問自己，是哪些組織受限制你的過頭姿勢？手臂高舉過頭，躺在球或滾筒上，開始尋找緊繃的角度，可能會找到相當僵硬又疼痛的組織。

我在這系列鬆動術中，提供了鬆動上身側面（即為腋下區域與背闊肌）的幾個選擇。背闊肌對穩定肩膀相當重要，如果你擺出過頭姿勢時肩膀會痛，或是無法將肩膀穩定在良好姿勢，就快拿顆球或滾筒做鬆動術吧。

過頭・頸前架槓 2
此鬆動術能夠協助改善以上原型

可改善：
肩膀功能
肩膀疼痛

方式：
收縮及放鬆
壓力波
按壓及來回推拉／拉扯

目標區塊

選項 1：袋棍球按壓

背闊肌緊繃會破壞你穩定肩膀的能力，也會引發肩膀疼痛。花點時間來回摩擦緊繃黏著的區塊，讓肩膀恢復正常功能吧。記得要鬆動整條背闊肌，也就是從腋窩一路延伸到下背的肌肉。

變化版：超新星球按壓

變化版：小型戰鬥之星按壓

1. 把一顆袋棍球放在腋窩間，背闊肌與旋轉肌群的附著點附近。

2. 慢慢往右側翻身，按壓底下的組織。

3. 把更多重量壓到球上，慢慢在腋窩區塊附近擺動。

選項 2：牆壁按壓

另一種按壓過頭組織的方式，就是抵著牆壓住袋棍球或壘球。目標區塊不變，但是用站立姿勢做鬆動術讓你能進一步深入背闊肌的緊繃組織。除此之外，站著還能讓你有多一點屈曲手臂的空間，不僅能收緊鬆軟組織，還能給你不一樣的來回推拉／拉扯刺激。

1. 手臂伸直舉過頭，另一隻手把球放在僵硬的背闊肌組織區塊，用體重壓在球上固定，產生壓力。

2. 接著，你可以左右移動製造壓力波，收縮及放鬆，或者彎曲手臂進行按壓及來回推拉／拉扯。

選項 3：夥伴協助過頭組織按壓

另一個絕佳選擇就是找個夥伴來按壓你的腋下區域。那位夥伴的工作很簡單：用後腳把你的手臂擋在過頭姿勢，接著用另一隻腳在你的腋窩和背闊肌區域緩慢、穩定地向下壓。目的是用腳跟和腳外側刷過筋膜和黏在一塊的組織。方法有兩種，但一樣有效：那位朋友可以來回旋轉他的腳，像要踩熄你手臂上的菸頭一樣，向組織施加壓力波；他也可以把腳跟旋進肉，收起組織（點壓、扭轉），接著用壓力波穿透組織。

1. 躺在地面上，手臂舉過頭。請你的訓練夥伴把腳跟擺在你的手肘旁，將你的手臂固定在過頭姿勢。

2. 請夥伴用腳跟與腳外側慢慢對背闊肌施加壓力。

3. 如果他找到僵硬點，或是你希望他增加壓力，他可以把腳屈曲起來，左右旋轉。

4. 他把腳朝地面推的同時，必須刷過你的背闊肌。接下來，他也可以用蹠骨球支撐體重，墊起腳尖，用腳跟刮進你的背闊肌。

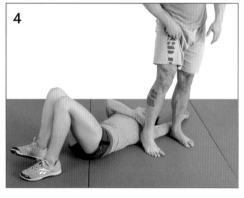

槓鈴球腋窩按壓

許多手臂和肩膀的肌群會在腋窩交會，包括三角肌、三頭肌、二頭肌、胸肌群、背闊肌和旋轉肌腱（不及備載）全附著在這個區塊。大部分運動和舉重的動作都會大量用到這些肌肉。如果這些附著點灼熱（緊繃發炎），通常接下來就會出現肌肉拉傷、肩膀疼痛和手臂拉傷。

雖然之前介紹的技巧能夠按壓到後方與側面，不過要深入手臂下方的肌肉和附著點可不容易，尤其是喙肱肌和肩胛下肌。所以，你需要用槓鈴球。槓鈴球的好處是可以讓你掛在槓上，前後擺動手臂，活動這個區塊，協助鬆開黏在一塊的肌肉和結締組織。

注意：槓鈴球能幫你鎖定肩下難以深入的小肌肉，不過你還是可以使用一般的槓鈴來鬆動你的背闊肌與四周肌群。

過頭．頸前架槓 2
此鬆動術能夠協助改善以上原型

可改善：
肩膀功能
肩膀疼痛

方式：
收縮及放鬆
壓力波
按壓及來回推拉 / 拉扯

目標區塊

1. 把球固定到槓鈴上（如果只是臨時需要，可以用巫毒推拉帶纏繞，請見307頁），並把架子調到與髖部同高。

2. 手臂掛在槓鈴上，把球擺在腋窩中央，盡可能將重量壓在球上。

3. 手肘緊貼身體，體重平均分布在槓上，將手臂朝頭的方向提，此時要外旋肩膀。然後，手臂朝頭捲起收縮，接著放鬆，將更多重量壓到球上。

4. 手臂伸到背後，加強伸展和內旋動作。

5. 你可以盡量探索各個動作方向：手臂繞過槓下，試著摸另一邊髖部，或者朝地面伸長手臂，讓肩膀做出盡量多的旋轉動作。

過頭‧推姿
此鬆動術能夠協助改善以上原型

可改善：
投擲、出拳、揮棒動作力學
肩膀疼痛

方式：
按壓及來回推拉 / 拉扯
收縮及放鬆

1. 趴在球上，手臂往外橫伸，將球擺在背闊肌和胸肌群之間、腋窩之下的位置。

2. 盡量把重量壓在球上，接著重心朝伸出去的手移。用緩慢刻意的動作刷過前鋸肌與肋間肌。

3. 雙手手臂控制左右動作，來回滾壓。雙手可在地上扭緊，進行收縮（重量持續壓在球上），接著把伸出去的肩膀往地面沉，進行放鬆。手臂在軟墊上下滑動可以產生來回推拉 / 拉扯的效果。

雙手手臂左右擺動，像高爾夫揮桿前的熱身一樣。鬆動前後各做一次，可以測出鬆動的效果。目的是保持手臂放鬆，肩關節外旋，身體打直。想像你的身體卡在兩片玻璃板之間，不要讓身體前傾或後仰。

前鋸肌按壓

如果你把球擺在身體下鬆動背闊肌和腋下區域，也可以試試一併鬆動背闊肌內側的前鋸肌。這些肌肉與肋骨相連，並包覆肩胛骨後方，負責伸縮肩胛骨，替移動的手臂騰出空間。因此，前鋸肌又名「拳擊手肌」：肩胛骨能夠伸出、縮回，才能出拳和伸手。一般運動中的動作，像是投球、殺球和揮棒等等，都會大量用上這些肌肉。如果這些組織僵硬或變弱，便會破壞旋轉和肩膀活動度。

要測試前鋸肌的活動度，就如下面的測試與再測照片所示，把手臂朝身體兩側甩。手臂甩過頭時，有一瞬間重量會壓在前鋸肌上，讓你立即知道前鋸肌狀況。這個動作是檢測鬆動術效率的最佳模型，你可以立刻感受到這個區塊是否僵緊、黏著。除此之外，這個動作還是絕佳的旋轉暖身動作。

注意：這個區塊可能會有些敏感，有需要的話可以用比較軟的球。我喜歡用超新星球，不過比較小、比較軟的瑜伽理療球也是不錯的選擇，能夠協助你鎖定肋骨之間的肋間肌。

測試與再測

彈力帶過頭牽引

如果你已經確認過，你做不好過頭姿勢不是因為動作控制，就知道問題出在活動度。改善過頭姿勢的樣本很簡單，只要在練習時鬆動想改善的組織就好。雖然這個概念簡單明瞭，還是有人經常搞錯。如果你問一個過頭動作幅度不足的人會花多少時間鬆動，他通常都會說花了幾秒，而不是幾分鐘。

以下是舉例：
運動員：「教練！我沒辦法深蹲到底。」
我：「你用最低姿勢鬆動過了嗎？」
運動員：「當然，我做了幾下徒手深蹲。這樣算吧？」
我：「每次深蹲時，你的臀部只會待在最低姿勢 0.1 秒，當然不算。蹲在你覺得困難的姿勢中，花點時間鬆動。」

這看來理所當然，卻不符合本能。如果看到有人的過頭動作幅度不足，我一定會立刻開出這個鬆動術，強迫他撐在動作幅度終端，承受長時間的張力。

要正確進行這個鬆動術，記得在肩膀負重之前，手掌先往上轉，製造外旋力矩。你可以抓住大拇指，強迫掌心朝上，或是請朋友對你施展柔術的手腕鎖術，讓手腕做外旋姿勢。很多人會直接抓住彈力帶，手臂舉過頭開始牽引。這樣做動作幅度不夠完整！你只是把肉掛上去而已。記得，不是把手臂擺到頭上就叫做動作幅度完整，這還是個不穩定的姿勢。完整動作幅度的意思是，你在將手臂高舉過頭到動作幅度終端時，還有能力旋轉。

過頭
此鬆動術能夠協助改善以上原型

方式：
收縮及放鬆

1. 手腕勾上彈力帶，抓好。不要只是掛在彈力帶尾端，這是錯誤動作！

2. 用左手迫使右手臂外旋，手臂朝上，拇指朝向身體外側。

3. 手臂鎖定在外旋姿勢。髖部往後沉，軀幹朝地墊降低，藉此製造張力。手臂就過頭姿勢外旋，進行收縮及放鬆，試著將肩膀牽引到新的動作幅度終端。

4. 開始尋找僵硬區塊。舉例來說，你可以先把右腿往後踏，拉長筋膜線，增加伸展動作的刺激程度。尋找僵硬區塊時，記得保持右掌朝上，拇指朝外。

過頭 · 頸前架槓 2
此鬆動術能夠協助改善以
上原型

方式：
收縮及放鬆

著重肩關節外旋的過頭牽引

這個鬆動術可以跟彈力帶過頭牽引一起做。如下方照片所示，當手肘被彈力帶固定住，可以讓你將肩關節推進更多的屈曲動作幅度。簡而言之，當你改變姿勢，就可以改變肩關節的動作力學。兩者的關係就像是槓鈴爆發上推和倒立伏地挺身，兩者動作形式相似，但卻獲得不同的動作功效。

1. 手臂穿過繞成一圈的彈力帶，讓帶子勾住手肘。

2. 當彈力帶牽引手臂時，右手輕輕握住彈力帶外側。記得保持肋廓下沉、身體維持穩固，不要左右晃動。

3. 抓住手肘背側，朝頭部方向拉，略微蹲低，藉此增加張力與提高鬆動術的延展量。在進行這個動作時，你的身體要抵抗這股力量，以維持肩關節外旋力矩。

雙邊肩關節屈曲

這也是相當實用的鬆動術，可以幫忙改善過頭姿勢以及臥推與伏地挺身等中段範圍屈曲動作。不同的是，此鬆動術是要你把雙手手臂朝中線收，並且增加了外旋。外旋能讓你一併鬆動肩關節囊後側。之前介紹的鬆動術是以動作幅度終端屈曲為主，外旋為輔，這個鬆動術則是以活動末端的外旋為主，再用屈曲來加上張力。

如果想要鬆動到外旋肌的緊繃角度，就要保持雙手手肘靠近，盡可能製造力矩。原因如下：如果在負重動作加上張力，手肘會分開。此時的力矩很大，只要在姿勢上一加上張力，手肘就會打開而流失力矩。為了協助你保持連結，想像有人張開手肘進行大重量過頭推舉，如果你讀過了第三章，你就會知道這種姿勢會讓力矩大量流失。這裡的情形也一樣。手肘距離變寬，力矩就會流失，伸展動作的刺激也會減少。要避免手肘往外打開，你可以請一位夥伴把你的手肘擋住，或是用彈力帶裹住手臂。請見下方的彈力帶版本。

過頭・頸前架槓 2
此鬆動術能夠協助改善以上原型

方式：
收縮及放鬆

1. 跪在箱子前面，掌心朝身體，手肘併攏，握住一根木棍。

2. 盡量讓雙手手肘貼緊，旋轉木棍，分開雙手，直到抵達外旋動作幅度終端。

3. 雙肩收成外旋姿勢後，身體往後推、往下降，在負重上施加張力。這麼做能夠鬆動背闊肌所有大又軟的組織，還有肩膀的外旋結構。

雙邊肩關節屈曲：彈力帶版本

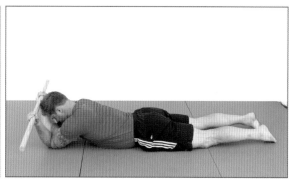

把彈力帶繞成三圈，勾在手肘上，接著扭轉木棍，分開雙手，增加肩關節外旋幅度。有彈力帶防止手肘打開，就可以在箱子上採用相同策略，讓髖部往後下沉，把頭推過雙手手臂。你也可以趴在地上做這個鬆動術。

超級頸前架槓

過頭・頸前架槓 2
此鬆動術能夠協助改善以
上原型

方式：
收縮及放鬆

如果要改善過頭姿勢（確切講是頸前架槓姿勢），我一定會用超級頸前架槓鬆動術。關鍵是持續抬高手、收起手肘。你會發現往前踏步製造張力時，手很容易往下轉，手肘很容易往側面打開。這兩個問題會讓力矩容易流失，也會讓你難以維持中立姿勢。如果用不穩定的肩膀製造張力，變成過度伸展姿勢的可能性就會大增。擺出頸前架槓姿勢時如果沒製造出穩定的平台，就會發生一樣的事。你的肩膀出問題了，沒辦法提高手肘，才會藉由過度伸展維持直挺姿勢。

要避免這些問題，可以試著放大舉手姿勢，用另一隻手牽制，以免手肘往外打開，並且在往前踏步製造張力時保持全身整合。

1. 把彈力帶勾在手腕上。

2. 手掌往上轉，肩膀轉向外旋姿勢。然後，腳往前踏，在彈力帶下旋轉身體，就像要準備過肩摔。

3. 保持手掌朝上，讓肩膀位於彈力帶下方，站挺身子製造張力。夾緊右臀肌，持續動用腹肌，避免落入過度伸展姿勢。

4. 繼續努力維持右掌朝上，用另一隻手抓住右手手肘外側（避免手臂往側面打開），重心往前移。

經典三頭肌與背闊肌伸展法

記得上次長時間按壓、鬆動三頭肌是什麼時候嗎？等等，我早就知道答案了：從來沒做過。

經典三頭肌與背闊肌伸展法能夠鬆動三頭肌的長頭、背闊肌及限制過頭動作的部分肩膀結構。如果要進一步增加這個鬆動術的效果，把一條巫毒推拉帶纏在上臂，替三頭肌做來回推拉／拉扯。我保證，三頭肌做了巫毒來回推拉／拉扯，會讓你從沒鬆動過的區塊重獲新生。用巫毒推拉帶做這個鬆動術可以讓效果增加一百倍以上。

過頭‧頸前架槓 2
此鬆動術能夠協助改善以上原型

方式：
收縮及放鬆

1. 把三頭肌末端和手肘抵在牆上。

2. 體重往牆壁上壓，在三頭肌長頭上產生拉力，右手扶住左手腕。

3. 左手朝左肩推，強迫左手臂屈曲。

反轉睡姿伸展法

大家的生活都很繁忙，就算是擠進飛機靠窗座椅、坐在辦公桌前，也要想辦法鬆動、改善姿勢。這個鬆動術不會用到器材，可以靈活應用，能協助改善肩關節內旋。這是我在車上、飛機上或座椅上常用的內旋鬆動術，也是我一直以來都相當愛用的技巧，是效果絕佳的經典鬆動術。

懸臂
此鬆動術能夠協助改善以上原型

方式：
收縮及放鬆

1. 左肩拉至緊繃姿勢，接著把左手放在下背，手掌朝外。

2. 另一隻手臂從背後橫過身體可能會有點難度。如果你覺得身體快要往前圓起、破壞姿勢的話，可以先把手臂轉回來。

3. 右手臂揮過身體前方，右手抓住左手肘。

4. 手肘朝身體中線拉，強調內旋動作。手臂在身體前方橫拉時，專心維持肩膀後拉。如果你讓肩膀往前傾成代償姿勢，就會產生夾擠，讓這個鬆動術失去效果。

區塊 4　肩部前側與胸部

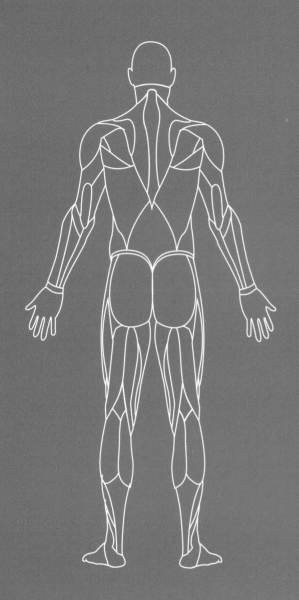

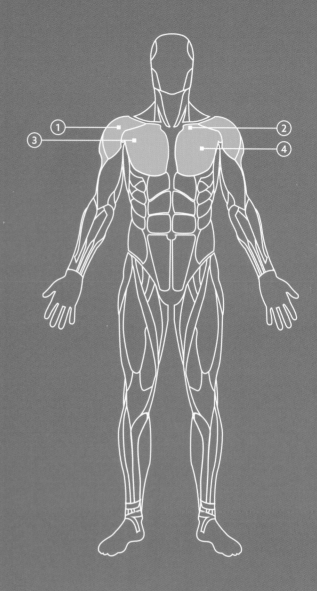

鬆動術目標區塊：

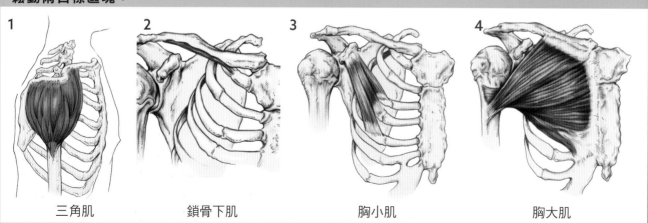

1	2	3	4
三角肌	鎖骨下肌	胸小肌	胸大肌

前腔室鬆動術

經常有運動員告訴我，就算他們鬆動了胸椎與後方結構，肩膀還是沒辦法擺出良好姿勢。他們忘記了，胸壁前腔室（胸壁前面的肌群）跟肩胛骨、肋骨和胸椎一樣，狀況不好的話也會限制肩膀擺出良好姿勢。這是個環環相扣的系統。如果有任何一條連接肩胛骨的組織變得又緊又短，肩膀就很難擺出穩定姿勢。舉例來說，如果你在桌子前坐上一整天、長時間開車、是單車選手或單純內旋不足，你可能會長時間維持肩膀前傾姿勢。這個代償姿勢會讓你的胸椎、肩胛骨和肋骨變脆弱，從肩胛骨連接到胸骨的胸小肌也容易變得僵硬無比，把肩膀限制在不穩定姿勢。

這個問題很嚴重，因為在這種情況下，你必須以內旋手臂去穩定肩膀、修正受限的動作幅度。不穩定的肩膀會導致開放式迴路，而你的身體就是以內旋手臂去處理開放式迴路。因此，與其讓肩膀在關節窩裡碰撞，內旋手臂的風險是小了些。但如此一來，如果你用代償姿勢承受負荷或壓力，不論時間長短，胸小肌都要很費力才能夠穩定肩膀，而這會導致胸小肌慢性僵緊。

接下來的鬆動術中，我會示範幾種方法，讓這個區塊恢復彈性與正常功能。

過頭・推姿・頸前架槓 2
頸前架槓 1・懸臂
此鬆動術能夠協助改善以上原型

可改善：
肩膀姿勢與功能
屈曲問題（圓肩）
肩膀與頸部疼痛

方式：
壓力波
收縮及放鬆
按壓及來回推拉／拉扯
點壓及扭轉

目標區塊

選項 1：戰鬥機飛行

戰鬥機飛行是我最喜歡也最討厭的胸部與肩膀前腔室鬆動術。最喜歡是因為這個技巧可以搭配各種方式（按壓及旋轉、收縮及放鬆、壓力波或來回推拉 / 拉扯），讓你在短時間達成驚人成效。最不喜歡則是因為太痛了。幸好做這個鬆動術時臉會朝下，可以遮住痛苦表情。

如下方照片所示，這個鬆動術動作就是揮動手臂，模仿天使揮動翅膀。

1. 趴在地上，把一顆球擺在鎖骨下方，胸部和肩膀中間。手臂往側面伸，盡可能把重量壓在球上。姿勢就位後，你可以像在做伏地挺身一樣，把往外伸的手臂朝地墊推，藉此收縮，接著再讓更多重量壓到球上放鬆。

2. 用另一隻手抓住球。

3. 球轉離要鬆動的肩膀，收起鬆軟組織。

4. 手臂持續向外伸，肩關節外旋，同時手臂朝頭的方向滑出去。

5. 手臂朝背部移動，讓肩關節內旋，以涵蓋肩膀所有的動作方向。

6. 手臂放在背後，另一隻手往背後伸，抓住手腕，接著利用握力把背上的手臂拉起。這麼做不僅能強迫你挑戰動作幅度終端，還能讓你把更多重量壓到球上。不騙你，這個動作真的很痛。

選項 2：戰鬥機飛行牆壁按壓

你也可以抵著牆壁或在門口做前腔室按壓。門口很適合，可以讓手臂在身體前方自由活動，動到趴在地上難以鬆動的組織角度。唯一的壞處就是無法像趴著一樣，把大量壓力或體重壓在球上。

使用跟上一個技巧一樣的動作和方式：讓球刷過胸部與前肩區域，盡量讓肩膀產生動作，並在僵緊的點收縮、放鬆。

選項 3：雙子棒胸肌群按壓

超新星球這種比較大的工具很難深入跟鎖骨及肩膀相鄰的肌肉組織。想鬆動大型按摩球難以動到的點，就要用有尖端的器材，例如雙子棒或小球。簡單說，戰鬥機飛行按壓法專門用在胸部（胸大肌）和肩膀的肉或大肌群上，雙子棒胸肌群按壓則能鬆動鎖骨邊緣和胸部（胸小肌）與三角肌之間的縫隙。

目標區塊

把雙子棒的尖端抵在肩膀角落、鎖骨下方，或三角肌與胸肌群邊緣附近的僵緊點。開始收縮放鬆或做來回推拉／拉扯前，先扭轉雙子棒，扭緊筋膜，收起所有鬆散組織。接著開始探索胸部區塊，找出僵緊的區域。你可以把手臂放到背後，用增加伸展和內旋的幅度，或者外旋肩膀並朝側面伸手，打開胸部。

槓鈴球胸肌群按壓

懸臂‧推姿
此鬆動術能夠協助改善以
上原型

可改善：
肩膀姿勢與功能
屈曲問題（圓肩）
肩膀疼痛

方式：
收縮及放鬆
按壓及來回推拉／拉扯

槓鈴球胸肌群按壓是下一個技巧的變化版本，專門用來修復三角肌的滑動面功能。把袋棍球或瑜伽理療球固定在槓上，就可以讓槓鈴肩膀剪力按壓變成精準的胸肌群按壓技巧。這個鬆動術跟上一個技巧一樣，可以讓你鎖定跟胸肌群和三角肌相鄰的附著點，也就是胸小肌連接肩膀的位置。

注意：把一顆袋棍球擺在肩膀下方，就可以同時做兩種鬆動術。請見肩旋轉肌按壓及來回推拉／拉扯（312頁）。

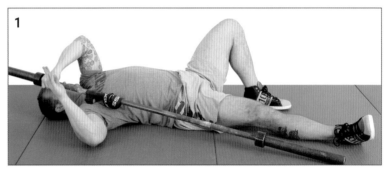

1. 仰躺於地，球擺在三角肌前束區塊、胸小肌附著在肩膀的位置。

2. 右腳踩在槓上。這麼做不僅能固定槓鈴、增加壓力，還能夠協助把肩膀推到關節窩後方。

3. 壓住前肩組織後，肩關節內旋。左手將槓鈴往下壓，維持頂端壓力。

4. 保持手肘彎曲，肩關節外旋，手臂盡量貼地，藉此讓手臂活動到完整動作幅度。

槓鈴肩膀剪力按壓

如果內旋不足，就要用整個肩膀複合體代償。用不穩定的姿勢活動久了，自然而然會肩膀疼痛，甚至受傷。我在執業生涯中治療過許多關鍵內旋幅度不足的運動員。我鬆動的第一個重點，就是上肩區塊的三角肌前束。活化這個區塊，能有效修復許多運動員身上常見的肩膀力學功能失調。

許多人在日常生活中經常肩膀前傾。問題是，日常生活與訓練常需要我們用三角肌前束複合體出力負重，導致該區塊緊繃無比。要把這個區塊緊繃的組織鬆開，最簡單也最有效率的方式就是用這個按壓法，或是夥伴協助按壓（見下頁）。如果做得夠頻繁、更正確，你會感覺自己簡直像換了一雙新肩膀。這兩個鬆動術是我目前所知最能迅速放鬆組織、修復內旋的鬆動術，特別是纏上巫毒推拉帶再使用協助內旋按壓」，會產生更神奇的效果。

不管是用槓鈴或找夥伴協助，重點都是仰躺於地，避免身體往側面翻，變成睡姿伸展。睡姿伸展其實是在用不良姿勢修正內旋，效果存疑。你不必把手臂放在前方往另一側拉，也能修正內旋，這種姿勢根本是四不像！你應該要用類似運動動作的姿勢鬆動：高懸臂姿勢、游泳的划水回復階段、雙槓下推或跳躍姿勢。就這樣。

注意：把一顆袋棍球擺在肩膀下方，就可以同時做兩種鬆動術。請見肩旋轉肌按壓及來回推拉 / 拉扯（312 頁）。

懸臂・推姿
此鬆動術能夠協助改善以上原型

可改善：
肩膀姿勢與功能
屈曲問題（圓肩）
肩膀疼痛

方式：
收縮及放鬆
按壓及來回推拉 / 拉扯

目標區塊

1. 仰躺，將槓鈴突起的部分擺在三角肌前束區塊。

2. 右腿跨在槓上。這樣不僅能協助固定槓鈴、增加壓力，還能把肩膀推到關節窩後方。同時間，身體往後躺，讓右肩呈現良好姿勢，並用左手握住槓鈴尾端。

3. 壓住前方組織後，手臂內旋，左手把槓鈴往下壓。這兩個動作組合起來能製造大量剪力，讓肩膀前側黏著的組織分離。

睡姿伸展問題

肩膀巫毒鬆動術：夥伴協助按壓

懸臂・推姿
此鬆動術能夠協助改善以
上原型

可改善：
肩膀功能
肩膀疼痛與腫脹

方式：
巫毒推拉帶擠壓

如果你在指導一整隊的運動員，就很適合使用這個變化版本。你可以請隊員兩兩一組，其中一人幫另一人纏好手臂後，踩在他的肩膀上，幾分鐘後再交換。要改善、修復肩關節內旋，這是最迅速又最簡單的方法。

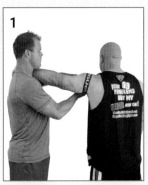  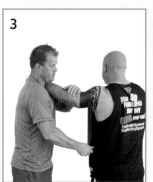

用巫毒推拉帶從最上方開始裹住整個肩膀，製造加壓力。要進一步了解纏彈力帶的技巧，請見 149 頁。

1. 肩膀纏好帶子後，傑西仰躺於地，手臂擺出 90 度角。我用右腳蹠骨球踩住他的肩膀前側，確保他的肩膀呈現良好姿勢，並且幫忙壓住他僵硬黏著的肩膀組織。

2. 我的腳壓住他的肩膀後，傑西內旋手臂，讓手超過我的腳，有效鬆開黏在一塊的肩膀組織。

雙邊內旋鬆動術

雙邊內旋鬆動術是修復外旋與內旋的方法，做起來痛，但效果迅速。這個鬆動術跟肩膀巫毒鬆動術一樣，適合一大群運動員在上課時一起做。

懸臂·推姿

此鬆動術能夠協助改善以上原型

方式：

收縮及放鬆

要知道，只用一種靜態伸展不可能大量修復僵硬的肌肉、恢復關節動作幅度。想獲得最佳成效，就必須配合肌肉收縮及放鬆法，在動作幅度終端範圍呈繃緊的狀態反覆練習。除此之外，你還要專注在維持肩膀緊貼地面的動作，當你放下髖部壓住雙手時，避免出現以肩膀前傾的代償方式來完成這個動作。如果你的肩膀缺少關鍵的內旋和伸展角度，這個動作將會變得非常困難。要解決這問題，最好的辦法是請訓練夥伴壓住你的肩膀。這麼做不僅能確保肩膀保持在正確的位置，還能讓你做到較困難的動作方向。

保持肩膀後拉真的不容易，所以我只會在身邊有人協助的時候做這個鬆動術。但就算身邊沒有人可以幫你，這個鬆動術還是很棒，能讓你了解自己的身體缺乏動作幅度時會怎麼代償。你能夠清楚感受到自己的身體在做什麼。有時你做雙槓下推時，會無法感覺自己的身體在代償，但這個姿勢能告訴你問題究竟是出在動作控制還是活動度，讓隱藏的毛病現形。

● 常見問題

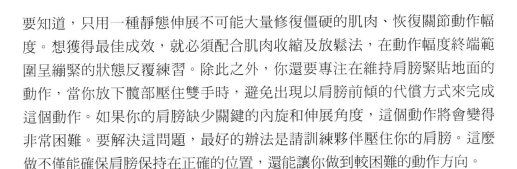

1. 仰躺，雙腳腳跟往地墊推，將髖部抬成橋式，接著把肩膀往關節窩後方推。

2. 雙手放到下背後方。

3. 髖部慢慢朝地面沉，讓背部朝雙手下降來增加張力。姿勢就位後，你可以收縮、放鬆，或者上下擺動身體，進出動作幅度終端。千萬要避免落入肩膀前傾的代償姿勢。與這股力量抗衡，控制張力。

夥伴協助變化版

1. 我當協助者，將雙手壓在卡爾的肩膀前側。卡爾的髖部開始下沉時，我在他的肩膀上加上壓力。

2. 我把卡爾的雙肩壓在地面上時，他的髖部朝雙手下降，施加張力。

惡霸彈力帶鬆動術

改善伸展與內旋時，肩膀姿勢很容易變得虛弱無力。因此在介紹上一個技巧時，我才會推薦由夥伴來協助的變化版。這個變化版鬆動術能夠避免流失力矩和張力，落入習慣性的肩膀前傾不良姿勢。

不過，如果你身邊沒有人能幫你，惡霸彈力帶鬆動術也是不錯的替代方案。如下方照片所示，彈力帶能把肩膀拉至關節囊後方，不僅能讓你就穩定姿勢鬆動，還能加強刺激。

懸臂・推姿
此鬆動術能夠協助改善以上原型

方式：
收縮及放鬆

1. 右手臂勾上彈力帶，套在三角肌前束上，手臂放在下背後方。左手扶著右手手腕，把右手手臂固定在原位。

2. 身體往前傾，讓彈力帶把肩膀拉到關節窩後方，在彈力帶上產生張力。

3. 當右肩鎖定在理想位置後，左手握住右手臂橫過身體往上拉，開始尋找僵硬區塊。這麼做能藉著肩關節伸展來增加內旋幅度。你也可以把頭往側邊傾斜，拉緊頸部，進行這個鬆動術。

三重惡霸鬆動術

惡霸系列鬆動術看起來就像警察把小偷手臂扣在背後的動作。如果你受過這樣的壓制，就知道那有多痛，手法準確、力道恰到好處時更是如此。這個固定術之所以有效，是因為你的手臂會被迫彎到平常做不出來的痛苦角度，更別提你可能有嚴重內旋不足，難怪你這麼容易就屈服了！

三重惡霸鬆動術經過設計，利用三個關鍵動作來鬆動這些難以動到的角度。手固定在竿子或重訓架上後，往前踏一步製造張力。接著，身體轉離你要鬆動的手臂，做到更多手臂內收（手臂往身體中線移動）。第三，蹲低，固定的手臂往上拉離身體，增加內旋。

這個鬆動術跟其他鬆動術一樣，必須結合不同動作才能帶出最大的效益。只考慮單一動作（如屈曲）是不行的，那無法展現關節的本質及活動方式。但三重惡霸鬆動術就不一樣了，將這三個動作結合在一起，你就能在緊繃姿勢中收緊肩膀關節，並針對僵硬、疼痛又鮮少注意到的動作方向以縱向滑動放鬆肌肉群。只要使用這個簡單的鬆動術，不用找警察固定你的手臂，把你推上巡邏車，也可以鬆動肩膀，做出難度極高的姿勢。

懸臂・推姿
此鬆動術能夠協助改善以上原型

方式：
收縮及放鬆

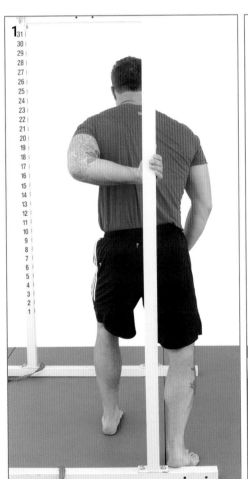 

1. 左手握住重訓架，拇指朝上。主動出力，將肩膀拉到關節囊後方。往前踏一步，伸展肩膀。

2. 在肩膀製造出張力、增加肩關節伸展幅度後，以逆時鐘方向旋轉身體，同時蹲低。前者增加手臂內收幅度，後者則能增加肩關節內旋幅度。就定位後，你的手臂可以保持在同一姿勢，身體繼續轉到更低、拉到更遠，試著找出肩膀緊繃角度。重點是肩膀要保持理想姿勢，找出僵硬的肩膀組織。如果感覺肩膀的力矩消失了，馬上釋放張力，重新做出穩定姿勢。

懸臂‧推姿
此鬆動術能夠協助改善以
上原型

___

方式：
收縮及放鬆

著重肩關節惡霸伸展

肩膀鬆動術有許多動作是重複的。這是好事，因為每個鬆動術帶來的刺激
都有一點不同。我希望各位能多加實驗，找出對自己來說成效最好的鬆動
術。

著重肩關節惡霸伸展要改善的仍然是肩膀的內旋與伸展，但這個鬆動術會
先放大伸展動作，接著再用內旋動作來加上張力。除此之外，這個鬆動術
是把手固定在彈力帶上，因此你可以將關節牽引到關節窩後方，進一步強
化肩膀的伸展。三重惡霸鬆動術則把手固定在同樣姿勢上，感覺會有一點
不同。

1. 用彈力帶勾住右手。

2. 身體逆時針旋轉180度，右肩
就伸展姿勢，背部朝向重訓架。
踏出右腳的同時旋轉右手，手掌
朝天花板。這麼做增加手臂內旋
幅度。套上彈力帶的手會被迫伸
展，你可以接著收縮、放鬆，並
降低重心扭轉上身，尋找緊繃的
角度。

3. 深度伸展一段時間後，想像自己
要用彈力帶纏住身體，身體進一步
轉離手臂，尋找新的緊繃角度。這
麼做能夠在這個鬆動術中加進更多
內旋。你也可以將頭歪向側面，一
併鬆動頸部／肩膀複合體的組織。

水槽鬆動術

水槽鬆動術沒有特定目標,意思是不會特別偏重關節,而是會鬆動緊繃或所有限制肩膀伸展的組織。這是種整體性的鬆動術,而且方式不會太過複雜,隨時隨地都可以進行。只要附近有柵欄、扶手或水槽,就可以動手改善自己的肩膀伸展。

水槽鬆動術能夠改善跨步時手肘直直後拉的動作,對跑者來說特別有用。如果你的伸展幅度不足,跨步後拉手臂就會有困難,結果是手肘往外打開,強迫肩膀變成代償姿勢。正確技巧是手臂前後擺動,但大多數人反而會在身體周圍左右揮動,拖慢速度,卻更快疲累,增加組織負擔。除此之外,這姿勢看起來還很滑稽。別這樣,學習正確的跑步姿勢吧。

懸臂・推姿
此鬆動術能夠協助改善以上原型

方式:
收縮及放鬆

1. 右手掌扶著槓鈴。

2. 左手抓槓,在肩膀姿勢不變形的前提下,雙手距離盡可能相近。

3. 維持肩膀在後,伸直手臂,身體往前傾,藉此施加張力。

4. 繼續往前傾,壓低重心以增加張力。目的是在不代償的前提下,讓雙手與肩同高。

頸前架槓 2
頸前架槓 1・推姿
此鬆動術能夠協助改善以
上原型

方式：
收縮及放鬆

彈力帶著重開胸

肩膀鬆動術有許多動作是重複的。這是好事，因為每個鬆動術帶來的刺激
都有一點不一樣。我希望各位能多多實驗，找出對自己來說成效最好的鬆
動術。

彈力帶著重開胸是另一個放大手臂伸展幅度的整體鬆動術。但是，這個鬆
動術不會把肩關節拉到內旋，而是用牽引的方式讓肩關節外旋，同時鬆動
胸部前側，讓胸肌群完整伸展。這是迅速簡單又俐落的準備動作，適合在
各種推姿動作之前做，特別是伏地挺身和臥推。

1. 用彈力帶勾住右手，製造張力。

2. 手掌往上轉，增加肩關節外旋幅
度。

3. 維持手臂外旋，肩膀向後拉，以逆
時針方向扭轉上身，偏離彈力帶。這
樣做能打開你的胸部和手臂，讓你能
沿著這個筋膜面，拉到結締組織和軟
組織。

區塊 5

手臂（三頭肌、手肘、前臂、手腕）

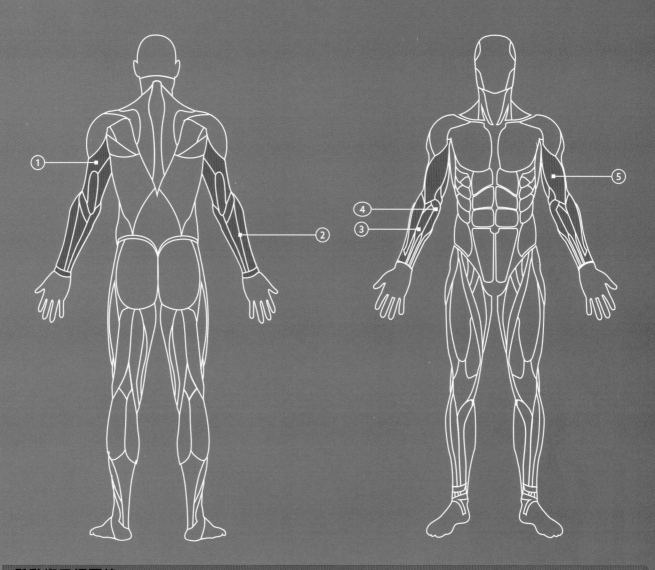

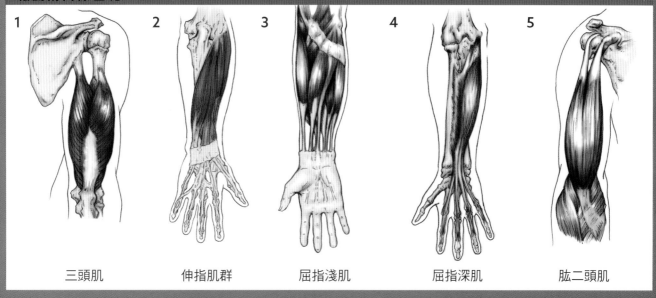

鬆動術目標區塊：

1	2	3	4	5
三頭肌	伸指肌群	屈指淺肌	屈指深肌	肱二頭肌

過頭·頸前架槓 1
頸前架槓 2
此鬆動術能夠協助改善以
上原型

可改善：
三頭肌柔軟度
手肘與肩膀疼痛

方式：
收縮及放鬆
壓力波
按壓及來回推拉／拉扯

三頭肌伸展按壓

如果髖部的主要活動肌（髖關節屈肌群、股四頭肌或大腿後側肌群）變得僵緊、受限，你覺得動作幅度和整體動作力學會受到什麼影響？如果你的前髖部僵緊，限制住伸展動作幅度，跑步、走路或跨步時，腿就會外八。如果股四頭肌僵硬，深蹲到底時你的膝蓋很可能會內夾。我們經常保養髖部，而且會花許多時間改善與髖部相連的主動肌，那肩膀和手臂的主動肌呢？你上次鬆動三頭肌是多久以前的事了？別回答了。如果你的態度跟大多數運動員一樣，就會花許多時間鬆動大腿後側肌群和股四頭肌，卻很少顧到三頭肌，而這是不對的。

要是你的三頭肌僵緊，你卻置之不理，就會發生適應性縮短，導致你喪失手臂的伸展能力。如果你的三頭肌無法完全伸展（尤其是三頭肌長頭），就會難以製造外旋力矩、鎖住手肘。你的手肘會因此容易往外打開，變成不良姿勢，尤其是在進行高負重的高速動作時（像是爆發上推和抓舉）。如果股四頭肌僵硬，雙腿在深蹲時也會出現相同狀況：你會缺乏外旋，膝蓋因此內夾，導致力矩流失。

1. 伸展手臂，將三頭肌的頭（手肘關節正上方）擺在槓鈴上。將槓鈴逆時鐘朝你的身體旋轉，收起手肘鬆散的皮膚。手臂施加向下壓力，固定底下組織。

2. 將左手肘底部的僵硬組織固定好之後，把左手拉到頭的左邊。

3. 把僵硬組織固定好，手臂伸直。目的是要找出僵緊點，藉由彎曲、伸直手臂來推拉該緊繃點。

4. 左手臂彎向身體右側，完整按壓組織。

這些大塊組織會決定你能不能在主要引擎製造穩定。你的三頭肌會影響肩膀，股四頭肌則會影響髖部。如果這些區域變僵硬，就會反映在動作力學上，最後以疼痛的形式表現出來。這代表你要用按壓來放鬆僵硬組織、解決問題，找回穩定姿勢。這裡示範的各種三頭肌伸展按壓選項就是達到這個目的最好的辦法。

雖然我所示範的所有按壓技巧都使用不同工具，但技巧與方式其實一樣：以壓力波左右滲透組織，在僵緊點收縮、放鬆，彎曲伸直手臂以縱向滑動放鬆肌肉群。

注意：按壓三頭肌時，記得考慮你想改善的原型與區塊。如果你想強化過頭姿勢，就趴在地上，伸展手臂，鬆動三頭肌長頭。如果你想改善頸前架槓姿勢，就屈曲手臂，鬆動手肘四周的區塊。趴在地上也有許多按壓方式：你可以經由彎曲、伸展手臂，來以縱向滑動放鬆肌肉群，也可以在彎曲或打直手臂時左右滾壓。重點是要在屈曲及伸展手臂時，強調手肘的內旋與外旋。

5. 維持手臂彎曲，手臂朝左側移動，繼續按壓組織。目的是來回產生壓力波，從側面按壓組織。

變化版：戰鬥之星或雙子棒三頭肌按壓

沒有重訓架也沒關係，你可以趴在地上，利用滾筒、雙子棒、槓鈴、小型戰鬥之星、雙袋棍球、擀麵棍、酒瓶或手邊可以利用的東西，做三頭肌伸展按壓。

夥伴協助三頭肌按壓

夥伴協助三頭肌按壓可以提供稍微不同的刺激。之前介紹的鬆動術主要是修復筋膜的滑動面功能，這裡則是針對深層肌肉組織，刷過三頭肌的兩頭。負責按壓和接受按壓的人可能會感覺到腳滾過手臂時有一聲「喀啦」。這聲「喀啦」很常見，卻不正常，畢竟你的三頭肌裡沒有骨頭。

注意：施加一點點壓力就可以。只要加上一點點重量，按壓產生的壓力就會讓人難以忍受。在手臂下方擺張腹肌訓練墊或其他墊子，約定好安全詞，一喊出口就代表壓力太大，同時注意安全。

1. 趴在地上，手臂往側面伸，掌心朝地。

2. 手臂下方擺張腹肌訓練墊或墊子來保護你的手肘。首先，請訓練夥伴把腳掌心踩在你的三頭肌上，小心不要施加太多壓力，接著腳往前滑。

3. 請訓練夥伴來回摩擦三頭肌的頭，腳掌緊貼手臂，維持輕度壓力。

手肘巫毒纏帶

要緩解手肘疼痛，讓三頭肌與前臂恢復柔軟，有個辦法最快速有效：將巫毒推拉帶纏在手肘上下，接著花幾分鐘做出幅度完整的動作。如果你的手肘發疼，或是某些關鍵角度（肘關節伸展或屈曲）的活動度不足，你應該先做這個鬆動術。如果有個罹患肱骨外上髁炎（網球肘）的運動員來找我，我會要他馬上做這個鬆動術。在我的經驗和學習生涯中，我沒看過比手肘巫毒纏帶更能迅速有效解決急性手肘問題的技巧。要進一步了解正確包纏技巧，請見 149 頁。

纏好傑西的手肘後，我先把他的手肘轉到朝向地面，讓他的手掌緊貼我的胸部，接著拉直他的手臂。當我在做這個動作，同時將他的手臂外旋，這些力量就能拉到整個肘關節的組織。身為協助者，我的目標是強迫他的手肘盡可能的做到更多的動作幅度，同時確保他不會痛到暈倒。用巫毒推拉帶鬆動手肘並不怎麼愉快，所有效率驚人的鬆動術技巧都這樣。但痛的不是夥伴，他不會因此手軟，因此請他控制你的手臂，讓你的手臂活動到關鍵角度是理想的做法。但是，做所有夥伴鬆動術都一樣，你應該選個安全詞。

推姿·過頭
頸前架槓 1·頸前架槓 2
此鬆動術能夠協助改善以上原型

可改善：
手肘疼痛與腫脹
手肘屈曲與伸展

方式：
巫毒推拉帶擠壓

夥伴拷問術

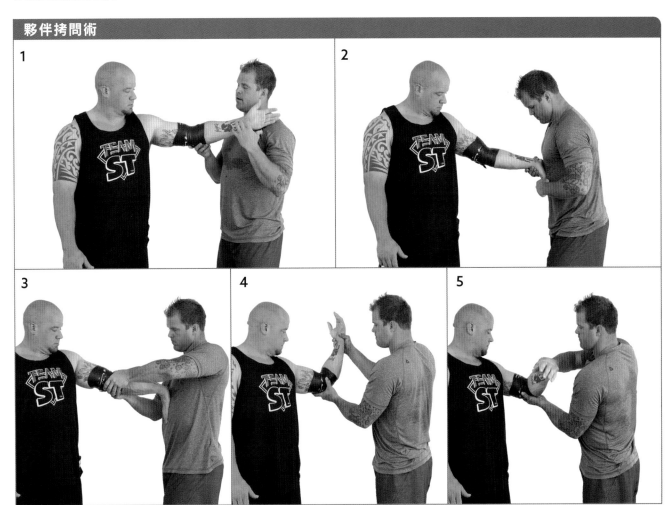

強迫屈曲與伸展

手掌撐在地面上是強迫手肘屈曲、伸展的好方法。目的是盡量挑戰不同姿勢，並彎曲手肘 15 至 20 次。

以要改善的姿勢來鬆動

巫毒來回推拉／拉扯法最棒的一點就是可以讓你以要改善的姿勢來鬆動。舉個例，如果你要臥推、推舉或挑戰包括多次伏地挺身的訓練課表，你可以纏住手肘，再照常進行動作。

單槓懸吊

手固定在槓上，扭轉身體，是一併改善手肘旋轉能力的好方法。重點是要平均顧到兩種手部姿勢：旋後（反握）與旋前（正握）。

彈力帶肘關節伸展

手肘在我們生活中勞苦功高。想想你每天會用到幾次手肘、仰賴手肘進行多少工作？我們每天都大量屈曲、伸展手臂，這也難怪手肘會僵硬疼痛，難怪完全伸展手臂經常讓人表情扭曲（說不定還伸不直）。

手肘問題很容易引起其他毛病。假設今天有個運動員手肘動作幅度受限，但需要將槓鈴推過頭。他試著鎖住手臂時，就很容易產生手肘往外開、肩膀前傾。要完成舉重的話，疼痛受傷的風險便會大增。

經常有人把手肘當成只會彎曲、伸展的簡單關節，但其實手肘旋轉也跟肩膀的穩定度有關。之前提過較小的身體結構能決定你能否在主要引擎產生穩定度。在手肘的例子中，受影響的就是肩膀。

想想頸前架槓姿勢。要把肩關節外旋到良好姿勢，製造出穩定平台，手肘、手腕等下游關節就要有完整的動作幅度。換句話說，缺乏伸展不僅會讓你無法鎖住手臂，還會讓你難以旋轉手肘來協助穩定雙肩。

許多人認為手肘動作幅度稍微不足也沒關係，但這想法絕對錯誤。試試以下的簡單測試，你就會懂我的意思。先就伏地挺身姿勢，稍微彎曲手臂，接著外旋手臂，做出穩定的肩膀姿勢。完成之後，鎖住手臂再重複同樣的步驟。

過頭・頸前架槓 1
此鬆動術能夠協助改善以上原型

可改善：
肘關節伸展

方式：
彈力帶來回推拉／拉扯

1. 把彈力帶勾上手肘，手臂往後滑，製造張力。注意圖片中我的手指朝向彈力帶的方向。

2. 右手壓在左手上，讓手掌緊緊貼地。

3. 肩膀保持穩定姿勢，在彈力帶內屈曲手肘。

你會發現，鎖住手臂能夠讓姿勢更加有力穩定。如果你的肘關節伸展不足，就用深蹲做這個測試。呈站立姿勢，稍微彎曲雙膝，接著把膝蓋往外推，製造外旋力。完成之後，鎖住膝蓋再重複同樣的步驟。你會發現鎖住膝蓋能夠動用臀部，還能感受到你的姿勢相當穩定。以單一關節規則來說（請見第二章），肩膀也會有相同狀況。

因此，修復手肘的完整動作幅度就成為我們的目的。

如照片所示，這個鬆動術能用兩種姿勢鬆動手肘，以改善旋轉的部件。重點是用手肘繃住彈力帶，接著再緩慢地以控制力伸直手臂，讓彈力帶把關節牽引到關節囊的動作幅度終端，反覆進行伸展，以縱向滑動放鬆肌肉群。

注意：要獲得最好的效果，手肘先做巫毒來回推拉／拉扯，再作彈力帶手肘鬆動術。莎拉·霍平是全美最佳鏈球選手之一，同時也是 CrossFit 紅人，她來到我位於舊金山的 CrossFit 健身房，希望我幫她矯正手肘姿勢、緩解疼痛。她受了重傷，橈骨頭骨折，沒辦法鎖住手肘或伸展到動作幅度終端，嚴重限制了她的過頭姿勢。我先觀察她的狀況，並使用這些技巧替她的手肘進行巫毒來回推拉／拉扯。有了巫毒推拉帶的協助，我們讓她的關節動作幅度恢復完整。不久之後，她在北加州 CrossFit 2012 區域賽的抓舉金字塔模式項目中獲勝。她的物理治療師簡直不敢置信。

這個故事的寓意如下：將加壓帶包在手肘周圍，使用這些技巧進行巫毒來回推拉／拉扯吧。效果驚人！

4. 控制好手臂，開始伸展，讓彈力帶把手肘拉到動作幅度終端的姿勢。姿勢就位後，重複屈曲、伸展手肘，直到動作幅度恢復完整，或是你感覺到關節囊有所改善。

變化版：彈力帶肘關節伸展

要顧到整個關節囊，就要用正手和反手姿勢鬆動手肘。換句話說，你要從完整的旋後和旋前姿勢進行鬆動。這樣做能夠協助手肘旋轉，並且一併鬆動前臂與手腕結構。

彈力帶手肘牽引

要拯救手肘活動度不足並治療疼痛，另一個方式就是彈力帶手肘牽引。

這個技巧也能夠加強手肘的完全屈曲動作。如下方照片中所示，彈力帶能夠把手肘關節牽引開，在肘窩處製造出一股力量，打開間隙。這股牽引力能夠把手肘拉到關節囊裡的良好位置，清除關節裡的夾擠，並讓你在做來回推拉／拉扯時不受限制。重點是專心將手臂朝不同方向移動。這麼做能夠訓練到手肘結構的旋轉部件，讓你的手肘能彎曲更多次。

想想迴紋針吧，只來回折幾次不可能把迴紋針折斷，要朝四面八方折彎至少 30 到 60 次才行，同樣的概念也適用在這裡。如果想要改善情況，你必須推到屈曲動作幅度的末端後放鬆，反覆做，手掌還要轉向、轉離身體，來鬆動到完整手肘幅度。這不是姿勢固定的鬆動術，透過轉動雙手、探索手肘關節的完整動作幅度，可以完全改變鬆動手肘的動力學。不僅如此，更換手部姿勢還能幫忙改善一般握法，像是反手握法（掌心朝上，或旋後）和頸前架槓與上拉姿勢（掌心朝下，或旋前）。

推姿・頸前架槓 2
此鬆動術能夠協助改善以上原型

可改善：
手肘屈曲
手肘疼痛

方式：
著重關節間隙的牽引
彈力帶來回推拉／拉扯

1. 把彈力帶勾在前臂肘窩附近，接著將自己推離重訓架，讓彈力帶產生張力。

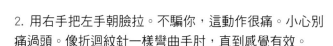

2. 用右手把左手朝臉拉。不騙你，這動作很痛。小心別痛過頭。像折迴紋針一樣彎曲手肘，直到感覺有效。

3. 重擺左手握法，這次握住你的手掌，好鬆動到所有角度。

4. 再次把左手朝臉拉，保持掌心朝外。

推姿・過頭
頸前架槓 1・頸前架槓 2
此鬆動術能夠協助改善以
上原型

可改善：
手腕與手肘疼痛
手腕與手肘關節動力學
（伸展、屈曲與旋轉力）

方式：
按壓及來回推拉／拉扯
點壓及扭轉
收縮及放鬆

1. 袋棍球或瑜伽理療球壓
在前臂頂端、肘窩旁邊

2. 向下壓，扭轉球，收起
所有鬆散的皮膚和軟組織。

3. 屈曲手腕，手腕和手肘
內外旋轉，加進旋轉動作。

4. 伸展手腕，五指張開。
透過內外旋轉手腕與手肘，
在伸展手部時產生動作（像
是揮手）。

前臂按壓鬆動術

如果你不幸整天上班都要維持同樣的靜態姿勢，伸展對你來說可能沒什麼
效果。如果肌肉因此定形、適應你的姿勢（適應性縮短僵硬），要恢復彈
力就得先讓黏在一起的肌肉鬆開才行。舉例來說，整天坐在桌子前的人會
經常手腕疼痛。他們會怎麼辦？會屈曲伸展手腕，進行伸展。你需要更好
的方法。要治療問題，不僅需要強化你常擺出的姿勢，還要結合按壓及來
回推拉／拉扯與牽引關節鬆動術等技巧。

沿著手腕游走，放鬆那些拉動手肘與手部的組織，效果會更好。你的前臂
替雙手做大量的工作，但你可能完全沒有保養。難怪你無法擺出良好的頸
前架槓姿勢，或是得了網球肘。控制你雙手的繩索已經變成鋼索了。如果
你手肘或手腕疼痛，代表前臂正在求救。使用以下選項來鬆動這些組織吧。

選項 1：前臂點壓及扭轉

這個簡單快速的鬆動術很適合治療急性手肘疼痛。注意下方照片，我對準手
肘彎曲處附近前臂的伸肌群。這個區塊一僵硬、痠痛，常會引發許多不舒服。
如果你整天用屈曲手臂的姿勢打字，或如果你是做大量大重量、高訓練量
上拉運動的運動員（像是引體向上、划船或奧林匹克舉重），或者是在練
習需要大量出拳和扭打的武術選手，記下這個鬆動術，經常做吧。

注意：針對大多數運動員，我會建議做手肘巫毒來回推拉／拉扯，以便一併
鬆動那些附著在手肘上的所有肌肉。但是，幫自己包纏手肘並不容易，有
時甚至辦不到。這個鬆動術則是實用又有效的替代選擇。在辦公室裡、健
身前後或是該區塊快出狀況時，都可以自己做。只需要有一顆袋棍球或瑜
伽理療球，還有幾分鐘的休息時間就可以了。

選項 2：前臂伸肌群按壓

如先前所說，前臂伸肌群過度使用而變僵硬的話，會在手肘和手腕引起許多問題。這是相當有效的前臂按壓技巧，可以在辦公室、家裡或健身房做。雖然用雙袋棍球或單顆袋棍球都可以，不過我自己喜歡用瑜伽理療球。瑜伽理療球的柔軟性和抓力能讓你按壓到整塊手臂後腔室（手肘到手腕）。

1. 拇指朝天花板，手臂擺在兩顆瑜伽理療球中間。

2. 上半身的重量移到手臂上，另一隻手把前臂壓在兩顆球正上方，產生足夠的壓力。邊做邊外旋前臂，一路按壓至手臂的後腔室。記得用上面那隻手幫助旋轉。

3. 如果你找到特別痛的激痛點，可以握拳收縮，再張開手放鬆。重複進行，直到感受不到變化，或是手臂已經能撐起全身重壓。

選項 3：前臂夾擊按壓

這是一舉兩得的鬆動術，可以讓你同時鬆動前臂的前腔室和後腔室。跟之前其他選擇一樣，這個鬆動術的重點不僅是要按壓（用壓力波）肌肉，還要在組織敏感點上收縮及放鬆，並將手腕往各個方向移動，做來回推拉／拉扯。

1. 手掌朝天花板，前臂擺在袋棍球上。下面這顆球可以擺在前臂肌肉上任何地方，最好是僵硬點。

2. 另一顆袋棍球隔著手臂擺在袋棍球的正上方，用另一隻手把球壓進前臂，夾住僵緊的組織。

3. 左手維持向下壓力，屈曲右手腕。

4. 畫圓、屈曲伸展，或朝各個方向移動你的手。感受到一點成效後，移動到另一個僵緊點。

選項 4：夥伴協助前臂按壓

進行了非常需要握力的訓練課表後，你可能不會想到要按壓前臂。下次因為鍛鍊流失握力時，你可以找個朋友來幫你按壓前臂。前臂按壓跟夥伴協助三頭肌按壓一樣，不需要用太大的壓力，記得溫柔小心。

1. 趴在地上，手臂內旋，手掌朝天花板。這個姿勢能夠讓你的手臂前腔室朝上。請你的訓練夥伴用他的足弓（蹠骨球到腳跟之間）在你的前臂輕輕施壓。也可以請他用腳跟或蹠骨球在激痛點製造更刺激的效果。

2. 同樣的規則和技巧也適用於手臂後腔室的按壓。準備進行這個變化版鬆動術時，旋轉手臂，掌心朝地。手臂伸展時，記得在前臂下面放一張腹部訓練墊或墊子，保護你的手腕和手肘。

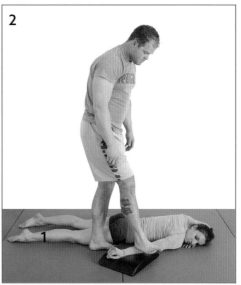

手腕點壓及扭轉

如果你有腕隧道症候群，或手腕和拇指痛，這個鬆動術很適合你。智慧型手機跟椅子一樣，注定會傷害我們的身體。想想你的手腕姿勢，想想你使用電話時會消耗掉多少次拇指循環：你需要用拇指滑動螢幕、打字，還要將手腕固定在不穩定的姿勢打字。除了可能造成重複壓力的傷害外，花太多時間滑手機或打鍵盤還可能讓你的皮膚黏著在底下的組織和骨頭上，限制運動，擠壓神經。下次拇指或手腕痛時，使用這個技巧，並搭配下一頁示範的鬆動術一起做。

1. 把袋棍球或瑜伽理療球擺在手腕內側角落、拇指底部的位置。

2. 施加壓力，扭轉球，收起鬆散的皮膚。

3. 屈曲並伸展手腕，產生來回推拉 / 拉扯的效果。

4. 用壓、旋轉、來回推拉 / 拉扯的技巧鬆動手腕外側的角落。記得要鬆動到整個拇指底部區塊，以及手腕兩側。

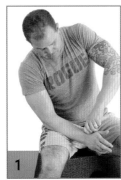

手腕彈力帶牽引搭配巫毒手腕擠壓

手腕彈力帶牽引跟反覆推到動作幅度終端再放鬆、改善關節動力學的腳踝鬆動術很像。這個鬆動術雖然簡單，卻能有效治療手腕疼痛，還能幫助你準備進行難度較高的頸前架槓。要獲得最佳效果，先用巫毒推拉帶纏住手腕，並按照步驟一一進行。

頸前架槓 2
此鬆動術能夠協助改善以上原型

可改善：	方式：
關節力學	彈力帶來回推
手腕疼痛	拉 / 拉扯
	彈力帶擠壓

1. 把彈力帶勾上手腕。

2. 手往前滑，在彈力帶上製造張力。這麼做能夠將你的手腕關節牽引至良好姿勢，接著用左手把右手掌壓在軟墊上。

3. 左手擋住右手腕，鎖住手肘，在右手上方伸展右臂。反覆在動作幅度終端以縱向滑動放鬆肌肉群，直到感覺關節有所改善。

巫毒帶纏住目標區塊

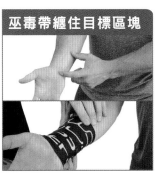

自由嘗試

纏住手腕後，你可以強迫手腕擺出常見姿勢，試著做不同的鬆動術。

巫毒帶手腕牽引

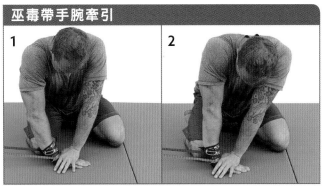

搭配巫毒推拉帶做牽引總是很不錯。跟肘關節伸展一樣，請先擋住你的手，鎖住手肘，接著在壓住的手上方伸展手臂，反覆在動作幅度終端以縱向滑動放鬆肌肉群。

巫毒束帶手腕複合體鬆動術

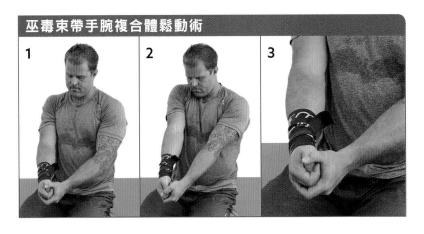

這個手腕鬆動術的效率沒話說。如果你的拇指和手腕因為經常打電腦而僵硬，這個鬆動術是你的首選。四指握住拇指，接著鎖住手臂，將手腕朝地面彎曲。這麼做能夠放鬆拇指與手腕複合體附近的黏著組織，恢復這個區塊的滑動面功能。

區塊 6　軀幹（腰肌群、下背、腹斜肌群）

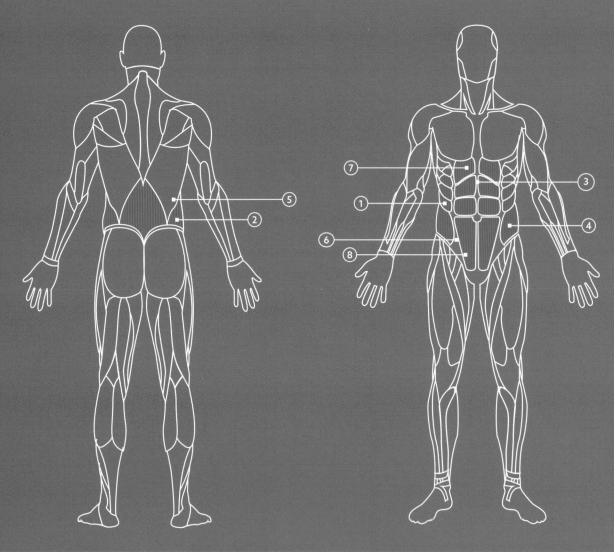

鬆動術目標區塊：

1

腹外斜肌

2
腹內斜肌

3
横膈膜（側面圖）

4
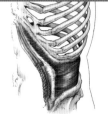
腹橫肌

5
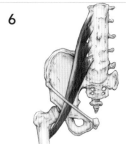
腰方肌

6
腰大肌

7
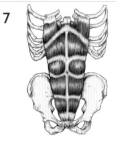
腹直肌

8
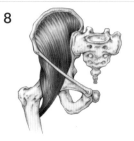
髂肌

下背按壓

下背按壓：選項 1

如果你下背疼痛，就先做這個鬆動術。把袋棍球擺在下背與上臀肌區域，就能有效鬆開那些造成下背疼痛、限制動作與姿勢力學的僵硬組織。

做這個鬆動術時最好把腳抬高擺在箱子或椅子上，理由有三個。首先，這麼做比較容易用良好姿勢鬆動，不會變成過度伸展。第二，你可以在球上施加更多壓力，讓組織發生變化。第三，這個姿勢能收起軀幹和下背鬆散的肌群，並且拉緊下背的鬆散軟組織，讓你較容易維持脊椎中立姿勢。

深蹲 2．深蹲 1
此鬆動術能夠協助改善以上原型

可改善：
下背疼痛與僵硬
腰椎關節力學
整體旋轉

方式：
壓力波
收縮及放鬆

1

2

目標區塊

目的是從髖部側面到脊椎來回按壓，盡量讓球待在骨盆頂端邊緣與上臀肌上。

1. 把袋棍球擺在下背骨盆正上方，雙腳抬到箱子上。專心穩固身體，維持脊椎中立姿勢。如果你的骨盆歪斜導致過度伸展（這是常見問題），只會讓下背痛更加惡化。

2. 髖部慢慢往左移動。目的是沿著肌肉紋理來回摩擦、按壓，並且使用壓力波技巧緩慢按壓組織。

背部扭傷？
重新調
整骨盆位置！

最常見的背痛原因包括用不良姿勢久坐，或是用有問題的姿勢活動、提起重物。如果讓身體記住不良動作模式，或者採取不良坐姿，下背痛就會變成嚴重問題。你可以用鬆動術技巧來處理組織，但只要一變回過往習慣的不良姿勢，背痛又會再次發生。所以我常說：「下背痛的頭號預測因子就是下背痛病史。」壞習慣一恢復，毛病又會再現。除非你能改善姿勢、持續修護問題區塊，否則永遠無法擺脫下背痛。

另一方面，如果你沒有下背痛病史，下背痛的第二號預測因子就是骨盆旋轉歪斜，而這又源自背部扭傷。舉例來說，如果你在運動或做其他活動時扭傷背部，骨盆很可能有一邊已經旋離正常位置，導致兩側活動度不均。如果你有一條大腿的後側肌群特別僵緊，把骨盆往一邊拉，你還試著舉起大重量，髖部就會產生一股旋轉剪力，把骨盆拉到不良姿勢，進而扭傷下背。甚至重量不大時，這種狀況也有可能發生。有時，沒有穩固身體或者轉身、活動方式錯誤，也會導致下背扭傷。不管原因為何，你只要用一個簡單的技巧，就能把骨盆重新調整到中立姿勢。

我們的目的是藉由推一邊膝蓋、拉另一邊膝蓋，來運用旋轉與反向旋轉。這個動作能同時啟動你的大腿後側肌群與髖關節屈肌群，目的是骨盆復位。一般建議是，用雙腿抵擋壓力，每邊各維持姿勢約 5 秒，換邊 3 到 4 次，收尾時將一顆球夾在雙腳膝蓋中間，盡量用力夾緊。最後這個步驟能協助恥骨聯合復位。

簡單說，你就是在用你的肌肉來讓骨盆復位。你可能會聽到「喀」的一聲，或是感覺到你的骨盆「卡」進正常位置。

1. 右手推右腳膝蓋，右腿抵抗這股壓力，藉此啟動右側髖關節屈肌群。同時左手拉左膝，左腿抵抗這股壓力，以啟動左腿後側肌群。

2. 維持姿勢 5 秒後換手，同樣藉由推拉的方式製造壓力，抵抗膝蓋上的這股壓力。重複以上步驟，來回切換姿勢，並與壓力抗衡大約五秒。

3. 完成幾次旋轉與反向旋轉循環後，把藥球擺在雙腳膝蓋中間，盡可能用力夾緊藥球約 5 秒。重複這個步驟 3 到 5 次，直到你聽到（或感覺到）喀聲。

下背按壓：選項 2

如果你下背僵硬，腰椎動作幅度就很可能不足，扭傷背部的風險因而大增。
這個簡單的鬆動術能夠恢復基礎脊椎動作，並且舒緩下背僵硬。這個鬆動
術跟選項 1 很像，但選項 1 是在鬆動那些附著在這個區塊的肌肉，這個鬆動
術的目標則是腰椎的動作節段。前者能解決肌肉僵硬，後者則能改善關節
力學。用單顆袋棍球時要避免過度伸展，不過，這個鬆動術會用球在兩側
撐住脊椎，不用擔心發生這種情況。但是，這並不代表你可以完全放鬆腹
肌。張力要充足，才能維持中立姿勢，並避免在膝蓋左右倒時歪斜骨盆。

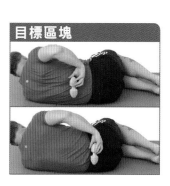

目標區塊

這個技巧的目的是――鬆
動肋廓底部到骨盆的每個
動作脊椎節段。

1. 雙袋棍球擺在下背脊椎的兩截動作節
段之間。身體維持穩固、髖部離地，以
免過度伸展。為了幫助維持姿勢，你可
以在把膝蓋往地面放時，想像自己在拉
長脊椎。如果要增加壓力，可以用箱子
或椅子撐起雙腳，或是把雙腿抬到空中。

2. 左膝往右側倒，稍微旋轉髖部。

3. 繼續把球卡在動作節段之間，接著將
右膝往左側倒。切記小心別倒得太低，
以致肩膀離地。左右旋轉，直到感覺情
況有所改善，接著上移或下移到下一個
動作節段。

下背按壓：選項 3

小型戰鬥之星能夠觸及豎脊肌、腰方肌、腹斜肌的肌群筋膜與胸腰筋膜，還能針對腰椎的動作節段鬆動，也是適合按壓下背的工具。不過，選項 2 的目標區塊包括肋廓底部到骨盆之間，但做這個鬆動術時只能鬆動髂骨棘（髖骨）的正上方。要鬆動更高處，就會有過度伸展的風險，而各位也知道過度伸展絕對不是理想的姿勢。

除此之外，小型戰鬥之星的設計無法一一針對脊椎各個動作節段鬆動。這個鬆動術主要針對腰薦關節（接合處），也就是下腰椎椎體與最上方薦椎椎體之間的椎間盤。這個動作節段是以幾個互相連結的部件所支撐，來為脊椎提供強壯穩定的基座。簡而言之，只要針對脊椎底部附近，就不會因為過度伸展而造成傷害。活動這個區塊相當重要，因為下背痛和坐骨神經痛經常是因腰薦關節僵硬而起。

跟先前介紹的技巧一樣，這裡的重點是在左右滾動髖部與雙腿時保持雙肩貼地。

目標區塊

1

2

1. 小型戰鬥之星擺在下背處，髂骨棘（髖骨）的正上方。

2. 保持雙肩貼地，轉動髖部，雙腿往側面倒。目的是來回旋轉髖部，鬆動上臀肌與下背區域的組織。

豎脊肌側面按壓

這個鬆動術的目標是腰椎區域的豎脊肌，也就是負責伸直背部與左右旋轉的肌肉。用屈曲或過度伸展的姿勢坐著、站立或舉重時，這個區塊的組織特別容易黏在一起。採取過度伸展或屈曲姿勢時，腹肌通常會鬆懈，意思就是你不會啟動腹部肌肉來繃緊軀幹，這時候豎脊肌、腰方肌和腰肌等不及備載的肌肉就會被迫接手代勞。所以，背痛時要鎖定髖部與下背複合體四周的肌肉鬆動。這些肌肉會受到張力壓迫（往不同方向拉扯伸展），結果可能導致整體下背疼痛。

豎脊肌僵緊黏著，不只增加下背痛的機率，還會破壞左右旋轉的能力。如果你從事高爾夫球、網球或其他需要大量旋轉身體的運動，這個鬆動術很適合你。

如下方照片所示，把雙子棒、雙袋棍球或瑜伽理療球擺在肋廓底部的腰椎旁邊，慢慢左右滑動髖部。你也可能會按壓到部分的腰方肌，甚至部分腹斜肌，但這個鬆動術的目的是來回摩擦你的豎脊肌。你也可以旋轉髖部，讓腿往側面倒，強調旋轉動作。這麼做不僅能夠改善豎脊肌的滑動面功能，還能活動到你的胸椎。

深蹲 2．深蹲 1
此鬆動術能夠協助改善以上原型

可改善：
下背疼痛與僵硬
腰椎關節力學
整體旋轉

方式：
壓力波
收縮及放鬆

1

2

目標區塊

1. 將雙子棒、雙袋棍球或瑜伽理療球擺在脊椎旁，髖骨與肋廓中間的位置。

2. 盡可能維持背部平直，左右滑動髖部，摩擦你的豎脊肌。你可以旋轉髖部，讓雙腿往側面倒，強調旋轉動作。

腰方肌側面按壓

深蹲 2 · 深蹲 1
此鬆動術能夠協助改善以上原型

可改善：
下背疼痛與僵硬
腰椎關節力學
整體旋轉

方式：
壓力波
收縮及放鬆

目標區塊

1. 把球擺在下背側邊、肋廓與髖骨中間的位置。

2. 有幾種辦法可以用這個姿勢鬆動腰方肌。你可以收縮、放鬆：將氣吸進抵住球的位置，接著吐氣放鬆，藉著呼吸讓球深入你的身體。你也可以在腰方肌上輕微擺盪、旋轉髖部，並讓雙腿往側面倒，藉著壓力波來進行按壓。**注意**：來回旋轉髖部可以強調旋轉動作，並活動腰方肌和下背區域。

若你長期久坐、脊椎力學不良，腰方肌（如同豎脊肌）會成為下背痛的來源。如果你不動用腹肌（繃緊），擺出脊椎中立姿勢，腰方肌、腰肌和豎脊肌等等連接脊椎與骨盆的肌肉就必須接手代勞。換句話說，如果你沒有把脊椎穩固至中立姿勢，這些肌肉就必須辛苦地幫你保持直挺姿勢。久了會怎樣？這些肌肉會僵緊，張力還會過高。

這個鬆動術會使用上超新星球或壘球等大型球，目的是深入腰方肌，也就是從肋廓下方延伸到骨盆頂端的肌肉。如果你有骨盆位置不正或下背痛的問題，經常久坐，或者你從事需舉起極高重量的運動，這個鬆動術很適合你。

注意：如果你希望產生更刺激、手肘按壓般的壓力，也可以使用袋棍球。但是，使用袋棍球時為了產生足夠的壓力，需要把髖部抬高離地。除此之外，還可以使用以下三種方法：

1. 把腳擺在箱子上或牆上。
2. 把袋棍球放在瑜伽磚上，並在球和瑜伽磚上伸展。
3. 靠著牆做這個鬆動術。

1

2

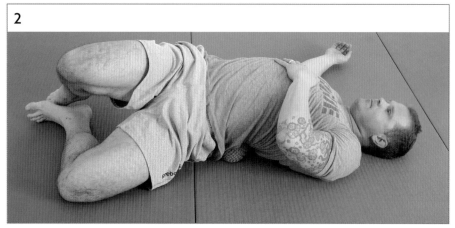

腹斜肌側面按壓

如果你下背僵緊，就要處理那些附著在腰椎區域的所有組織。有項最常見的錯誤是只鬆動局部疼痛和僵硬的區域。你自然會想要先處理最不舒服、最難活動的區塊，但其實四周結構也要鬆動，好讓僵緊組織稍微放鬆。我在這系列鬆動術中會介紹兩種簡單的側面按壓技巧，協助你針對腹斜肌和其他連結下背結構的側面肌肉（像是臀肌上部與闊筋膜張肌）來進行鬆動。大多數情況下，這些組織的動作幅度都相當受限，要用按壓來放鬆。最佳方式是在肋廓與髖骨之間放滾筒或球，接著來回藉著壓力波來按壓。

可改善：
下背疼痛
整體旋轉
側身伸展

方式：
壓力波
收縮及放鬆

選項 1：腹斜肌側面按壓（滾筒）

雖然小型戰鬥之星比較適合，但你也可以用滾筒或狼牙棒（Rumble Roller；有突起紋路的滾筒）做這個鬆動術。記得使用有突起紋路或尖角的工具，好讓壓力波滲透肌肉，深入黏在一起的組織。

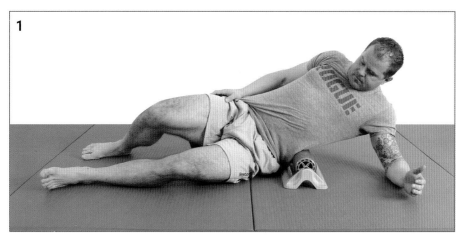

1. 從側躺姿勢開始，把滾筒擺在肋廓與髖骨之間。

2. 朝肚子的方向滾動，在滾筒上扭轉軀幹。像翹翹板一樣來回刺激側身，按壓腹斜肌、腰方肌和臀肌上部。如果要增加延展量，可以把手臂伸展過頭，拉長組織。

選項 2：腹斜肌側面按壓（球）

你也可以用壘球、阿爾法球或超新星球來鬆動腹斜肌。跟選項 1 一樣，建議用有凹凸紋路的工具，以便抓住皮膚，協助分開黏在一起的肌肉組織與筋膜。你也可以靠著牆做這個鬆動術。雖然抵著牆壁的壓力比不上躺在地上，卻能讓你用袋棍球等小型球更精準地按壓。做這個變化版鬆動術時，你可以嘗試探索髖骨邊緣。坦白說，鬆動這個區塊真的很痛，但對緩解背痛、改善旋轉與側面活動度相當有效。不相信的話，做之前跟之後都用下一頁的側身開髖術來測試，檢視效果。你會大吃一驚。

把球擺在肋廓與髖骨之間。接著靠在球上扭轉軀幹，在可承受的範圍內，盡量將體重壓到球上。

經典脊椎扭轉

經典脊椎扭轉是一種整體鬆動術，能夠同時鬆動下背區域所有僵緊的地方。雖然這個鬆動術不是改善下背與腰椎問題的首選，但也是舒緩該區塊僵緊組織的簡單方法。除此之外，這也是簡單的側試模型，可以用來衡量之前介紹的鬆動術有多有效。

可改善：
下背疼痛與僵硬
整體旋轉
側身伸展

1. 仰躺，雙腳平貼地墊。

2. 左肩緊貼地墊，雙腳膝蓋往右側倒。

3. 右手扶住左膝，把左膝朝地墊拉，左手臂伸直，頭往左側轉。

彈力帶牽引：
用彈力帶勾住髖部，朝腳的方向牽引，讓這個鬆動術的效果加強百倍。

側身開髖術

下背疼痛的運動員常想從軀幹前後下手，卻經常忽略了側面。要解決問題，得從各個角度下手。要解決整體僵硬，少不了這個基礎的側彎技巧。你會發現你的腹斜肌、肋骨和腰方肌全都變得黏著僵硬，導致疼痛與動作受限。這是很簡單的鬆動術，可以在健身後或看電視時做。重點是保持髖部貼地，側倒時軀幹和手臂維持在同一道垂直平面上。想像你的身體前後有兩面玻璃板，避免身體前傾或後倒。所有側向伸展都可以用來測試腹斜肌側面按壓與下背按壓鬆動術的效果。

可改善：
下背疼痛與僵硬
整體旋轉
側身伸展

1. 雙腳交叉，把右腳拉到左膝上。

2. 右腿壓著左腳髖部，左手臂高舉過頭，身體往右側倒。右髖部傾斜時，軀幹與髖部都保持在同一道垂直面上。

側身伸展

這個鬆動術是上一個技巧的變化版本，能夠鬆動腹斜肌、腰方肌、肋骨和髖部的側身部位。你可以用啤酒桶或物理治療球，也可以把藥球堆在幾片槓片上。跟側身髖關節伸展一樣，側彎時記得要避免扭轉身體。增加旋轉動作會導致過度伸展，這是最大的禁忌。

可改善：
下背疼痛與僵硬
整體旋轉
側身伸展

變化版

1. 身體靠在啤酒桶上。

2. 身體維持穩固，避免扭轉，上方手臂伸展過頭，在啤酒桶上彎身。

如果你沒有啤酒桶或物理治療球，可以把藥球堆在幾片槓片上做這個鬆動術。

跨步・深蹲 1
過頭
此鬆動術能夠協助改善以
上原型

可改善：
髖部與下背疼痛
腹部肌群滑動面功能
理想脊椎力學
脊椎穩定
脊椎與髖部的屈曲與伸展
旋轉能力

方式：
壓力波按壓（左右）
收縮及放鬆
按壓及來回推拉／拉扯

針對性腹部按壓鬆動術（腰肌與髂肌）

不管全身是不是組織良好，軀幹系統隨時都在辛勤工作，無可避免會變僵緊。你花很多時間建立、維持中軸穩定，卻會導致一層層的腹部結構（尤其是腰肌）變得黏著僵硬。如果你整天撐在功能失調姿勢，或者以功能失調姿勢活動，你的腰肌和四周肌群要更費力才能穩定脊椎。

腰肌橫跨橫膈膜與脊柱的腰部區域，一直延伸到髖部與腿部，是塊相當大的肌肉。腰肌責任重大，必須穩定脊椎、屈曲髖部與提供旋轉動力。如果腰椎僵緊，跟四周結構黏在一起，會引起許多問題，像是下背發炎或動作形式扭曲。這也是另一個要避免久坐的理由。髖部變緊，主要引擎的肌肉不出力，腰肌要格外費力才能穩定脊椎。

想像你彎曲手臂 90 度，接著有人拉你的手，你的二頭肌一直受拉扯，持續 6 小時，你覺得你的二頭肌會變怎樣？會變得僵緊，手肘與肩膀還會劇烈疼痛。久坐後的腰肌也是這樣。你的腰肌一直很緊繃，以便維持直挺姿勢，導致你的髖部和下背受傷。所以我才鼓勵大家使用腰部支撐墊，迫使脊椎就中立姿勢。就中立姿勢後，腰肌的負擔就不會過重，不用一直出力維持正常腰椎弧度。

記得隨時擺出良好姿勢，優先調整出理想的脊椎力學。不要忽略了支撐這些組織的大肌肉，否則就等著疼痛找上門。接下來的篇幅中，我會介紹幾種選項，協助你重拾柔軟的腰肌。請注意，這些鬆動術比較刺激、有針對性，目的是紓解表層的僵硬組織。如果想獲得最大的腰肌鬆動效果，同時軟化四周腹部組織，就採用 365 頁的整體腹部按壓。

選項 1：袋棍球按壓及來回推拉 / 拉扯

雖然這個鬆動術是最基礎的腰肌按壓技巧，但也是不錯的起點，特別適合
沒按壓過腰肌的人，協助人迎接更難熬的鬆動術，同時深入淺層肌肉組織。

目標區塊

1. 把袋棍球擺在離肚臍外緣幾公分的地方，用雙
手把球壓進腹部側面結構。

2. 壓住一塊腰肌後，抬起膝蓋，試著替球下方的
腹部組織做來回推拉 / 拉扯。

3. 維持球的向下壓力，讓右膝朝地面倒。你可以
從這時候開始左右移動膝蓋、伸直腿，或者移動
到腰肌的另一區塊。目的是找到一處疼痛區塊，
壓住組織，接著做來回推拉 / 拉扯。

選項 2：壺鈴＋袋棍球的腰肌與髂肌按壓 1

這個鬆動術的概念跟選項 1 一樣，只是雙手改成壺鈴，用壺鈴壓住袋棍球，
在這個區塊產生更刺激的壓力。

1. 把袋棍球擺在離肚臍外緣幾公分的地方，用壺
鈴下方壓住球。

2. 讓壺鈴把球按壓進腰肌的僵緊點，伸直腿，開
始來回推拉 / 拉扯黏在一起的組織。

3. 抬高膝蓋。你可以開始內外旋轉腿，也可以屈
曲伸直膝蓋，直到感覺組織情況有所改善。

選項 3：壺鈴＋袋棍球的腰肌與髂肌按壓 2

這個選項要把雙腿抬到箱子上，帶來稍微不同的刺激。這樣做可以稍微紓解腰肌與髂肌上的張力，讓你深入骨盆區塊。這個動作需要伸展屈曲你的腿，在神經組織（如坐骨神經）上拉出張力，確保神經能在腰肌肉隧道間順暢地做來回推拉／拉扯。

1. 把一顆袋棍球擺在骨盆區塊，緊貼髖骨內側。

2. 用壺鈴下方壓住球，增加壓力。

3. 讓壺鈴的重量把球深深壓入你的骨盆區塊，伸直腿，將腳屈起。這個動作能讓你替腰肌的僵硬黏著組織做來回推拉／拉扯。

4. 伸展右腳，繼續替黏在一塊的神經組織做來回推拉／拉扯。

選項 4：壺鈴＋袋棍球的腰肌與髂肌按壓 3

1. 抬起腿，鬆開腰肌與髂肌上的張力。把袋棍球擺在骨盆區塊，緊貼髖骨內側，接著用壺鈴底部壓住球，施加壓力。

2. 呼吸幾次，讓球深入你的腹部，接著伸展髖部，讓腿懸在桌子邊緣。你可以從這時候開始左右晃動你的腿、伸展並屈曲膝蓋、收縮並放鬆，專心將氣吸進球下的位置。

這個變化版能促使你的腿進行伸展，進而拉直拉長腰肌和髂肌。要獲得最大成效，把膝蓋往胸部收，釋放腰肌與髂肌上的張力。就像選項 3，這個動作能讓球進一步深入骨盆區域。呼吸幾次之後，把腿放下桌子伸展。

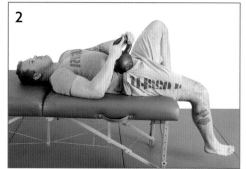

選項 5：槓鈴球的腰肌與髂肌按壓

槓鈴球變化版也是不錯的選擇。如圖所示，雖然這個鬆動術姿勢不太雅觀，
但效果沒話說。槓鈴比其他工具更好控制，你可以扭轉搖晃槓鈴，以此鬆
開黏在一塊的組織。

1. 把袋棍球綁在槓鈴上，接著把球卡在骨盆區塊，緊鄰
髖骨內側的位置。

2. 一腳踏到槓上，雙手往下壓，藉此增加壓力。你可以
在激痛點附近扭轉槓鈴，或者上下擺動槓鈴。

選項 6：超新星球（阿爾法球）按壓及來回推拉／拉扯

雖然用較大的球會分散壓力，但能讓你更深入按壓腰肌與周圍腹部組織的表
層。你可以朝四面八方移動腿來做來回推拉／拉扯，也可以左右滾動、探索
腹部肌群的內外層。只要那個動作讓你產生嘔吐感，就可能值得花時間做。

目標區塊

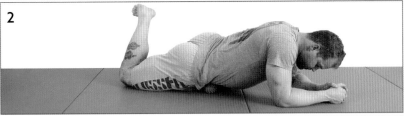

1. 趴在球上，球擺在肚臍與髖骨之間。

2. 找到僵硬點後深吸一口氣，閉氣幾
秒，接著吐氣放鬆，讓球深入肌肉。壓
住腰肌和周圍組織後，把腳跟往臀部壓，
以此做來回推拉／拉扯。你也可以左右
移動你的腳。

3. 繼續把體重壓在球上，伸直腿，接著
慢慢往側面翻身，用壓力波按壓組織。

選項 7：壺鈴把手腰肌按壓

這個鬆動術的目的是髖骨深處難以觸及的髂肌。想像髂肌是腰肌沒人注意的鄰居。這兩者在股骨小轉子（上股骨的內側）相連，因此經常被合稱為髂腰肌。髂肌跟腰肌一樣，容易因為久坐或沒有在完整動作幅度使用（如髖關節伸展），造成適應性縮短。腰肌和髂肌若無法以正常長度發揮功能，肌肉就可能產生激痛點，並傷害到下游結構。舉例來說，髂肌的激痛點可能引起鼠蹊部、髖部、腿部和下背部的牽連痛（麻木、刺痛、發疼等等）。

髂肌躲在你的骨盆後方，自己不容易鬆動這條肌肉。要鎖定髂肌（以及鼠蹊部），就要發揮創意，善用手邊的工具。舉例來說，你可以用袋棍球深入肌肉（請見選項 2、3 與 4），或者像這個選項一樣使用壺鈴把手。

注意：做這個鬆動術時記得格外小心。千萬別不小心把全身重量壓在壺鈴上。保持四點碰地（四肢接觸地面），控制壓力，小心緩慢地做來回推拉／拉扯，並運用呼吸與收縮放鬆法。如果你以前沒進行過腹部按壓，先採取之前的選項，再慢慢進階到這個鬆動術吧。

預備姿勢

擺好壺鈴，把手和你的身體呈 45 度。要鬆動身體右側，就順時針轉動把手。要鬆動身體左側，就逆時針轉動把手。

1. 趴在壺鈴上，壺鈴擺在肚臍與髖骨之間。

2. 找到僵硬點後深吸一口氣，閉氣幾秒，接著吐氣，放鬆讓壺鈴深入肌肉。

3. 固定腰肌和周圍組織後，把腳跟往臀部壓，以此做來回推拉／拉扯。你也可以左右移動腳。

4. 繼續把體重壓在壺鈴上，伸直腿，慢慢往側面翻身，用壓力波按壓組織。

橫膈膜腹部按壓

身為主要呼吸肌肉的橫膈膜位於人體正中央，卻經常在腹部按壓術中遭到忽略。你的橫膈膜跟其他組織一樣會變僵硬，尤其是姿勢不良的時候。肋廓和骨盆沒有對齊，就會拉扯橫膈膜，在軀幹各處造成激痛點、失衡與僵硬。呼吸用的肌肉變得僵硬虛軟會發生什麼事？你會無法有效率地呼吸，更快疲勞。你會沒辦法製造足夠的腹內壓（腹部張力），讓你難以穩固核心。除此之外，橫膈膜僵硬還會讓你的交感神經亢奮。各位可能還記得，第六章提過交感神經系統會活化應激功能，讓你的身體隨時做出反應。換句話說，橫膈膜僵硬受限會讓你時時處於「戰或逃模式」，讓你難以放鬆或入睡。

要解決這問題需要雙管齊下。首先，你要矯正全身姿勢。如第一章所述，肋廓與骨盆上下對齊時，呼吸才能有效率。換句話說，當你以脊椎中立姿勢活動時，你會更常用橫膈膜，也就是主要的呼吸肌肉來好好呼吸。

除了優先調整脊椎力學之外，你還必須花時間按壓橫膈膜。以下提供兩種選項，建議各位在睡前或想放鬆的時刻，以至少一週一次的頻率，選擇其中一種進行，這麼做能夠啟動你的副交感神經，活化身體的休息功能（與交感神經亢奮相反的狀態）。

橫膈膜僵硬，呼吸就不好。而呼吸不好，什麼都不會好。

可改善：
橫隔膜呼吸
脊椎力學

方式：
按壓及來回推拉／拉扯
壓力波
收縮及放鬆
點壓及扭轉

目標區塊

沿著肋廓邊緣探索，尋找你的橫膈膜，但要小心避開腹腔神經叢（位於肋廓中央）。

選項 1：平台橫膈膜腹部按壓

用箱子、桌子或椅子等有高度的平面按壓橫膈膜是不錯的鬆動術，原因有二：你可以沿著肋廓邊緣鬆動，還能比趴在地面更有效地透過呼吸讓球深入肌肉。記得小心避開腹腔神經叢（位於肋廓中央）。

1. 靠在箱子、桌緣或椅子邊，把阿爾法球、超新星球或疊球擺在肋廓邊緣。

2. 用呼吸搭配體重，把球進一步推入橫膈膜。深吸一口氣，閉氣幾秒收縮，接著吐氣，放鬆讓球深入身體。

3. 等到呼吸不會產生痛感後，試著持續把重量壓在球上，左右扭轉身體。你也可以扭轉球，收起鬆軟的軟組織，請見選項 2。

選項 2：趴地橫膈膜腹部按壓

你也可以趴在地面鬆動橫膈膜。雖然效果比不上有高度的平台，但還是有一定的助益。

目標區塊

1. 把球擺在肋廓邊緣。

2. 扭轉球，收起鬆軟的軟組織。你可以從此時開始收縮、放鬆，利用呼吸製造更多壓力。

3. 如上方所述，試著左右扭轉身體，在黏在一塊的組織周圍產生動作。

整體腹部按壓

顧名思義，整體腹部按壓能夠鬆動腰肌四周所有腹部肌群。用袋棍球瞄準腰肌的一部分，就像用鑿子鑿石頭，而整體腹部按壓則像拿把大錘子敲打所有腹部肌群和腰肌周圍的組織。記得，這些交錯的肌肉必須不受限制、順暢地滑動、活動。如果這些組織纏成一團、緊黏在一起，會破壞整個運動系統。

在日常生活中，我們需要用這些肌肉去穩定、屈曲、旋轉脊椎，此外，肌力體能訓練也有一大部分是在學習如何去創造、維持最堅固的軀幹，但是我們卻沒有設法讓這個區塊恢復柔軟。如果要變成機能健全的菁英美洲豹戰士，這塊組織必須像菲力牛排一樣軟嫩，不能像牛肉乾一樣乾癟僵硬。

如果你動過任何腹部手術，這個鬆動術對你來說特別重要。剖腹產和闌尾切除術會留下一層層疤痕組織，需要鬆動。此外，如果你有下背痛的病史，或者經常久坐，這就是數一數二適合你的鬆動術，而且應該是訓練活動度的重心。

要做整體腹部按壓，請使用柔軟的大球，像是小朋友的玩具球、迷你物理治療球或足球。已經習慣使用巫毒推拉帶的人，再選用質地比較硬的球。各位很快就會發現，這個鬆動術做起來不太舒服。千萬不要痛到昏倒或在客廳吐出來，那樣就糟糕了。記得，如果你的腹部肌肉能夠正常滑動，你的痠痛感和內臟症狀，包括疼痛、拉扯或灼熱感等，應該都很輕微。感覺應該很正常。但是，如果你的肌肉都被纏住了，就會出現痠痛和不適。要有成效至少需要做上 10 分鐘，咬牙撐過去吧。

注意：不要在大重量舉重前做這個鬆動術。在做最大重量硬舉前，最好別隨意改動脊椎力學。雖然應該不會導致受傷（事實上在做完這個鬆動術之後再鍛鍊，會有很好的運動體驗），但安全起見，還是等到重量訓練完再做這個鬆動術。

跨步
深蹲 1‧深蹲 2
此鬆動術能夠協助改善以上原型

可改善：
髖部與下背疼痛
腹部肌群的滑動面功能
脊椎力學
脊椎穩定
脊椎與髖部的屈曲和伸展
旋轉能力

方式：
壓力波按壓（左右）
收縮及放鬆
按壓及來回推拉 / 拉扯

工具

目標區塊

整體腹部按壓的目標區塊從髖骨頂端開始，越過骨盆，上至橫膈膜與肋廓周圍（基本上就是整個腹部）。

1

1. 把球放在髖骨與肋廓中間，趴在球上。

2

2. 為了獲得最佳成效，要把全身重量壓到球上，讓按壓效果深入組織最底層。深吸一口氣，憋氣幾秒鐘，接著吐氣，以達到上述目的。吐氣時放鬆，讓重量壓到球上，想像自己是一片融化的乳酪，讓球深入你的腹部深處。

3

3. 全身重量壓到球上後，慢慢用壓力波按壓。如果找到僵緊點，可以藉由憋氣和吐氣來收縮、放鬆，讓腹部進一步沉到底，也可以用按壓及來回推拉／拉扯技巧。在這個區塊停留至少 10 分鐘，每邊各 5 分鐘。

區塊 7　臀部肌群、髖關節囊

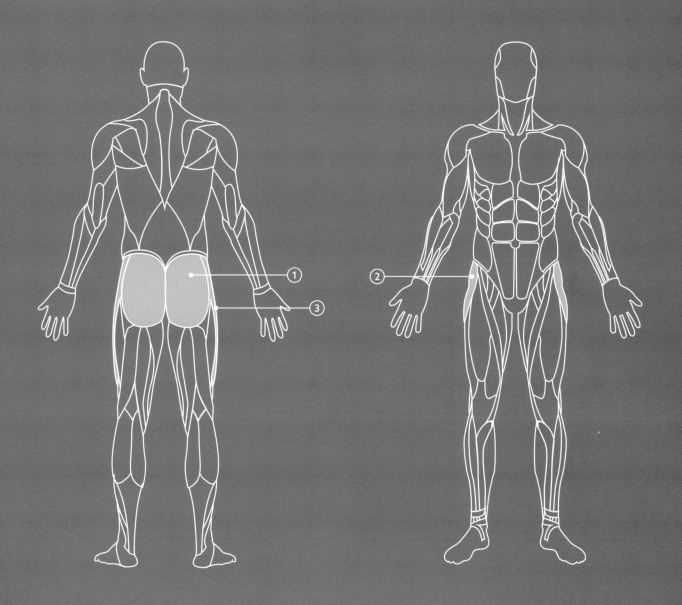

鬆動術目標區塊：

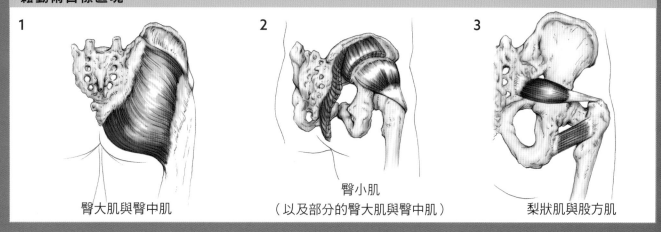

1　臀大肌與臀中肌

2　臀小肌
（以及部分的臀大肌與臀中肌）

3　梨狀肌與股方肌

深蹲 1・深蹲 2・跨步
此鬆動術能夠協助改善以上原型

可改善：
髖部與下背疼痛

方式：
壓力波
按壓及來回推拉 / 拉扯
收縮及放鬆

目標區塊

1. 把袋棍球擺在髖部側面。

2. 用球頂住皮膚底下的肌肉後，外旋你的腿，讓膝蓋朝地墊倒下，藉此活動周圍組織。

3. 膝蓋往身體中心拉，繼續來回推拉 / 拉扯黏在一起的組織。

4. 除了藉由內外旋轉腿部按壓及來回推拉 / 拉扯，你也可以慢慢左右滾動，讓球壓過臀肌。專心讓球滾壓過組織紋理，讓壓力波滲透。如果你碰上特別疼痛的區塊，試著收縮、放鬆，按壓到組織最底部。

臀肌按壓及來回推拉 / 拉扯

有幾種生活習慣會導致後方肌群上部僵硬，但有兩種特別糟糕：久坐和外八站姿。久坐會導致大量臀部肌肉黏在一塊。如果長時間搭飛機、開車或整天坐在辦公桌前，就要經常設法修復臀部黏著組織的滑動面功能。第二個問題可能獨立發生，也可能跟久坐同時出現，那就是以雙腳外八的姿勢站立或走路。如果你雙腳往外大張，擺出完全外旋的姿勢，後方肌群的上部組織就會一直處於縮短的狀態。結果是殃及髖外旋肌，許多動作都做不出完整幅度

想要鬆開層層相黏的臀部組織？把袋棍球塞到臀肌側面，找出受損組織的僵硬區塊。接著使用三種滑動面鬆動技巧：壓力波、按壓及來回推拉 / 拉扯、收縮及放鬆。想要鎖定特定肌肉，只會讓這個鬆動術變得太複雜。「臀中肌用力或髖關節旋轉肌群用力」這種話其實沒有太大用處，尤其是對中學畢業後就沒再碰過解剖學的人來說。重要的是找出自己的僵緊區塊，做些有品質的鬆動，直到有所改善。這個概念再簡單不過。

跟所有大肌肉群鬆動術一樣，你不用一次鬆動整個臀肌區域。每邊臀部按壓 5 分鐘，成果會讓你相當驚訝。你可以用臀部靈敏度測試（見 82 頁）來檢驗效果，既簡單又一目了然。先按壓一邊臀部 5 分鐘，接著站起來全力夾緊臀肌。你會發現鬆動過的那側臀部收縮力道比另一邊強。這代表什麼？代表你變得更強壯、更有力，就像施了超能力。

臀肌上部按壓及來回推拉／拉扯

你的臀肌負責伸展髖部與軀幹。這些組織一僵緊，你就很難用主要引擎製造力量。如果你不能完全伸展髖部，要讓軀幹直挺的唯一方法就是過度伸展，迫使軀幹與腰椎區域的肌群在你的不良姿勢中建立穩定度。這麼做會發生什麼事？你會沒辦法發力，緊接著就是髖部痛與下背痛。其實只要鬆開臀肌上部與臀部區域的肌群，就可以解決許多姿勢力學與上下游區塊的疼痛。大多數時候，好好按壓個 10 分鐘就能讓你回到中立姿勢，製造足夠的外旋力矩，並用主要引擎來發力。不僅如此，你還能放鬆上游組織，舒緩下背疼痛。

要獲得最佳成效，可以把雙腳抬到箱子或重訓椅上。這能讓你按壓到背部和髖部髂骨棘後面的臀肌上部區域。抬高雙腳還能增加球施加的壓力，讓你能左右滾壓肌肉紋理。這是分開組織、恢復區域柔軟的最佳辦法。

注意：這個鬆動術經常搭配單顆袋棍球的下背按壓（349 頁）。

深蹲 2　　深蹲 1
此鬆動術能夠協助改善以上原型

可改善：
髖部與下背疼痛

方式：
壓力波
按壓及來回推拉／拉扯

目標區塊

目標是肋廓底部到骨盆之間每個脊椎動作節段。

1

2

1. 把袋棍球擺在薦骨外側，上臀肌的位置。雙腳擺在箱子上，增加壓力，避免落入過度伸展的不良習慣姿勢。

2. 左腳跟朝箱子壓，臀部慢慢往右側滾，按壓上臀肌區域所有的組織。目的是讓壓力波滲透組織紋理。找到肌肉特別黏的點時，膝蓋往胸部收，內外旋轉腿，藉此來回推拉／拉扯黏在一起的組織。

深蹲 2
深蹲 1．跨步
此鬆動術能夠協助改善以
上原型

可改善：
髖部與下背疼痛

方式：
壓力波
收縮及放鬆

側面髖部按壓

側面髖部按壓是另一個恢復髖部功能的簡單方法，還能放鬆主要引擎（髖部）的上下游結構。這個鬆動術的目標包括兩個區塊。如下方照片所示，這個鬆動術會從上臀肌的後方區域開始（上臀肌附著在髖部頂端），接著橫向推過肌肉，進入髖部前側附近的髖關節屈肌群群。從後臀肌到前髖部的這一大塊肌肉會漸漸變僵硬，也會產生適應性縮短。用袋棍球或壘球按壓這塊僵硬組織相當疼痛。如果在公共場所做，最好還是遮住你痛苦的表情。

1. 把袋棍球或壘球擺在臀肌上部外側，髖骨正下方的位置。

2. 翻身壓上腹部（盡可能將自身體重壓到球上），按壓肌肉纖維的組織。

3. 繼續往側面翻身。可以用雙手手臂遮住自己痛苦的表情，不用露給別人看。

單腿屈曲加外旋

單腿屈曲加外旋：選項 1

這個鬆動術能讓你用想要改善的動作來鬆動。請注意下頁照片，我是用一次一條腿的方式鬆動深蹲到底的姿勢。就這麼簡單。如果你能意識到，你是以一次一邊的方式深蹲，而且是在鬆動深蹲的最低姿勢，整個動作就會變得簡單易懂。這就是這個鬆動術的目的和意圖，做了就能改善深蹲。

深蹲 2
深蹲 1．跨步
此鬆動術能夠協助改善以
上原型

方式：
壓力波
收縮及放鬆

要獲得最佳成效，首先找出緊繃的角度，接著來回擺動，用動作來做這個鬆動術。不要只是把腿往前踏，壓低膝蓋，傻傻撐在同一個姿勢。如果第一個姿勢就很僵緊，試著用抬起的那一側臀部畫小圈，活動髖關節囊的僵緊組織。感覺有所改善後，身體轉離往前跨的那隻腳，或者把膝蓋往外推，肚臍往膝蓋的方向轉。你也可以把髖部往後推，伸展前方的腿，一併鬆動大腿後側肌群，讓你能動到不同的髖部角度。簡單說，你必須把髖部移到不同姿勢，動到所有組織，反覆進出動作幅度終端，才能「折斷迴紋針」。

第二個重點就是在尋找緊繃點時要顧及正確深蹲力學。舉例來說,這個鬆動術最常見的問題就是在膝部往外推時,腳掌離地。雖然這也是尋找造成髖部緊繃因素的好方式(稍後將會示範),卻不太適合這個鬆動術。為什麼呢?當你的腳掌離地的那一刻,儘管髖關節在不同的動作範圍,但整個動作的力矩都會從腳踝流失,這樣就不符合正確的深蹲力學。把腳掌壓在地面上,配合腳踝的動作幅度,這樣是最接近你想改善,也就是腳掌踩平負重深蹲的動作。這些規則同樣也適用於其他問題,像是為了鬆動某個點,而造成膝部位置超過腳尖,以及背部彎曲等等。如果力學不對,就不要做。

1. 從雙手和膝蓋開始,右腳擺在右手旁,右小腿垂直於地。

2. 右手壓上右腳,把右腳固定在地上。左腿往後伸,左膝往側面倒。同時,出力把左髖部往地面推,背部打直。姿勢就位後,你可以把體重往臀部緊繃角度推,反覆進出動作幅度終端。

3. 上身轉離前跨的腳,開始尋找僵緊角度。

4. 左手肘壓到地墊上,用左手把右腳壓在地上,身體朝向往前跨那條腿,接著右手將右膝往外推,進一步放大膝蓋外推的姿勢。

5. 髖部往後推,動到髖部後方組織,加強鬆動大腿後側肌群。

6. 髖部就定新姿勢後,往前滑,尋找新的僵硬區塊。

彈力帶牽引

彈力帶牽引:就算不加上牽引,這個鬆動術的效果也沒話說,但多一條彈力帶總是有正面幫助。製造牽引能夠讓這個鬆動術的效果變成 4、5 倍。你可以從兩個方向製造牽引:側面牽引,把髖部拉到關節囊的側面,或者朝後端牽引,把髖部拉到關節囊後方。朝哪個方向拉都對。改變牽引的方向,就能放大伸展效果,解除夾擠。

單腿屈曲加外旋：選項 2

單腿屈曲加外旋是二合一的鬆動術，既能改善前腿屈曲與外旋，又可改善後腿伸展。許多運動員在地板上做這個鬆動術時，會發現自己伸展受限，無法往前蹲至深屈曲姿勢，體型壯碩的舉重選手尤其容易出現這個問題。在這種情況下，前腳踩在箱子上能讓你獲得較佳的成效。

除了抬高腳之外，選項 1 的所有規則在這裡也適用：保持前腳打直，把腳壓在箱子上，模仿深蹲力學，將髖部逼進不同姿勢，尋找僵硬角度，接著使用迴紋針技巧在緊繃區塊來回鬆動。

彈力帶牽引

1. 左腳踩上箱子，左手把左腳壓在平面上。前腿脛骨保持垂直，前腳打直，用良好的深蹲站姿鬆動。

2. 繼續把左腳壓在箱子上，右腳直直往後滑，讓左膝往側面倒。

3. 身體轉向前腿膝蓋。這麼做能夠放大左腿膝蓋外推的姿勢，增加右髖部與右腿的開髖幅度。

4. 朝右方轉身，胸部貼近箱子，藉此讓髖部進一步屈曲。

5. 髖部往後推，動到髖部後方組織，繼續尋找僵硬角度，加強鬆動大腿後側肌群。

6. 髖部就定新姿勢後，往前滑動，尋找新的僵硬區塊。

彈力帶牽引：手邊有彈力帶的話就用吧！加上牽引能讓這個鬆動術的效果大增。跟選項 1 一樣，你可以把髖部朝側面或朝關節囊後方牽引。

髖關節外旋加屈曲

髖關節外旋加屈曲：選項 1

上一個鬆動術以屈曲為主，再加進外旋增加張力。這個系列的鬆動術則反過來。下方照片當中，我先強調外旋，接著用屈曲替姿勢加上張力，提供稍微不同的刺激。如你所見，這個鬆動術跟瑜伽的鴿式很像，但有個關鍵差異：你從頭到尾都不會塌陷成往前圓背的屈曲姿勢。往前圓背的屈曲姿勢不僅會破壞脊椎力學，還會讓你沒辦法深入僵硬的組織縫隙，探索更多功效。一隻手擺在膝蓋上，另一隻手壓住你的腳，你的背部就可以打直往前傾，增加張力，左右轉動尋找緊繃角度。

請注意，如果動作受限或膝蓋疼痛，腿跟身體沒辦法呈 90 度角，馬上停下動作，改用之後的變化版本。

深蹲 2　　深蹲 1
此鬆動術能夠協助改善以上原型

方式：
收縮及放鬆
彈力帶來回推拉 / 拉扯

1. 坐直，雙腿往前方伸直。

2. 身體往左傾，左手撐在地墊上平衡。右腿移到背後，左小腿與身體垂直，並用右手壓住左腳。

3. 左手擺在左膝上，右腿往後伸，鎖住手臂，保持肩膀後拉。

4. 保持背部打直，朝地面壓低胸部。

5. 右手壓住左腳，避免腳滑到身體下方，在伸展時失去張力。接著往左轉，試著鬆動不同角度。

6. 往右邊轉，試著讓你的肚臍超過左腳。

髖關節外旋加屈曲：選項 2

如果選項 1 的姿勢讓你的膝蓋側面疼痛，我建議先做這個鬆動術。如果你的柔軟度不足，膝蓋沒辦法壓到地面上，那你在屈曲腿製造張力時，會把側面膝蓋關節拉開。先用腳撐地，再讓膝蓋往側面倒，可以解決許多讓膝蓋疼痛的膝蓋間隙問題。除此之外，這個姿勢的伸展動作不會受到後腿限制，做起來比較簡單。

注意：如果你的膝蓋和腳踝持續疼痛，不要硬撐。要做這個鬆動術，還有其他不傷害膝蓋或壓迫腳踝關節的辦法。請參考選項 3、4 與 5。

1. 做出單腿屈曲鬆動術的預備姿勢（370 頁）。左腳撐地，左小腿垂直於地，腳打直，右腿往後伸。

2. 左手撐在地墊上平衡，左膝往側面倒，變成左腳邊緣貼地。

3. 往左轉，用左手把膝蓋推得更遠，藉此放大外旋動作。

4. 往右轉，繼續尋找僵硬的角度。

髖關節外旋加屈曲：選項 3

如果膝蓋側面疼痛，或是沒辦法在地面擺出理想姿勢，可以試這個選項。就算你的動作幅度很完整，把前腿架高也是不錯的選項。雖然你的動作形式跟鬆動術變化版都差不多，但這個姿勢能提供稍微不同的刺激。抬高前腳能夠進一步旋轉髖部，還能增加屈曲張力。

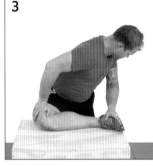

1. 右腳放上箱子左側，左腿往後伸，右膝往側面倒，右腳小腿橫放在箱子上。確定小腿垂直於身體，左手壓住右腳固定。

2. 右手擺在右膝上。背部打直，往前屈曲，增加伸展幅度。姿勢就位後，採取迴紋針技巧，藉由前壓後推的動作，在動作幅度終端來回擺動。

3. 身體朝左轉，試著讓肚臍超過腳。

4. 繼續壓住右腳，身體往右轉，胸部壓到右膝上方。

5. 左膝跪到地墊上，身體往前傾，試著動到髖部深處的角落以及大腿後側肌群上部。身體不夠柔軟不要嘗試這個姿勢。

髖關節外旋加屈曲：選項 4

許多運動員的身體相當僵硬，上述姿勢容易撕裂他們的膝蓋關節。如果各位屬於這種人，就需要深度按壓股四頭肌與髖部，以解決僵硬問題。還要把腳懸在箱子邊緣，以保護膝蓋關節。這麼做能夠減少關節的旋轉力矩，讓你在無痛的情況下做鬆動術。

1. 半坐在箱子上，右腳懸在箱子邊緣，以減少膝蓋的負擔。

2. 身體從髖部心向前傾，胸部往右膝貼，伸展右後髖部。

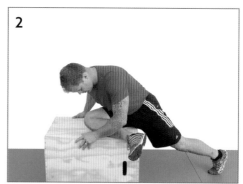

髖關節外旋加屈曲：選項 5

這是這系列的最後一個選擇：膝蓋往胸口抱，身體前傾，增加屈曲張力。這麼做能讓你在不壓迫膝蓋關節的情況下，增加髖關節外旋的幅度。

1. 手臂繞過膝蓋外側，保護膝蓋關節。

2. 膝蓋往胸口抱，身體轉向抬起的腳，胸部朝箱子貼近。

奧林匹克牆壁深蹲加外旋

這也是歷久不衰的髖部鬆動術，能夠改善屈曲與外旋。在髖關節給予側向的牽引，或用彈力帶纏住膝蓋讓力量傳到髖關節囊，可以造成更大的效果。這個規則也適用於其他奧林匹克牆壁深蹲變化型。

1. 臀部盡量貼近箱子，擺出深蹲姿勢，雙腳稍比肩寬，小腿垂直於箱子，雙腳腳尖朝前。

2. 右腿跨到左膝上。

3. 左手將右腳足背往下拉，右腳朝髖部滑，增加拉扯強度。右手推右膝。

辦公椅髖部鬆動術

你坐在椅子上讀這本書嗎？是的話，你應該：

1. 覺得羞愧。
2. 雖然環境糟，但至少設法利用環境來做點事。舉例來說，你可以塞顆球到髖部側面或大腿後側肌群下方，或者做些外旋動作。

柔軟度好的運動員知道坐著對運動表現有多麼不利，而且會盡全力避免坐下，但有時就是無法避免。如果你被困在辦公桌前，或是不幸要坐在窗邊座位從波士頓飛到洛城，你可以用以下伸展展來改善髖部機能，試著逆轉坐姿對你活動度的慢性傷害。

當然，要改善髖部活動度，絕對有比坐在椅子上伸展更好的辦法。雖然這並不理想，但總比什麼都不做好。如果你一定要坐在在椅子上，請做下面介紹的髖部姿勢，採用收縮放鬆法鬆動，對你肯定有一定的幫助。

深蹲 1
此鬆動術能夠協助改善以上原型

方式：
收縮及放鬆

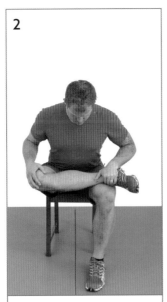

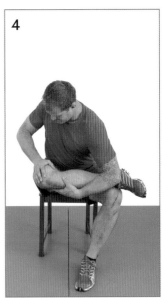

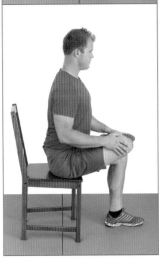

1. 擺出中立坐姿，接著把右腳跨到左膝上。

2. 增加右腿外旋幅度後，打直背部，身體以髖部為中心向前傾，施加屈曲張力。

3. 用左手避免右腳滑下左大腿，將右膝朝地板推，鎖住手臂。這麼做能夠一併拉到部分側腹肌與下背組織。

4. 繼續把膝蓋朝地板推，維持背部平直，身體朝右手方向轉，胸部朝右膝壓，動到另一塊髖部組織。

辦公椅髖部鬆動替代方案

如果關鍵動作幅度不足，把腳跨在膝蓋上並往前屈曲就會導致側面膝蓋疼痛。如果發生這種情況，用手臂抱住你的腿，將膝蓋往胸部抱。這麼做能夠放鬆關節，讓你能左右旋轉，在不疼痛的情況下施壓。

溫和髖關節牽引

可改善：
髖部與膝蓋疼痛
關節炎或膝蓋和髖部發炎
髖部夾擠

治療關節炎個案，或是跟扭傷髖部或膝蓋的運動員合作時，我通常會先從簡單的彈力帶關節牽引鬆動術開始。這些人的問題是出在骨頭之間的接觸（像是股骨摩擦髖關節）和造成疼痛與不適的發炎組織。將彈力帶勾上腳踝增加張力，能夠有效清除髖部夾擠，給關節一些空間。做得好的話，這個鬆動術能夠減緩疼痛，讓關節回到正常、理想的位置。

1. 將彈力帶勾在腳部上方，接著纏在腳跟。

2. 用彈力帶製造張力，接著把腳靠在滾筒上，藉此讓髖部維持在中立姿勢，在腳踝上產生最大牽引力。

3. 將沒纏住彈力帶的腿收起來，緊貼身體，腳掌貼地，身體往後躺，這麼做可以讓骨盆中立，並協助避免落入過度伸展的習慣姿勢。記得腿要放鬆，讓彈力帶拉扯關節、放鬆關節壓力，給膝蓋與髖部喘息空間。

髖關節囊鬆動術

記得，不只肌肉會變僵緊。組織受限有一大半原因出在你的關節囊系統。舉個例，假設你深蹲時髖部前側產生夾擠，限制了你的動作幅度。我把這個情形稱為「屈曲碰壁」，也就是股骨撞到骨盆前側。為了抵達動作幅度終端，你必須用外八站姿或過度伸展來代償。

如果發生這種事，首先你要用這個鬆動術讓髖部重新回到關節囊後方。膝蓋與髖部上下對齊，用體重壓在股骨上方，就可以把股骨頭推到後關節囊，恢復正常髖關節功能。這方法痛但有效，讓你可以不用看物理治療師，就能改善髖部力學。

這個鬆動術至少要做 2 到 3 分鐘（或者越久越好），最好加上彈力帶把髖關節牽引到良好姿勢。你可以深蹲，或站著將鬆動過的膝蓋朝胸部抬，藉由檢測成效。你很可能會發現，只要讓髖關節回到關節囊後方，就可以大幅改善髖關節屈曲。

注意：我們私底下叫這個鬆動術「唐尼·湯普森打破世界紀錄的深蹲技巧」。他透過鬆動髖關節囊改善了姿勢，並且打破深蹲世界紀錄。他在打破紀錄之前失敗了三次，第四次嘗試前的準備階段中，唯一的不同就只有做這個鬆動術。厲害吧。

深蹲 2．深蹲 1
槍式深蹲
此鬆動術能夠協助改善以上原型

方式：
收縮及放鬆

1. 跪在地上，身體大部分重量移到左膝上，膝蓋與髖部上下對齊。

2. 讓髖部往左側倒，重量持續壓在左膝上。想像自己要把股骨頭從臀部側面擠出來。

3. 重量繼續分配在左腿上，髖部朝左側推，稍微往前爬，加強伸展髖關節囊前方的組織。

髖關節囊外旋

1. 重量壓在左膝上，股骨保持垂直。

2. 將股骨頭復位回關節囊後方，左腿往身體的另一側擺。

3. 把左腿固定在右膝上。

4. 持續將大部分重量壓在左膝上，讓左髖部朝地面倒。想像自己要把股骨頭從臀部側面擠出來。

5. 用上述姿勢撐幾分鐘，稍微往前爬，動到髖關節囊前方的組織。

彈力帶牽引：

許多人做這個鬆動術時，會感覺髖部前方產生夾擠，這是因為股骨頭跑到關節囊前方的邊緣，夾住了股骨與髖臼（容納髖關節的結構）之間的部分組織。如果發生這種情況，不用彈力帶鬆動其實是在浪費時間。要改善髖關節囊，把彈力帶纏在髖部和身體的交界，製造側面或後側牽引效果。這麼做能夠避免關節囊前方夾擠，讓你順利將髖部推回關節囊後方。

彈力帶牽引

髖關節囊內旋

單腿在後時，內旋能力對製造穩定相當重要。除此之外，雙腿屈曲製造力矩也需要內旋力，像是深蹲到底將膝蓋往外推的姿勢，把內旋想成關節囊放鬆的一種表現吧。換句話說，如果你的內旋幅度不足，雙腿屈曲時（像是深蹲）會無法外旋，單腿向後伸展（像是跑步或分腿挺舉）時會無法內旋。最後你會沒辦法做出力學穩定的姿勢，或是用主要引擎發力。

**深蹲 2・深蹲 1
跨步**
此鬆動術能夠協助改善以上原型

這個鬆動術是恢復內旋能力的有效方法。預備姿勢跟髖關節囊鬆動術一樣，但不是著重髖關節外旋、擺動小腿橫過身體的動作，而是把小腿朝身體外側擺動，用你的腳勾住壺鈴等重物。

方式：
收縮及放鬆

注意：若要測試髖關節內旋，就仰躺在地上或坐在椅子上，雙腿彎曲呈90度，接著把腿轉離身體，如右方照片所示。如果腳沒辦法轉離身體，很可能是缺乏髖關節內旋動作幅度。

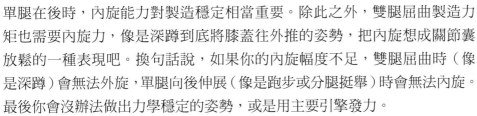

1. 跪在地上，重量移到左膝上，確保你的膝蓋與髖部上下對齊。把一顆壺鈴擺在左腳旁邊。

2. 左腳勾住壺鈴，持續將大多數體重壓在左膝上。

3. 髖部往左後方沉。

4. 繼續將大多數體重壓在左膝上，左髖部朝地面倒，稍微往前爬，動到髖關節囊前方的組織。如果可以的話，就用彈力帶牽引關節。

用牽引帶動內旋

可改善：
髖部疼痛與夾擠

如果你的股骨頭卡在髖關節囊裡，就很難用髖關節囊內旋鬆動術來恢復或改善髖部旋轉動作幅度。對有些人來說，用彈力帶纏住髖部做側面或後方牽引，還是不足以清除股骨與髖關節囊的夾擠。他們還是會感覺髖部前方有股劇烈的撐痛，讓他們沒辦法正確進行髖關節囊鬆動術。一發生這種情況，你就要把關節拉開，在髖關節囊內部製造空間。

注意下方照片中我用彈力帶牽引腳踝，接著朝腹部方向翻身，出力讓腳內旋。這是用伸展腿的動作來改善內旋，也是單腿在後時的髖部穩定姿勢。

1. 將彈力帶勾在腳上，再把彈力帶纏在腳跟，接著身體朝腹部的方向滾，促進腿的伸展。

2. 持續放鬆腿部，內旋腿。

奧林匹克牆壁深蹲加內旋

跨步
此鬆動術能夠協助改善以上原型

這是另一個改善髖關節內旋的鬆動術。仰躺在地比較難在內旋時讓髖部回到關節囊後方，因此這個鬆動術的效果會比上一個技巧差一點，不過還是有其效用，而且可以跟其他奧林匹克牆壁深蹲變化型並用。

方式：收縮及放鬆

1. 臀部盡量貼近箱子，擺出深蹲姿勢，雙腳稍比肩寬，小腿垂直於箱子，雙腳腳尖朝前。

2. 右膝朝身體左側倒，右腿內旋。

3. 左腳跨上右膝勾住，間接產生內旋。

彈力帶牽引：
用彈力帶纏住雙腳膝蓋，將股骨推回關節窩後方，產生側面牽引，藉此提升這個鬆動術的效果。

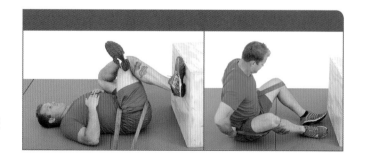

全身內旋

雖然這個技巧的效果比不上髖關節囊鬆動術或奧林匹克牆壁深蹲等變化版本，但躺著看電視或放鬆時還是可以做。在髖部加上側面牽引再鬆動，可以達到理想效果。

方式：
收縮及放鬆

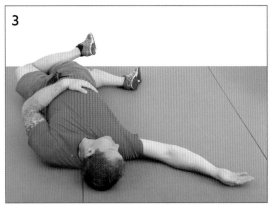

1. 仰躺在地，雙膝撐起。

2. 內旋右腿，接著把左腿跨在右膝上，右膝固定在地墊上。

3. 膝往地墊倒時，往側面伸出右手手臂。這麼做能在旋轉時平衡身體，而且還能鬆動下背肌群。做這個動作很容易用過度伸展的姿勢代償，記得保持臀部貼地，避免發生這個問題。

內旋替代方案

跟辦公椅髖部鬆動替代方案一樣，內旋替代方案不是鬆動髖部的首選。替代方案不僅會在軀幹肌群上施加張力，還會沒辦法用良好姿勢後推髖部，用不良姿勢代償的風險因此變高了。但是，如果你困在椅子上，知道無法避免久坐，那不妨試著改善自己的內旋。

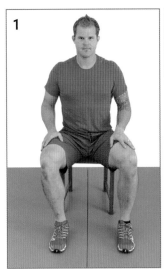

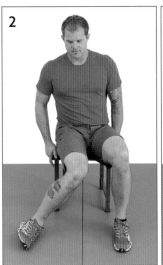

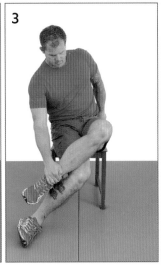

1. 用中立姿勢坐直身子。

2. 保持右腳貼地，右膝往身體內側倒，讓腿產生內旋。

3. 左腿跨到右膝上，右手抓住左腳足背，固定你的腳，接著用你的左腿把右膝拉過身體。上身往右側傾斜可以一併拉到髖部上部與下背肌群。

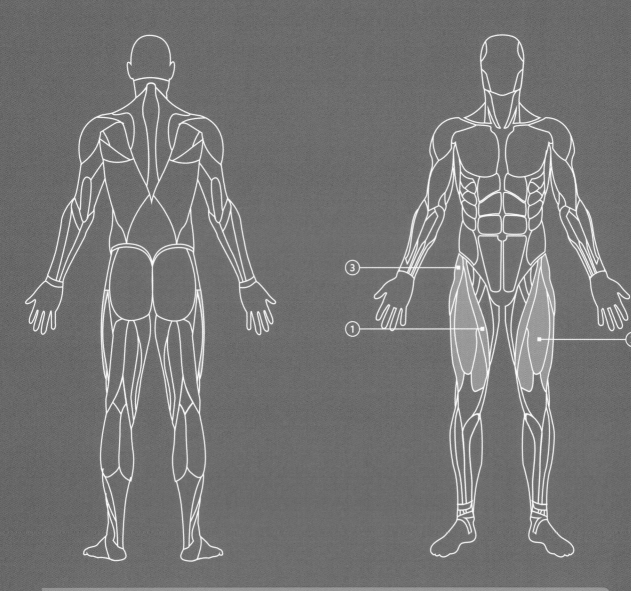

區塊 8　髖關節屈肌群、股四頭肌

鬆動術目標區塊：

1	2	3
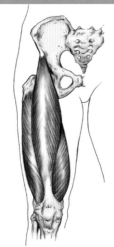	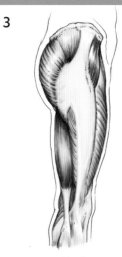	

縫匠肌　　　　　　　股直肌　　　　　　　闊筋膜張肌

股四頭肌按壓鬆動術

這個鬆動術任何人都可廣泛應用，是我最喜歡的整體鬆動術之一。CrossFit 愛好者、頂尖奧林匹克舉重選手、軍警消人員和整天坐在桌前的工作狂，都需要有工具來對付大肌肉群（股四頭肌、大腿後側肌群和臀肌）整體僵硬問題。這些肌肉的工作量相當龐大，持續處於緊繃，還會因為久坐而發生適應性縮短。但是，很少人會試著讓這些僵硬組織恢復柔軟。在這系列鬆動術中，我會示範一種有效按壓股四頭肌的辦法，讓這一大束辛苦的肌肉恢復正常功能。不過，開始之前我們得先回顧一些基礎規則：

規則 1：逆著組織紋理鬆動。做整體按壓時，要以緩慢深層的來回按壓為主。跟胸椎按壓一樣，心不在焉地上下滾壓整條肌肉纖維只是在浪費時間。你乾脆去做些 1970 年代的靜態伸展和徒手訓練，反正一樣沒效。要讓組織有大幅變化，就要利用壓力波、按壓及來回推拉／拉扯、收縮及放鬆這三種主要的鬆動術技巧在組織上產生大量壓力。

規則 2：在組織上按壓到有變化為止。要讓一個區塊恢復正常（意思就是不會疼痛），才能往整條肌肉的上方或下方移動。身為物理治療師，我在治療運動員時會在每條腿按壓 10 分鐘以上才換邊。至少要花 20 分鐘時間（每條腿 10 分鐘）才能鬆開組織。如果你沒辦法在 10 分鐘內按壓完整條腿，記下你按到哪裡，在另一邊也按壓到相同區塊，接著再回去按壓第一條腿剩下的部分。

規則 3：選用有效果的活動度工具。想要滲透深層組織，就必須施加大量大面積的壓力。如果你從來沒按壓過股四頭肌，可以從滾筒用起。但是，如果你是運動量極大的運動員，滾筒對你的效果大概就跟棉花糖差不多。在這種情況下，你可以試著使用戰鬥之星、大型水管或槓鈴，也可以找人協助踩壓股四頭肌。

小心了，按壓股四頭肌非常痛，許多人會痛到無法忍受。你可能需要來回滾上 20 次，才能完全承受自身體重（或夥伴體重），痛感才也會消失。咬緊牙關，動手吧。

選項 1：滾筒股四頭肌按壓

在滾筒上按壓股四頭肌可能是最簡單常見的股四頭肌按壓選項。如先前所說，你可以使用滾筒、PVC 管、大或小型戰鬥之星按壓。大型戰鬥之星可以提供大面積壓力，而且比較溫和，小型戰鬥之星則能提供更有效、強烈的刺激。總的來說，我建議使用大型戰鬥之星來達到整體按壓效果，使用小型戰鬥之星來鬆動特定的打結點或激痛點。

跨步・槍式深蹲
深蹲 1
此鬆動術能協助改善以上

可改善：
膝蓋、髖部和下背疼痛

方式：
壓力波（左右兩側）
按壓及來回推拉／拉扯
收縮及放鬆

1

2

3

4

目標區塊

如果你是用戰鬥之星鬆動，可以從固定架上拿出滾筒，在地上滾壓。滾筒擺在地上能讓你更精準控制自身重量，進一步控制施加的壓力，減少鬆動術帶來的刺激。這全依個人喜好而定。你可以兩種都試試，並選擇對你最有效的那種。

1. 側躺在滾筒上，滾筒擺在左腿正下方。右腳踩地，雙手手臂支撐住上半身的重量，藉此把重量分配到腿上。

2. 重量分配到左腿上，緩慢朝腹部方向滾壓，製造壓力波滲透肌肉紋理。

3. 翻身腹部朝下，右腳踩到左腿的另一邊。姿勢就位後，可以開始收縮及放鬆，並在緊繃點上來回擺動。

4. 腳跟朝臀部拉，替黏在一起的組織做來回推拉／拉扯。使用按壓及來回推拉／拉扯、收縮及放鬆技巧，集中鬆動僵緊區塊，直到痛感消失。這個區塊恢復正常後，沿著股四頭肌往上或往下移動，繼續鬆動另一塊肌肉。

選項 2：槓鈴股四頭肌按壓

1. 將槓鈴的外緣壓在上側股四頭肌上。背部打直，把槓鈴推進大腿肉裡製造壓力。

2. 慢慢沿著肌肉向下滾動槓鈴，盡量維持向下壓力。集中按壓小塊肌肉，動作越慢越好。目的是在組織上製造大股壓力波。如果碰到很僵硬的點，可以左右滾動你的腿，或者使用收縮及放鬆技巧。

3. 把槓鈴拉回大腿，內旋你的腿，準備以新角度鬆動。要獲得理想效果，記得只能在沿著腿往下時用槓鈴製造壓力。

使用槓鈴、擀麵棍或有 X 型把手的小型戰鬥之星，也能有效深入股四頭肌的深層僵硬組織。如先前所述，用大量大面積的力量才有效，槓鈴因此成了最理想的工具。但是，用這個技巧逆著肌肉紋理滾可不容易。要恢復底下組織的滑動面功能，記得動作要慢，一次一個小區塊鬆動。用壓力波來回滲透僵硬的肌肉群，直到感覺情況有所改變或已經無法再改善。你也可以試著左右翻滾你的腿，以獲得完整的按壓效果，或按壓不同角落。

注意：如果你想鬆動髖部附近的僵硬上股四頭肌，這個鬆動術特別有效。

1

2

3

選項 3：夥伴協助股四頭肌按壓

夥伴協助股四頭肌按壓是改善股四頭肌整體僵硬最有效的辦法。雖然自己用槓鈴、戰鬥之星或 PVC 管按壓也不錯，但是自己製造的壓力肯定比別人小。畢竟沒人那麼自虐。

找位訓練夥伴用足弓踩住你的股四頭肌，在你的肌肉上來回製造大股向下按壓力。如果你是按壓的人，避免用腳跟或蹠骨球壓進肉裡，產生像袋棍球一樣的單點壓力，這麼做可不好。這個鬆動術的目的是在肌肉上製造橫向剪力，以恢復底下組織的滑動面功能，還要讓接受按壓的人不那麼難受。

如果你是接受按壓的人，要盡量避免過度伸展。抬起髖部不會減輕疼痛。另外，不要因為疼痛就輕易拍地放棄，這不是扭鬥術。不過，記得跟你的夥伴選一個安全詞，實在太痛就喊出來。最後，記得盡量放鬆你的腿，不要跟壓力對抗。你的夥伴按壓股四頭肌時，你應該左右翻滾你的腿，如下方照片所示。

注意：這個鬆動術相當適合一大群運動員一起做。據報導，中國舉重隊就會在訓練前後集體鬆動。

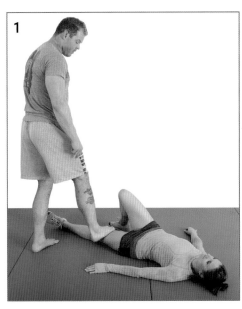

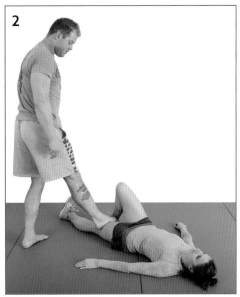

1. 我在此扮演訓練夥伴，把足弓踩在凱蒂的股四頭肌上。注意圖中凱蒂把另一隻腿撐起來，協助維持背部平直，在我按壓另一條腿時減輕伸展力（以免背部過度伸展）。

2. 我將體重往前移，在凱蒂的股四頭肌上方製造大量剪力。注意圖中我施加壓力時，凱蒂的腿會跟著轉動。這是因為她處於放鬆狀態，沒有抵抗壓力。

深蹲 1．槍式深蹲
此鬆動術能夠協助改善以上原型

可改善：
膝蓋疼痛
膝蓋功能

方式：
按壓及來回推拉／拉扯
壓力波
收縮及放鬆

上髕骨按壓及來回推拉／拉扯

如果你經常做跳躍動作，但小腿沒有垂直（也就是說從側面看，當你的髖關節屈曲時膝關節過於往前彎，超過了腳尖），或是當你深蹲時雙腳膝蓋往內夾做出不正確的姿勢，那不僅會造成膝關節疼痛，整個動作負載循環的過程中，也會以嚇人的速度耗損。不要等到膝蓋報銷了才試著挽回。減輕一些髕骨系統的負荷，這樣你才能找回良好膝蓋姿勢，減緩疼痛。

要解決這個問題，把袋棍球擺在髕骨上方的區塊（上髕骨囊），接著施加壓力，按壓及來回推拉／拉扯，直到感覺狀況有所改善。放鬆髕骨上方的區塊能有效減緩關節疼痛，還能解決深度屈曲會出現的膝蓋功能失調。

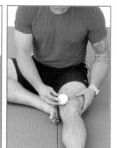

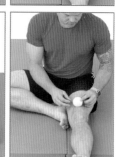

1. 把袋棍球擺在腿部內側，髕骨正上方的位置。

2. 內旋膝蓋，在你的上髕骨囊製造壓力波。

3. 繼續橫向按壓上髕骨囊與股四頭肌腱，直到按壓至膝蓋側面。

4. 若碰上組織敏感點，膝蓋朝臀部捲起，替僵硬組織做來回推拉／拉扯。

膝蓋巫毒纏帶

想不到吧，人類膝蓋的髕骨是無法伸展的。膝關節構造中的韌帶與肌腱長度是固定的。要改善膝關節力學（膝關節活動度），得到更多屈曲動作角度，最好的辦法是讓髕骨上方囊袋更柔軟（鬆弛），給膝關節結構更多空間。這個區塊是股四頭肌肌腱的附著點，和其他的構造在這裡形成粗大的腱鞘，連接進入膝關節。這個區塊若變得黏著僵硬，會對膝蓋結構產生過度的拉力，引起膝關節疼痛與不當的關節力學。

雖然左頁鬆動術也能發揮效用，但範圍僅限於一小點，無法動到整個區塊。因此，我喜歡把巫毒推拉帶的變化版當第一步，用來對付上下游組織的僵硬問題。巫毒推拉帶可以放鬆大型腱鞘，儘速恢復整個區塊的活動度。

深蹲 1 · 槍式深蹲
此鬆動術能夠協助改善以上原型

可改善：
膝蓋疼痛與腫脹
膝蓋拉傷或扭傷
方式：
巫毒推拉帶擠壓

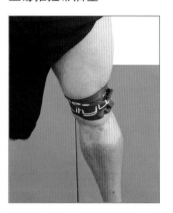

我用兩條巫毒推拉帶分別纏住傑西膝蓋的上下方。你也可以用一條彈力帶纏住整個膝蓋。要了解正確的包纏技巧，請見 149 頁。

1. 纏好膝蓋後，傑西藉由深蹲及膝蓋外推來加強去除僵硬。記得要做幾次深蹲，撐在最低位置，強迫膝蓋擺出動作幅度終端的屈曲姿勢。

2. 傑西跪在地上，臀部往腳跟坐，藉此繼續強迫膝蓋呈屈曲姿勢。

彈力帶髖關節伸展

跪地鬆開髖關節前部不是什麼近期才冒出來的新點子，幾千年前就有人這麼做了。不過，這麼做有個問題：典型的跪地開髖（請見左方照片）處理不到關節囊，做完反而留下一大塊還沒處理的受限組織。該如何解決？答案很簡單，只要用彈力帶勾住腿，把彈力帶拉到臀部跟大腿的交界，製造一股往前的牽引力。有了一大股張力把你的股骨朝髖關節窩前方拉，就能有理想的關節姿勢，不僅一併處理到前髖關節囊（Y 韌帶，或稱髂股韌帶），還能讓你比較容易鬆動到髖部結構的所有前方肌群。

要著重伸展前髖部有三個方法：彈力帶髖關節伸展、彈力帶髖關節伸展跨步與有名的沙發伸展。這裡先從最基本的彈力帶髖關節伸展開始。要做這個鬆動術，必須先在彈力帶上製造張力，接著保持背部平直，慢慢將身體往前移。許多運動員會在開髖時做出錯誤的弓身動作，導致背部過度伸展。要避免這個問題，得把重量移到跪地的膝蓋上，姿勢保持平直，臀部夾緊。

注意：如果想解決前髖部上部的僵硬問題，把左手臂高舉過頭（左膝跪地的話），身體往後仰，接著回到中心。重點是以來回擺動進出動作幅度終端。跟古典髖關節伸展一樣，記得邊做邊夾緊臀部，以支撐腰椎。這只是這個鬆動術的另一個搭配選項，可以幫助你鬆動容易僵硬的前髖部上部。

跨步
此鬆動術能夠協助改善以上原型

可改善：
髖部與下背疼痛

方式：
收縮及放鬆

⊖ 常見問題

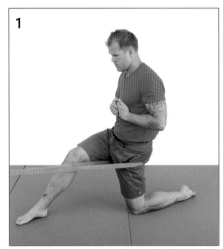

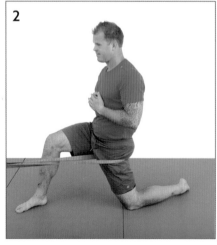

1. 維持左腳內旋，用彈力帶勾住左腿，往後退製造張力，夾緊左臀肌，收緊腹部，避免變成過度伸展的不良姿勢。

2. 用彈力帶將你的股骨牽引至髖關節窩前方，慢慢把重量往前移到跪地的膝蓋上。注意我在照片中是整個身體往前移，不是用力直接把髖部往前推。

3. 要獲得最佳成效，就用後方腳勾住重量，增加髖關節內旋角度，讓髖部就穩定姿勢。

彈力帶髖關節伸展跨步

鬆動術是用來對付肌肉僵硬的問題，可以讓黏在一起的組織恢復正常動作幅度，跟暖身運動並不一樣。但是，有些鬆動術技巧的確適合在鍛鍊和競賽前進行，彈力帶髖關節伸展跨步就是很好的例子。如下方照片所示，這個技巧的預備姿勢看起來很像分腿挺舉，能夠搭配奧林匹克舉重或其他需要完全伸展髖部的運動。

1. 把彈力帶勾上左腿，拉高到臀部跟大腿的交界，往後踩一步，在左髖部製造一股往前的牽引力。夾緊左臀肌以保護下背，穩固軀幹，避免過度伸展。

2. 持續夾緊左臀肌，收緊腹部，左膝跪地。要注意我的右脛骨角度不超過 90 度，軀幹保持直挺。

3. 用前腿推起身體，伸展雙膝，站起來。

跨步
此鬆動術能夠協助改善以上原型

可改善：
髖部與下背疼痛

方式：
收縮及放鬆

沙發伸展

這個鬆動術是我數一數二喜歡的開髖術，而且可能還是「動作與活動度」課程中最有名的技巧。沙發伸展鬆動術很有效但非常痛，讓運動員又愛又恨。我設計的這個鬆動術是在電視機前的沙發做，原因有二：

1. 這個簡單的辦法能讓腿完全屈曲，打開髖關節。
2. 電視能讓你分心，你才不會痛到昏倒。

雖然沙發伸展是「動作與活動度」系統獨特的技巧，但並不是什麼新發明。人們一直都在做這個技巧的變化版，像是小學的站立股四頭肌伸展（照片1），或是跪地把腳朝臀部拉的傳統瑜伽體位（照片2）。但這些變化版除了難以維持穩定姿勢，也沒辦法讓你拉到動作幅度終端。要有成效，需要用良好姿勢來鬆動，還要能夠抵達膝蓋屈曲與髖關節伸展的動作幅度終端，這時沙發伸展能助你一臂之力。

深蹲 1
槍式深蹲・跨步
此鬆動術能夠協助改善以上原型

可改善：
髖部與下背疼痛

方式：
收縮及放鬆

沙發伸展

不管你是困在機場、在家看電影、在桌邊工作或正準備鍛鍊,沙發伸展都能發揮高效率,讓你恢復髖部前方與股四頭肌的動作幅度,減緩肌肉僵硬。

注意:下方照片中的姿勢都在基礎生理的動作幅度內,任何人都應該能在不疼痛、不受限的情況下做到。但是,大多數人就是做不到,所以這個鬆動術對運動員和教練來說都是快速的檢測法。如果你的腿沒辦法擺出預備姿勢,或是背部沒辦法朝牆拉,就代表問題嚴重了:你的股四頭肌和髖部前側緊得要命。

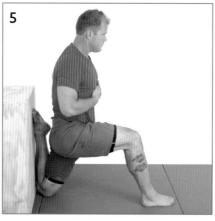

1. 雙膝跪地,雙手碰地,腳掌抵住箱子側面。

2. 左腿往後滑,膝蓋推到箱子角落,左脛骨和腳緊貼箱子。

3. 夾緊左臀肌,穩定下背,用右腳撐起身體,保持右小腿垂直。**注意:**如果你因為太過僵硬而無法撐起右腿,就在前方擺個小箱子來增加穩定度。

4. 繼續夾緊左臀肌,髖部朝地面推。下方的腿完全屈曲後(腳跟貼臀部),把鬆散的組織拉到動作幅度終端(股四頭肌與前髖部結構),讓自己又痛又很難再拉開髖部。只要沒出現炙熱的神經疼痛就沒關係。

5. 撐在上述姿勢 1、2 分鐘後,抬起軀幹,身體直立。如果你發現在直立姿勢中很難撐起上身重量,就在前方擺個小箱子增加穩定度。

⊖ 常見問題

沙發伸展最常見的問題,就是身體僵硬到擺不出正確姿勢。經常會有運動員膝蓋往側面滑、拉離中心(照片 1),或過度伸展(照片 2),以彌補受限的活動度。如果你發現自己很難做出這些姿勢,就先把另一邊膝蓋貼在地上,把自己的重量穩定壓在箱子上。要獲得最佳成效,就完全屈曲膝蓋,好一併鬆動股四頭肌,打開髖部前側。記得臀部要繃緊。

超級沙發伸展

超級沙發伸展是究極版的沙發伸展。加上彈力帶製造往前的牽引力，可以讓這個鬆動術的痛苦程度和效果都變十倍。記得，鬆動術做起來越難受，八成代表效果越好。雖然彈力帶會增加你痛暈的風險，但能打開你的髖關節囊，深入股四頭肌和髖部的前側結構，效果無與倫比。

免責聲明：如果你的股四頭肌與髖部動作幅度不夠完整，會撐不住彈力帶，最好還是選擇沙發伸展就好。這是舉重選手蘿拉（Laura Phelps Sweatt；世界冠軍、世界紀錄保持人兼這個世代數一數二厲害的肌力運動員）最愛的鬆動術技巧，所以我們經常把超級沙發伸展稱做「蘿拉鬆動術」。

注意：用彈力帶勾住髖部再把腿抵住牆壁可不容易。除非你有價值不斐的活動度訓練室或能擺在竿子旁的大箱子，否則你必須請人幫你拉住彈力帶的另一頭，但這其實不是理想狀況。這時候，盧普（Roop Sihota）教練設計的變化版就能派上用場。

舊金山的 CrossFit 超級教練盧普發現了這個問題，並且想出解決辦法。他設計的進化型用彈力帶纏住腿，把腳往臀部拉，讓你在哪裡都可以做超級沙發伸展。你只需要兩條彈力帶和一根竿子就行了，真是聰明。

1. 用彈力帶勾住左腿，左腿往後拉，製造牽引力。右腳撐起身體，左膝逼近箱子角落，避免彈力帶你把往前拉。左腳脛骨與腳緊貼箱子，全力夾住左臀肌，左髖部朝地面推。

2. 繼續夾緊髖部、鞏固軀幹，軀幹小心地挺成直立姿勢。

跨腿髖關節伸展

跨步
此鬆動術能夠協助改善以上原型

雖然彈力帶髖部鬆動術與沙發系列鬆動術是鬆動髖部前方結構最有效的辦法，但其實這些鬆動術不是最純粹的著重髖關節伸展動作。換句話說，如果你都用彎曲的後腿鬆動，就沒辦法打開髖關節，做到完全伸展。跨腿髖關節伸展這個簡單的辦法移除了所有屈曲元素，讓你可以純粹伸展髖部。有彈力帶，做這個鬆動術才有意義。

這個鬆動術可以搭配彈力帶髖關節伸展一起做。舉例來說，你可以先做彈力帶髖關節伸展，過幾分鐘再把後腿往後伸，讓勾住彈力帶的髖部完全伸展。

用彈力帶勾住左腿，把帶子拉到臀部跟大腿交界，左腿往後伸。夾緊左臀肌，把左髖部朝地面推，開始伸展。姿勢就位後，你可以讓髖部往側面沉，探索橫向活動範圍，尋找僵硬區塊。要達到更深的髖關節屈曲幅度，就把右腿往外或往前滑（像在劈腿一樣），讓左髖部朝地面降。

腿髖關節伸展加著重內旋

方式：
收縮及放鬆

這個選項要把前腳踩在箱子上，加上著重內旋。前腳離地，就能靠後腳蹠骨球撐地，把膝蓋轉向身體內側。這樣增加髖關節內旋，不僅能讓髖部呈穩定姿勢（伸展並內旋），還很接近運動姿勢與動作的型態，像是分腿挺舉、格鬥拳擊步伐和衝刺姿勢。

1. 用彈力帶勾住左腿，把帶子拉到臀部跟大腿分界，接著往後踩一步。夾緊左臀肌以保護背部。理想情況下，最好有個朋友在你後退之後擺個箱子在你面前，以製造張力。

2. 左手繼續扶住箱子保持平衡，持續夾緊左臀肌，右腳踏上箱子，把左髖部往前推。

3. 挺直軀幹，墊起左腳腳底，以蹠骨球撐地，左膝轉向身體內側，增加後腿的內旋。

4. 左手臂放到頭後，一併鬆動腰肌，讓髖部進一步伸展。

反轉芭蕾

反轉芭蕾這個簡單的鬆動術可以讓你深入髖部上下游看不見的僵硬組織。如下方照片所示，這個鬆動術技巧的型態跟踢腿動作很像，相當適合含有腿部擺動旋轉動作的運動，像是跳舞、武術和體操。

除此之外，反轉芭蕾能一併動到內收肌群（大腿內側的肌肉）。這些肌肉一變緊，深蹲到最低位置時，你的骨盆就會受拉扯跑到不良位置（請見 173 頁的骨盆翻轉問題），讓你很難把膝蓋往外推。把腿抬到箱子上，腿往側面倒，身體往反方向轉，不僅可以增加伸展與內旋的幅度，還會動到外展肌，不過也會增加另一層疼痛。

深蹲 1．跨步
此鬆動術能夠協助改善以上原型

方式：
收縮及放鬆

1. 右腳踩上箱子較遠的一頭。

2. 保持右腳打開，讓右膝與腳踝倒到箱子上，身體往另一側轉。

3. 膝蓋往箱子推，身體繼續往另一側轉。這麼做能夠動

到髖部前側的部分區塊，以及沿著腿部內側往下延伸的肌群。

4. 你可以放低身體，身體繼續轉離右腿，尋找仍待處理的僵硬組織。也可以把手臂放到頭後，轉動身體，尋找不容易動到的組織角度。

彈力帶跨欄

深蹲 1．跨步
此鬆動術能夠協助改善以上原型

方式：
收縮及放鬆

彈力帶跨欄其實只是改良了運動隊伍和體育老師多年來拉股四頭肌、髖部與大腿後側肌群的技巧。這種伸展技巧的動作姿勢就像跨欄，因此通常叫做跨欄式伸展。在傳統上，這種伸展主要是用來拉開股四頭肌和大腿後側肌群，往後仰可以拉開股四頭肌和後腿的前髖部，往前趴可以拉到前腿的大腿後側肌群。但這個鬆動術不用往後仰也不用往前趴。一腿在後一腿往前伸直並不是鬆動股四頭肌、髖部或大腿後側肌群的理想姿勢。但是，用彈力帶勾住髖部，增加前牽引力（把腿往前拉），能夠鬆動股骨，讓股骨回到髖關節囊前側，讓效果差強人意的傳統伸展變成高效率的髖關節囊鬆動術。

1. 用彈力帶勾住腿，把帶子拉到臀部跟大腿的分界，擺出彈力帶髖關節伸展的預備姿勢。前腿伸直（後腿保持伸展），髖部朝地墊沉，轉換至跨欄姿勢。

2. 上身朝想鬆動的腿與髖部的另一側轉。跟前幾個鬆動術一樣，重點是持續夾緊勾住彈力帶那條腿的臀肌，並且保持腹肌出力，避免過度伸展。

區塊 9 　內收肌群

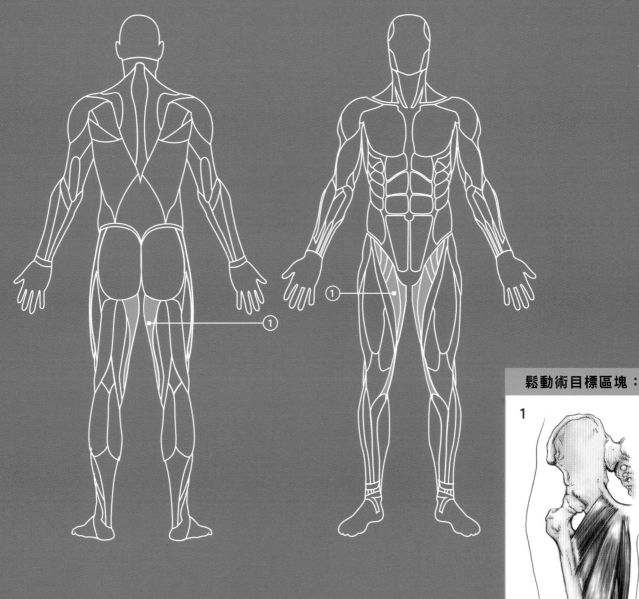

鬆動術目標區塊：

1

內收肌群

內收肌群按壓

深蹲 1
此鬆動術能夠協助改善以上原型

可改善：
髖部與下背疼痛

方式：
壓力波
按壓及來回推拉／拉扯
收縮及放鬆

內收肌群是大腿內側的大塊組織，就像腿部常被忽略的繼子繼女。內收肌群在家裡扮演重要的角色，卻經常受忽略，讓股四頭肌或大腿後側肌群搶走鋒頭。事實上，內收肌群負責在深蹲起立時為你穩定背部，把膝蓋拉回中央，還在你單腿站立時（如踢球、旋轉或做園藝），讓外旋動作不會過度緊繃，並穩定身體側面。

如先前所說，你必須全面檢視身體，從所有角度來解決活動度問題。如果下次深蹲時沒辦法把膝蓋外推，別急著顧你的心肝寶貝（股四頭肌和大腿後側肌群），讓你姿勢受限的很可能是內收肌群。

選項 1：內收肌群滾筒按壓

滾筒是最常見的內收肌群按壓工具。按壓方式很簡單：以壓力波逆著肌肉組織紋理按壓，一找到激痛點就停下動作，開始收縮及放鬆，接著做來回推拉／拉扯。當然，滾筒的刺激性跟效率都很低，你也可以用水管、戰鬥之星或任何圓形的硬物（像是酒瓶或金屬水瓶）。

1. 腿部內側擺在滾筒上。

2. 維持腿部放鬆，髖部朝地面推，在滾筒上製造壓力。腿伸直，膝蓋朝地墊轉，在肌肉纖維上製造一股橫向剪力。

3. 滾到緊繃點時先停下，盡可能在腿上製造壓力，接著把腳跟朝臀部拉，來回推拉／拉扯黏在一起的組織。之後繼續壓在僵硬組織上，腿朝四面八方移動，緩解僵硬。

選項 2：內收肌群槓鈴按壓

跟股四頭肌按壓一樣，按壓內收肌群也有幾種方式可選。可以用滾筒、槓鈴，也可以找個夥伴踩上你的大腿內側，每種方法各有優點。滾筒能讓你自由按壓黏在一起的組織做來回推拉／拉扯。槓鈴能讓你用壓力波還有收縮及放鬆技巧，找出、改善打結的肌肉塊。夥伴的腳則比自己動手更能解決整體僵硬。

把槓鈴外緣或小型戰鬥之星擺在內收肌群上。打直背部，身體往前傾，把槓鈴壓上大腿肉，製造壓力。槓鈴慢慢沿著肌肉往下滾，盡可能維持向下壓力。集中按壓小塊組織，動作越慢越好。目的是製造大股壓力波滲透組織。碰到非常僵硬的點時，左右滾動你的腿，也可以使用收縮及放鬆技巧。如果是用小型戰鬥之星，可以像翹翹板一樣在肌肉上來回擺動。

選項 3：夥伴協助內收肌群按壓

跟先前介紹的技巧一樣，夥伴協助內收肌群按能以自己製造不出來的大股壓力鬆開黏著組織，是相當棒的選擇。

這個鬆動術有兩種操作方式：你可以仰躺，單腳彎曲（照片 1），也可以往側面翻身，一條腿往反方向跨（照片 2）。前者你的訓練夥伴是用足弓在肌肉上製造大股壓力，後者用的則是腳跟，適合鎖定激痛點。

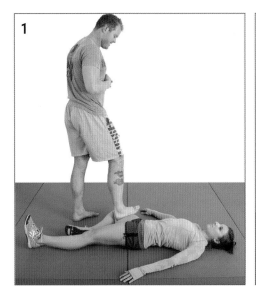

仰躺，腳跟朝大腿後側肌群收起（照片 1）。你也可以旋轉髖部，另一條腿跨過彎曲的腿，往側面翻身，把內收肌群、大腿後側肌群和鼠蹊部露出來（照片 2）。請你的訓練夥伴想像自己要把你腿上的內收肌群和大腿後側肌群剝下，腳往地面施力，慢慢製造壓力波。如果他碰到打結的成束肌肉組織，做收縮及放鬆。他也可以左右旋轉他的腳，來回加壓。

彈力帶超級青蛙

深蹲 1
此鬆動術能夠協助改善以上原型

方式：
收縮及放鬆

在動作與活動度系統中，彈力帶超級青蛙是對內側肌肉群（腿與髖部內側）最有效也最痛的鬆動術。有很長一段時間，要按壓髖部上部的內側肌群、內收肌群、大腿後側肌群內側和鼠蹊部，我只能用內收肌群按壓、超級青蛙和幾種鬆動術。雖然這些技巧的成效也不錯，但我一直想不出要怎麼促使髖部擺出良好姿勢，好一併鬆動關節囊。

這時候，彈力帶超級青蛙就派上用場了。用吊在單槓上的彈力帶勾住腿，往上滑到鼠蹊部，接著在勾住彈力帶的腿上擺槓片、槓鈴或其他重量，就能深入髖部，動到大腿後側肌群上部一些你甚至都不知道的角度。效果絕佳的鬆動術都一樣，做起來會有一定的不適。但是，會讓你這麼痠痛的技巧肯定有絕佳效果，對吧？這個鬆動術能一併活動多個系統，這就是我們最後的目的。繃緊屁股，讓髖部維持在良好姿勢，保護背部不受大量伸展力的傷害（包括拱起髖部和過度伸展背部）。

你也可以找個夥伴踩在重量上，進一步增加壓力。這個技巧會帶來相當大的變化，最好在鍛鍊後或充分暖身後再做。記得，在做費力的活動或大重量舉重前，不要讓骨盆位置有太大變動。

許多大塊頭舉重選手的鼠蹊部跟骨盆的這個區塊都又短又僵硬，無法維持良好髖部位置，所以這個鬆動術也叫「超級相撲鼠蹊部」。

1. 用一條細彈力帶勾住右腿，拉高至鼠蹊部，讓股骨在髖關節窩裡就良好位置，讓你深入髖關節囊的僵硬組織。

2. 把一片 20 公斤重的槓片擺在彎曲的右腿上，把右腿壓在地上。

3. 夾緊右臀肌支撐髖關節與下背，慢慢往後躺，並將左腳貼近右腳。

4. 手遮住臉，別讓別人看到你的痛苦表情，接著讓左膝往地面降，增加張力。你也可以把右膝朝槓片推，藉此收縮及放鬆，也可以上下抬降左膝，控制壓力。

超級青蛙

如果你沒有吊在單槓上的彈力帶可以用，還是可以做超級青蛙，不過效果不會一樣好。彈力帶讓你得以深入另一個受限系統（髖關節囊），但有總比沒有好。

記得，試著改善姿勢時要採取有系統的方法。如果沒有顧到特定層面（動作控制、滑動面功能、肌肉動力學或關節囊），會讓動作表現或功能組織的修復幅度差一截。能中距離使用彈力帶的話就用吧，但不要把天花板上的電扇給拆了，那就不值得了。

深蹲 1
此鬆動術能夠協助改善以上原型

方式：
收縮及放鬆

1. 身體坐挺，把槓鈴的槓袖擺在右大腿上，固定住膝蓋。

2. 夾緊右臀肌，穩定髖部和背部，右半身側躺，左腳貼近右腳。

3. 右手持續扶住槓鈴，讓槓鈴待在右腿上。往後躺下，左膝往地面倒，增加骨盆與中軸（鼠蹊部）拉開的幅度。

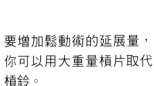

要增加鬆動術的延展量，你可以用大重量槓片取代槓鈴。

深蹲 1
此鬆動術能夠協助改善以上原型

方式：
收縮及放鬆

1. 把彈力帶繞過背部（右手抓住彈力帶），接著把彈力帶勾上左膝。

2. 把彈力帶勾上右膝。

3. 盡量讓屁股靠近箱子，擺出深蹲姿勢，同時盡可能保持雙腳腳尖朝前。姿勢就位後，把膝蓋往下拉，增加髖關節屈曲。

4. 用手肘推膝蓋內側，促使膝蓋外開，充分動用內收肌群。

5. 你也可以把手臂靠在膝蓋上伸直。

奧林匹克牆壁深蹲

把這個鬆動術的姿勢轉 90 度，看起來就像最標準、最深、最直挺的深蹲姿勢（請見左下方的側面照片），所以我叫這個鬆動術「奧林匹克牆壁深蹲」。做這個鬆動術要讓臀部盡量貼緊牆，雙腳就深蹲姿勢。有了地面支撐你的背部，雙腿少了負荷，可以清楚感覺到是哪些區塊限制了良好力學。大多數人會發現自己的內收肌群很緊繃，導致深蹲到底時無法外開膝蓋。你可以感覺到，自己試著將膝蓋打開的時候，雙腳也會跟著往外旋轉。

雖然少了牽引力也可以做這個鬆動術，但用彈力帶繞過背勾住雙腳膝蓋，能夠讓股骨回到髖關節窩後方，讓你深入髖關節囊。這股加壓力也能夠幫忙解除髖部前方的夾擠。

區塊 10 **大腿後側肌群**

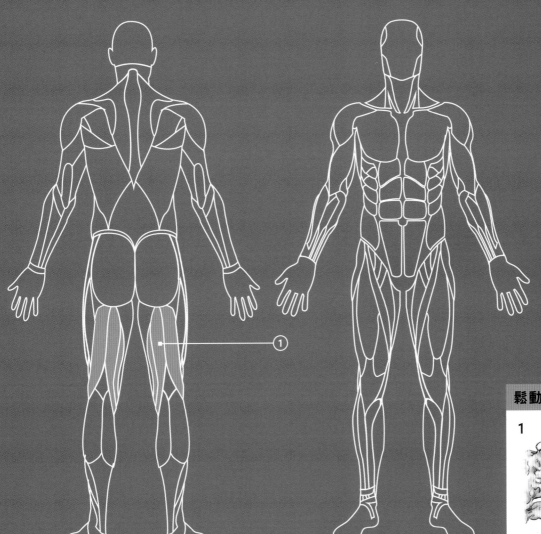

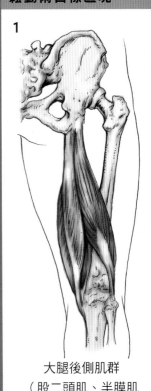

鬆動術目標區塊：

1

大腿後側肌群
（股二頭肌、半膜肌
與半腱肌）

深蹲 2．深蹲 1
此鬆動術能夠協助改善以
上原型

可改善：
髖部、下背與膝蓋疼痛

方式：
按壓及來回推拉／拉扯
收縮及放鬆
壓力波

後側鏈按壓及來回推拉／拉扯

大多數人都會勤奮地練後側鏈，想讓自己的臀肌和大腿後側肌群變得更強壯。但問題是，大家花了心血練了後側鏈，卻整天久坐讓肌肉休眠，不試著想辦法修復這些組織的滑動面功能。

你的大腿後側肌群由半膜肌、半腱肌和股二頭肌這三塊大肌肉組成，這些肌肉全從髖部的不同位置伸出來，接著沿著腿部的不同角度往下延伸。要讓大腿後側肌群發揮最佳功能，這些組織全都必須具備完整動作幅度。換句話說，每次使用大腿後側肌群，都要好好按壓，尤其是在久坐之後。各位將會注意到，這些技巧大部分都會在有高度的平台上進行，有幾個理由。

首先，用有高度的平台鬆動（箱子、長椅、凳子、茶几或桌椅）能讓你把重量壓在腿上。要對僵硬的後側鏈組織產生影響，需要大量壓力。如果你在地板上鬆動，可能沒辦法把足夠的體重壓在腿上，這樣效果有限。

除了能夠增加鬆動術的效果和重量，使用箱子或長椅還能增加活動度，動到仰躺時無法深入的大腿後側肌群區塊。舉例來說，如果你是坐在椅子上做鬆動術，就可以屈曲伸展膝蓋，造成來回推拉／拉扯的效果，並且自由操縱身體，動到大腿後側肌群的所有角度。

最後，在有高度的平台上鬆動安全多了。坐在地上時，唯一的選擇就是坐著把雙腿往前伸直。腿一鎖死在伸展姿勢，就會拉到深埋在大腿後側肌群裡的坐骨神經，導致麻木與強烈的神經痛。因此，開始時你要坐在長椅或凳子上彎曲膝蓋，鬆開坐骨神經和四周的結締組織。

上班休息時、困在機場時、暖身時，找個堅硬的表面（椅子或箱子）鬆動吧。

選項 1：大腿後側肌群球按壓

要按壓大腿後側肌群，小球（像是袋棍球）和大球（壘球或超新星球）是最適合的工具。用球按壓的技巧大多一樣，找到僵硬點時，最好來回擺動你的腿，停在那個區塊按壓。這個技巧簡單又容易，而且絕對值得花時間做。小球適合針對特定組織敏感點，大球則適合橫向推壓肌肉的介面，恢復黏著結締組織的滑動面功能。

選項 1a：大腿後側肌群球按壓

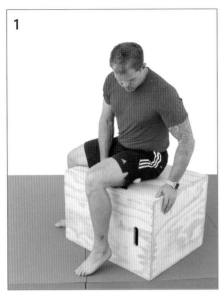 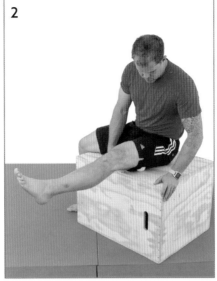 

1. 把袋棍球擺在腿部的大腿後側肌群下，在可忍受範圍內盡量將自己的體重壓到球上。

2. 尋找僵緊點，接著伸展你的腿。將腿彎曲、伸直，左右移動。

3. 你也可以把重量移到球上，來回在打結組織塊上滾動，以壓力波滲透整條肌肉。

選項 1b：大腿後側肌群球按壓

1. 把壘球或超新星球擺在大腿後側肌群下。如果你是坐在箱子或凳子上，可以試著把目標鎖定髂脛束，也就是沿著大腿外側向下延伸的厚筋膜帶。

2. 身體轉到鬆動的那條腿上方，盡可能把體重壓在球上。姿勢就位後，你可以收縮及放鬆，可以伸展及屈曲腿來回推拉 / 拉扯，也可以來回在球上滾動大腿後側肌群製造剪力。重點是製造大股壓力波去壓迫髂脛束到內收肌群之間的肌肉纖維。如果你坐在箱子或凳子上，在你能承受的範圍內，盡量把體重壓到球上，用腿畫圓。

選項 2：單槓橋擺盪

記得小時候坐在單槓上，單腿垂在槓上輕鬆盪來盪去的模樣嗎？我敢打賭，你現在這麼做肯定痛得要命，還可能痛到昏倒，跌下單槓。如果你的情況跟大多數運動員一樣，大腿後側肌群的僵硬問題多半會發生在髖部的附著點附近，但是這個區塊非常難找，鬆動起來也疼痛無比。面對現實吧，沒人會想要按摩你的私處，或至少任何人幫你鬆動的效率都不會跟你一樣好。

除非你想要警察逮捕你，否則我不建議你爬到小朋友的單槓上鬆動你的跨下，這麼做只會被當成變態。你可以把槓鈴架在大腿一半的高度。用這個辦法鬆開黏著組織，延展量和效率都會大幅提昇，而且還能在大腿後側肌群的附著點上施加大股壓力。重點也是左右來回碾，逆著肌肉組織的紋理按壓。

1. 槓鈴架在大腿一半的高度。一條腿跨過槓鈴，讓槓剛好抵住髖關節，大腿後側肌群的附著點附近。

2. 找到黏成一塊的組織時（應該不需花多少時間），把腿伸直。

3. 彎曲腿時，你可以把重量往側面移，沿著整條肌肉橫向滾動。

4. 你也可以左右旋轉你的腿，並且用雙手轉動槓鈴，把槓鈴轉進你的坐骨和肌肉附著點。

選項 3：小型戰鬥之星按壓

這個鬆動術是單槓橋擺盪的變化版。如果你手邊有小型戰鬥之星，擺在箱子、長椅或椅子上也是鬆動大腿後側肌群的好方法。戰鬥之星的紋路能更有效率地「分開」組織，坐在箱子上做，活動度和控制力也比在槓鈴上來得好。

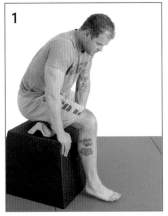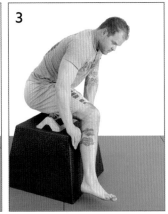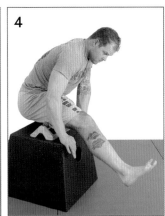

把小型戰鬥之星橫向擺在大腿後側肌群下，坐上去。姿勢就位後，來回把自身重量壓在要鬆動的腿上，同時左右擺盪你的腿。如果你把自身重量朝右邊壓，你可以把腿往左邊擺，反過來也一樣。如果你找到緊繃點，請收縮及放鬆，伸直你的腿做來回推拉／拉扯。

選項 4：夥伴協助大腿後側肌群按壓

這個鬆動術很適合在艱苦鍛鍊後（像是美式足球練習或 CrossFit 課程），一群人一起做。這個技巧跟內收肌群和股四頭肌按壓一樣，需要用足弓在整條肌肉上製造緩慢穩定的壓力。這個鬆動術的好處是接受按壓的人可以把臉埋在手臂裡，藏住痛苦的表情。

注意：協助者要站在哪一邊都可以。像下方照片那樣站在離按壓腿較遠的那一邊，可以鎖定大腿後側肌群內側和內收肌群，站在較近那一邊可以鎖定大腿後側肌群外側和股四頭肌。

協助者把足弓踩在夥伴的大腿後側肌群上，接著把體重往前移，腳橫向推過整條肌肉，製造緩慢穩定的壓力波。用這個方式像翹翹板來回搖動你的腳（沿著整條大腿後側肌群上下按壓），直到你覺得有效、已經沒有改善空間或夥伴叫你停止。

深蹲 2．深蹲 1
此鬆動術能夠協助改善以
上原型

可改善：
鼠蹊部與大腿後側肌群附
近的受損疤痕組織
髖部與下背疼痛

方式：
巫毒推拉帶擠壓

動態腿部擺盪是讓大腿後
側肌群上部與鼠蹊部恢復
滑動面功能的好方法。保
持膝蓋打直，腳就中立姿
勢，像要踢美式足球一樣
把腿往前擺。

深蹲 2．深蹲 1
此鬆動術能夠協助改善以
上原型

可改善：
髖部、下背與膝蓋疼痛

方式：
彈力帶來回推拉 / 拉扯

巫毒鼠蹊部與大腿後側肌群纏帶

用巫毒推拉帶鬆動術有幾個獨特好處：你可以用想要改善的姿勢來鬆動，可以同時強化多個系統（關節力學、滑動面和肌肉動力學），還可以動到難以鎖定的組織。舉例來說，袋棍球或滾筒等傳統活動度工具不容易按壓到大腿後側肌群上部（近端）和內收肌群區塊，也沒辦法深入敲拍鼠蹊部和髖關節屈肌群區域。

實際上，大家坐在後側鏈上部的時間實在太多，結果大腿後側肌群上部、臀肌和鼠蹊區塊變成僵硬、黏著的組織團塊。這些肌肉附著點附近的組織一緊繃，就容易引發傷害。鼠蹊部或大腿後側肌群拉傷過的人都能作證，這裡的傷害不僅痛，復原時間也很長。這個區塊會影響你製造力量的能力，還會引發許多古怪的動作與組織適應問題。更糟的是，要深入區塊，鬆開傷後形成的打結疤痕組織可不容易。這就是巫毒加壓的好處：你可以在這些難以觸及的區塊四周擠壓。如果再搭配幅度完整的動作，你就有了個模型，可以用來對付這些疤痕組織塊（會限制、破壞動作），恢復黏著組織的滑動面功能。

後側鏈來回推拉 / 拉扯

成年人的身體不可能神奇地自動長出新的大腿後側肌群。要拉長這些肌肉，需要把縮短、僵硬的組織修復至理想動作幅度。總而言之，伸展不可能讓大腿後側這些鋼絲般的肌肉恢復正常幅度。想要有持久的改變，就必須採取有系統的方法。不但要用刺激性的按壓方式來恢復滑動面的功能失調，還要結合動作幅度終端的鬆動術來拉長組織。

「動作與活動度系統」的其中一個關鍵概念，就是把組織鬆動成理想姿勢，

接著使用這些組織，如此肌群就能獲得適當刺激，恢復正常幅度。簡單來說，拉長大腿後側肌群最好的方法，就是在大腿後側肌群發揮功能的情況下使用這些肌肉。後側鏈來回推拉／拉扯系列鬆動術就是一個例子，這個負重運動跟實際動作的型態很像（硬舉或撿起地上的東西）。如下方所示，這裡提供幾個選項：你可以把雙手撐在地上或箱子上，接著伸展和屈曲膝蓋做來回推拉／拉扯（選項 1 與 2），或者以髖部為中心往前彎（選項 3）。無論你只用一種選項或結合不同選項，後側鏈來回推拉／拉扯都是相當適合在比賽或鍛鍊前做的鬆動術，能協助大腿後側肌群與髖部恢復正常動作幅度。

後側鏈來回推拉／拉扯：選項 1

1. 用彈力帶勾住髖部，往前走製造張力。把綁住彈力帶的腿稍微擺在另一條腿前方，幫助動作進行。

2. 以髖關節轉軸往前彎（維持腹部緊繃，背部平直），接著雙手碰地。如果你不圓背就碰不到地，在前面擺個箱子或板凳。

3. 伸直纏住彈力帶的腿，髖部往後推。

4. 盡量保持背部平直，彎曲綁住彈力帶那條腿的膝蓋。

5. 持續把重量壓在綁住彈力帶那條腿的腳跟上，繼續伸展屈曲膝蓋做來回推拉／拉扯。目的是彎曲膝蓋 20 到 50 次。鎖住腿，用手爬行，讓上身在貼地的腳附近左右移動，同時稍微旋轉髖部，來動到髖部上部（臀肌區域）。

後側鏈來回推拉 / 拉扯：選項 2

1. 用彈力帶勾住髖部，往前走製造張力。

2. 持續收緊腹部，背部打直，腿伸直，身體以髖部為中心向前彎，直到抵達動作幅度終端。

3. 將自己拉回直挺姿勢。姿勢就位後，你可以繼續往前彎到髖部屈曲的動作幅度終端，鬆開，反覆做，以此做來回推拉 / 拉扯。重點是保持脊椎堅挺，鎖住膝蓋，並將重心擺在腳跟上。

1. 用彈力帶勾住髖部，腳踩在箱子上。你可能會感受到一股舒服的伸展感，接著就可以自由變化姿勢，尋找僵緊角度。

2. 腿伸直，髖部往後推。腳平穩踩在箱子上，直到抵達動作幅度終端，接著再鎖住膝蓋，讓蹠骨球往上翹，利用這個動作確實鬆動髖骨上部區域。

3. 慢慢彎曲膝蓋，把體重往前移。姿勢就位後，你可以伸展並屈曲膝蓋，繼續做來回推拉 / 拉扯。

後側鏈來回推拉 / 拉扯：選項 3

要讓身體產生真正的改變，就要從不同角度鬆動大腿後側肌群。意思就是要改變姿勢，尋找難以觸及的肌肉僵緊角度。把勾住彈力帶的腿踩上箱子能讓你的腿就屈曲姿勢（像是深蹲），這樣就可以深入難以觸及的髖部上部與大腿後側肌群區域。

深蹲 2．深蹲 1
此鬆動術能夠協助改善以上原型

可改善：
髖部、下背與膝蓋疼痛

方式：
彈力帶來回推拉 / 拉扯

彈力帶經典後側鏈鬆動術

各位都知道，我最推崇用生活和運動的實際姿勢進行鬆動術。舉例來說，我喜歡用站立姿勢鬆動大腿後側肌群，因為這個姿勢的負重要素可以對應到硬舉等日常訓練動作。更重要的是，這種方法似乎可以讓鬆動術產生更好的效果。但是，你當然也可以仰躺在地做這個鬆動術。這個經典鬆動術有其價值，對那些要運用這段動作幅度仰躺在地抵禦對手的柔術選手或綜合武術家來說，更是如此。

這個選項的好處在於脊椎不會承受重量，你就不必辛苦維持良好背部姿勢。

重點是要像在準備硬舉一樣伸展：髖部屈曲，接著伸直你的腿，在膝蓋上施加張力。如先前所說，這麼做能夠動到髖部和大腿後側肌群上部的角落，大多數人這個部位的組織都相當僵緊。如果你用常見的方式伸直腿，再用整條腿加上張力，動作效率可能會降低。

這個鬆動術的另一個重要關鍵就是加上後側牽引力。跟之前介紹的技巧一樣，牽引力能夠解除髖部前側的夾擠，並且幫助鬆動大腿後側肌群上部。你有兩個選項，第一種是用竿子牽引，讓彈力帶產生大量張力，提供刺激較強的牽引效果。不過，問題是有時候身邊就是沒有竿子可以勾住彈力帶。第二個選項能解決這個問題：用彈力帶在腳部纏上幾圈，接著勾在髖部附近，然後再用纏住彈力帶的腳來製造後方牽引力，如下方照片所示。這個選擇不僅能讓髖部就良好姿勢進行鬆動，還能讓你用纏住彈力帶的腳控制張力。除此之外，你還可以在熟悉的客廳或辦公室做這個動作。

1. 把彈力帶在左腳中間纏上幾圈（如果彈力帶比較細，可能需要多纏幾圈），接著把彈力帶勾在右髖部附近，再將膝蓋往胸部拉。盡量保持左腿打直。增加牽引力能將你的股骨拉到關節囊底部，解除髖部前側可能有的夾擠。除此之外，這麼做還能讓你一併鬆動到大腿後側肌群上部。

2. 髖部就屈曲姿勢後，左手抱住右膝後側，身體坐起，右手抓住右腳踝後方。

3. 雙手抓住腳踝後方。

4. 膝蓋伸直，施加張力。姿勢就位後，你可以將腿彎曲伸直，繼續做來回推拉／拉扯，藉著抵抗手臂力量來收縮放鬆，也可以把腿往身體兩側移動，尋找緊繃角度。

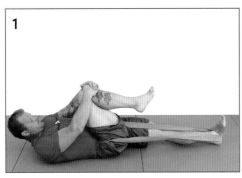

如果你的大腿後側肌群動作幅度不足，手碰不到腳，你也可以用一條彈力帶勾住腳。千萬別為了抓住腳而變成奇怪的屈曲姿勢，這樣就違背了我教給各位的所有原則。如果運動後流了滿身汗，或是握力不足以握住小腿後側肌群，這也是不錯的選項。

重點是要把彈力帶勾在腳部中心，讓腳維持中立姿勢。許多人會誤將彈力帶勾在腳趾上，把腳拉成屈曲姿勢，在膝蓋後方製造一大股伸展力。

區塊 11 膝蓋

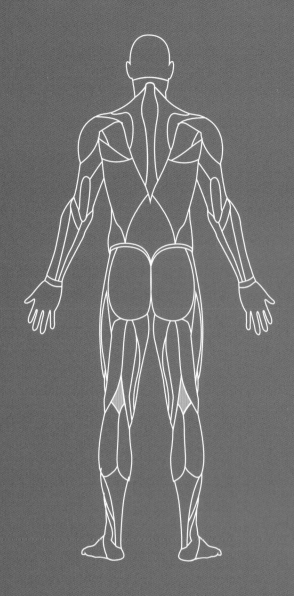

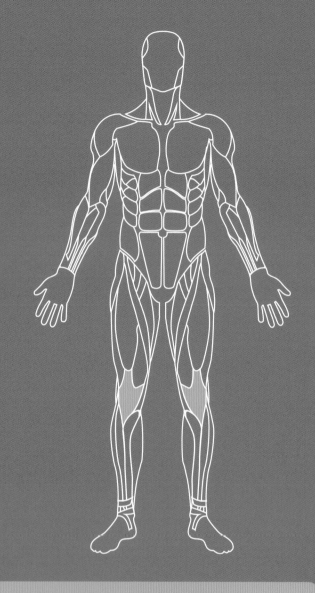

鬆動術目標區塊： 膝蓋的肌肉關節構造

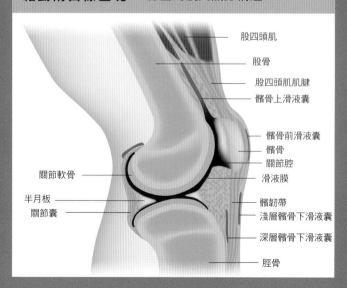

股四頭肌

股骨

股四頭肌肌腱

髕骨上滑液囊

髕骨前滑液囊

髕骨

關節腔

滑液膜

關節軟骨

半月板

關節囊

髕韌帶

淺層髕骨下滑液囊

深層髕骨下滑液囊

脛骨

膝關節末端伸展（修正膝蓋扭傷）

我在評估運動員的膝蓋疼痛時，最先做的事情之一是檢查膝關節末端伸展，看看他們的膝蓋動作幅度是否完整。

自我檢測的方式很簡單：坐著，雙腿往前伸，接著收縮股四頭肌，伸展單膝。如果膝蓋動作幅度完整，你的腳跟就會離地，膝關節會稍微過度伸展。如果你的膝蓋稍有彎曲，或者無法鎖住關節，代表你無法做出膝關節末端伸展。

可改善：
膝蓋伸展
膝蓋疼痛

方式：
巫毒推拉帶擠壓

如果膝蓋卡在彎曲或屈曲姿勢，站立時會一直緊繃。這就像手臂無法伸展，但還試著倒立。再加上每天走的一萬步和高負重動作，膝蓋疼痛、喪失運動潛能的風險就會大增。除此之外，所有動作都會從已經事先負重、生物力學錯誤的姿勢開始。

假設你在開始深蹲時膝蓋往前推，進入隧道後，就很難解除原本就有的張力。髖部和大腿後側肌群有多少張力都不重要，膝蓋會永遠處於張力滿檔。也就是因為這樣，深蹲時膝蓋不能前推，臥推、雙槓下推或伏地挺身時手肘不能後推，以免導致力學錯誤。這些次要關節不是設計來負重，應該要由髖部和肩膀兩處主要引擎來負重。以髖關節轉軸前彎時，應該要由髖部和大腿後側肌群撐起重量，如果變成是膝蓋和股四頭肌在負重，會導致膝蓋、股四頭肌、股四頭肌韌帶、髕骨肌腱等組織受到極大的拉力。

要恢復關節的功能和正常動作幅度，就要把關節面拉開，讓膝蓋呈現良好姿勢。運動員若膝蓋伸展不足，通常是因為膝關節沒鎖住，在結構裡頭扭曲。簡單說，就是關節裡頭有扭結，讓你無法張開膝蓋，而原因通常都是膝蓋的動作有問題或扭傷，就像是門有個鉸鏈變形了，導致門沒辦法正常開關或完全打開。

要重新對齊膝蓋關節，首先要牽引腳踝，在關節裡頭騰出空間。接著握住小腿前側，內旋脛骨（小腿骨），讓膝蓋重新對齊，恢復理想姿勢。要恢復伸展幅度，請施加向下壓力，收縮股四頭肌。

1. 把彈力帶勾在腳上，接著纏在腳跟上方。在彈力帶上製造張力，用滾筒撐起你的腳。

2. 抓住膝蓋往下壓。不要像要折斷膝蓋一樣死命往下壓，只要施加適當壓力讓膝蓋完全伸展，在這個姿勢撐上幾秒。如果沒辦法鎖住膝蓋，抓住小腿前側，內旋脛骨，接著用同樣方式向下壓。重複這個流程，直到關節恢復正常功能，或感受到正面改變。

巫毒變化版

手邊有工具可使用的話，就在做鬆動術之前，用巫毒推拉帶纏住整個膝蓋（膝蓋上下方各幾公分）。這樣做不僅可以讓關節回到良好位置，擠壓力還能製造間隙效果，增加膝蓋結構的喘息空間，讓你能用下壓旋轉的方式將膝蓋轉進新動作幅度。不管你做什麼動作，只要用牽引搭配擠壓，就能帶來正面的效果。

抓住小腿前側，內旋脛骨，接著向下壓，讓膝蓋完全伸展。你也可以請人協助，以達到理想效果。

打開間隙及按壓鬆動術

如果你有膝蓋疼痛的問題，請記得這句話：「我必須鬆動膝關節周圍的組織。」接著馬上動手。

打開間隙及按壓是成效相當快的方法，能夠鬆動到膝蓋正後方，也就是大腿後側肌群和小腿後側肌群在關節交叉的區塊。這個鬆動術能一併鬆動膝蓋上下游，一舉兩得。

這個技巧也相當適合用來對付緊繃的小腿後側肌群。大多數人都會花時間從腳踝鬆動小腿後側肌群，卻忘記小腿後側肌群會經過兩個關節：腳踝和膝蓋。深入小腿後側肌群上部，就能有效對付這些緊繃組織，放鬆膝蓋與腳踝。

這個鬆動術的重點是把一顆球夾在膝蓋後方，內側或外側都可以，製造一大股擠壓力。姿勢就位後有兩個策略可以選擇：你可以用雙手拉小腿前側，讓腳朝四面八方活動來做來回推拉／拉扯；你也可以把腳踩在地上，臀部朝腿部挪。重點是膝蓋內外側都要鬆動，按壓腓腸肌的兩側。

槍式深蹲
此鬆動術能夠協助改善以上原型

可改善：
膝蓋疼痛
膝蓋功能

方式：
按壓及來回推拉／拉扯
收縮及放鬆

選項 1：袋棍球打開間隙及按壓（內側）

這個以單顆袋棍球進行的選項有個優點（所有單顆袋棍球鬆動術其實都具備這個優點），那就是能針對特定激痛點按壓，並且在屈曲膝蓋時完整擠壓。

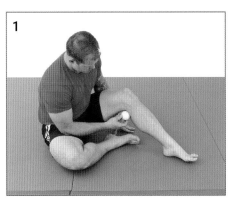

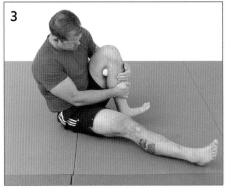

1. 將袋棍球擺在膝蓋後方，腿內側的位置。

2. 腳跟朝臀部收，雙手把腿拉緊，在大腿後側肌群下部與小腿後側肌群上部產生大股擠壓力。

3. 繼續以雙手拉小腿前側，開始把腳朝四面八方活動。

4. 腳踩在地上，臀部朝腳跟挪，藉此增加壓力。

選項 2：袋棍球打開間隙及按壓（外側）

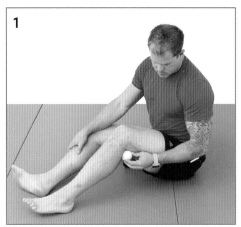

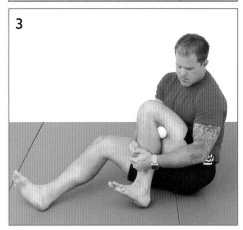

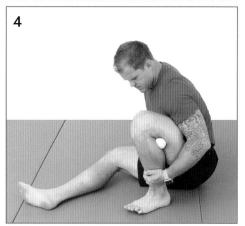

1. 把袋棍球擺在膝蓋後方，腿外側的位置。

2. 腳跟朝臀部收，雙手抱住小腿前側，將腿朝身體拉緊，球夾在膝蓋後方。

3. 抱緊小腿前側，製造大股擠壓力，開始把腳朝四面八方活動。壓住大腿後側肌群遠端和小腿後側肌群上部，能夠讓交叉包住膝蓋的緊繃組織恢復柔軟。

4. 腳踩在地上，臀部朝腳跟挪，藉此增加壓力。

選項 3：雙子棒或雙袋棍球打開間隙及按壓

如果你有雙子棒或兩顆袋棍球，就能同時按壓小腿後側肌群與大腿後側肌群的內外廁，還能提供間隙效果。雖然按壓效果不如選項 1 和 2 一樣精準，但仍有一定成效。

這個鬆動術的方式很簡單：把雙子棒或雙袋棍球擺在膝蓋後方，用腿夾住工具製造擠壓力，接著用腳畫圓。

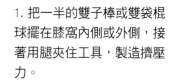

選項 4：扭轉及按壓

你也可以把雙袋棍球或雙子棒當成單顆袋棍球，用來鬆動小腿後側肌群與大腿後側肌群的內外側。重點是工具要有一半露出來，讓你能抓住。你有兩個選項：可以像在發動機車一樣來回轉動，或是旋轉工具扭緊軟組織與鬆散皮膚，接著藉由收縮及放鬆或來回推拉／拉扯來深入深處肌肉層。這種方式能夠恢復滑動面功能，放鬆後側肌肉（跟膝蓋相連）上的激痛點。

1. 把一半的雙子棒或雙袋棍球擺在膝窩內側或外側，接著用腿夾住工具，製造擠壓力。

2. 扭轉工具，扭緊軟組織和鬆散的皮膚。你可以來回旋轉工具，恢復皮膚與肌肉組織淺層的滑動面功能。

3. 旋轉工具收起鬆散組織後，可以把腳朝四面八方活動，以此來收縮及放鬆和來回推拉／拉扯。

選項 5：膝蓋夾擊及按壓

坦白說，做鬆動術並不好玩。只要能用一個鬆動術鬆動到兩個以上區塊，減少痛苦的時間，就算你賺到了。這個鬆動術跟前臂夾擊及按壓一樣，是一次鬆動多個區塊的好方法。用雙腿夾住超新星球或壘球等體積較大的球，再在靠地的腿下方擺上雙子棒或雙袋棍球，就能夠同時按壓到兩條腿的內側和靠地腿的外側。雖然一次鬆動三個區塊，但其實這個選擇對鬆動膝蓋外側特別有效。雙腿夾住球，可以讓雙腿上下對齊，增加大量壓力。這個技巧讓你能用彎曲、伸直雙腿來做來回推拉／拉扯，是效果數一數二的側面膝蓋按壓技巧。

目標區塊

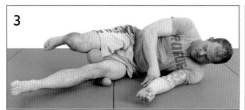 

側躺在地，把雙子棒或雙袋棍球塞在靠地那條腿的膝蓋下方，位置稍微比膝蓋高一點。接著，雙腿在膝蓋正上方夾住一顆大球。兩顆球固定好之後，夾緊膝蓋，伸直下方的腿，同時彎曲上方的腿。一腿屈曲、一腿伸展，像剪刀那樣來回動，直到感覺狀況有所改善。你也可以採用收縮及放鬆技巧。

關節彎曲打開間隙

可改善：
膝蓋屈曲與伸展
膝蓋疼痛

跟運動員合作時，我會鼓勵他們解決問題區塊周圍的狀況。就算沒有解剖學背景，你也可以改善自己的狀況。舉個例，如果你膝蓋有問題，就可以合理推測膝蓋周圍可能有個結構僵緊或無法正常發揮功能。如果膝蓋關節發炎或極度僵硬，鉸鏈塵就會開始在膝蓋下方堆積。關節彎曲打開間隙是清除鉸鏈塵、恢復膝關節正常功能的簡單方法。

要檢查自己是否有膝蓋屈曲的問題，只要臀部朝腳踝坐就可以。你應該要能夠在不疼痛、不受限的情況下，將小腿後側肌群和大腿後側肌群壓在一塊。如果辦不到，問題可能出在股四頭肌僵硬、腳踝動作幅度不足或膝關節囊僵硬。這個技巧能夠輕鬆解決最後一個狀況。關節囊受限，膝蓋前方的空間就不足以讓股骨在脛骨上旋轉，髖部或膝蓋就很難完全屈曲。這個技巧跟彈力帶牽引的變化版一樣，可以輕鬆修復被動的附屬動作，恢復膝蓋的正常動作幅度。

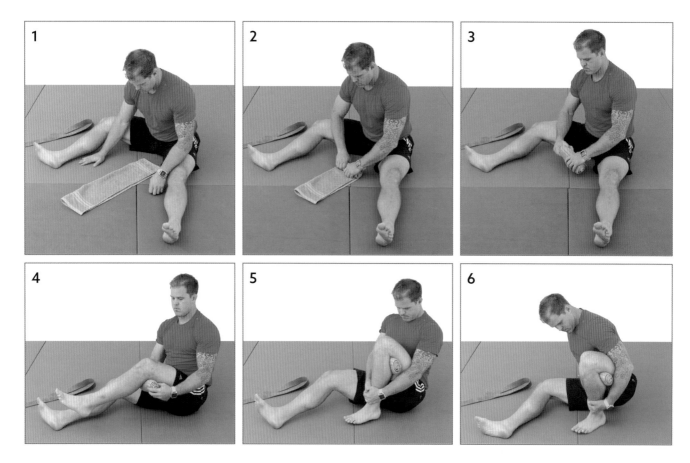

捲起一條小毛巾，擺在膝蓋後方。抓住小腿前側，腳跟朝臀部拉，接著把臀部朝腳挪，盡量製造壓力。試著保持腳打直，擠壓到底再放開，重複幾次。

區塊 12　小腿前側

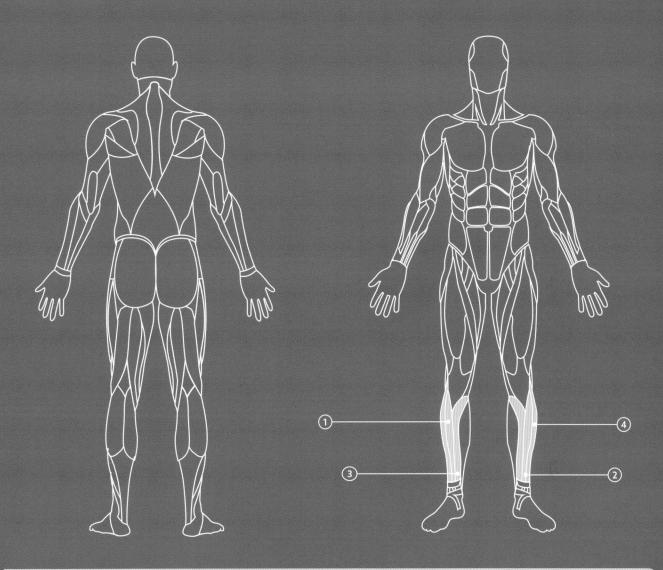

鬆動術目標區塊：

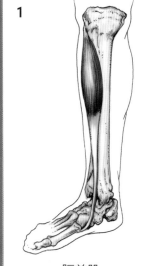

1

脛前肌

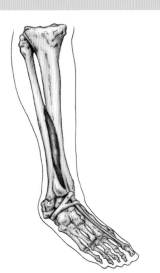

2

伸足踇長肌

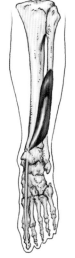

3

屈足踇長肌

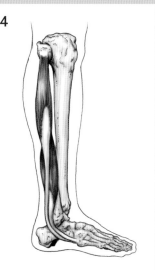

4

腓骨長肌

槍式深蹲・深蹲 1
此鬆動術能夠協助改善以上原型

可改善：
腳踝功能（製造穩定足弓）
膝蓋、腳踝與腳部疼痛

方式：
壓力波
收縮及放鬆
按壓及來回推拉／拉扯
點壓及扭轉

目標區塊

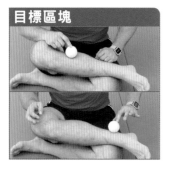

目標是脛骨內側，從膝蓋底部一路延伸到腳踝骨正上方的區塊。

1. 將袋棍球壓在小腿內側，用雙手施壓。

2. 繼續向下施壓，把袋棍球轉進你的腿，收起鬆散的皮膚與軟組織，接著把腳朝四面八方活動。你也可以採用壓力波或收縮及放鬆技巧。

小腿內側按壓及來回推拉／拉扯鬆動術

如果你經常跑步或是整天站立，小腿組織可能很僵緊，急需照顧。從膝蓋沿著脛骨內側延伸到腳踝的肌群（也就是比目魚肌、脛骨後肌和腓腸肌）負責支撐你的足弓。站立、走路或跑步時，都會用到這些組織。小腿後側肌群緊繃僵硬，就會落入習慣的外八姿勢，導致腳踝塌陷，讓上游組織承受壓力。

要恢復良好姿勢，讓這些組織回復原狀，拿顆球，從膝蓋底部一路往下按壓到腳踝骨，把組織壓回脛骨裡。重點是製造大股壓力，壓到所有肌肉。你可以用不同動作幅度來活動腳，進行壓力波、收縮及放鬆、按壓及來回推拉／拉扯。你可能會發現不同區塊的疼痛程度並不一樣，重點是跳過不太痛的區塊，持續鬆動脛骨後方激痛、不舒服的區塊。

如果你的足底筋膜有問題、脛後肌肌腱發炎、無法製造良好足弓或經常跑步（尤其是光腳跑步），這個鬆動術應該是你的首選。

選項 1：袋棍球小腿前側按壓

這個鬆動術可以採取不同姿勢。我喜歡坐在地上盤腿做，因為盤腿可以讓我把腳朝四面八方活動，毫不受限地做來回推拉／拉扯。此外，我還能利用體重，把球朝小腿前側壓。但是，不是所有人都能夠順利擺出盤腿姿勢。如果你無法盤腿，可以坐在地上，把腳往側面伸（選項 2），或以坐姿把腿放在膝蓋上（選項 3），或是把腳撐在重訓椅或工作檯等有高度的平面上。

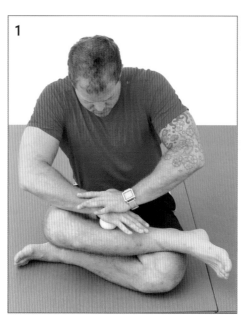

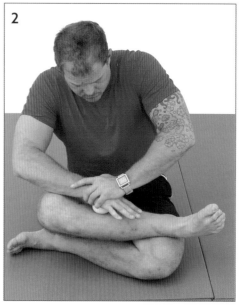

選項 2：雙子棒小腿前側按壓旋轉

你也可以用雙子棒的末端（或任何末端較鈍的工具）來按壓小腿內側。除了兩個關鍵差異外，這個變化版跟選項 1 大同小異。我在這裡用稍微不同的腿部姿勢給沒辦法盤腿的人參考，此外我也選擇用最適合的雙子棒來示範按壓及旋轉技巧。

1. 要獲得最佳成效，請把雙子棒的末端朝小腿前側壓。

2. 維持向下壓，扭轉雙子棒，直到你扭緊所有的鬆散軟組織和皮膚。接著把腳朝四面八方活動來做來回推拉／拉扯，或是藉由收縮及放鬆來達到更深層的擠壓。

選項 3：辦公椅式小腿內側按壓及來回推拉／拉扯

這個選項很適合活動度較差的人，還是完美的下半身保養策略，適合時常困在辦公桌前的人。即使成天坐在椅子上，你還是能用這個技巧來改善姿勢，鬆動僵硬組織。

把一條腿放在另一腳的膝蓋上，將袋棍球壓在脛骨跟小腿後側肌群之間，以雙手施加向下壓力。姿勢就位後，你可以收縮及放鬆，把腳朝四面八方轉動，或是使用壓力波和點壓及扭轉技巧。

選項 4：小腿前側夾擊及按壓

這個選項的好處在於姿勢簡單，還能夠同時鬆動腿的兩側。如果你的小腿後側肌群僵硬（大多數人都有這個問題），或是腳部或腳踝疼痛，把這個技巧列入優先清單。

1. 將袋棍球擺在腿部的內側或外側。

2. 找到緊繃區域，讓兩顆球上下對齊，雙手向下壓。

選項 5：夥伴協助小腿內側按壓

這個鬆動術的姿勢跟夥伴協助內收肌群按壓一樣，可以視為進階版技巧。既然都已經側躺了，乾脆請協助者一併按壓整條腿的內廓。跟內收肌群按壓一樣，協助者要用腳的外緣和腳跟。要獲得想要的成效，壓力不需太大，記得進行時務必小心。如果你在地上痛苦地像條魚一樣扭動身體，八成代表協助者按壓的力道太大了。

如果你扮演協助者的角色，讓夥伴側躺在地，腿的內側朝天花板。用你的腳跟與腳部外緣在對方的小腿內側上輕輕施加緩慢又穩定的壓力。想像你自己在捻熄菸頭，四處推動你的腳，「分開」黏成一塊的組織。你也可以在夥伴的小腿後側肌群上製造壓力波。碰到激痛點，就待在那個區塊，採取收縮及放鬆法。

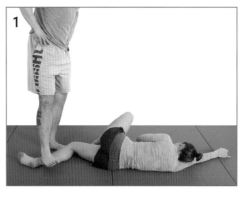

小腿側腔室與前腔室鬆動術

可改善：
中立（平直）腳部姿勢
前腔室疼痛（前脛骨症候群）
膝蓋與腳踝疼痛

方式：
按壓及來回推拉／拉扯
壓力波
收縮及放鬆

目標區塊

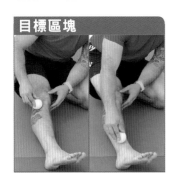

目標是沿著脛骨前方的前腔室及側腔室（腓骨肌），以及從膝蓋到腳踝的小腿外側。

如果你腳有問題，或是下游組織有奇怪的疼痛感，最好檢查你的小腿前側和後側肌群。控制腳部的組織全位於小腿，小腿後側肌群和前側肌群就像是操縱腳部的操線師。

問題來了，因為肉都位於小腿後側，許多人因此把重點擺在後方，忘記還有前側肌群。但是，如果你經常跑步、走路和站立（尤其是腳跟落地或外八站立），這些沿著小腿外側往下延伸的小腿側肌就會時時緊繃，因此變得僵緊。這就是前脛骨症候群的由來。

我在治療有前脛骨症候群的運動員時，都會問他們「你用什麼技巧來放鬆這些組織？」他們通常會停下幾秒，接著回答「什麼都沒做」。奇怪的是，既使這些組織相當僵硬，還把骨頭拉開，但運動員卻不常處理這些局部疼痛的區塊。我們當然要處理問題區塊的上下游，但如果要讓這些組織恢復正常功能，就必須進入那裡，照顧這些僵硬組織。

小腿的前腔室變得僵緊，肌肉就無法順利收縮，進而限制背屈動作幅度。此外，這個狀況也會讓你難以壓平腳趾，你可以用屈曲壓平腳趾來測試這個鬆動術的成效。如果你的小腿前側能有效發揮功能，滑動面能夠正常滑動，就能降低屈曲壓平腳趾時的不適感。

如果你有膝蓋或腳踝痛的毛病，無法做出良好腳部姿勢，或是脛骨前方發疼（代表你有前脛骨症候群），最好把這個鬆動術擺在優先清單。你可以用幾種方式來鬆動這些組織：用擀麵棍或按摩棒，或如下圖所示，把體重壓在袋棍球或滾筒上。用什麼工具不重要，有成效才是重點。

1. 跪地，把袋棍球擺在小腿前方。可以臀部往後坐，或把重心移到球的上方，藉此增加壓力。

2. 沿著組織橫向鬆動，從小腿外側往內按壓，製造壓力波。如果碰到疼痛點，停下來把腳朝四面八方活動。你也可以收縮及放鬆，深入僵硬組織。

滾筒變化版

你也可以用滾筒做（最理想的工具是小型戰鬥之星）。沿著整條組織上下鬆動，尋找緊繃區塊。找到組織敏感點時，在組織上左右擺動，同時把腳朝四面八方活動。

雙腿蹠屈

這個整體背屈技巧既簡單又有效，是鬆動小腿前側的低預算方法。這個鬆動術會把前腔室拉到動作幅度終端的位置，與之前介紹的技巧恰巧相反。你可以像下方照片那樣同時鬆動兩條腿，也可以一次鬆動一條腿。

可改善：
前腔室疼痛
（前脛骨症候群）

1. 腳背貼地，兩腳大拇趾併攏，坐在你的腳跟上。**注意：**如果想一次鬆動一條腿，把一隻腳踩在地上。如果你想鬆動右腿的小腿前側，撐起你的左腳，右手碰地支撐體重。

2. 持續維持背部打直，膝蓋平直朝前，身體後仰，雙腳膝蓋離地。

區塊 13 小腿後側肌群

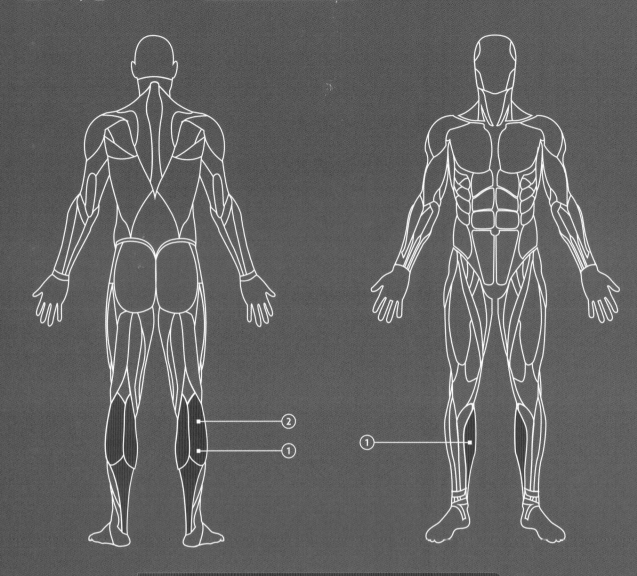

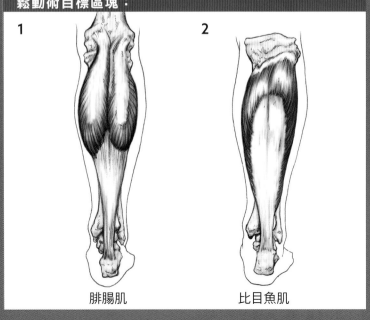

鬆動術目標區塊：

1 腓腸肌

2 比目魚肌

小腿後側肌群按壓鬆動術

小腿後側肌群勞苦功高。人每天平均會走上一萬步，代表每條腿的小腿後側肌群每天要承受五千次負荷，每週就得承受三萬五千次負荷。這還不包括上下樓、跑步、健身及運動。如果你的腳部姿勢不良，如雙腳外八或穿著會破壞姿勢的鞋子，小腿後側肌群會在不知不覺間變得無比僵緊。難怪有些人的小腿後側肌群永遠硬梆梆，腳跟腱簡直像鋼索。

如果你的腳踝動作幅度不足，你別無選擇，只能以外八姿勢代償，無論是站立、走路、跑步或活動，膝蓋都會打開，腳踝也會塌陷。若你有這種情況，千萬不能得過且過。手腕伸展動作幅度不足也會有類似情形：他們攤開雙手，搞不懂為什麼肩膀就痛了。如果腳部伸展或背屈動作幅度不足，你就容易採用外八站姿，以解決動作幅度不足的問題，讓問題越演越烈。如此下去，最終便會引起骨刺、腳跟腱發炎、腳跟腱斷裂和一大堆腳踝問題。如果你的腳踝動作幅度能保持完整，知道怎麼做出正確姿勢，就可以避免上述問題。腳踝是相當重要的動力來源，你必須確保你的腳踝夠柔軟、動作幅度夠完整。

雖然主要問題通常都出在腳跟腱，但緊繃問題會一路往上游感染。腓腸肌是構成小腿後側肌群的強力小腿肌，負責控制腳踝。這些組織一僵硬，通常都會進一步引起腳踝和膝蓋疼痛。

記得，許多肌群負責控制你的腳，這些組織全都塞在相當狹窄的空間裡。想要緩解膝蓋疼痛或改善腳踝動作幅度，必須細心排列按壓的順序。你不能躺在滾筒上漫無目的地滾來滾去，要有計劃地按壓。

你可以結合不同按壓技巧，有的疼痛，有的只會稍微不適。每個人的僵硬程度和忍痛力都不同，你可以從最基本的按壓技巧「滾筒小腿後側肌群按壓」開始，接著再嘗試進階技巧。記得，鬆動術帶來的不適感越強烈，你能感受、看到的成效就越多。

選項 1：滾筒小腿後側肌群按壓

這是最基本的小腿後側肌群按壓技巧，通常適合身體極度痠痛的人。緊繃的小腿後側肌群非常敏感，鬆動時很容易讓人痛暈或嘔吐。因此，你可以利用初階鬆動術來暖身，適應後再進階到更刺激的技巧。記得，如果要有明顯大量的改變，就需要大股劇烈的壓力，但只靠滾筒是難以達成的。

深蹲 1・槍式深蹲
此鬆動術能夠協助改善以上原型

可改善：
膝蓋與腳踝疼痛

方式：
收縮及放鬆
壓力波
按壓及來回推拉／拉扯

把小腿後側肌群和腳跟腱擺在滾筒或管子上，將另一條腿翹在小腿前側增加壓力，接著左右滾動你的腿。你也可以收縮及放鬆，或者壓平、屈曲腳趾。

選項 2：夥伴協助滾筒小腿後側肌群按壓

這個選項有兩個優點：可以在小腿後側肌群上施加大量壓力，能夠忍受的擠壓力也可能比自己做還高。自己做鬆動術時，下手通常不會很重，但找個夥伴來幫忙就不同了。跟夥伴協助股四頭肌按壓一樣，你們最好先約定好一個安全詞，用來示意訓練夥伴放輕力道。

請夥伴抓住你的脛骨和腳踝，施加向下壓力，接著在滾筒上來回滾動小腿。

選項 3：槓鈴小腿後側肌群按壓

這個選項提供較劇烈的壓力，適合用來舒緩僵緊的腳跟腱，藉此恢復腳跟與腳踝附近組織的表層滑動面功能。你也可以用小型戰鬥之星來做。

小型戰鬥之星變化版

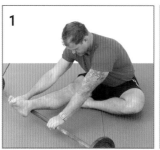

腳跟腱靠在槓鈴上，接著有幾種選擇：左右滾動腳，或屈曲及伸展腳部，也可以把槓鈴往上轉，在你的小腿上產生壓力波。要增加擠壓力，請把另一條腿壓在要鬆動的腳上，接著身體往前傾。

選項 4：鋸骨機小腿後側肌群按壓

這是我最喜歡的小腿後側肌群按壓鬆動術。如果小腿後側肌群和腳跟腱緊繃，或是腳踝或膝蓋的出狀況，這個鬆動術是我的首選。但坦白說，這技巧做起來很不舒服。

把腳背靠在滾筒或枕頭上，接著把另一條小腿的脛骨壓上去，就可以用大股壓力鬆動小腿後側肌群後側。重點是要讓另一條腿的脛骨切過緊繃區塊，像拉小提琴一樣左右拉動。滾筒能夠抬高你的腳，是相當理想的工具。這樣做不僅能讓你放鬆腿，腳還能朝四面八方活動來「做來回推拉／拉扯」。你也可以在這裡應用收縮及放鬆技巧。

你可以調整重心，進一步控制壓力。把體重往後坐能夠增加擠壓力，往前移則能減輕腿部壓力。

1. 雙腿跪地，腳背靠在滾筒或大枕頭上，雙腳維持中立姿勢。

2. 用雙手手臂撐起上半身體重，拉起另一條腿，把脛骨或腳背壓在要改善的組織上。

3. 想增加擠壓力的話，臀部往後坐，把全身體重移到上方的腿上。**注意：**你可以藉由前後調整重心來控制壓力大小。身體越往後坐，壓力就越大。

4. 持續把體重壓在腿部中心位置，慢慢用脛骨橫向按壓小腿後側肌群。重點是要在小腿後側肌群的後側來回拉。你也可以停在緊繃點，使用收縮及放鬆與按壓及來回推拉／拉扯技巧。

選項 5：夥伴協助小腿後側肌群按壓

夥伴協助小腿後側肌群按壓是另一個讓腳跟腱和小腿後側肌群恢復柔軟的簡單辦法。跟其他夥伴按壓法一樣，要用足弓在肌纖維上製造橫向剪力。記得在脛骨下方擺張腹肌訓練墊或枕頭，以保護腳踝。

將一顆枕頭擺在腳踝底下。用足弓在夥伴的腳跟腱和小腿後側肌群上慢慢製造穩定壓力。

深蹲 1・槍式深蹲
此鬆動術能夠協助改善以上原型

可改善：
膝蓋與腳踝疼痛
小腿後側肌群僵硬（放鬆激痛點）

方式：
巫毒推拉帶擠壓

巫毒小腿後側肌群鬆動術

如果非吃人肉不可（不是說一定會發生），小腿後側肌群的肌肉大概會是最難吃的部位。又厚、纖維又粗，必須煮上 8 小時才能讓糾結在一起的肌肉組織變鬆軟。之前也曾提過，小腿後側肌群要承受相當大量的負荷週期：走路、運動、舉重、穿高跟鞋和跑步等造成的僵硬全都會累積下來。更別說很少人會特地花時間鬆開這些經年累月堆積的僵硬。

總而言之，小腿後側肌群的滑動面功能很容易受限。要是不處置，這些僵硬會造成肌肉黏著和疤痕組織結塊，可能破壞力學，增加受傷風險。

把巫毒推拉帶纏在要改善的區塊，接著讓腳以盡量大的屈曲與伸展幅度活動。

經典小腿後側肌群鬆動術

小腿後側肌群緊繃時，大家的第一個反應通常是踩在牆壁上伸展。這個經典伸展法只要穿上鞋子隨時隨地都能做（鞋子可以協助支撐你的腳，並在牆壁上產生曳引力，好固定蹠骨球的位置）。但是，經典小腿後側肌群伸展有幾個問題值得注意。

首先，撐在靜態姿勢很難改善組織狀況。這些肌肉相當強壯，可以長時間承受龐大負荷。這就像在試著拉長鋼索。

第二，這種伸展並不是有系統的方法。你只能夠改善肌肉力學，沒辦法顧到關節囊或滑動面。你只是撐在自己的生理動作幅度內，希望能產生足夠的壓力去改善情況。因為以上兩個原因，請各位先做上面介紹過的鬆動術，如果可以，把一條彈力帶勾在腳踝上，一併鬆動關節囊。

這個鬆動術的好處是能挑戰腳跟腱與小腿後側肌群的完整動作幅度，還能輔助或平衡之前介紹的鬆動術技巧。你也可以彎曲膝蓋，讓比目魚肌複合體負重，專心鬆動腳跟的組織。尋找僵緊區塊時，記得腳要保持在良好姿勢，維持良好足弓。

深蹲 1‧槍式深蹲
此鬆動術能夠協助改善以上原型

可改善：
膝蓋與腳踝疼痛

方式：
收縮及放鬆

1. 站在離牆幾公分的位置，深蹲 1/4 或一半，將蹠骨球踩到牆上，位置越高越好，同時保持腳跟著地，腳就中立姿勢，臀肌夾緊。你也可以先踩到牆壁高處，把腳往下滑到腳跟著地，這可能比較容易。腳部就位後，膝蓋

伸直。記得腳不要彎曲。

2. 腳固定在原位，身體站直，把體重朝牆壁壓。腿打直，鬆動腳跟腱和小腿後側肌群（腓腸肌）。髖部朝牆壁移動時，記得夾緊臀肌繃緊腹部。

3. 內外旋轉膝蓋尋找僵緊區塊，彎曲腿部蹲低，探索不同的僵緊活動範圍。

彈力帶牽引：
雖然準備動作不好做，但是加上彈力帶施加後方牽引力可以讓這個鬆動術的效率加倍。施以牽引一併鬆動關節囊，可以讓伸展效果更上一層樓。

深蹲 1・槍式深蹲
此鬆動術能夠協助改善以
上原型

———————————

可改善：
腳踝疼痛
腳踝夾擠

方式：
彈力帶來回推拉 / 拉扯

腳跟腱彈力帶：著重前方施壓

許多人表示，在做經典小腿後側肌群伸展或把腳趾朝膝蓋拉時，腳踝前方
會產生夾擠。這是前髖關節夾擠的翻版。如果股骨靜止時停在髖關節囊前
側（通常是因為久坐），做深蹲等深度屈曲動作時，股骨便會撞上髖臼。
這裡的原理大同小異：腳踝骨停在關節囊前側，在關節囊前方產生類似的
擠痛感。這個鬆動術跟彈力帶髖關節牽引一樣，是解除夾擠、恢復關節正
常功能與動作幅度的簡單方法。

要獲得最佳成效，在你能承受的範圍內盡可能製造後側張力，把膝蓋往側
前方推（保持整個腳掌貼地），推到動作幅度終端再鬆開，反覆做，直到
感受到改變。

1. 把彈力帶勾在腳踝前
方，盡可能在彈力帶上製
造張力。整隻腳貼地，往
前打直。這麼做能夠產生
一點外旋力，把腳踝穩定
在良好姿勢。

2. 膝蓋往前推，推到動作
幅度終端再鬆開，反覆做。

3. 你也可以把蹠骨球踩在
槓片上，挑戰幅度更大的
背屈。

可改善：
腳跟腱周圍的滑動面功能
腳跟腱疼痛

方式：
彈力帶來回推拉 / 拉扯

腳跟腱彈力帶：著重後方施壓

腳跟腱彈力帶鬆動術可以針對腳跟的緊繃組織，
恢復這個區域的滑動面功能。這裡一緊繃，皮膚
就會黏在下方的肌腱上，限制動作幅度，引起各
種問題。這個技巧簡單又有效，可以分開黏成一
塊的組織，協助腳踝恢復正常動作幅度。

把彈力帶勾上腳跟，盡量在彈力帶上製造張力。保持整個腳掌貼地，膝蓋朝身體外側
前方推，反覆進出動作幅度終端再鬆開。重點是維持少量外旋力，避免腳踝內夾。

區塊 14 腳踝、腳掌與腳趾

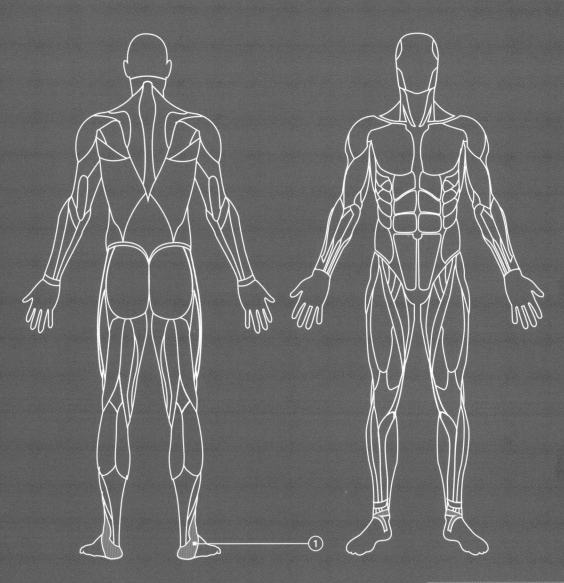

①

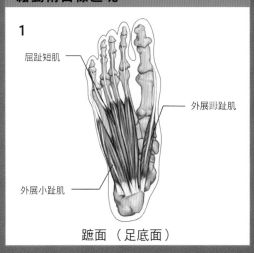

鬆動術目標區塊：

1

屈趾短肌

外展𧿃趾肌

外展小趾肌

蹠面（足底面）

深蹲 1・槍式深蹲
此鬆動術能夠協助改善以上原型

可改善：
腳踝周圍滑動面功能
腳跟腱與腳踝疼痛

圓球擠壓

在我的物理治療師執業生涯中，要是個案腳踝動作幅度不足，我會馬上推薦這個技巧。這個辦法便宜、簡單又快速，成效還相當驚人。最棒的是，就算你不是解剖學博士，也能找出肌肉在骨頭上滑動的位置。彎曲膝蓋，皮膚能平順地滑過髂脛束嗎？屈曲手肘，皮膚能夠不受限地滑過手肘嗎？屈曲腳掌，皮膚能否在腳踝骨與肌腱上滑動？如果不能，你應該馬上警覺，並設法恢復黏著皮膚的滑動面功能。

圓球擠壓可以修復骨頭突起處和腳部肌腱上的皮膚滑動面功能。把一顆球壓在腳踝骨的內外側、腳跟腱周圍，接著用力朝球打一下。這樣做能夠暫時拉長皮膚，讓皮膚從底下的表面脫離。

雖然自己也能做這個鬆動術，但使出的力道可能不太夠。因此，我建議各位找個夥伴來幫忙。

注意：只要是皮膚在身體結構上撐開的地方（尤其是手肘或膝蓋的髂脛束），都可以使用這個技巧。

把球壓在組織黏著的區塊上（重點放在腳踝骨、腳跟腱和周圍區塊），接著用力打一下球。你也可以試著在球上加壓，接著以高速推球。記得不要局限在同一個方向。要恢復滑動面功能，你就必須朝各個方向打球或推球。持續做，直到皮膚平順滑過底下的平面。不用打太多次就能達到效果。

腳踝內側

腳跟腱

腳踝外側

外踝／腳掌跟按壓鬆動術

要完整的做出背屈，外踝（腳踝外側的骨關節，由腓骨末端組成）就要往後滑。如果外踝黏著或僵硬（原因可能是腳踝舊傷），就會像門柱一樣限制腳踝動作幅度。要讓腳踝力學恢復完整，就要讓這個關節重獲自由。

腳踝健康，就能讓你做出外翻（腳跟歪向身體外側）、內翻（腳跟歪向身體內側）或扭轉腳踝等動作。動作幅度一受限，腳踝做出穩定姿勢的能力就會受到嚴重影響。其實有些關節的輔助動作能力是很難修復的，但可以的話還是值得一試。

記得，如果你有類似力學受限（而非動作控制）的情況，務必遵守兩個簡單原則：位置不對就要復位，動不了就要想辦法恢復動作。這些腳踝鬆動術就是根據這些原則設計出來的。

注意：不要用袋棍球做這個鬆動術，袋棍球不夠柔軟。你可以用瑜伽理療球，或是柔軟度足以保護踝骨的球，如網球或壁球。

選項 1：單顆球

單顆球適合用來活動外踝（踝骨）。這個鬆動術看起來像是物理治療師的徒手治療法，但你自己也可以做。你可以在看電視殺時間或感覺腳踝受限時做這個鬆動術。

深蹲 1・槍式深蹲
此鬆動術能夠協助改善以上原型

可改善：
腳踝功能（製造穩定足弓）
腳踝疼痛

方式：
按壓及來回推拉／拉扯

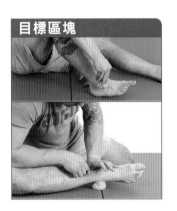
目標區塊

外踝（踝骨）即為腳踝外側的關節，把球擺在外踝前方。

1. 這個動作的目的是用球把踝骨往後推。用雙手和上半身的體重向下對小腿施壓。球抵住踝骨後，試著把踝骨朝球推。重複這兩個步驟（向下施壓，把腳踝骨朝球推），直到關節稍微能夠活動為止。

2. 你也可以彎曲、伸直你的腳來做來回推拉／拉扯。

選項 2：兩顆球

一次用兩顆球也是不錯的選擇，你可以使用兩顆瑜伽理療球，或把兩顆網球或壁球纏在一起。腳踝骨兩側有支撐，踝關節就比較容易上下活動。

將球擺在踝骨兩側支撐。一顆在踝骨前方，另一顆在踝骨後方（腳跟上）。接著一隻手拉起前腳，另一隻手把腳跟往下壓。重點是盡量活動踝關節。

內側踵骨按壓

深蹲 1・槍式深蹲
此鬆動術能夠協助改善以上原型

可改善：
腳踝功能（製造穩定足弓）
腳踝疼痛

方式：
按壓及來回推拉／拉扯

如果你有扁平足，或是腳掌在地上扭緊時腳掌中段的足弓無法拱起，這個鬆動術很適合你。

為各位回顧一下，雙腳在地上扭緊可以替你在腳踝與上游關節製造穩定。各位務必記住，雙腳在地上扭緊不是要你把腳往外旋，只是朝外施力而已（需靠髖關節外旋才能施這股力）。

在檢測運動員的腳掌姿勢時（像深蹲），我會看腳掌中間的足弓是否拱起，因為足弓拱起就代表腳踝做出穩定姿勢。如果運動員沒辦法讓腳呈現穩定的足弓姿勢，代表腳掌內側的皮膚、筋膜、肌肉和肌腱全黏在一起。舉例來說，如果屈肌支持帶（將腳踝束在一起的組織帶）緊繃縮短，雙腳就很難在地上扭緊製造足弓，甚至根本辦不到。

記得，如果你的腳踝塌陷，膝蓋、髖部、軀幹和肩膀就很難維持在穩定姿勢。換句話說，如果支撐的基底塌了，上游的所有組織也會跟著動搖。千萬別等到腳跟腱斷裂或腳踝疼痛時，才試著亡羊補牢。拿顆壺鈴或球，按壓腳跟內側（找個夥伴來幫忙更棒）。雙腳在地上扭緊可以協助你測試鬆動術成效。

選項 1：壺鈴按壓

要按壓腳跟內側，壺鈴是數一數二適合的工具。壺鈴的優點是可以讓你利用把手旋轉壺鈴底部，製造按壓、旋轉效果。如下方照片所示，重點是固定組織，旋轉壺鈴扭緊鬆散的皮膚，接著把腳朝四面八方活動。這裡說的「四面八方」不只是左右（內外旋）和上下（背屈和蹠屈），還包括足底向外（外翻）和向內（內翻）傾斜。

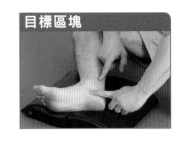

目標區塊

請在腳下擺張腹肌訓練墊或枕頭。把壺鈴底部壓在腳跟或腳踝骨上，接著扭轉壺鈴。你可以來回扭轉壺鈴，以修復滑動面功能，或是轉到一半扭緊鬆散皮膚，接著把腳朝四面八方活動來做來回推拉／拉扯。

球變化版

你也可以用袋棍球、瑜伽理療球或超新星球來做這個鬆動術。步驟完全相同：製造壓力固定組織，將球轉進腳掌內，接著腳掌朝四面八方活動。

選項 2：夥伴協助腳掌按壓

夥伴協助腳掌按壓是放鬆腳跟、恢復腳踝內側滑動面功能最好的方法。你當然可以自己用壺鈴或球來鬆動，但找人來幫忙才能達到最佳成效。請注意在下方照片中，我把腳掌內側踩在凱蒂的腳跟上滑動。這個剝開的動作不僅可以動到組織系統（皮膚、肌肉和筋膜等），還能活動踵骨（腳跟骨）和腳踝，這是自己做鬆動術時很難達成的。

你當協助者，請夥伴把腳擺在腹肌訓練墊上，腳踝內側朝天花板。把你的腳跟內側／前腳掌踩在夥伴的腳跟／前腳掌內側，接著想像自己要把他的腳跟剝下來，將你的腳跟沿著他的腳往下滑動。重複這個過程（用你的腳跟／前腳掌滑過他的腳跟／前腳掌），直到腳跟與腳踝能夠活動為止。你也可以屈曲你的腳，左右旋轉，同時維持向下壓力，將腳跟踩在訓練夥伴的腳踝內側上扭轉（像在踩熄香菸）。

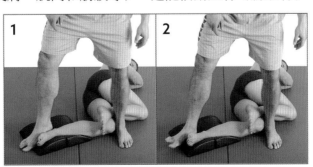

槍式深蹲
此鬆動術能夠協助改善以上原型

可改善：
腳踝與腳部疼痛
腫脹
腳踝周圍的滑動面功能

方式：
巫毒推拉帶擠壓

腳踝巫毒纏帶

替腳踝進行巫毒加壓，是回復腳跟腱、腳踝和前腳滑動面功能數一數二的方法。你可以用不同角度做這個鬆動術。如果是要治療腳踝腫脹（扭傷），先從腳趾附近開始纏帶，纏住整隻腳，將彈力帶的張力維持在約 50%。如果你要修復滑動面功能失調，改善腳踝動作幅度，不用纏住整隻腳。你可以把重點放在受限區塊，大部分情況下就是腳踝與腳跟腱四周。重點是在彈力帶上維持約 75% 的張力，並強迫腳以盡量大的幅度活動。你可以把腳踩在槓片上、運用小腿後側肌群伸展技巧，或直接深蹲到底。

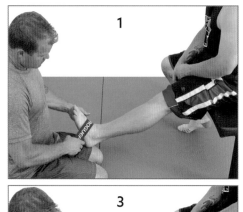

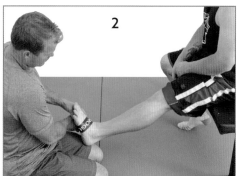

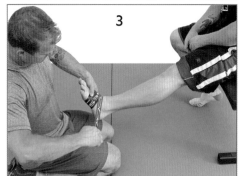

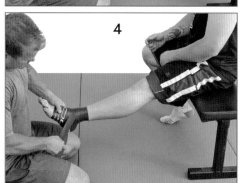

想消除發炎或恢復滑動面功能，先從前腳掌開始纏腿。每圈都重疊大約 2.5 公分（或帶子一半的寬度），包住腳部所有受限區塊。

讓你的腳踝以盡量大的幅度活動。你可以採取之前介紹的小腿後側肌群鬆動術技巧（腳跟腱彈力帶是不錯的選擇），或用槓片等有高度的表面墊起腳尖。勾住彈力帶做你想改善的動作（跑步、深蹲等）會更好。

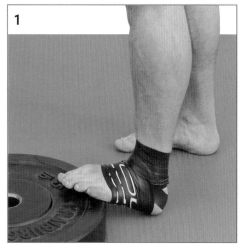

足底面按壓

這個鬆動術相當適合治療可怕又常見的足底筋膜炎。雖然其他機制也可能觸發足底面問題（像脛骨後肌勾到神經末梢等），但足底筋膜炎其實就囊括了所有腳底疼痛的問題。運動員最容易出現足底筋膜炎，尤其是偏好赤足跑和姿勢跑法、用外八姿勢活動和站立時足弓塌陷的人。

足底筋膜是分布在腳底、從蹠骨球延伸到腳跟的一大片結締組織。腳底筋膜出過問題的人都能作證，這個區塊發炎或僵硬會帶來強烈的疼痛和不適。

要緩解疼痛、讓腳底筋膜恢復柔軟，最好的方法就是把腳踩在袋棍球上滾動。動作重點是要慢慢上下移動，讓壓力波滲透足底筋膜，做深度按壓。你也可以考慮左右移動，撥動腳部肌群。碰到組織敏感點就停下來，停在那個點收縮及放鬆，以壓力波滲透打結的組織。坐著工作時就可以做這個鬆動術，你也可以站起來增加腳底壓力。無論如何，不要等到腳開始疼痛才正視這個問題。修正你的腳部姿勢，讓你的皮膚能夠平順滑過足底筋膜，確保腳底柔軟。

跨步
此鬆動術能夠協助改善以上原型

可改善：
腳部疼痛（足底筋膜炎）

方式：
壓力波
收縮及放鬆

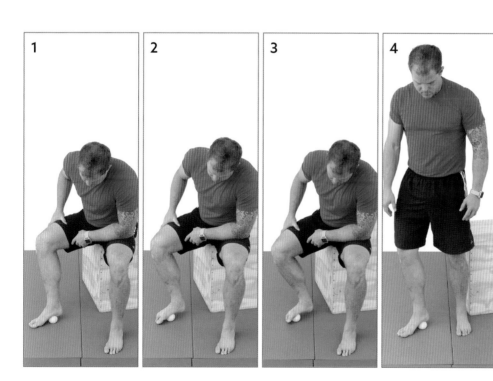

把袋棍球擺在蹠面任何部位下，踩上球，接著在自己能承受的範圍內盡量施壓。你可以在僵硬區塊上收縮及放鬆，並上下或左右按壓組織，釋放壓力波。重點是動作要慢，專心深度按壓。漫無目的地踩在球上滾來滾去是最嚴重的錯誤。滾壓過整個腳底的時間至少要有 1 分鐘。站著做這個鬆動術可以讓你把更多重量壓到球上增加壓力。

目標區塊

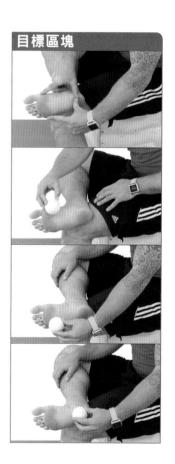

從蹠骨球到腳跟之間的腳底蹠面。

足底面按壓變化版

把腳扭進球或滾筒裡（最理想的工具是小型戰鬥之星），是另一個不錯的按壓技巧，會在蹠面組織上產生交叉的剪力，可以恢復腳底的滑動面功能。

把腳踩在滾筒或瑜伽理療球等質地較軟的球上，接著想像自己用足弓撚熄香菸，扭轉你的腳。目標是維持向下壓力，讓你的腳往內外兩個方向移動。你也可以踩在滾筒或球上把腳趾捲起來，以協助「分開」黏著在一起的組織，讓腳趾和前腳恢復柔軟。

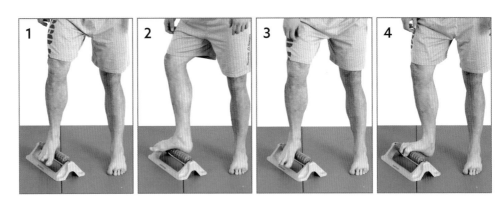

前腳掌鬆動術

這也是相當有效的腳掌鬆動術，可以和足底面按壓一起做。

你的腳中央有個關節負責支撐足弓。這個關節一黏著僵硬（因為腳部力學不良或赤腳跑步），你就很難外旋、製造良好足弓。這就是深蹲時腳會翹起的原因之一：腳中央的關節缺乏旋轉能力，運動員試著用雙腳在地面上扭緊製造外旋力時，整隻腳就會往外翻。

可改善：
腳踝與腳部功能（製造穩定足弓）
腳部疼痛（足底筋膜炎）

圍著腳趾基部抓住前腳掌時，前腳掌應該要稍微能夠獨立於腳跟旋轉。打個比方來說，你的手很柔軟對吧？手掌僵硬的話，就沒辦法做出抓握的姿勢了。這個動作只是要確保你的腳稍微有點可塑性，好做出良好的足弓姿勢。

1. 前腳掌內側踩在袋棍球上。注意照片中我的腳外緣緊貼地面。重點是腳前側抵住球，讓腳塌在球上。抵住關節，製造剪力。

2. 腳向下壓，在腳內側製造橫向剪力。想著要讓你的腳塌在球上。

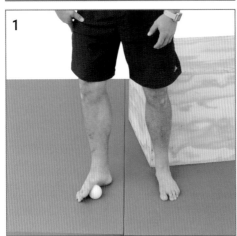

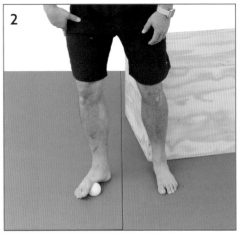

前腳掌滾筒撥動

前腳掌鬆動術是範圍比較集中的按壓法，前腳掌滾筒撥動則能夠一次鬆動整個足弓。簡而言之，這是較不精準的整體按壓技巧，能夠動到腳掌的所有結構層。要獲得最佳成效，慢慢讓你的腳掌塌在滾筒上，彷彿要用腳掌把滾筒的邊緣剝下來一樣。

可改善：
腳踝與腳部功能（製造穩定足弓）
腳部疼痛（足底筋膜炎）

1. 腳掌內側踩上滾筒邊緣，目標區域是前腳掌內緣。

2. 緩慢、穩定地向下壓，想像自己要用腳掌把滾筒的邊緣剝下來。

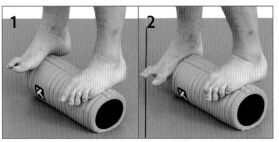

靈活腳趾鬆動術

這些鬆動術的目標是經常遭忽略的腳部區塊。腳趾可以幫你在走路時維持平衡，卻特別容易過度使用和變形。皮鞋、靴子或高跟鞋就像是纏足，會限制、危害你的腳。更糟的是，我敢打賭各位一定不會花多少時間來修復或減少這些傷害。

腳部僵硬（包括腳趾）會讓你失去本體感覺、破壞運動表現，甚至還可能影響生活品質，舉個例，如果有姆趾滑液囊腫或人工草地趾（大姆趾扭傷），連站立或走路都會不舒服。好消息是，不用太久時間就能修復你的腳。除非舟骨崩塌或腳的結構變形，你都可以在一年以內重建起強壯有力的足弓，恢復柔軟度，不過一定要持之以恆、有耐心。

首先，盡量赤腳。下定決心拋棄又緊又會改變腳部構造的鞋子和夾腳拖鞋（沒錯，夾腳拖鞋會破壞腳趾和腳部功能），並且用赤足鞋代替，讓你的腳趾有喘息空間。你還需要每天（或至少每週）做一個以上本章介紹的技巧，保養你的腳部和腳趾。這種保養工作和其他腳部鬆動術一樣，很適合在看電視的時候做，做起來簡單，也不需要任何設備，這下子就沒什麼藉口推託了。

如果你整天站著，有大姆趾扭傷、姆趾滑液囊腫或足弓塌陷等問題，或者單純腳部緊繃僵硬，把這些鬆動術加進你的鬆動處方中。將所有選擇整合成一組動作，全部一起做。

跨步
此鬆動術能夠協助改善以上原型

可改善：
本體感覺
姆趾痛
人工草地趾
姆趾滑液囊腫
足弓塌陷
腳的活動度

選項 1：十指交錯

這系列的腳部鬆動術效果相當好，靈感來自打造「伸展治療法」的傑出物理治療師 Kit Laughlin。除非你的腳掌結構變形（如蹼狀趾），你應該要能在毫無疼痛或不適的情況下，把手指夾到腳趾之間。會痛就代表你的筋膜僵硬、腳趾無力。動作的重點是把手指夾到腳趾之間，接著上下左右扭轉你的腳。這個鬆動術效果良好，能夠重建本體感覺，大幅伸展腳背腳底的筋膜。

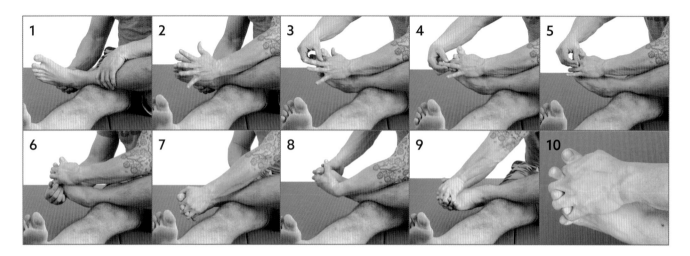

首先，把食指夾到大拇趾和第二趾之間，中指夾到第二趾與第三趾之間，無名指夾到第三趾與第四趾中間，小指夾到第四趾和小趾之間，讓手指與腳趾交扣。你可以用左手從左腳背上方扣住腳趾，也可以用右手從左腳腳底扣住腳趾。手指和腳趾扣好後，來回扭轉腳掌中段的關節幾次。注意照片中，我用另一隻手來協助扭轉。你也可以收縮抵抗扭轉力，接著放鬆進一步伸展。

選項 2：拉趾鬆動

除了十指交錯外，你還可以把腳趾朝不同方向拉扯，藉此把腳趾拉開。舉例來說，拉每根腳趾時不應該只往側面或往外側拉，還應該上下左右拉。這個方法能夠鬆動腳趾之間的筋膜，喚醒你腳部的本體感覺接受器（神經末梢的感覺受器，可以提供動作和身體的空間位置等資訊）。

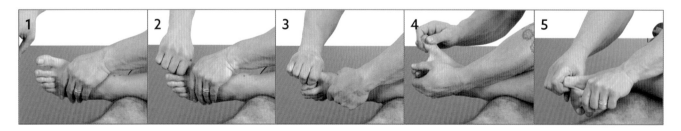

要鬆動左腳的話，用左手抓住前腳腳背，右手握住大拇趾，接著溫柔地把大拇趾拉離其他腳趾頭。想像自己在擰毛巾，用緩慢溫柔的動作將腳和趾頭朝反方向扭轉。鬆動右腳的流程也一樣，唯一不同是握的手要換邊。花點時間鬆動過大拇趾和腳部中段範圍關節後，把每根腳趾頭朝反方向拉開。輪流把腳趾朝上下左右拉扯。記得每對腳趾都要顧到，先從大拇趾和第二趾，接著換第二趾與第三趾，以此類推。

選項 3：腳趾背屈

第四章提過，腳部動作幅度要完整，必須有90度的腳趾背屈（請見114頁）。
這個簡單的方法能夠鬆動你的腳，改善跨步動作原型。

像要擺出槍式深蹲原型一樣跪在地上，接著腳跟離地，用蹠骨球撐地。維持蹠骨球貼地，膝蓋朝地面沉。目標是達到90度的腳趾背屈。重點是保持腳部往前打直或維持中立姿勢，體重放在腳部中心。你也可以把腳往外翻、用腳趾外緣撐地，探索不同動作幅度，但是一定要專心維持腳往前打直，才能大幅拉開足弓。

選項 4：腳趾蹠屈

如果你已經坐在地上做腳趾背屈，就順便針對腳背做一個完全相反的鬆動術。你可能會注意到，這個鬆動術曾經在鬆動小腿前側的前腔室（請見 422 頁）時出現過。但是，能鬆動腳背和腳趾的姿勢不多，所以我一併收錄在這裡。

坐在地上，一條腿往身體前方伸直，另一條腿摺起來。姿勢就位後，身體往後仰，讓摺起的腿離地。照片中我用左手協助左膝離地。重點是膝蓋要抬得夠高，讓你的腳只有腳趾尖觸地。腳部維持在蹠屈的動作幅度終端，這時可以把腿往側面倒、把腳往身體外側或內側轉。

活動度處方
MOBILITY PRESCRIPTIONS

這段內容有兩種運用方式。如果各位已經讀過前三部,想解決某些特定問題,就能在後面的篇幅中找到對應處方。舉個例,如果你做過第一部的身體動作原型快速測試(見 100-115 頁),發現有個動作原型需要加強,就可以使用「綜合身體原型活動度處方」來改善這個動作原型。如果你發現你犯下第二部中的動作問題,可以挑選合適的「身體原型活動度問題排除處方」,針對那個問題修正。

如果各位跳過前面章節,直接翻到這一部,可以從許多種方式開始。舉個例,如果想治療特定疼痛問題,可以使用 467-469 頁的緩痛處方。如果還沒讀完整本書,但是想直接開始鬆動身體,可以使用 470-471 頁的「14 天全身活動度檢修」規劃專屬你的活動度課表,也可以直接採用 472-473 頁列出的 14 天活動度課表範本。

我在下一頁進一步解釋這一部的章節規劃。進入下一個階段前,我想先強調一件事:處方樣本說到底還是參考用。我的目標是把充足的知識和技術傳授給各位,讓各位能設計出屬於自己的每日活動度處方。如果各位讀完了整本書,就會獲得必要的知識與技巧。記得,所有人活動的方式都不一樣,身體的限制也都不同。要讓身體表現達到顛峰,就要針對個人目標和個人僵硬問題,打造出專屬你的活動度課表。

綜合身體原型活動度處方

如第四章所述，髖部與肩膀的功能性姿勢可分為七大原型。要順著最原始的身體設計活動，所有動作原型的動作幅度都必須夠完整。100-115 頁中，我收錄了一些快速測試，幫助各位判斷自己是否缺乏這些姿勢所需的動作幅度。如果各位測試後發現動作幅度不足，或是想要改善特定姿勢，我建議各位先從綜合身體原型活動度處方開始做起。這些處方挑選了第三部的鬆動術技巧，能夠改善這些動作原型的整體表現。無論是上健身房練習相關動作，或是做包括這些動作原型的日常活動，照著這些處方做都能增加效率和安全。舉個例，實施「綜合深蹲原型活動度處方」能提升你在健身房深蹲的效率，還能改善起立及蹲下的效率。

身體原型活動度問題排除處方

「綜合身體原型活動度處方」能夠從所有層面大幅改善姿勢，但大家可能需要解決某些特定的限制。我在第二部列出每個動作的常見問題，很多問題都是因為某個動作原型的特定限制所致。舉個例，你也許可以順利把雙手手臂高舉過頭，卻無法完全伸展手肘。「綜合過頭原型活動度處方」也許能幫助改善這個限制，但針對問題點改善或許更有效益。介紹完每個綜合身體原型處方後，我提供了數個活動度問題排除處方，協助各位解決最常見的動作限制。如果你可以輕鬆做出特定動作原型，卻無法解決特定的狀況或疼痛，這些問題排除處方就相當適合你。

緩痛處方

照著綜合身體原型活動度處方做，以身體原型活動度問題排除處方改善弱點，各位就能按照最自然的方式活動，減少長期累積的疼痛和傷害。不過，在現代世界要隨時用正確方式活動，幾乎不可能。就算站立姿勢完美無瑕，只要你在桌子前坐上幾個小時，麻煩的問題便會隨之而生。這一節提供了綜合活動度處方，幫助各位處理輕微扭傷、關節疼痛以及跟疼痛有關的症狀，如緊張性頭痛、下背痛或腕隧道症候群。這些處方跟所有鬆動術一樣，能夠幫你改善動作效率，但卻沒辦法改善特定動作原型或特定原型狀況。這些處方只是為協助解決跟疼痛有關的特定問題而設計的。

14 天全身活動度檢修

要改善活動度，沒有一體適用的處方。每個人都有各自的狀況導致自己的活動度限制、不良動作力學或疼痛。人體是由許多系統組成。僵緊的股四頭肌可能會讓你深蹲時無法外推膝蓋，但原因可能出在跟腱黏著、大腿後側肌群僵緊或內收肌群僵硬（這裡只列出幾種可能）。要保養所有身體部位，必須花上好幾週反覆改善所有動作原型與身體區塊。為了協助各位達到這個目標，我在書中收錄了「14 天全身活動度檢修」為各位指引方向（請見 470-471 頁）。你可以用這個樣本設計平衡、面面俱到的活動度課表。如果你急著開始，或只是想要現成的活動度課表，可以參考 472-473 頁的訓練課表樣本。

綜合過頭原型活動度處方

過頭動作原型結合了肩關節的屈曲與外旋，以及手肘的伸展動作。任何需要雙手手臂高舉過頭穩定的姿勢或動作，都屬於這個動作原型。這一節收錄了能幫助各位改善過頭原型的幾個鬆動術。方式如下：

1. 從下一頁的技巧清單中選項 3-4 個鬆動術，打造專屬你的活動度組合。要獲得最佳成效，每個鬆動術每邊至少做 2 分鐘，總共花上 10-15 分鐘來改善你的活動度。

2. 做活動度技巧組合前，先測試這個姿勢的表現。完成鬆動術組合後用同樣姿勢再測，看看有沒有改善。這個測試模型能夠檢測你的處方是否成功，幫助你找出最有效的鬆動術。

相關訓練動作：

過頭深蹲（192 頁）
肩上推（220 頁）
倒立伏地挺身（226 頁）
引體向上（229 頁）
爆發上推（236 頁）
壺鈴擺盪（美式版本）
（240 頁）
波比跳（259 頁）
土耳其式起立（262 頁）
上膊（264 頁）
抓舉（278 頁）

日常動作舉例：

將東西高舉過頭
從高處拿東西
單槓懸掛

➕ 正確

肘關節伸展

肩關節的屈曲與外旋

鬆動術清單：

1. 胸椎過頭伸展按壓鬆動術（297 頁）

2. 過頭肋骨鬆動術（301 頁）

3. 斜方肌摩擦（304 頁）

4. 第一肋骨鬆動術（305 頁）

5. 過頭組織按壓鬆動術（313 頁）

6. 彈力帶過頭牽引（317 頁）

7. 著重肩關節外旋的過頭牽引（318 頁）

8. 雙邊肩關節屈曲（319 頁）

9. 超級頸前架槓（320 頁）

10. 前腔室鬆動術（323 頁）

11. 經典三頭肌與背闊肌伸展（321 頁）

12. 三頭肌伸展按壓（336 頁）

13. 彈力帶肘關節伸展（341 頁）

14. 手肘巫毒纏帶（339 頁）

過頭原型活動度問題排除處方

過頭原型的主要限制一共有三種：肩關節屈曲、肩關節外旋與肘關節伸展。第二部中標有過頭動作原型圖示的動作問題，都可能是因為其中一種限制所造成。以下會分析這些限制，並替每個限制提供兩種參考處方。

肘關節伸展問題

肩關節屈曲與外旋問題

☐ 肩關節屈曲與外旋處方

如果你試著把手臂高舉過頭時，肩膀前傾、手肘往外打開，你的肩關節屈曲動作幅度可能不夠完整。如果你可以把手臂高舉過頭，但沒辦法往前轉至穩定姿勢（讓腋窩朝前），肩關節外旋動作幅度很可能不夠完整。下面的活動度處方能夠協助改善這兩個情形，所以我把兩者結合起來。兩個處方的效果和難度不分高低，這裡提供兩種處方選擇，是因為鬆動術的效果會因人而異。

處方 A	時間
胸椎過頭伸展按壓：選項 1（297 頁）	2 分鐘
過頭組織按壓鬆動術（313 頁；選一種）	每邊 2 分鐘
彈力帶過頭牽引（317 頁）	每邊手臂 2 分鐘
	10 分鐘

處方 B	時間
過頭肋骨鬆動術（301 頁）	每邊 2 分鐘
第一肋骨鬆動術（305 頁；選一種）	每邊 2 分鐘
著重肩關節外旋的過頭牽引（318 頁）	每邊 2 分鐘
	12 分鐘

■ 肘關節伸展處方

如果你的手肘沒辦法在頭上鎖住，或雙手手臂高舉過頭時手肘會往外打開，你的肘關節伸展動作幅度很可能不夠完整。下方的活動度處方能夠協助改善這個情況。

處方 A	時間
三頭肌伸展按壓（336 頁）	每邊手臂 2 分鐘
彈力帶肘關節伸展（341 頁）	每邊手臂 2 分鐘
	8 分鐘

處方 B	時間
手肘巫毒纏帶（339 頁） （巫毒推拉帶包纏技巧請見 146 頁）	加壓 1-2 分鐘，每邊手臂進行 2-3 次循環
	4-12 分鐘

綜合推姿原型活動度處方

推姿原型是肩關節伸展與肘關節屈曲的表現。這個原型做起來就像伏地挺身、雙槓下推和臥推的最低姿勢。這一節收錄了能幫助各位改善推姿原型的幾個鬆動術。方式如下：

1. 從下一頁的技巧清單中選項 3-4 個鬆動術，打造專屬你的活動度組合。要獲得最佳成效，每個鬆動術至少做 2 分鐘，總共花 10-15 分鐘來改善你的活動度。

2. 做活動度技巧組合前，先測試這個姿勢的表現。完成鬆動術組合後用這個姿勢再測，看看有沒有改善。這個測式模型能夠檢測你的處方是否成功，幫助你找出最有效的鬆動術。

相關訓練動作：
伏地挺身（204 頁）
臥推（209 頁）
雙槓下推（216 頁）
波比跳（259 頁）

日常動作舉例：
從趴地姿勢起立
推東西
彎曲手臂將東西拿在身旁

正確

肩關節屈曲
肘關節屈曲

鬆動術清單：

推姿原型活動度問題排除處方

肩關節伸展動作幅度不足是推姿原型最主要的限制。第二部中標有推姿原型圖示的動作問題，都可能是這個限制所造成。

□ 肩關節伸展處方

如果擺出推姿原型時，你的肩膀前傾、手肘外開，很可能是因為你的肩伸展動作幅度不足。下方的活動度處方能夠協助改善這個情形。兩個處方的效果和難度不分高低，這裡提供兩種處方選擇，是因為鬆動術的效果因人而異。

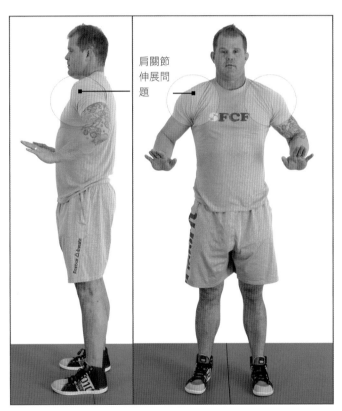

肩關節伸展問題

處方 A	時間
肩關節囊鬆動術（310 頁）	每邊 2 分鐘
胸椎滾筒按壓鬆動術（293 頁；選一種）	2 分鐘
槓鈴肩膀剪力按壓（327 頁）	每邊 2 分鐘
著重肩關節惡霸伸展（332 頁）	每邊 2 分鐘
	14 分鐘

處方 B	時間
前腔室鬆動術（323 頁；選一種）	每邊 2 分鐘
前鋸肌按壓（316 頁）	每邊 2 分鐘
水槽鬆動術（333 頁）	2 分鐘
彈力帶側面開胸（334 頁）	每邊 2 分鐘
	14 分鐘

綜合懸臂原型活動度處方

手臂垂放的肩膀姿勢和動作全屬於懸臂原型，包括雙手垂放的肩膀休息姿勢，及硬舉、上膊和抓舉等上拉動作的預備姿勢，還有大多數投擲動作的完成姿勢（像是投球）。這一節收錄的幾個鬆動術能幫助各位改善懸臂原型。方式如下：

1. 從下一頁的技巧清單中選項 3-4 個鬆動術，打造專屬你的活動度組合。要獲得最佳成效，每個鬆動術每邊至少做 2 分鐘，總共花 10-15 分鐘來改善活動度。

2. 做活動度技巧組合前，先測試這個姿勢的表現。完成鬆動術組合後用這個姿勢再測，看看有沒有改善。這個測試與再測模型能夠檢測你的處方是否成功，幫助你找出最有效的鬆動術。

相關訓練動作：
硬舉（196 頁）
雙槓下推（216 頁）
上膊（264 頁）
抓舉（278 頁）

日常動作舉例：
雙手垂放站立
雙手插口袋站立
伸直手臂將東西拿在身旁

＋ 正確

肩關節內旋

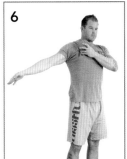

鬆動術清單：

1. 胸椎滾筒伸展按壓（293頁）

2. 肩關節囊鬆動術（310頁）

3. 下肋骨按壓：內旋（303頁）

4. 肩旋轉肌按壓及來回推拉／拉扯（312頁）

5. 反轉睡姿伸展（321頁）

6. 前腔室鬆動術（323頁）

7. 槓鈴肩膀剪力按壓（327頁）

8. 雙邊內旋鬆動術（329頁）

9. 惡霸彈力帶鬆動術（330頁）

10. 三重惡霸鬆動術（331頁）

11. 著重肩關節惡霸伸展（332頁）

12. 斜方肌摩擦（304頁）

13. 水槽鬆動術（333頁）

懸臂原型活動度問題排除處方

肩關節內旋動作幅度不足是懸臂原型最常碰到的主要限制。第二部中標有懸臂動作原型圖示的動作問題，都可能是這個限制所造成。

肩關節內旋問題

☐ 肩關節內旋處方

如果就懸臂原型時，你的肩膀會前傾，手肘會往外打開，很可能是因為你的肩關節內旋動作幅度不足。下面的活動度處方能夠協助改善這個情形。兩個處方的效果和難度不分高低，這裡提供兩種處方選擇，是因為鬆動術的效果因人而異。

處方 A	時間
胸椎滾筒伸展按壓（293 頁；每個選擇都做）	4 分鐘
肩旋轉肌按壓及來回推拉 / 拉扯（312 頁）	每邊 2 分鐘
雙邊內旋鬆動術（329 頁）	每邊 2 分鐘
	12 分鐘

處方 B	時間
前腔室鬆動術（323 頁；選一種）	每邊 2 分鐘
槓鈴肩膀剪力按壓（327 頁）	每邊 2 分鐘
三重惡霸鬆動術（331 頁）	每邊 2 分鐘
	12 分鐘

綜合頸前架槓原型活動度處方

這個原型包括兩種動作形式：手臂朝前伸直（頸前架槓1）與手臂彎曲（頸前架槓2）。手臂朝前伸直推拉時，肩膀擺出的穩定姿勢就是頸前架槓1。肩上扛著負重、把東西拿在胸前或講電話時，肩膀擺出的穩定姿勢就是頸前架槓2。這個動作原型也藏在許多訓練動作裡：伏地挺身和臥推的預備姿勢就是頸前架槓1。前蹲舉和過頭推舉的起始姿勢、引體向上和上膊的完成姿勢，都是頸前架槓2。記得，手肘跟肩膀的活動是完全獨立的。所以手臂往前伸展（伸直）時（像是伏地挺身的起始姿勢），你是做出相同的頸前架槓穩定肩膀姿勢。這節收錄的幾個鬆動術能幫助各位改善頸前架槓原型。方式如下：

1. 從下一頁的技巧清單中選項3-4個鬆動術，打造專屬你的活動度組合。要獲得最佳成效，每個鬆動術每邊至少做2分鐘，總共用10-15分鐘來改善活動度。

2. 做活動度技巧組合前，先測試這個姿勢的表現。完成鬆動術組合後用這個姿勢再測，看看有沒有改善。這個測試與再測模型能夠檢測你的處方是否成功，幫助你找出最有效的鬆動術。

相關訓練動作：
前蹲舉（187頁）
肩上推（220頁）
引體向上（229頁）
爆發上推（236頁）
土耳其式起立（262頁）
上膊（264頁）

日常動作舉例：
雙手往前伸直推拉
把東西拿在胸前或用肩膀扛東西
講電話

＋ 正確（頸前架槓1）

＋ 正確（頸前架槓2）

肘關節伸展

肩關節屈曲與外旋

腕關節伸展

肩關節屈曲與外旋

肘關節屈曲

鬆動術清單：

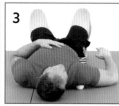

頸前架槓原型活動度問題排除處方

頸前架槓原型的活動度限制主要有四種：肩關節外旋、肘關節屈曲、肘關節伸展、腕關節伸展。第二部中標有頸前架槓動作原型圖示的動作問題，都可能是這些限制所造成。下面會分析這些限制，並替每個限制提供一種參考處方。

腕關節伸展問題

肘關節伸展問題

肩關節屈曲與外旋問題

肘關節屈曲問題

肩關節屈曲與外旋問題

■ 肘關節屈曲與伸展處方

如果你做出頸前架槓姿勢時，手肘會往外打開或疼痛，可能是你的肘關節屈曲或伸展動作幅度不足。如果是肘關節屈曲動作幅度不足，採取處方 A。如果是肘關節伸展動作幅度不足，採取處方 B。

□ 肩關節外旋處方

如果你做頸前架槓姿勢時，肩膀會前傾，手肘會往外打開，可能是你的肩膀外旋動作幅度不足。下方的活動度處方能夠協助改善這個情形。兩個處方的效果和難度不分高低，這裡提供兩種處方選擇，是因為鬆動術的效果因人而異。

處方 A	時間
胸椎滾筒按壓鬆動術（293 頁；每個選擇都做）	4 分鐘
著重肩關節外旋的過頭牽引（318 頁）	每邊 2 分鐘
超級頸前架槓（320 頁）	每邊 2 分鐘
	12 分鐘

處方 B	時間
肩關節囊鬆動術（310 頁）	每邊 2 分鐘
前腔室鬆動術（323 頁；選一種）	每邊 2 分鐘
彈力帶側面開胸（334 頁）	每邊 2 分鐘
	12 分鐘

處方 A：肘關節屈曲	時間
三頭肌伸展按壓（336 頁；選一種）	每邊手臂 2 分鐘
彈力帶手肘牽引（343 頁）	每邊手臂 2 分鐘
	8 分鐘

處方 B：肘關節伸展	時間
彈力帶肘關節伸展（341 頁）	每邊手臂 2 分鐘
手肘巫毒纏帶（339 頁）（巫毒推拉帶包纏技巧見 146 頁）	擠壓 1-2 分鐘，每邊手臂 2-3 次循環
	8-15 分鐘

■ 腕關節伸展處方

如果你做頸前架槓時，手腕會內夾，可能是你的腕關節伸展動作幅度不足。下方的處方能協助改善這個情形。

處方	時間
手腕點壓及扭轉（346 頁）	每邊 2 分鐘
彈力帶手腕牽引搭配巫毒手腕加壓（347 頁）	每邊手腕 1-2 分鐘
	6-8 分鐘

綜合深蹲原型活動度處方

深蹲原型是最基本的人類動作形式，大多數訓練動作或日常動作都會有些重複的深蹲動作。不管你的腳怎麼擺（寬或窄站姿）、軀幹是直挺或前傾，髖部的功能和姿勢都差不多一樣。這個動作原型包括髖關節屈曲與外旋動作。

訓練動作中，硬舉、深蹲（前蹲舉、背蹲舉等）與奧林匹克舉重的預備姿勢都包括深蹲原型。有兩種基本測試可以檢驗這個動作原型的表現：髖部低於膝窩的深蹲（深蹲 1）和硬舉（深蹲 2）。不同之處在於軀幹的方向和膝蓋或腿屈曲的角度。雖然這兩個動作的外形相似，但其實是測試不同區塊的動作幅度，兩者的差異相當重要：硬舉能夠檢測後側鏈直腿動作的動作幅度（特別是髖關節和大腿後側肌群），深蹲檢測的則是髖關節外旋動作幅度和髖關節、膝關節與踝關節的屈曲動作幅度。

這節收錄的幾個鬆動術能幫助各位改善深蹲原型。方式如下：

1. 從下一頁的技巧清單中選項 3-4 個鬆動術，打造專屬你的活動度組合。要獲得最佳成效，每個鬆動術每邊至少做 2 分鐘，總共用 10-15 分鐘來改善活動度。

2. 做活動度技巧組合前，先測試這個姿勢的表現。完成鬆動術組合後用這個姿勢再測，看看有沒有改善。這個測試與再測模型能夠檢測你的處方是否成功，幫助你找出最有效的鬆動術。

相關訓練動作：

徒手深蹲（162 頁）
箱上深蹲（176 頁）
背蹲舉（178 頁）
前蹲舉（187 頁）
過頭深蹲（192 頁）
硬舉（196 頁）
牆球（234 頁）
跳躍與落地（238 頁）
壺鈴擺盪（240 頁）
漸進式抓舉平衡（254 頁）
波比跳（259 頁）
上膊（264 頁）
抓舉（278 頁）

日常動作舉例：

坐上椅子與起立
蹲至地面及起立
彎腰

➕ 正確（深蹲 1）

髖關節屈曲
與外旋

➕ 正確（深蹲 2）

髖關節屈曲
與外旋

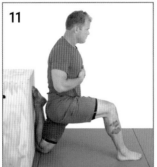

鬆動術清單：

1. 臀肌按壓及來回推拉 / 拉扯（368 頁）

2. 臀肌上部按壓及來回推拉 / 拉扯（369 頁）

3. 側髖部按壓（370 頁）

4. 單腿屈曲加外旋（370 頁）

5. 髖關節外旋加屈曲（373 頁）

6. 奧林匹克式牆壁深蹲加外旋（376 頁）

7. 髖關節囊鬆動術（379 頁）

8. 股四頭肌按壓鬆動術（385 頁）

9. 上髖骨按壓及來回推拉 / 拉扯（388 頁）

10. 膝蓋巫毒纏帶（389 頁）

11. 沙發伸展（391 頁）

12. 內收肌群按壓（398 頁）

13. 超級青蛙鬆動術（401 頁）

14. 奧林匹克式牆壁深蹲（402 頁）

15. 後側鏈按壓及來回推拉 / 拉扯（404 頁）

16. 後側鏈來回推拉 / 拉扯（408 頁）

深蹲 1 原型（深蹲姿勢）活動度問題排除處方

深蹲 1 姿勢的常見主要限制有兩種：髖關節屈曲與髖關節外旋。第二部中標有深蹲 1 動作原型圖示的動作問題，都可能是其中一種限制所造成。

要注意，踝關節的背屈動作幅度對完全深蹲的能力（髖部低於膝窩）相當重要。如果你的踝關節限制了你的動作，請翻至 460 頁的綜合槍式深蹲原型活動度處方。

髖關節屈曲
與外旋問題

☐ 髖關節屈曲與外旋處方

如果你沒辦法避免骨盆前後歪斜（見 173 頁的骨盆翻轉問題），或者蹲低起立時膝蓋往內夾到腳踝的內側，可能是你的髖關節屈曲和外旋動作幅度不足。下方的活動度處方能夠協助改善這個情形。兩個處方的效果和難度不分高低，這裡提供兩種處方選擇，是因為鬆動術的效果因人而異。

處方 A	時間
臀肌按壓及來回推拉 / 拉扯（368 頁）	每邊 2 分鐘
股四頭肌按壓鬆動術（385 頁；選一種）	每邊 2 分鐘
單腿屈曲加外旋（370 頁；選一種）	每邊 2 分鐘
	12 分鐘

處方 B	時間
內收肌群按壓（398 頁；選一種）	每邊 2 分鐘
上髕骨按壓及來回推拉 / 拉扯（388 頁）	每邊 2 分鐘
奧林匹克式牆壁深蹲（402 頁）	每邊 2 分鐘
	12 分鐘

深蹲 2 原型（硬舉／上拉姿勢）活動度問題排除處方

大腿後側肌群動作幅度不足是硬舉／上拉姿勢最主要的限制。第二部中標有深蹲 2 動作原型圖示的動作問題，都可能是這個限制造成的。

髖關節屈曲
問題

☐ 髖關節屈曲處方：大腿後側肌群限制

如果你沒辦法在彎腰碰觸槓鈴或地面時保持脊椎中立，那便是因為你的後側鏈（尤其是大腿後側肌群）限制了你的動作。下方的活動度處方能夠協助改善這個情形。

處方 A	時間
臀肌上部按壓及來回推拉／拉扯（369 頁）	每邊 2 分鐘
後側鏈按壓及來回推拉／拉扯（404 頁；選一種）	每邊 2 分鐘
後側鏈來回推拉／拉扯（408 頁；選一種）	每邊 2 分鐘
	12 分鐘

綜合槍式深蹲原型活動度處方

槍式深蹲的動作形式需要用上正常人類所有的踝關節活動度。髖關節屈曲動作幅度和足踝背屈動作幅度必須夠完整，才能做出這個動作。如果你能做出槍式深蹲姿勢，可能是你的足踝背屈與髖關節屈曲動作幅度相當完整。

換句話說，槍式深蹲是最徹底的全深蹲型態。張開雙腳深蹲時，髖關節或踝關節不會完全屈曲。另一方面，槍式深蹲原型卻需要你的主要引擎和相關關節（膝關節與踝關節）展現出完整動作幅度。

只要蹲低到地面高度（例如坐在地上起立，或是做園藝、跳街舞），你的動作其實都相當接近這個動作原型。這節收錄的幾個鬆動術能幫助各位改善槍式深蹲原型。方式如下：

1. 從下一頁的技巧清單中選項 3-4 個鬆動術，打造專屬你的活動度組合。要獲得最佳成效，每個鬆動術每邊至少做 2 分鐘，總共用 10-15 分鐘來改善你的活動度。

2. 做活動度技巧組合前，先測試這個姿勢的表現。完成鬆動術組合後用這個姿勢再測，看看是不是所改善。這個測試與再測模型能夠檢測你的處方是否成功，幫助你找出最有效的鬆動術。

相關訓練動作：
土耳其式起立（262 頁）

日常動作舉例：
坐在地上起立
維持全深蹲（像是做園藝）
在地面上移動
踩上高處
從較高的台階往下移

正確

足踝背屈　髖關節屈曲　膝關節屈曲

鬆動術清單：

槍式深蹲原型活動度問題排除處方

槍式深蹲動作原型有三個主要限制：髖關節屈曲、膝關節屈曲與足踝背屈。
第二部中標有槍式深蹲動作原型圖示的動作問題，都可能是因為其中一種
限制造成的。下面會分析這些限制，並替每個限制提供一種參考處方。

髖關節屈曲
問題

膝關節屈曲問題

足踝背屈問題

■ 膝關節屈曲處方

如果你把膝蓋壓成完全屈曲時會不舒服，或是做出槍式深蹲姿勢時膝蓋疼
痛，可能是缺乏關鍵膝關節屈曲動作幅度。下方的活動度處方能夠協助改
善這個情形。

處方	時間
上髕骨按壓及來回推拉／拉扯（388頁）	每邊 2 分鐘
打開間隙及按壓鬆動術（415頁；選一種）	每邊 2 分鐘
外腔室與前腔室小腿前側鬆動術（422頁；選一種）	每邊 2 分鐘
	12 分鐘

☐ 髖關節屈曲處方

久坐會把你的髖部鎖定在縮短的位置。肌肉和組織一適應這個姿勢，髖部就會定型，限制髖關節屈曲與伸展動作幅度。如果你的髖關節屈曲與伸展動作幅度不足，在蹲低至槍式深蹲姿勢時可能會過度伸展，除此之外還可能有髖關節夾擠（股骨撞上髖關節窩）的感覺。下面的活動度處方能夠協助改善這個情形。

處方	時間
髖關節囊鬆動術（379 頁）	每邊 2 分鐘
單腿屈曲加外旋（370 頁；選一種）	每邊 2 分鐘
沙發伸展（391 頁）	每邊 2 分鐘
	12 分鐘

☐ 足踝背屈處方

如果你蹲下時會往後跌坐，或者腳跟無法貼地，可能是踝關節受限。下面的活動度處方能夠協助改善足踝背屈動作幅度。兩個處方的效果和難度不分高低，這裡提供兩種處方選擇，是因為鬆動術的效果因人而異。

處方 A	時間
小腿後側肌群按壓鬆動術（425 頁；選一種）	每邊 2 分鐘
腳跟彈力帶：著重前方施壓（430 頁）	每邊 2 分鐘
經典小腿後側肌群鬆動術（429 頁）	每邊 2 分鐘
	12 分鐘

處方 B	時間
圓球擠壓（432 頁）	每邊 2 分鐘
外踝／腳跟按壓鬆動術（433 頁）	每邊 2 分鐘
內側踵骨按壓（434 頁）	每邊 2 分鐘
	12 分鐘

相關訓練動作：
土耳其式起立（262 頁）
分腿挺舉（274 頁）

日常動作舉例：
跑步與走路
踏步
從地面上起立

綜合跨步原型活動度處方

跨步原型包括髖關節的伸展與內旋動作。只要是單腿在身體後方的動作（像是跑步、投擲或搏擊），姿勢都很像這個動作原型。分腿挺舉和跨步就是這個動作形式最好的動作範例。這節收錄的幾個鬆動術能幫助各位改善懸臂原型。方式如下：

1. 從下一頁的技巧清單中選項 3-4 個鬆動術，打造專屬你的活動度組合。要獲得最佳成效，每個鬆動術每邊至少做 2 分鐘，總共用 10-15 分鐘來改善你的活動度。

2. 做活動度技巧組合前，先測試這個姿勢的表現。完成鬆動術組合後用這個姿勢再測，看看有沒有改善。這個測試與再測模型能夠檢測你的處方是否成功，幫助你找出最有效的鬆動術。

➕ 正確

髖關節伸展

腳趾背屈

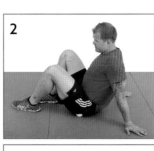

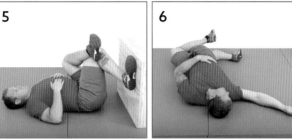

鬆動術清單：

1. 針對性腹部按壓鬆動術
（358 頁）

2. 臀肌按壓及來回推拉 /
拉扯（368 頁）

3. 側髖部按壓（370 頁）

4. 髖關節囊內旋（381 頁）

5. 奧林匹克牆壁深蹲加內
旋（382 頁）

6. 全身內旋（383 頁）

7. 股四頭肌按壓鬆動術
（385 頁）

8. 彈力帶髖關節伸展（390
頁）

9. 彈力帶髖關節伸展跨步
（391 頁）

10. 沙發伸展（391 頁）

11. 伸腿髖關節伸展（394
頁）

12. 反轉芭蕾（395 頁）

13. 足底面按壓（437 頁）

14. 前腳掌鬆動術（438 頁）

15. 靈活腳趾鬆動術（439
頁）

16. 單腿屈曲加外旋（370
頁）

跨步原型活動度問題排除處方

跨步動作原型有兩個主要限制：髖關節伸展與趾關節背屈。第二部中標有跨步動作原型圖示的動作問題，都可能是因為其中一種限制造成的。下面會分析這些限制，並替每個限制提供一種參考處方。

■ 腳趾問題處方

如果你的蹠骨球無法貼地，或是就跨步姿勢時腳趾疼痛，可能是腳趾太僵硬。下面的活動度處方能協助解決這個情形。

處方	時間
足底面按壓（437 頁）	每邊 2 分鐘
靈活腳趾鬆動術（439 頁；每個選擇都做）	每邊 2-4 分鐘
	8-12 分鐘

髖關節伸展問題

腳趾背屈問題

□ 髖關節伸展與內旋處方

如果你沒辦法把膝蓋拉到髖部後方，或是腿往後擺時會外旋（往外打開），可能是髖關節伸展或內旋動作幅度不足。下面的活動度處方能夠協助改善這個情形。

處方 A 髖關節伸展不足	時間
股四頭肌按壓鬆動術（385 頁；選一種）	每邊 2 分鐘
伸腿髖關節伸展（394 頁；選一種）	每邊 2 分鐘
沙發伸展（391 頁）	每邊 2 分鐘
	12 分鐘

處方 B 髖關節內旋不足	時間
側髖部按壓（370 頁）	每邊 2 分鐘
髖關節囊內旋（381 頁）	每邊 2 分鐘
奧林匹克牆壁深蹲加內旋（382 頁）	每邊 2 分鐘
	12 分鐘

關節與身體區塊處方（疼痛）

輕微扭傷？關節疼痛？有緊張型頭痛、下背痛或梨狀肌症候群？以下提供一些參考處方來協助治療解決這些問題。跟動作原型的問題排除技巧組合一樣，這些處方只是樣本。別把自己限制在這些處方裡。你有充足的知識和能力去處理自己的症狀。記得矯正導致疼痛的姿勢，接著往問題區塊的上下游鬆動。

頭痛／頸部痛／顳顎關節症

處方	時間
下顎鬆動術（288 頁）	每邊 1-2 分鐘
頭部鬆動術（288 頁）	每邊 1-2 分鐘
前頸鬆動術（289 頁）	每邊 2 分鐘
後頸鬆動術（290 頁）	每邊 2 分鐘
	8 到 12 分鐘

後頸疼痛／緊張性和運動性頭痛

處方	時間
胸椎按壓鬆動術（295 頁；選一種）	2-4 分鐘
第一肋骨基礎按壓及來回推拉／拉扯（306 頁）	每邊 2 分鐘
後頸鬆動術（290 頁）	2 分鐘
	8 到 10 分鐘

後肩疼痛

處方 A	時間
胸椎球按壓鬆動術（295 頁；選一種）	2 分鐘
肩關節囊鬆動術（310 頁）	每邊手臂 2 分鐘
過頭肋骨鬆動術（301 頁）	每邊 2 分鐘
	10 分鐘

處方 B	時間
斜方肌摩擦（304 頁）	每邊 2 分鐘
肩旋轉肌按壓及來回推拉／拉扯（312 頁）	每邊 2 分鐘
過頭組織按壓鬆動術（313 頁；選一種）	每邊 2 分鐘
	12 分鐘

前肩疼痛

處方	時間
前腔室鬆動術（323 頁；選一種）	每邊 2 分鐘
槓鈴肩膀剪力按壓（327 頁）	每邊肩膀 2 分鐘
雙邊內旋鬆動術（329 頁）	2 分鐘
	10 分鐘

手肘疼痛（網球肘）

處方 A	時間
手肘巫毒纏帶（339 頁）（巫毒推拉帶包纏技巧見 146 頁）	擠壓 1-2 分鐘，每邊手臂做 2-3 次循環
	4-12 分鐘

處方 B	時間
三頭肌伸展按壓（336 頁）	每邊手臂 2 分鐘
前臂按壓鬆動術（344 頁；選一種）	每邊手臂 2 分鐘
彈力帶手肘牽引（343 頁）	每邊手臂 2 分鐘
	12 分鐘

手腕疼痛（腕隧道症候群）

處方 A	時間
彈力帶手腕牽引（347 頁）（巫毒推拉帶包纏技巧見 146 頁）	擠壓 1-2 分鐘，每邊手臂做 2-3 次循環
	4-12 分鐘

處方 B	時間
前臂按壓鬆動術（344 頁；選一種）	每邊手臂 2 分鐘
手腕點壓及扭轉（346 頁）	每邊手臂 2 分鐘
手腕彈力帶牽引（347 頁）	每邊手臂 2 分鐘
	12 分鐘

上背痛（斜方肌扭傷處理組合）

處方	時間
胸椎按壓鬆動術（295 頁；選一種）	2-4 分鐘
過頭肋骨鬆動術（301 頁）	每邊手臂 2 分鐘
斜方肌摩擦（304 頁）	每邊手臂 2 分鐘
	10-12 分鐘

下背痛

處方 A（下背扭傷）	時間
骨盆復位（350 頁）	1-2 分鐘
整體腹部按壓（365 頁）	4 分鐘
腰方肌側面按壓（354 頁）	每邊 2 分鐘
股四頭肌按壓（385 頁；集中按壓股直肌或大腿前側）	每邊 2-4 分鐘
	13-15 分鐘

處方 B	時間
針對性腹部按壓鬆動術（358 頁；選一種，集中按壓髂肌）	每邊 2 分鐘
內收肌群按壓（398 頁；選一種）	每邊 2 分鐘
沙發伸展（391 頁）	每邊 2 分鐘
	12 分鐘

處方 C	時間
下背按壓：選項 1（349 頁）	每邊 2 分鐘
臀肌上部按壓及來回推拉／拉扯（369 頁）	每邊 2 分鐘
腹斜肌側面按壓（355 頁；選一種）	每邊 2 分鐘
	12 分鐘

處方 D	時間
豎脊肌側面按壓（353 頁）	每邊 2 分鐘
後側鏈按壓及來回推拉／拉扯（404 頁；選一種）	每條腿 2 分鐘
後側鏈來回推拉／拉扯（408 頁）	每邊 2 分鐘
	12 分鐘

薦髂關節疼痛

處方	時間
臀肌按壓及來回推拉／拉扯（368 頁）	每邊 2 分鐘
針對性腹部按壓鬆動術（358 頁；選一種）	每邊 2 分鐘
髖關節囊鬆動術（379 頁）	每邊 2 分鐘
	12 分鐘

橫膈功能失調（呼吸調整組合）

處方	時間
胸椎球按壓伸展（295 頁）	4 分鐘
橫膈腹部按壓（363 頁）	4 分鐘
	8 分鐘

後髖部疼痛（梨狀肌症候群／坐骨神經痛）

處方 A	時間
臀肌按壓及來回推拉／拉扯（368 頁）	每邊 2 分鐘
臀肌上部按壓及來回推拉／拉扯（369 頁）	每邊 2 分鐘
內收肌群按壓（398 頁）	每邊 2 分鐘
	12 分鐘

處方 B	時間
巫毒鼠蹊部與大腿後側肌群纏帶（408 頁）（巫毒推拉帶包纏技巧見 146 頁）	擠壓 1-2 分鐘，在問題區塊做 2-3 次循環
	4-12 分鐘

前髖部疼痛

處方	時間
側髖部按壓（370 頁）	每邊 2 分鐘
針對性腹部按壓鬆動術（358 頁；選一種）	每邊 2 分鐘
彈力帶髖關節伸展（390 頁）	每邊 2 分鐘
	12 分鐘

髖關節夾擠

處方	時間
溫和髖關節牽拉（378 頁）	每邊 2 分鐘
用牽引帶動內旋（382 頁）	每邊 2 分鐘
髖關節囊鬆動術（379 頁）	每邊 2 分鐘
	12 分鐘

膝蓋疼痛

處方 A（膝蓋扭傷）	時間
末端膝蓋伸展：巫毒變化版（414 頁）（巫毒推拉帶包纏技巧見 146 頁）	擠壓 1-2 分鐘，每邊膝蓋做 2-3 次循環
打開間隙及按壓鬆動術（415 頁；選一種）	每邊膝蓋 2 分鐘
	8-15 分鐘

處方 B	時間
上髕骨按壓及來回推拉／拉扯（388 頁）	每邊膝蓋 2 分鐘
小腿後側肌群按壓鬆動術（425 頁；選一種）	每邊膝蓋 2 分鐘
經典小腿後側肌群鬆動術（429 頁）	每條腿 2 分鐘
	12 分鐘

處方 C	時間
後側鏈按壓及來回推拉／拉扯（404 頁；選一種）	每條腿 2 分鐘
膝蓋夾擊按壓（417 頁）	每邊膝蓋 2 分鐘
小腿內側按壓及來回推拉／拉扯鬆動術（420 頁；選一種）	每邊膝蓋 2 分鐘
	12 分鐘

處方 D	時間
股四頭肌按壓鬆動術（385 頁；選一種）	每條腿 2 分鐘
外側腔室與前腔室小腿前側鬆動術（422 頁）	每邊小腿前側 2 分鐘
膝蓋巫毒纏帶（389 頁）（巫毒推拉帶包纏技巧見 146 頁）	擠壓 1-2 分鐘，在問題區塊做 2-3 次循環
	12 到 15 分鐘

前脛骨症候群

處方	時間
小腿內側按壓及來回推拉／拉扯鬆動術（420 頁；選一種）	每條腿 2 分鐘
外腔室與前腔室小腿前側鬆動術（422 頁）	每條腿 2 分鐘
雙腿蹲屈（423 頁）	2 分鐘
	10 分鐘

腳踝疼痛（跟腱疼痛）

處方 A	時間
小腿後側肌群按壓鬆動術（425 頁；選一種）	每邊小腿前側 2 分鐘
腳跟腱彈力帶：著重前方施壓（430 頁）	每邊腳踝 2 分鐘
腳跟腱彈力帶：著重後方施壓（430 頁）	每邊腳踝 2 分鐘
	12 分鐘

處方 B	時間
圓球擠壓（432 頁；每個選項都做）	每邊小腿後側 2 分鐘
外踝／腳跟按壓鬆動術（433 頁）	每邊腳踝 2 分鐘
內側踵骨按壓（434 頁）	每邊腳踝 2 分鐘
	12 分鐘

處方 C	時間
腳踝巫毒纏帶（436 頁）（巫毒推拉帶包纏技巧見 146 頁）	擠壓 1-2 分鐘，每邊腳踝做 2-3 次循環
	4-12 分鐘

腳掌疼痛（足底筋膜炎）

處方	時間
足底面按壓（437 頁）	每隻腳 2 分鐘
前腳掌鬆動術（438 頁）	每隻腳 2 分鐘
靈活腳趾鬆動術：選項3：趾關節背屈（441 頁）	每隻腳 2 分鐘
	12 分鐘

草地趾／拇趾滑液囊

處方 A	時間
靈活腳趾鬆動術（439 頁；每個選擇都做）	
	5-10 分鐘

14 天全身活動度檢修

髮線以下的所有地方都得靠自己鬆動。我們的目標是每天至少花 10-15 分鐘解決活動度限制。在兩週的時間內，每個身體區塊至少要鬆動到一次，且至少要在所有身體動作原型之間循環兩次。

大多數人都只會挑一個身體區域鬆動，或挑幾個常用的鬆動術每天做，除此之外什麼都不做。千萬別犯下這些錯誤。如果你不知道該如何安排身體區塊與動作原型的鬆動術，可以參考下方的樣本。把這些樣本當成是設計全身活動度課表的藍圖。

方式如下：首先選個鬆動術，最好是能夠解決你的問題或改善弱點的鬆動術。也許你整天開車導致下背痛，或者你想特別改善深蹲姿勢。重點是針對當天的問題（需處理的姿勢也好，跟疼痛有關的狀況也好）做一個以上

第一週

	週一	週二	週三
鬆動術 1（個人選擇）	**自選**第三部中（282-441 頁）能改善當日問題、個人弱點或不良姿勢的鬆動術	**自選**第三部中（282-441 頁）能改善當日問題、個人弱點或不良姿勢的鬆動術	**自選**第三部中（282-441 頁）能改善當日問題、個人弱點或不良姿勢的鬆動術
鬆動術 2（動作原型）	**過頭原型** 從過頭原型清單（445 頁）或第三部中標有過頭原型圖示的動作中選擇一種鬆動術	**深蹲原型** 從深蹲原型清單（457 頁）或第三部中標有深蹲原型圖示的動作中選擇一種鬆動術	**懸臂原型** 從懸臂原型清單（451 頁）或第三部中標有懸臂原型圖示的動作中選擇一種鬆動術
鬆動術 3（身體區塊）	**區塊 1：下顎、頭部與頸部** 從區塊 1（287-291 頁）中選擇一種鬆動術	**區塊 13：小腿後側肌群** 從區塊 13（424-430 頁）中選擇一種鬆動術	**區塊 2：上背** 從區塊 2（292-308 頁）中選擇一種鬆動術

第二週

	週一	週二	週三
鬆動術 1（個人選擇）	**自選**第三部中（282-441 頁）能改善當日問題、個人弱點或不良姿勢的鬆動術	**自選**第三部中（282-441 頁）能改善當日問題、個人弱點或不良姿勢的鬆動術	**自選**第三部中（282-441 頁）能改善當日問題、個人弱點或不良姿勢的鬆動術
鬆動術 2（動作原型）	**過頭原型** 從過頭原型清單（445 頁）或第三部中標有過頭原型圖示的動作中選擇一種鬆動術	**深蹲原型** 從深蹲原型清單（457 頁）或第三部中標有深蹲原型圖示的動作中選擇一種鬆動術	**懸臂原型** 從懸臂原型清單（451 頁）或第三部中標有懸臂原型圖示的動作中選擇一種鬆動術
鬆動術 3（身體區塊）	**區塊 5：手臂** 從區塊 5（335-347 頁）中選擇一種鬆動術	**區塊 9：內收肌群** 從區塊 9（397-402 頁）中選擇一種鬆動術	**區塊 10：大腿後側肌群** 從區塊 10（403-411 頁）中選擇一種鬆動術

的鬆動術。接著從綜合動作原型清單和身體區塊清單中，各選一個鬆動術。舉個例，星期一可以針對當天想改善的問題選擇一種鬆動術，再從過頭原型清單（445頁）和身體區塊1（見287到291頁）中各選擇一種鬆動術。開始設計專屬自己的訓練課表時，歡迎自行重新安排身體區塊與動作原型。這個樣本跟參考處方一樣，可以隨時調整。

最後提醒各位，要設法把改善活動度的習慣融入日常生活。如果你沒什麼時間，試著善用行程之間的空檔，分批做安排好的鬆動術。舉個例，你可以利用訓練後的暖身或在看電視時改善活動度。重點是採取有系統的方式。這裡為各位快速回顧：關節力學鬆動術適合在訓練前做，肌肉動力學鬆動術適合在訓練後做，滑動面鬆動術適合在訓練後和睡前做。舉個例，週一訓練後可以做「過頭肋骨鬆動術」和自選的一種鬆動術，準備上床睡覺前再做「後頸鬆動術」。簡單說，你怎麼把活動度課表拆開來做並不重要，只要每天持續保養，長期下來就會感覺到改變。

週四	週五	週六	週日
自選第三部中（282-441頁）能改善當日問題、個人弱點或不良姿勢的鬆動術	**自選**第三部中（282-441頁）能改善當日問題、個人弱點或不良姿勢的鬆動術	**自選**第三部中（282-441頁）能改善當日問題、個人弱點或不良姿勢的鬆動術	**自選**第三部中（282-441頁）能改善當日問題、個人弱點或不良姿勢的鬆動術
頸前架槓原型 從頸前架槓原型清單（454頁）或第三部中標有頸前架槓原型圖示的動作中選擇一種鬆動術	**槍式深蹲原型** 從單腳深蹲原型清單（461頁）或第三部中標有槍式深蹲原型圖示的動作中選擇一種鬆動術	**跨步原型** 從跨步原型清單（465頁）或第三部中標有跨步原型圖示的動作中選擇一種鬆動術	**推姿原型** 從推姿原型清單（448頁）或第三部中標有推姿原型圖示的動作中選擇一種鬆動術
區塊6：軀幹 從區塊6（348-366頁）中選擇一種鬆動術	**區塊12：小腿前側** 從區塊12（419-423頁）中選擇一種鬆動術	**區塊14：腳踝、腳與腳趾** 從區塊14（431-441頁）中選擇一種鬆動術	**區塊3：後肩、背闊肌、前鋸肌** 從區塊3（309-321頁）中選擇一種鬆動術

週四	週五	週六	週日
自選第三部中（282-441頁）能改善當日問題、個人弱點或不良姿勢的鬆動術	**自選**第三部中（282-441頁）能改善當日問題、個人弱點或不良姿勢的鬆動術	**自選**第三部中（282-441頁）能改善當日問題、個人弱點或不良姿勢的鬆動術	**自選**第三部中（282-441頁）能改善當日問題、個人弱點或不良姿勢的鬆動術
頸前架槓原型 從頸前架槓原型清單（454頁）或第三部中標有頸前架槓原型圖示的動作中選擇一種鬆動術	**槍式深蹲原型** 從單腳深蹲原型清單（461頁）或第三部中標有槍式深蹲原型圖示的動作中選擇一種鬆動術	**跨步原型** 從跨步原型清單（465頁）或第三部中標有跨步原型圖示的動作中選擇一種鬆動術	**推姿原型** 從推姿原型清單（448頁）或第三部中標有推姿原型圖示的動作中選擇一種鬆動術
區塊11：膝蓋 從區塊11（412-418頁）中選擇一種鬆動術	**區塊7：臀肌、髖關節囊** 從區塊7（367-383頁）中選擇一種鬆動術	**區塊8：髖關節屈肌群、股四頭肌** 從區塊8（384-396頁）中選擇一種鬆動術	**區塊4：前肩與胸部** 從區塊4（322-334頁）中選擇一種鬆動術

14 天全身課表範本（入門）

第一週

	週一	週二	週三
鬆動術 1（個人選擇）	針對個人弱點自選一種鬆動術	針對個人弱點自選一種鬆動術	針對個人弱點自選一種鬆動術
鬆動術 2（動作原型）	過頭原型 胸椎過頭伸展按壓鬆動術：選項 1（297 頁）—2 分鐘	深蹲原型 單腿屈曲加外旋：選項 2（372 頁）—每條腿 2 分鐘	懸臂原型 反轉睡姿伸展（321 頁）—每條手臂 2 分鐘
鬆動術 3（身體區塊）	**區塊 1：下顎、頭部與頸部** 後頸鬆動術（290 頁）-2 分鐘	**區塊 13：小腿後側肌群** 小腿後側肌群按壓鬆動術：選項 1（425 頁）—每邊小腿後側 2 分鐘	**區塊 2：上背** 胸椎滾筒按壓鬆動術：選項 1（293 頁）—2 分鐘

第二週

	週一	週二	週三
鬆動術 1（個人選擇）	針對個人弱點自選一種鬆動術	針對個人弱點自選一種鬆動術	針對個人弱點自選一種鬆動術
鬆動術 2（動作原型）	過頭原型 過頭組織按壓鬆動術：選項 2（314 頁）—每邊 2 分鐘	深蹲原型 後側鏈來回推拉／拉扯（408 頁）—每條腿 2 分鐘	懸臂原型 雙邊內旋鬆動術（329 頁）—每邊 2 分鐘
鬆動術 3（身體區塊）	**區塊 5：手臂** 三頭肌伸展按壓（336 頁）—每條手臂 2 分鐘	**區塊 9：內收肌群** 奧林匹克牆壁深蹲（402 頁）—2 分鐘	**區塊 10：大腿後側肌群** 後側鏈按壓及來回推拉／拉扯：選項 1（404 頁）—每條腿 2 分鐘

14 天全身課表範本（進階）

第一週

	週一	週二	週三
鬆動術 1（個人選擇）	針對個人弱點自選一種鬆動術	針對個人弱點自選一種鬆動術	針對個人弱點自選一種鬆動術
鬆動術 2（動作原型）	過頭原型 過頭肋骨鬆動術（301 頁）—每條手臂 2 分鐘	深蹲原型 單腿屈曲加外旋：選項 1（370 頁）—每條腿 2 分鐘	懸臂原型 槓鈴肩膀剪力按壓（327 頁）—每邊肩膀 2 分鐘
鬆動術 3（身體區塊）	**區塊 1：下顎、頭部與頸部** 後頸鬆動術（290 頁）—2 分鐘	**區塊 13：小腿後側肌群** 腓腸肌按壓鬆動術：選項 4（427 頁）—每邊小腿後側 2 分鐘	**區塊 2：上背** 胸椎球按壓鬆動術：選項 1（295 頁）—2 分鐘

第二週

	週一	週二	週三
鬆動術 1（個人選擇）	針對個人弱點自選一種鬆動術	針對個人弱點自選一種鬆動術	針對個人弱點自選一種鬆動術
鬆動術 2（動作原型）	過頭原型 胸椎過頭伸展按壓鬆動術：選項 2（298 頁）—2 分鐘	深蹲原型 髖關節外旋加屈曲：選項 1（373 頁）—每條腿 2 分鐘	懸臂原型 肩旋轉肌按壓及來回推拉／拉扯（312 頁）—每邊肩膀 2 分鐘
鬆動術 3（身體區塊）	**區塊 5：手臂** 三頭肌伸展按壓（336 頁）—每條手臂 2 分鐘	**區塊 9：內收肌群** 內收肌群按壓：選項 1（398 頁）—每條腿 2 分鐘	**區塊 10：大腿後側肌群** 後側鏈按壓及來回推拉／拉扯：選項 2（406 頁）—每條腿 2 分鐘

週四	週五	週六	週日
針對個人弱點自選一種鬆動術	針對個人弱點自選一種鬆動術	針對個人弱點自選一種鬆動術	針對個人弱點自選一種鬆動術
頸前架槓原型 經典三頭肌與背闊肌伸展（321頁）—每條手臂2分鐘	**槍式深蹲原型** 腳跟腱彈力帶：前方刺激（430頁）—每邊腳踝2分鐘	**跨步原型** 彈力帶髖關節伸展（390頁）—每邊2分鐘	**推姿原型** 水槽鬆動術（333頁）—2分鐘
區塊6：軀幹 整體腹部按壓（365頁）—5分鐘	**區塊12：小腿前側** 雙腿蹠屈（423頁）—每條腿2分鐘	**區塊14：腳踝、腳與腳趾** 足底面按壓（437頁）—每隻腳2分鐘	**區塊3：後肩、背闊肌、前鋸肌** 肩旋轉肌按壓及來回推拉／拉扯（312頁）—每邊肩膀2分鐘

週四	週五	週六	週日
針對個人弱點自選一種鬆動術	針對個人弱點自選一種鬆動術	針對個人弱點自選一種鬆動術	針對個人弱點自選一種鬆動術
頸前架槓原型 綁帶側面胸胸（334頁）—每條手臂2分鐘	**槍式深蹲原型** 經典小腿後側肌群鬆動術（429頁）—每條腿2分鐘	**跨步原型** 奧林匹克牆壁深蹲加內旋（382頁）—每邊2分鐘	**推姿原型** 惡霸彈力帶鬆動術（330頁）—每邊2分鐘
區塊11：膝蓋 關節彎曲打開間隙（418頁）—每邊2分鐘	**區塊7：臀肌、髖關節囊** 臀肌按壓及來回推拉／拉扯（368頁）—每邊2分鐘	**區塊8：髖關節屈肌群、股四頭肌** 沙發伸展（391頁）—每邊2分鐘	**區塊4：前肩與胸部** 前腔室鬆動術：選項2（325頁）—每邊2分鐘

週四	週五	週六	週日
針對個人弱點自選一種鬆動術	針對個人弱點自選一種鬆動術	針對個人弱點自選一種鬆動術	針對個人弱點自選一種鬆動術
頸前架槓原型 超級頸前架槓（320頁）—每條手臂2分鐘	**槍式深蹲原型** 內側踵骨按壓（434頁）—每邊腳踝2分鐘	**跨步原型** 伸腿髖關節伸展（394頁）—每邊2分鐘	**推姿原型** 前鋸肌按壓（316頁）—每邊2分鐘
區塊6：軀幹 針對性腹部按壓：選擇7（362頁）—每邊2分鐘	**區塊12：小腿前側** 外側腔室與前腔室小腿前側鬆動術（422頁）—每條腿2分鐘	**區塊14：腳踝、腳與腳趾** 足底面按壓（437頁）—每隻腳2分鐘	**區塊3：後肩、背闊肌、前鋸肌** 肩關節囊鬆動術（310頁）—每邊肩膀2分鐘

週四	週五	週六	週日
針對個人弱點自選一種鬆動術	針對個人弱點自選一種鬆動術	針對個人弱點自選一種鬆動術	針對個人弱點自選一種鬆動術
頸前架槓原型 著重肩關節外旋的過頭牽引（318頁）—每條手臂2分鐘	**槍式深蹲原型** 腳踝巫毒纏帶（436頁）—每邊腳踝1-2分鐘	**跨步原型** 髖關節囊內旋（381頁）—每邊2分鐘	**推姿原型** 三重惡霸鬆動術（331頁）—每邊2分鐘
區塊11：膝蓋 打開間隙及按壓鬆動術：選項1與2（415-416頁）—每邊2分鐘	**區塊7：臀肌、髖關節囊** 側髖部按壓（370頁）—每邊2分鐘	**區塊8：髖關節屈肌群、股四頭肌** 超級沙發伸展（393頁）—每邊2分鐘	**區塊4：前肩與胸部** 前腔室鬆動術：選項2（325頁）—每邊2分鐘

健身項目及動作（以英文排序）

air squat	徒手深蹲		kipping pull-up	擺盪式引體向上
all-purpose stance	萬用步伐		lock out (arms/legs)	鎖住
back Squat	背蹲舉		low-bar squat	低槓位深蹲
Back Squat Shelf Test	背蹲舉槓位檢測法		lunge	跨步
bench press	臥推		mix grip	正反手握法
bent over	屈體		motor pathway	運動路徑
box jump	跳箱		muscle-up	暴力上槓
box squat	箱上深蹲		one-arm swing	單手擺盪
burpee	波比跳		overhead press	過頭推舉
calisthenics	徒手訓練		overhead squat	過頭深蹲
clean	上膊		pistol squat	槍式深蹲
clean pull	上膊式高拉		planche	俄式挺身
collision sports	碰撞型運動		plantar flexion/plantarflexion	蹠屈
cross	直拳		position of transition	轉換姿勢
deadlift	硬舉		power clean	爆發式上膊
deep squat	全深蹲		pressing snatch balance	下蹲接（慢速落下）
deficit deadlifts	墊高硬舉		pronated / pull-up grip	旋前 / 正手握法
dip	雙槓下推		push-jerk	爆發上挺
dip and drive	下蹲上推		push-press	爆發上推
distraction	牽引		pushup	伏地挺身
dorsiflexion	背屈		resting position	休息姿勢
double overhand(pronated) grip	雙手全握（正握）		ring dip	拉環式雙槓下推
duck-footed stance	外八姿勢		snatch	抓舉
dynamic squat	蹲跳		snatch balance	抓舉平衡
floor press	地板臥推		split-jerk	分腿挺舉
front rack	頸前架槓		squat	深蹲
front squat	前蹲舉		strict press	肩上推
hang	懸臂		Strongman	大力士
hang clean	懸垂式上膊		supinated / chin-up grip	旋後 / 反手握法
hanging from a bar	單槓懸垂		triple extension	三關節伸展
heaving snatch balance	下蹲接（快速落下）		Turkish getup	土耳其式起立
high pull	高拉		Underloading Method	減荷法
high-bar squat	高槓位深蹲		wall ball	牆壁推球
hook grip	鉤握法		weightlifter	舉重選手
jerk	挺舉			
kettlebell swing	壺鈴擺盪			

健身項目及動作（以中文排序）

三關節伸展	triple extension
上膊	clean
上膊式高拉	clean pull
下蹲上推	dip and drive
下蹲接（快速落下）	heaving snatch balance
下蹲接（慢速落下）	pressing snatch balance
土耳其式起立	Turkish getup
大力士	Strongman
分腿挺舉	split-jerk
外八姿勢	duck-footed stance
正反手握法	mix grip
伏地挺身	pushup
休息姿勢	resting position
全深蹲	deep squat
地板臥推	floor press
低槓位深蹲	low-bar squat
抓舉	snatch
抓舉平衡	snatch balance
屈體	bent over
拉環式雙槓下推	ring dip
波比跳	burpee
直拳	cross
肩上推	strict press
臥推	bench press
俄式挺身	planche
前蹲舉	front squat
背屈	dorsiflexion
背蹲舉	back Squat
背蹲舉槓位檢測法	Back Squat Shelf Test
徒手訓練	calisthenics
徒手深蹲	air squat
挺舉	jerk
高拉	high pull
高槓位深蹲	high-bar squat
旋前 / 正手握法	pronated / pull-up grip
旋後 / 反手握法	supinated / chin-up grip

深蹲	squat
牽引	distraction
牆壁推球	wall ball
單手擺盪	one-arm swing
單槓懸垂	hanging from a bar
壺鈴擺盪	kettlebell swing
減荷法	Underloading Method
硬舉	deadlift
碰撞型運動	collision sports
萬用步伐	all-purpose stance
跨步	lunge
跳箱	box jump
運動路徑	motor pathway
過頭推舉	overhead press
過頭深蹲	overhead squat
鉤握法	hook grip
墊高硬舉	deficit deadlifts
槍式深蹲	pistol squat
暴力上槓	muscle-up
箱上深蹲	box squat
頸前架槓	front rack
舉重選手	weightlifter
擺盪式引體向上	kipping pull-up
鎖住	lock out (arms/legs)
蹠屈	plantar flexion/plantarflexion
轉換姿勢	position of transition
雙手全握（正握）	double overhand(pronated) grip
雙槓下推	dip
爆發上挺	push-jerk
爆發上推	push-press
爆發式上膊	power clean
蹲跳	dynamic squat
懸垂式上膊	hang clean
懸臂	hang

鬆動方法及工具（以英文排序）

Alpha ball	阿爾法球
banded flossing	彈力帶來回推拉／拉扯
Battlestar	戰鬥之星
bubo barbell	槓鈴球
contract and relax	收縮及放鬆
Coregeous ball	核心放鬆球
distraction	牽引
flexion gapping	關節彎曲打開間隙
floss	來回推拉／拉扯
gapping	打開間隙
global shear	不同層肌群之間的滑動
lacrosse ball	袋棍球
pressure wave	壓力波
Rogue Monster Band	Rogue 彈力帶
roller	滾筒
shear force	剪力
smashing	按壓
stripping	肌肉群之間剝離
Supernova	超新星球
tack and twist	點壓及扭轉
VooDoo floss band	巫毒推拉帶
Yoga Tune Up Ball	瑜伽理療球

鬆動方法及工具（以中文排序）

Rogue 彈力帶	Rogue Monster Band
不同層肌群之間的滑動	global shear
打開間隙	gapping
收縮及放鬆	contract and relax
肌肉群之間剝離	stripping
來回推拉／拉扯	floss
巫毒推拉帶	VooDoo floss band
阿爾法球	Alpha ball
按壓	smashing
核心放鬆球	Coregeous ball
剪力	shear force
牽引	distraction
袋棍球	lacrosse ball
超新星球	Supernova
瑜伽理療球	Yoga Tune Up Ball
槓鈴球	bubo barbell
滾筒	roller
彈力帶來回推拉／拉扯	banded flossing
戰鬥之星	Battlestar
壓力波	pressure wave
點壓及扭轉	tack and twist
關節彎曲打開間隙	flexion gapping

鬆動術（以區塊排序）

區塊 1			
	Jaw Mob	下顎鬆動術	
	Head Mob	頭部鬆動術	
	Anterior Neck Mob	前頸鬆動術	
	Posterior Neck Mob	後頸鬆動術	
區塊 2			
	T-Spine Roller Smash Mobilizations	胸椎滾筒按壓鬆動術	
	Extension Smash	伸展按壓	
	Side-to-Side Smash	左右按壓	
	Side Roll	側身滾動	
	T-Spine Ball Smash Mobilizations	胸椎球按壓鬆動術	
	Smash Extension	按壓伸展	
	Plate Smash	槓片按壓	
	Med Ball Smash	藥球按壓	
	T-Spine Overhead Extension Smash Mobilizations	胸椎過頭伸展按壓鬆動術	
	Overhead Extension	過頭伸展	
	Overhead Anchor	過頭固定伸展	
	Double Lacrosse Ball	雙袋棍球	
	Double Lacrosse Ball Overhead Extension	雙袋棍球過頭固定	
	T-Spine Global Extension Mobilizations	胸椎整體伸展鬆動術	
	Overhead Extension	過頭伸展	
	Kettlebell or Barbell Anchor	壺鈴或槓鈴固定	
	Overhead Banded Distraction	彈力帶過頭牽引	
	Overhead Rib Mobilization	過頭肋骨鬆動術	
	Lower Rib Smash: Internal Rotation	下肋骨按壓：內旋	
	Trap Scrub	斜方肌摩擦	
	Barbell Trap Mob	槓鈴斜方肌鬆動術	
	First Rib Mobilizations	第一肋骨鬆動術	
	Basic First Rib Smash and Floss	第一肋骨基礎按壓及來回推拉／拉扯	
	Barbell Bubo First Rib	槓鈴球第一肋骨鬆動術	
	Banded First Rib	彈力帶第一肋骨鬆動術	
	Classic First Rib	經典第一肋骨鬆動術	
區塊 3			
	Shoulder Capsule Mobilization	肩關節囊鬆動術	
	Shoulder Rotator Smash and Floss	肩旋轉肌按壓及來回推拉／拉扯	
	Overhead Tissue Smash Mobilizations	過頭組織按壓鬆動術	
	Lacrosse Ball Smash	袋棍球按壓	
	Wall Smash	牆壁按壓	
	Superfriend Overhead Tissue Smash	夥伴協助過頭組織按壓	
	Barbell Bubo Armpit Smash	槓鈴球腋窩按壓	
	Serratus Smash	前鋸肌按壓	
	Banded Overhead Distraction	彈力帶過頭牽引	
	Overhead Distraction with External Rotation Bias	著重肩關節外旋的過頭牽引	
	Bilateral Shoulder Flexion	雙邊肩關節屈曲	
	Bilateral Shoulder Flexion: Banded Version	雙邊肩關節屈曲：彈力帶版本	
	Super Front Rack	超級頸前架槓	

	Classic Triceps and Lat Stretch	經典三頭肌與背闊肌伸展法
	Reverse Sleeper Stretch	反轉睡姿伸展法
區塊 4		
	Anterior Compartment Mobilizations	前腔室鬆動術
	Blue Angel	戰鬥機飛行
	Blue Angel Wall Smash	戰鬥機飛行牆壁按壓
	Gemini Pec Smash	雙子棒胸肌按壓
	Buba Barbell Pec Smash	槓鈴球胸肌按壓
	Barbell Shoulder Shear	槓鈴肩膀剪力按壓
	Shoulder Voodoo: Superfriend Internal Rotation Smash	肩膀巫毒鬆動術：夥伴協助按壓
	Bilateral Internal Rotation Mobilization	雙邊內旋鬆動術
	Banded Bully	惡霸彈力帶鬆動術
	Tripple Bully	三重惡霸鬆動術
	Bully Extension Bias	著重肩關節惡霸伸展
	Sink Mobilization	水槽鬆動術
	Banded Lateral Opener	彈力帶側面開胸
區塊 5		
	Tricep Extension Smash	三頭肌伸展按壓
	Superfriend Triceps Smash	夥伴三頭肌按壓
	Elbow Voodoo	手肘巫毒纏帶
	Banded Elbow Extension	彈力帶肘關節伸展
	Banded Elbow Distraction	彈力帶肘關節牽引
	Forearm Smash Mobilizations	前臂按壓鬆動術
	Forearm Tack and Twist	前臂點壓及扭轉
	Forearm Extensor Smash	前臂伸肌按壓
	Forearm Stack and Smash	前臂夾擊按壓
	Superfriend Forearm Smash	夥伴協助前臂按壓
	Wrist Tack and Spin	手腕點壓及扭轉
	Banded Wrist Distraction with Voodoo Wrist Sequence	手腕彈力帶牽引搭配巫毒手腕加壓
區塊 6		
	Low Back Smash	下背按壓
	Erector Side Smash	豎脊肌側面按壓
	QL Side Smash	腰方肌側面按壓
	Oblique Side Smash	腹腹斜肌側面按壓
	Oblique Side Smash (Roller)	腹斜肌側面按壓（滾筒）
	Oblique Side Smash (Ball)	腹斜肌側面按壓（球）
	Classic Spinal Twist	經典脊椎扭轉
	Lateral Hip Opener	側身開髖術
	Lateral Side Opener	側身開身術
	Targeted Gut Smashing Mobilizations (Psoas and Iliacus)	針對性腹部按壓鬆動術（腰肌與髂肌）
	Lacrosse Ball Smash and Floss	袋棍球按壓及來回推拉／拉扯
	Kettlebell + Lacrosse Ball Psoas & Iliacus Smash 1	壺鈴＋袋棍球腰肌與髂肌按壓 1
	Kettlebell + Lacrosse Ball Psoas & Iliacus Smash 2	壺鈴＋袋棍球腰肌與髂肌按壓 2
	Kettlebell + Lacrosse Ball Psoas & Iliacus Smash 3	壺鈴＋袋棍球腰肌與髂肌按壓 3
	Bubo Barbell Psoas & Iliacus Smash	槓鈴球腰肌與髂肌按壓
	Supernova (Alpha Ball) Smash and Floss	超新星球（阿爾法球）按壓及來回推拉／拉扯
	Kettlebell Handle Psoas Smash	壺鈴把手腰肌按壓
	Diaphragm Gut Smash	橫膈膜腹部按壓
	Elevated Diaphragm Gut Smash	平台橫膈膜腹部按壓
	Grounded Diaphragm Gut Smash	趴地橫膈膜腹部按壓

	Global Gut Smash	整體腹部按壓
區塊 7		
	Glute Smash and Gloss	臀肌按壓及來回推拉／拉扯
	High Glute Smash and Gloss	臀肌上部按壓及來回推拉／拉扯
	Side Hip Smash	側髖部按壓
	Single-Leg Flexion with External Rotation	單腿屈曲加外旋
	Hip External Rotation with Flexion	髖部外旋加屈曲
	Olympic Wall Squat with External Rotation	奧林匹亞式牆壁深蹲加外旋
	Executive Hip Mobilization	辦公椅髖部鬆動術
	Gentle Hip Distraction	溫和髖關節牽引
	Hip Capsule Mobilization	髖關節囊鬆動術
	Hip Capsule External Rotation	髖關節囊外旋
	Hip Capsule Internal Rotation	髖關節囊內旋
	Cueing Internal Rotation with Distraction	以牽引帶動內旋
	Olympic Wall Squat with Internal Rotation	奧林匹亞式牆壁深蹲加內旋
	Global Internal Rotation	全身內旋
區塊 8		
	Quad Smash Mobilization	股四頭肌按壓鬆動術
	Roller Quad Smash	滾筒股四頭肌按壓
	Barbell Quad Smash	槓鈴股四頭肌按壓
	Superfriend Quad Smash	夥伴協助股四頭肌按壓
	Suprapatellar Smash and Floss	上髕骨按壓及來回推拉／拉扯
	Knee Voodoo	膝蓋巫毒纏帶
	Banded Hip Extension	彈力帶髖關節伸展
	Banded Hip Extension Lunge	彈力帶髖關節伸展跨步
	Couch Stretch	沙發伸展
	Super Couch	超級沙發伸展
	Trailing Leg Hip Extension	伸腿髖關節伸展
	Trailing Leg Hip Extension with Internal Rotation Bias	腿髖關節伸展加著重內旋
	Reverse Ballerina	反轉芭蕾
	Banded Hurdler	彈力帶跨欄鬆動
區塊 9		
	Adductor Smash	內收肌群按壓
	Adductor Roller Smash	內收肌群滾筒按壓
	Adductor Barbell Smash	內收肌群槓鈴按壓
	Superfriend Adductor Smash	夥伴協助內收肌群按
	Banded Super Frog	彈力帶超級青蛙
	Super Frog	超級青蛙
	Olympic Wall Squat	奧林匹亞式牆壁深蹲
區塊 10		
	Posterior Chain Smash and Floss	後側鏈按壓及來回推拉／拉扯
	Hamstring Ball Smash	大腿後側肌群球按壓
	Monkey Bar of Death	單槓橋擺盪
	Little Battlestar Smash	小型戰鬥之星按壓
	Superfriend Hamstring Smash	夥伴協助大腿後側肌群按壓
	Voodoo Groin and Hamstring Wrap	巫毒鼠蹊部與大腿後側肌群纏帶
	Posterior Chain Floss	後側鏈來回推拉／拉扯
	Banded Classic Posterior Chain Mob	彈力帶經典後側鏈鬆動術
區塊 11		
	Terminal Knee Extension	膝關節末端伸展

	Voodoo Variation	巫毒變化版
	Gap and Smash Mobilizations	打開間隙及按壓鬆動術
	Lacrosse Ball Gap and Smash (Inside Line)	袋棍球打開間隙及按壓（內側）
	Lacrosse Ball Gap and Smash (Outside Line)	袋棍球打開間隙及按壓（外側）
	Gemini or Double Lacrosse Ball Gap and Smash	雙子棒或雙袋棍球打開間隙及按壓
	Spin and Smash	扭轉及按壓
	Knee Stack and Smash	膝蓋夾擊及按壓
	Flexion Gapping	關節彎曲打開間隙
區塊 12		
	Medial Shin Smash and Floss Mobilizations	小腿內側按壓及來回推拉／拉扯鬆動術
	Lacrosse Ball Shin Smash	袋棍球小腿前側按壓
	Gemini Shin Smash and Spin	雙子棒小腿前側按壓旋轉
	Executive Medial Shin Smash and Floss	辦公椅式小腿內側按壓及來回推拉／拉扯
	Shin Stack and Smash	小腿前側夾擊按壓
	Superfriend Medial Shin Smash	夥伴小腿內側按壓
	Lateral and Anterior Compartment Shin Mobilization	小腿外側腔室與前腔室鬆動術
	Double-Leg Plantarflexion	雙腿蹠屈
	Calf Smash Mobilizations	小腿後側肌群按壓鬆動術
	Roller Calf Smash	滾筒小腿後側肌群按壓
	Superfriend Roller Calf Smash	夥伴協助滾筒小腿後側肌群按壓
	Barbell Calf Smash	槓鈴小腿後側肌群按壓
	Bone Saw Calf Smash	鋸骨機小腿後側肌群按壓
	Superfriend Calf Smash	夥伴協助小腿後側肌群按壓
區塊 13		
	VooDoo Calf Mobilization	巫毒小腿後側肌群鬆動術
	Classic Calf Mobilization	經典小腿後側肌群鬆動術
	Banded Heel Cord: Anterior Bias	腳跟腱彈力帶：著重前方施壓
	Banded Heel Cord: Posterior Bias	腳跟腱彈力帶：著重後方施壓
區塊 14		
	Ball Whack	圓球擠壓
	Lateral Malleolus/Heel Smash Mobilizations	外踝／腳跟按壓鬆動術
	Single Ball	單顆球
	Double Ball	兩顆球
	Medial Heel Bone Smash	內側踵骨按壓
	Kettlebell Smash	壺鈴按壓
	Superfriend Foot Smash	夥伴足部按壓
	Ankle Voodoo	腳踝巫毒纏帶
	Plantar Surface Smash	足底面按壓
	Forefoot Mobilization	前腳掌鬆動術
	Roller Forefoot Strumming	前腳掌滾筒撥動
	Toe Re-animator Mobilizations	靈活腳趾鬆動術
	Finger Splice	十指交錯
	Spread and Pull	拉趾鬆動
	Toe Dorsiflexion	腳趾背屈
	Toe Plantarflexion	腳趾蹠屈